"十三五"国家重点出版物出版规划项目

面向可持续发展的土建类工程教育丛书

西南交通大学 2020 年立项建设教材项目（精品教材）

隧 道 工 程

主　编　蒋雅君

副主编　方　勇　王士民

参　编　晏启祥　杨文波　王玉锁　申玉生　龚　伦
　　　　郑余朝　于　丽　郭　春　赵菊梅

主　审　高　波

机 械 工 业 出 版 社

本书依托我国近年来在铁路、公路及地铁等隧道和地下工程中所取得的建设成果和实践经验，按照隧道工程全生命周期中的勘察、规划（选线）、结构设计、施工、运营养护的实施顺序，系统地介绍了隧道工程的相关基本概念、基础理论、勘察与选线、设计方法、施工技术、运营维护技术的要点。本书的知识体系以山岭隧道工程为主，同时包含城市隧道工程、水下隧道工程的技术特点和内容，并适当展现新理论、新技术、新方法在隧道工程中的应用和发展情况，为学生将来从事与隧道工程相关的技术工作奠定基础。

本书可作为高等学校土木工程专业中地下工程、铁道工程、道路工程专业方向，以及城市地下空间工程、道路桥梁与渡河工程等特设专业的教材，也可供从事隧道工程设计、施工、研究工作的工程技术人员参考。

本书的授课 PPT 等相关配套资源，免费提供给选用本书的授课教师，需要者请登录机械工业出版社教育服务网（www.cmpedu.com）注册下载。

图书在版编目（CIP）数据

隧道工程/蒋雅君主编. —北京：机械工业出版社，2021.2（2024.8 重印）
（面向可持续发展的土建类工程教育丛书）

"十三五"国家重点出版物出版规划项目

ISBN 978-7-111-67527-3

Ⅰ.①隧… Ⅱ.①蒋… Ⅲ.①隧道工程-高等学校-教材
Ⅳ.①U45

中国版本图书馆 CIP 数据核字（2021）第 029313 号

机械工业出版社（北京市百万庄大街 22 号　邮政编码 100037）
策划编辑：李　帅　责任编辑：李　帅　于伟蓉
责任校对：张　征　封面设计：张　静
责任印制：单爱军
北京虎彩文化传播有限公司印刷
2024 年 8 月第 1 版第 7 次印刷
184mm×260mm·22.75 印张·607 千字
标准书号：ISBN 978-7-111-67527-3
定价：69.80 元

电话服务　　　　　　　　　　网络服务

客服电话：010-88361066　　机　工　官　网：www.cmpbook.com
　　　　　010-88379833　　机　工　官　博：weibo.com/cmp1952
　　　　　010-68326294　　金　书　网：www.golden-book.com
封底无防伪标均为盗版　　机工教育服务网：www.cmpedu.com

前　言

随着近年来我国铁路、公路、城市轨道交通建设的不断推进，我国隧道工程的建设也随之进入了一个快速发展时期。在丰富的工程实践中，我国隧道的数量和规模增长很快，长大隧道及困难地质条件下修建隧道的纪录不断被刷新，隧道修建技术和机械设备的研制也取得了引人注目的进步，我国已经跻身于世界隧道大国的行列。党的二十大报告提出："坚持把发展经济的着力点放在实体经济上，推进新型工业化，加快建设制造强国、质量强国、航天强国、交通强国、网络强国、数字中国。"给予了隧道工程更广阔的发展机遇。高铁建设的继续推进、川藏铁路的规划与修建、我国城市地铁和地下空间的大量开发利用，均为隧道工程提供了良好的机遇和发展空间，也吸引了越来越多的年轻学子和技术人员投身于我国的隧道和地下工程建设行列，因此编写一本介绍隧道工程的基础理论与技术要点，并反映我国隧道工程修建技术的应用和发展的教材就显得非常有意义。

本书主要面向高等学校土木工程专业的地下工程、铁道工程、道路工程专业方向，以及城市地下空间工程、道路桥梁与渡河工程等特设专业，为学生将来从事与隧道工程相关的技术工作奠定基础。基于我国当前各类隧道修建的实际情况，本书以钻爆法修建的山岭隧道为主要介绍对象，同时包含了城市隧道、水下隧道的修建技术特点和内容。本书按照勘察、规划（选线）、结构设计、施工、运营养护的实施顺序，共分为12章，全面、系统地介绍了隧道工程生命周期各阶段中的相关基本概念、基础理论、设计方法、施工技术、运营与养护技术的要点。在内容的编写过程中，编者力争做到深入浅出、理论结合实践，让学生能掌握相关基础理论，并在相关的技术规范和标准的指导下，可以初步分析和解决隧道工程相关问题。在本书的内容组织上，一方面收入了国内有关隧道工程的各类现行规范标准的技术内容，同时也吸收了西南交通大学的部分科研成果，希望适当体现这些新理论、新技术、新方法在国内外隧道工程中的应用和发展情况，让学生能了解隧道工程前沿技术的发展动态，希望培养学生主动探索隧道工程创新技术的意识。

本书由西南交通大学隧道及地下工程专业的12位教师编写，他们都是科研和教学一线的骨干教师，拥有丰富的教学、科研工作经验和成果，希望能够充分发挥各人所长，尽可能地保证本书内容的新颖性、科学性。本书的具体编写分工如下：第1章由晏启祥和杨文波编写，第2章由王玉锁编写，第3章由申玉生编写，第4章由蒋雅君编写，第5章由方勇编写（申玉生编写了抗震设计部分），第6章由王士民编写，第7章由龚伦编写，第8章由方勇编写，第9章由郑余朝编写，第10章由于丽编写，第11章和第12章由郭春编写（龚伦编写了结构养护部分），附录由赵菊梅编写。蒋雅君提供了本书的编写提纲并负责全书的统稿与审定工作，方勇进行了全书的校稿，王士民组织了全书的课件编制。本书由高波教授主审。

本书供 32 学时的隧道工程课程教学选用时，建议以采用钻爆法修建的山岭隧道相关内容为教学重点。本书还纳入了盾构法、掘进机法、顶管法、明挖法（包括沉管法）等隧道修建技术的内容，适用于 48~64 学时的隧道工程课程教学。编者关于该课程的相关课件、教学资源可通过课程在线网站查阅（超星学习通），同时欢迎授课教师通过超星学习通选取本课程的示范教学包进行引用建课。

　　在此，本书的编写团队要感谢所有为本书的编写提供了热心帮助的老师和提供了大力支持的交通隧道工程教育部重点实验室。本书的编写参考了国内外诸多学者专家的著作，此外，赵东平为第 5 章中极限状态法内容的编写提供了指导和建议；李鹏、李彬、杨龙伟、陈海锋、申志军、郑尚峰、张俊儒等人提供了丰富的配套资源。在此一并表示衷心的感谢！

　　限于编者的水平和经验，本书必然有一些不足之处，恳请读者提出宝贵意见。

编　者

目　　录

第1章 绪 论

■ 1.1 隧道的概念及分类

1.1.1 隧道的概念

隧道是一种修筑在岩体、土体内或水底，两端有出入口的通道，供车辆、行人、管线、电缆、水流、物流等通过的工程构筑物。1970 年，国际经济合作与发展组织（OECD）召开的隧道会议综合了各种因素，对隧道所下的定义为："以某种用途、在地面下用任何方法按规定形状和尺寸修筑的断面及大于 $2m^2$ 的洞室"。隧道是开发利用地下空间的一种形式，目前被广泛地应用于交通、矿山、水利、市政、人防、国防等的建设中。

1.1.2 隧道的分类

隧道的种类繁多，从不同角度来区分，有不同的分类方法，常见的分类方式见表 1-1。

表 1-1 隧道分类

序号	依 据	种 类
1	隧道所处地质条件	土质隧道、岩石隧道
2	隧道埋置深度	浅埋隧道、深埋隧道
3	隧道用途	交通隧道、水工隧洞、市政隧道、矿山巷道
4	隧道长度	短隧道、中隧道、长隧道和特长隧道
5	隧道横断面面积	超小断面隧道、小断面隧道、中等断面隧道、大断面隧道和特大断面隧道
6	隧道所处位置	山岭隧道、水底（下）隧道和城市隧道

比较明确的是按照隧道的用途来划分，有以下几种：

（1）交通隧道 这是最常见的一种隧道形式，包括铁路隧道、公路隧道、公路铁路两用隧道、地铁隧道、航运隧道和人行地道等，是为旅客、行人与货物提供运输的通道。

（2）水工隧洞　这是水利工程中的一个重要组成部分，根据用途可以分为引水、输水隧洞，导流、泄洪隧洞，尾水隧洞和排沙隧洞。

（3）市政隧道　这是修建在城市地下，用作敷设各种市政设施的地下管线，如自来水、污水、暖气、煤气、通信、供电等的隧道。

（4）矿山巷道　这是为矿山采掘工作在含矿层或岩层中开凿的地下通道，包括运输巷道、通风巷道、给水巷道等。

我国铁路隧道与公路隧道按长度的分类见表1-2。另外，根据国际隧道协会（ITA）的建议，隧道断面大小按隧道修筑好后的实际净空面积来划分，见表1-3。

表1-2　隧道长度 L 划分界限　　　　　　　　　　（单位：m）

隧道类型	特长隧道	长隧道	中隧道	短隧道
铁路隧道	$L>10000$	$10000 \geqslant L>3000$	$3000 \geqslant L>500$	$500 \geqslant L$
公路隧道	$L>3000$	$3000 \geqslant L>1000$	$1000 \geqslant L>500$	$500 \geqslant L$

表1-3　隧道断面划分标准

类　型	净空面积 S/m^2
超小断面	$S \leqslant 3.0$
小断面	$3.0<S \leqslant 10.0$
中等断面	$10.0<S \leqslant 50.0$
大断面	$50.0<S \leqslant 100.0$
超大断面	$S>100.0$

我国结合近年来的铁路隧道建设经验，也提出了一个隧道开挖跨度（隧道开挖横断面的水平最大宽度）划分的类别，见表1-4。

表1-4　我国铁路隧道跨度分级表

跨度分级	小跨度	中等跨度	大跨度	特大跨度
开挖跨度 l/m	$5 \leqslant l \leqslant 8.5$	$8.5<l \leqslant 12$	$12<l \leqslant 14$	$l>14$
对应的开挖断面积 S/m^2	$30 \leqslant S \leqslant 70$	$70<S \leqslant 110$	$110<S \leqslant 140$	$S>140$

■ 1.2　隧道工程的历史与发展

1.2.1　世界隧道工程的历史与发展

1. 原始时代

人类对地下空间利用的起点是将天然洞穴作为栖身之所，如中国周口店的山顶洞、法国的拉斯科洞穴等。随着人类文明的进步和生产力的逐步发展，人类逐步可以挖掘类似天然洞穴的窑洞来满足居住等生活需求和抵御自然威胁，在此过程中也逐步出现了隧道的雏形。在此阶段中，隧道等地下洞穴主要采用简易的工具开挖，且修筑在自身稳定而无须支撑的地层中。

2. 远古时代

从公元前 3000 年到 5 世纪，人类为满足生活需求和基于军事防御的目的，开始有意识地修建和利用隧道。公元前 2180—公元前 2160 年前后，在古巴比伦城幼发拉底河下修筑的人行隧道，是迄今已知的最早用于交通的隧道，为砖砌构造物，长 190m。公元前后的古罗马时代，利用棚架支护和卷扬提升方法，开挖了数量较多的军用隧道和水工隧道，开挖方法是火烧开挖面，烧热后急速泼冷水使岩石开裂破碎。

3. 中世纪时代

从 5 世纪到 14 世纪，这一时期的隧道修建技术发展缓慢，主要是对地下矿产资源的需求，修建了一批用于矿石开采的隧道。同时，为修建帝王陵墓和满足宗教传播等需求，也出现了一批特殊用途的地下洞室和隧道。始建于公元 684 年的乾陵，就是这一时期的典型代表。

4. 近代

15 世纪至 20 世纪早期，火药的发明、隧道开挖技术的进步和测量技术的出现对隧道的发展起了很大的推动作用。1679 年，法国使用火药开挖米迪运河马尔帕斯隧道，获得了极大成功，隧道挖掘技术得到了飞速的发展。19 世纪初，法国工程师马克·伊桑巴德·布鲁内尔（Marc Isambard Brunel）发明了盾构法，并于 1818 年完善了盾构结构的机械系统，设计采用了全断面螺旋式开挖的封闭式盾构。意大利物理学家欧拉顿（Erardon）提出以压缩空气平衡软弱地层涌水压力而防止地层坍塌的方法后，英国的科克伦（Co-Chrane）利用这个原理，发明了利用压缩空气开挖水底隧道的方法。第一次应用压缩空气法和盾构法修建的水底隧道是 1896 年由英国人格雷特黑德（Greothead）实现的。1898 年开始建设的贯穿阿尔卑斯山的辛普朗隧道，是最先开始应用凿岩机和使用硝化甘油（TNT）炸药开挖的岩石隧道。1863 年，世界首条地铁在伦敦建成通车并运营至今。

5. 现代

20 世纪早期至今，尤其是自 20 世纪 80 年代起，隧道修建技术得到了极大的发展和进步，机械化施工的水平也有了很大的提高，隧道建设的规模也得到了快速发展。该时期比较著名的隧道实例有：1994 年建成通车的英法海底隧道，长 50.5km，采用 TBM 修建；1988 年日本建成的青函海底隧道，长达 53850m，海底部分就有 23300m，成为当时世界上最长的水底隧道；1980 年建成的瑞士圣哥达公路隧道，长度 16.3km；而 2016 年建成通车的瑞士圣哥达基线铁路隧道，全长 57.1km，刷新了交通隧道长度的纪录。

1.2.2 我国隧道工程的历史与成就

我国最早有文字记载的地下人工建筑物，出现在春秋时代的古籍《左传·隐公元年》中，有"若阙地及泉，隧而相见"的记载，此处的"隧"是挖掘隧道、打地道的意思，表示当时已经有通道式的隧道。在《左传·襄公二十五年》中，也提到"陈侯会楚子伐郑，当陈隧者"，此处的"隧"，指通道，用于军事用途。17 世纪初，宋应星所著《天工开物》是我国有关地下工程方面的最早的书籍，它详细记载了竖井采煤法。

我国现存最早用于交通用途的隧道"石门"，位于今陕西省汉中市褒谷口内，建于公元 66 年，根据历史记载，该隧道是采用火烧水淬的办法破石开凿建成的。用作通道的还有安徽亳县城内的古地下道，建于宋末元初（约 13 世纪），是我国最早的城市地下通道。

19 世纪以来至新中国成立以前，我国以铁路隧道建设为主。从清末的 1876 年建成第一条铁路（吴淞铁路），到 1949 年新中国成立前，我国修建的铁路隧道共 664 座，总延长 156km（数据未包括台湾省）。这一时期修建的铁路隧道，资金和技术大多依赖国外，技术水平和施工速度很落后，设计理论和施工方法十分陈旧，建筑标准甚至轨距也不统一。但是，这些隧道的兴建培养造就了一批我国自己的隧道建设人才和专家，为日后我国大规模的隧道建设事业创造了条件和积蓄了力量。

我国第一座铁路隧道是清朝在台湾修建的狮球岭隧道（图 1-1），建造时间为 1888—1890 年，轨距 1067mm，长 261.4m，最大埋深 61m，位于台北—基隆线上。1903 年在滨洲线建成的兴安岭隧道，按双线断面施工，铺设单线，长 3077m，是我国第一座长度超过 3km 的铁路隧道。1909年，詹天佑主持建成的京张铁路，是我国自行设计、施工的第一条铁路，在关沟段建有 4 座隧道，总延长 1645m，其中最长的八达岭隧道（1091m）（图 1-2），建成于 1908 年，是我国自主修建的第一座越岭铁路隧道。1939 年为增建滨绥二线修建的杜草隧道，长 3840m，是新中国成立前我国最长的铁路隧道。

图 1-1　狮球岭隧道

图 1-2　八达岭隧道

伴随着新中国经济建设的发展，铁路隧道也相应得到了快速发展，隧道修建技术也在工程实践中取得了长足进步。改革开放以来，我国的现代化建设事业进入了一个新阶段，隧道建设也步入了一个历史性的新时期。尤其是进入 21 世纪以来，我国开始了大规模的高速铁路建设，与此同时，高速公路和地铁的建设也取得了引人瞩目的成绩，隧道修建总量和长隧道的数量和长度都在迅猛增长。

从 20 世纪 50 年代初期开始，我国陆续在全国高校中设立了隧道专业（1952 年在唐山铁道学院设置了桥梁隧道系并在全国招生，1954 年夏第一批隧道专业的学生毕业）和一批科研机构，在学习苏联地下结构计算理论基础上，探索研究，编制了成套的衬砌、洞门标准设计图，但当时铁路隧道修建依旧以人工开挖为主。1958 年以后，掀起了一个以小型机具和机械代替人工施工的热潮。其中，宝成铁路的秦岭隧道在施工中首次使用了风动凿岩机和轨行式矿车，成为我国隧道修建从人力开挖过渡到机械开挖的标志。这一时期建成隧道较多的铁路主要有宝成线、天兰线、丰沙 1 线、石太复线、鹰厦线、川黔线、太焦线等，共建成隧道 1005 座，总延长 306km。这 10 年间我国建成隧道的数量比此前 60 年增长近 1 倍。

20 世纪 60 年代，在西南铁路建设中，我国建成一批隧道较多的山区铁路，隧道建设在停建、发展、延滞的曲折前进中取得了成就，相继建成贵昆、成昆、京原以及东川、嫩林、盘西、水大、渡口等干支线，这一时期共修建隧道 1113 座，总延长 660km（为 20 世纪 50 年代的 2 倍多）。

20 世纪 70 年代，由于铁路路网迅速扩展，完成了较多的隧道工程，主要是焦枝线、枝柳线、襄渝线、京通线、阳安线、湘黔线等。这都是路网中隧道较多的山区铁路干线，工程非常艰巨。这一时期共建成铁路隧道 1954 座，总延长 1034km，在规模、速度和数量上，都大大超过 20 世纪 50 年代，是我国铁路隧道建设史上建成隧道较多的时期。

20 世纪 80 年代，由于改革开放的需要，为改变铁路运输的紧张状态，旧线改造和新线建设重点放在加强晋煤外运通道和改造既有铁路能力不足的"瓶颈"上，加速了衡广、沪宁、沪杭、浙赣等复线建设和京秦、大秦、兖石、新菏等铁路修建。这一时期共建成铁路隧道 319 座，总延长 199km，从数量上看，虽然比六七十年代大为减少，但建成的长隧道特别是双线长隧道增加了许多。其中，衡广复线大瑶山隧道（14.295km）是我国当时已建成最长的双线隧道，大秦铁路的军都山（8.46km）、白家湾（5.06km）等双线隧道也都是在这一时期建成的。从 70 年代末开始，我国内地开始了解和接受新奥法的施工理念，并在大瑶山隧道中使用重型机械进行综合机械化施工，它的建成标志着我国在隧道设计、施工技术和科学研究等方面开拓了一个新领域，跃升至一个新的阶段。同一时期，北京地铁复兴门折返线引入军都山隧道在洪积、冲积地层浅埋矿山法施工的经验，逐渐进入在城市地铁中采用浅埋暗挖法修建区间隧道及各种跨度车站的新时代。由于解决了在城市环境条件下拆迁、扰民的问题，施工进度大大提高，在明挖法、盾构法不适用的条件下，浅埋暗挖法显示了巨大的优越性。根据多年的工程实践，目前浅埋暗挖法已有自己全套的设计、施工理论，作为国家级工法已被国内外工程所采用。

到 20 世纪 90 年代，铁路干线隧道工程浩大，长隧道多，工程地质极其复杂，铁路隧道建设技术水平提高很快，隧道施工方法逐渐呈现出多样性。开挖方法由单线隧道的台阶法施工演变为大跨度的单侧壁导坑法、双侧壁导坑法、CD 法、CRD 法，采用这些方法修建了 3 线、4 线等大跨度的铁路隧道及车站。此外还有沉管法、TBM 法等一些先进的施工工法。1993 年，采用沉管法修建成功的穿越珠江的公铁两用隧道，标志着我国内地沉管法建造技术的成熟。另有许多著名的隧道，如南昆线米花岭隧道和家竹箐隧道、西康线秦岭 I 线隧道、京九线五指山隧道以及朔黄线长梁山隧道等均在这一时期建成。1998 年 1 月，全长 18km 的西康线秦岭 I 线隧道，采用技术先进的敞开式全断面 TBM 建成，标志着我国铁路隧道机械化施工跨入了世界隧道建造的先进行列，整体上代表了我国现阶段铁路隧道工程的新水平。20 世纪 90 年代，我国共建成隧道 1822 座，总延长 1311km，是我国建成铁路隧道总延长最多、隧道平均长度最长的时期。

进入 21 世纪以来，我国铁路进入新一轮的发展高峰，许多隧道工程向过去的隧道修建禁区发展，出现了大量的岩溶区高水压隧道、穿越煤层的高瓦斯地区隧道、高海拔多年冻土隧道、穿越高地震烈度的高地应力与高地温隧道、长距离跨江越海隧道、长度超过 30km 以上的高速铁路隧道。新建铁路干线隧道多达百座以上，长度占全线的 37%～52%，而施工工期却大大缩短。截至 2018 年年底，我国铁路营业里程达 13.1 万 km，其中投入运营的铁路隧道 15117 座，总长 16331km。我国已投入运营高速铁路总长 2.9 万 km，共建成高速铁路隧道 3028 座，总长 4896km，其中特长隧道 64 座，总长 820km，长度 15km 以上的特长隧道 5 座。北京—张家口高速铁路八达岭地下车站，地下建筑面积 3.6 万 m^2，是迄今世界上最大的地下高铁站，车站两端的渡线隧道开挖跨度 32.7m，也是国内单拱跨度最大的暗挖铁路隧道。

近年来，随着我国高速公路和高等级公路建设的快速发展，公路隧道的建造也取得了迅猛发展，几乎每年都有数十座隧道建成。目前，我国最长的运营公路隧道是位于陕西省的秦岭终南山公路隧道，长 18.02km，如图 1-3 所示；在建的最长公路隧道是渭武高速公路上位于甘肃省的木寨岭隧道，长 15.22km；2018 年通车的港珠澳大桥水下沉管隧道，海底段长达 5.6km，最大覆水深度 44m，是迄今世界上最长的海底沉管隧道，如图 1-4 所示。

图 1-3　秦岭终南山公路隧道

图 1-4　港珠澳大桥人工岛

不仅如此，我国近年来在地铁隧道、水工隧洞、城市综合管廊等的建设上也取得了巨大成就。截至 2018 年年底，我国大陆共计 35 个城市的 185 条地铁线路投入运营，运营地铁线路长度达 5761km。截至 2017 年年底，规划兴建的 172 项节水供水水利工程已有 109 项开工建设，在建投资规模超过 8000 亿元，辽宁省新的西北部引水工程、滇中引水工程相继开工建设。根据功能需要，水工隧洞的长度往往远超交通隧道：陕西省引汉济渭工程，穿越秦岭的隧洞长达 98.30km；吉林省引松供水工程隧洞长约 133.99km；新近开工建设的新疆北部引水工程喀双隧洞长达 283.27km，堪称世界同类之最；辽宁省新的西北部引水工程隧洞总长也达到了 230.20km。近年来我国城市综合管廊的建设也突飞猛进，截至 2015 年年底，我国已建和在建管廊 1600km；2016 年和 2017 年每年开工建设都超过 2000km。

经过几十年几代建设者的不懈努力，我国的隧道及地下工程修建水平已跻身国际先进行列。我国目前最长的已建交通隧道是 32.69km 的青藏铁路新关角隧道，在建长度最长的交通隧道是 34.5km 的大瑞铁路高黎贡山隧道。这些隧道的修建标志着我国已经完全掌握 20km 级隧道的修建技术，正在向着修建 30km 级以上特长隧道的水平发展。在水下隧道方面，2018 年通车的港珠澳大桥沉管隧道是世界上最长、埋入海底最深、单个沉管体量最大的公路沉管隧道，其中多项修建技术引领全球。

■ 1.3　隧道工程的前景及发展趋势

1.3.1　隧道工程的前景

随着我国经济的持续发展，综合国力不断增强、高新技术不断发展，铁路、公路、地铁等交通隧道的建设将继续保持高速增长的势头，我国隧道工程的发展前景非常广阔。

截至 2018 年年底，我国规划了铁路隧道 6327 座，总长 15634km，特长铁路隧道 305 座，总长 4504km，其中，长度 20km 以上的特长铁路隧道 33 座，累计长度约 867km。规划的高速铁路共 83 条，总长 18132km，共有隧道 3126 座，累计长度约 6924km，其中，特长隧道 118 座，总长 1596km，长度 15km 以上的特长隧道 32 座。截至 2018 年年底，共有 63 个城市的城轨交通线网规划获批（含地方政府批复的 19 个城市），其中城轨交通线网建设规划在实施的城市共计 61 个，在实施的建设规划线路总长 7611km（不含已开通运营线路）。同时，几条跨海通道的规划和实施也将逐步提上日程，因此在可预见的未来，我国交通隧道长度和数量将持续刷新纪录。水利水电设施的开发，也为隧道的建设提供了新的发展机遇，我国在深埋、长大隧道及大跨度地下厂房的设计与施工能力都已经或将要达到世界先进水平。

随着城市基础设施建设的发展，隧道工程近年来又扩大到其他多方面用途的地下工程。由于地下建筑物不占地面面积，具有抗震稳定性、隐蔽性等优点，充分利用地下空间的途径逐渐为人们所重视。在工业方面，建成了许多地下仓库、地下工厂、地下电站、地下停车场及地下粮仓等。在人民生活方面，建造了形成网络的防空洞、地下综合体、地下游乐场、地下体育中心、地下街、地下餐厅、地下会堂、地下战备医院和地下养殖场等。截至目前，地下工程已经发展并渗透到国民经济的各个部门中，成为人们活动的又一层世界。

随着"一带一路"倡议的提出，我国与周边各国的联系日益紧密，各国间的交通联系也将加强。其中，在建的亚欧大陆桥将使得我国中西部地区与中东、东南亚、欧洲等地区的运输距离较之以前缩短几倍，而这些连接邻国的国际大通道都会遇到高山阻挡，需要修建大量的隧道，这也为各国隧道的发展提供了新的机遇和挑战。

1.3.2 隧道工程的发展趋势

近年来，我国隧道工程取得了一定的成就，无论是在隧道机械化施工方面还是在隧道工程的理论、施工技术方面，都取得了长足的进步，但也存在一些问题和不足。从总体来看，隧道的施工环境还比较恶劣，隧道结构比较粗大厚实，尽管有先进施工机械的不断引进和研制，但隧道施工主要还是依靠人力，工人的劳动强度仍然很大，导致工程进度不快和工程造价较高；对围岩性质、计算模型和计算理论的研究还需更加符合实际；施工队伍技术水平的提高和管理水平的改进、先进机械在实际施工中的使用、降低人力物力的消耗和浪费等问题，还都有待隧道工程从业者去解决。今后，应当加强隧道环境和地质的现场量测与实验室工作之间的联系，以得出符合不同性质围岩的计算模型和计算理论；进一步完善隧道开挖技术与工法；不断研制先进施工机械，配以高水平施工人员，提高隧道施工全机械化程度；加强经济技术管理，提倡采用科学的管理方式，根据现场实测的信息反馈，制订和不断调整施工计划，达到施工方案优、施工质量高、施工进度快、降低工程造价的目的。

隧道工程未来的发展趋势主要体现在以下方面：

1. 隧道施工机械化

在隧道建设中，复杂的地表环境和地质条件问题越来越多，而先进的技术和设备是保证施工质量的前提和条件，因此实现隧道施工机械化的需求日益迫切。近年来，三臂液压凿岩台车、三臂拱架安装机、湿喷机械手、全液压自行式仰拱栈桥、新型隧道衬砌台车、衬砌自动养护台车等一系列隧道专业设备的开发与应用，推进了我国隧道施工机械化的发展，并逐步向自动化迈进。工程中运用先进的凿岩台车、掘进机和盾构机不仅保证了施工的安全性、可靠性还有效提高了施工工程的效率；新型爆破设备在隧道工程施工中的运用可以更好地改善施工环境。另一方面，当前我国隧道工程施工的特点是建设工期短、工程质量高，对施工的安全性和环保性也都有严格把控。因此，不断研发先进的施工机械与装备，开发适合地下工程作业的专用工具、工装，攻克关键技术，掌握自主知识产权，真正实现机械化配套作业是隧道与地下工程发展的必经之路。

2. 隧道结构预制化

在隧道施工过程中常面临作业空间狭小、环境恶劣、速度较慢、质量难以控制等问题，而预制拼装结构采用工厂化预制、现场拼装的施工方式，具有机械化程度高、施工速度快、施工质量高、作业环境好等特点，逐渐成为地下工程技术的发展方向。但由于存在对制造精度及防水要求高，在坑道内需要足够拼装空间等不足，以及装配式结构的相关设计理论、施工规范及抗震理论等方面的欠缺，目前隧道及地下工程支护预制技术主要应用于盾构法施工隧道，其应用领域主要集中在城市地下工程中，如城市地下交通隧道、市政设施管道、引水隧道和越江跨海隧道等。

当前，钻爆法施工的隧道还占相当大的比例，隧道临时支护预制技术的研究更是空白。拆除临时支护结构是一个非常烦琐的工序，而拆除工效低下、材料浪费严重更是普遍现象，同时拆除临时支护结构在一定程度上会打破原先支护结构的平衡，频繁出现应力转换、分散、重分布等状态，拆除工序控制不好易出现意外事故。因此，推行隧道结构预制化，在满足安全可靠的前提下提高拆除工效、节省材料、循环利用并降低成本，显得很有必要。

3. 隧道建设信息化、智能化

当今世界已处于互联网高度发达的高科技时代，大数据技术正是信息化时代的产物。将大数据技术应用于隧道工程的勘察、设计、施工、监测与运营管理全过程，为隧道工程的建设、养护与防灾提供信息共享平台，利用信息技术的手段实现隧道工程全生命周期的数字化管理，并通过隧道空间数字地层及工程模型在隧道建设中各个阶段的灵活运用，对工程中各类数据进行高效化查询与管理，从而可实现建养一体化。可以预见，大数据技术（包括人工智能）将会在隧道与地下工程中发挥越来越重要的作用。

同样，近年来发展起来的建筑信息模型 BIM（Building Information Modeling），是以三维数字模型为对象对项目进行设计、施工和运营的一项新技术。该技术平台整合多源数据（集成 GIS、物联网、大数据、互联网、人工智能等新技术），以数字化、信息化和可视化的方式提升了规划、设计阶段的精度和深度，实现了施工阶段的动态模拟和信息化管理，并为运维阶段实现信息化、精细化资产管理提供技术支持。传统的二维平面设计存在信息传递不畅，设计意图表达不明确，资源调配不均，设计成果不能有效服务于隧道设计、施工与运营维护等诸多问题。相比之下，BIM 技术能够有效地改善上述状况，因此，BIM 技术在隧道工程的建设中必将会越来越普及。

党的二十大报告指出："推动战略性新兴产业融合集群发展，构建新一代信息技术、人工智能、生物技术、新能源、新材料、高端装备、绿色环保等一批新的增长引擎。"在科技发展的新时代背景下，隧道工程也必将与信息技术、人工智能等新技术深度融合，逐步形成隧道工程智能建造的新局面，焕发出新的活力。

 思考题与习题

1. 简述隧道的定义。
2. 隧道按用途划分可以分为哪几种类型？
3. 隧道工程的发展分为哪几个历史阶段？
4. 隧道工程的发展趋势有哪些方面？

第 2 章　隧道工程地质勘察

【学习目标】

1. 熟悉隧道工程地质勘察的方法和内容，熟悉隧道超前地质预报的作用和主要方法。
2. 掌握隧道工程围岩的概念，熟悉隧道围岩的基本工程性质。
3. 熟悉隧道围岩分级的原理，掌握隧道围岩分级工作流程及方法。

地质条件对隧道工程的规划、设计、施工、运营影响较大，在工程实践中需要采用多种手段，充分做好各阶段的工程地质勘察工作，查明隧道工程的工程地质和水文地质条件等信息，并进行分析和评价，避免设计工作中的盲目性，节约投资并减少施工和运营的事故。

■ 2.1　隧道勘察

隧道勘察可分为设计阶段勘察、施工阶段勘察、改建阶段勘察和运营阶段勘察。新建铁路工程地质勘察宜按踏勘、初测、定测、补充定测分阶段开展工作，并与预可行性研究、可行性研究、初步设计、施工图设计四个设计阶段相对应。施工阶段、运营阶段的铁路工程地质勘察应根据需要开展工作。公路隧道的勘察阶段和要求与铁路隧道大致相同，本节以铁路隧道为对象，介绍隧道勘察相关的要求和内容。

2.1.1　基本要求

隧道勘察首先应进行大致的、大范围的以全貌为对象的调查，以此整理出调查所判明的事项等，提出勘察的重点，在先前已获得成果的基础上，用以后获取的勘察成果不断地加以评价、修正，使之满足设计、施工需要。

隧道设计和施工阶段勘察的调查基本要求见表 2-1。

2.1.2　勘察方法

隧道勘察以查明隧道工程地质和水文地质条件为目标，勘察方法主要有遥感工程地质解译、工程地质与水文地质测绘、物探、钻探、原位测试、岩土试验与测试等。

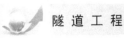

表 2-1　隧道设计和施工阶段勘察的调查基本要求

阶段	时期	目的	内容	范围
初测	从研究比较线路到决定隧道线路	获取可行性研究选线所需的地形、地质及其他环境条件的资料，并为下一阶段调查提供基础资料；为判断隧道工程能否采用掘进机法施工提供必要的依据	一般根据既有资料及现场踏勘，开展地形、地质、环境、障碍物调查，大件设备运输条件调查等	包括比较线路在内的范围
定测	从决定隧道线路后到施工前	获取初步设计、施工计划、概算等所需资料；为掘进机选型提供地质参数	地形、地质、环境、障碍物的详细调查，包括各项措施、施工设备、弃渣场等具体内容	与隧道有关的地点及周围地区
施工中调查	施工期内	预测和确认施工中产生的问题，变更设计、施工管理等	地形、地质、环境等调查，洞内测量、开挖工作面观察，预计对施工影响并制定措施等	隧道内及受施工影响的范围

1. 工程地质勘察方法

（1）遥感图像地质解译　遥感图像地质解译是通过多种手段和方法，对遥感图像地质信息识别、分析、判断，达到识别地区或场地地质条件的过程。利用遥感图像信息丰富的特点，从遥感图像上判释、解译出铁路沿线区域的地层、岩性、地质构造、不良地质等主要工程地质条件，形成遥感工程地质判释成果，指导地面地质调绘。

（2）工程地质调绘　工程地质调绘是指采用收集资料、遥感解译、地质调查访问等手段，对地貌形态、地层岩性及其工程特征、地质构造、水文地质情况、不良地质现象、特殊岩土等工程地质要素进行调查、测绘，以分析地质现象，确定勘探方法，认识、评价场地工程地质条件的基本工作方法。工程地质调绘是最基本、全局性的工作，是对各种地质信息进行综合分析的纽带和基础，贯穿于整个勘察阶段的全过程。

（3）工程勘探　工程勘探是指通过人工、机械或仪器来揭示地层层序、岩土工程特征，认识地表以下地层的手段，包括物探、简易勘探和钻探。物探具有方法多、勘探深度大、易于大面积施测的特点，合理应用物探能提高地质勘探宏观控制水平，减少钻孔布置的盲目性，为工程设计直接提供所需的各种地质参数。钻探是最直观、最可靠的方法之一，用于查明基础地质条件，验证地质调绘以及其他勘探手段的推断与解释；进行水文地质试验，获得土工试样；进行物探测井，取得工程地质、水文地质参数。

（4）地质测试　地质测试是为工程设计或施工检验提供地质参数，进行岩、土、水样的室内试验以及在地层原始状态下测试物理力学性质和水文地质条件的手段的统称。原位测试是一种在现场对地基岩土直接进行多种参数测定的综合方法，优点是在工程场地进行测试，无须采样，试样体积比室内试验样品大，能反映宏观结构对岩土体性质的影响，其缺点是难于控制测试中的边界条件。土工试验是通过野外取样，并按工程设计和施工需要的化学、物理力学等指标对试样进行试验，是钻探、原位测试、物探鉴别土名和取得试验参数的主要依据。

2. 综合勘探技术

综合勘探是在研究、分析区域地质条件的基础上，采用遥感图像地质解译、调绘、物探、钻

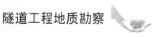

探、原位测试、室内试验等多种工程地质勘察手段进行勘察的方法。其目的是使取得的地质资料互相验证、取长补短，综合分析，以最小的勘探工作量达到最佳勘察效果。目前隧道工程勘察通常采用综合勘探技术开展相应的勘察工作，其工作流程如图2-1所示。

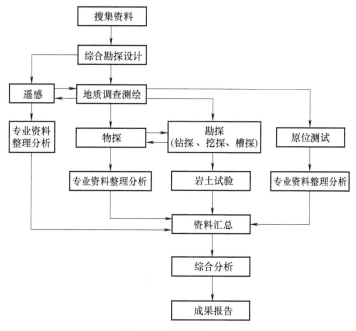

图 2-1 综合勘探流程

2.1.3 勘察内容

隧道勘察应根据不同阶段任务、目的和要求，针对隧道工程的特点，开展调查、测绘、勘探和试验等工作，并编制勘察报告，做到搜集资料齐全、准确，满足设计要求。

1. 隧道工程外部环境条件调查

隧道工程外部环境条件调查主要包括表2-2中所列的内容。

表 2-2 隧道工程外部环境条件调查主要内容

序号	项 目	内 容
1	自然条件调查	以地形地貌特征为主，包括自然地理的概况，如山脉、水系、地形的陡缓高程、地表植被、建筑物分布、与地质结构有关的地形地貌特征等
2	施工环境调查	主要包括周围建筑物及人居状态，用以评估隧道施工对周围居民生产生活可能产生的影响及应采取的措施
3	环境保护调查	主要包括隧址区自然、生态、农林资源、水源等保护区的分布、范围、保护等级等，并确定相应的环境保护措施
4	气象调查	主要包括气温、气压、风、湿度、降雨量、洪水、晴雨情况、降雪量、积雪和雪融期以及地层冻结深度
5	施工条件调查	主要包括建筑材料及水、电供应情况，交通条件、施工场地及弃渣条件，也包括生活供应、医药卫生条件、开挖洞口的用地和建筑物拆迁等

2. 隧道工程地质调绘

隧道工程地质调绘主要包括表 2-3 中所列的内容。

表 2-3 隧道工程地质调绘主要内容

序号	项 目	内 容
1	工程地质条件	地层、岩性及地质构造特征，重点查明地层岩性分布，地质构造性质、类型、规模、断层、节理、软弱结构面特征及其与隧道的组合关系，以及围岩的基本物理力学性质等
2	水文地质条件	地表水水系和井泉分布；地下水类型及地下水位，含水层的分布范围及相应的渗透系数、水量、水压、水温和补给关系，水质及其对混凝土的侵蚀性，有无异常涌水、突水等；濒临水库地区的隧道位于水库规划水位以下时，评价其与水库的水力联系
3	不良地质条件	影响隧道洞口安全或洞身稳定的崩塌、错落、岩堆、滑坡、岩溶、人为坑洞、泥石流、雪崩、冰川等不良地质现象和偏压等地质问题，分析其类型和规模及发生原因、发展趋势，判明对隧道影响的程度
4	特殊岩土	隧址区特殊岩土成因、范围及岩土学特性对隧道的影响程度，评价隧道可能发生的地质灾害，特别是对洞口及边仰坡的影响，提出工程措施意见
5	有害气体等	有害气体、矿体及具有放射性危害的地层，确定分布范围、成分和含量
6	地应力水平	重点查明高地应力可能引起的大变形、岩爆分布范围及影响程度
7	地震动参数	通过地震动峰值加速度 0.1g 及以上的地区时，应调查历史地震对既有建筑物的毁损情况、自然破坏现象等，结合岩性、构造、水文地质等条件，确定地震动参数，分析评价其对隧道洞身稳定性和洞口斜坡稳定性的影响

3. 隧道工程勘探和地质测试

隧道工程地质勘探和地质测试应符合以下规定：

1）钻孔位置和数量应视地质复杂程度而定。洞门附近覆土较厚时，应布置勘探孔；地质复杂，长度大于 1000m 的隧道，洞身应按不同地貌及地质单元，合理布置勘探孔查明地质条件；主要的地质界线，重要的不良地质、特殊岩土地段等处应有钻孔控制；洞身地段的钻孔位置宜布置在隧道中线外 8~10m。

2）钻探深度应至隧底以下 3~5m；遇溶洞、暗河及其他不良地质时，应适当加深至溶洞、暗河底及不良地质体以下 5m。

3）埋深小于 100m 的较浅隧道或洞身段沟谷较发育的隧道，勘探点间距不宜大于 500m；埋深较大隧道勘探点的布置应根据地质调查及物探成果专门研究确定。

4）区域性断层和重大物探异常点应布设控制性勘探点。

5）钻探中应做好水位观测和记录，探明含水层的位置和厚度，并取样做水质分析。水文地质条件复杂的隧道，应做水文地质试验，测定岩土的渗透性，计算涌水量，必要时应进行地下水动态观测，并测定地下水的流向、流速。

6）取代表性岩土试样进行物理力学性质试验。

7）对有害矿体和气体，应取样进行定性、定量分析。

4. 隧道施工阶段地质勘察

隧道施工阶段地质勘察宜采用开挖面地质素描、物探、超前钻孔、孔内摄像、导坑等综合超前地质预报方法，主要完成以下任务：

1）核定围岩的岩性、结构、构造、地下水及围岩级别等情况，为验证或修改设计提供依据。

2）及时预测和解决施工中遇到的工程地质及水文地质问题。

3）开挖揭示地质条件与设计图差别较大时，应进行必要的洞内外补勘工作。

■ 2.2 隧道超前地质预报

隧道施工地质超前预报是一项系统性工作，目前已经被纳入隧道施工工序。

2.2.1 超前地质预报概述

隧道超前地质预报，是指利用钻探和现代物探等手段，探测隧道等地下工程的岩土体开挖面前方地质情况，使在施工前掌握前方岩土体结构、性质，地下水及瓦斯等的赋存情况，地应力等信息，为进一步施工提供指导，以避免施工及运营过程中发生涌水、瓦斯突出、岩爆、大变形等地质灾害，从而保证施工安全和顺利进行。

1. 隧道超前地质预报的目的

隧道超前地质预报应达到以下目的：

1）进一步查清隧道工作面前方工程地质和水文地质条件，指导工程施工顺利进行。

2）降低地质灾害发生的概率和危害程度。

3）为优化工程设计提供依据。

4）为编制竣工文件提供基础资料。

2. 隧道超前地质预报的内容

隧道超前地质预报主要包括表2-4中的内容。

表2-4 隧道超前地质预报的主要内容

序号	项 目	重 点
1	地层岩性预测预报	软弱夹层、破碎地层、煤层及特殊岩土
2	地质构造预测预报	断层、节理密集带、褶皱轴等影响岩体完整性的构造发育情况
3	不良地质预测预报	岩溶、人为坑洞、瓦斯等发育情况
4	地下水预测预报	岩溶管道水及富水断层、富水褶皱轴、富水地层中的裂隙水等发育情况

3. 隧道超前地质预报长度划分

按预报长度，隧道超前地质预报可以分为表2-5中的3种类型。

表2-5 隧道超前地质预报长度划分及预报方法选择

序号	类 型	预报长度	可选预报方法
1	长距离预报	100m 以上	地质调查法、地震波反射法及100m以上的超前钻探等
2	中距离预报	30~100m	地质调查法、弹性波反射法及30~100m的超前钻探等
3	短距离预报	30m 以内	地质调查法、电磁波反射法（地质雷达探测）及小于30m的超前钻探等

2.2.2 超前地质预报方法

隧道超前地质预报可以采用地质调查法、超前钻探法、物探法和超前导坑预报法。

1. 地质调查法

地质调查法是根据隧道已有勘察资料、地表补充地质调查资料和隧道内地质素描，通过地层层序对比、地层分界线及构造线地下和地表相关性分析、断层要素与隧道几何参数的相关性分析、邻近隧道内不良地质体的可能前兆分析等，利用常规地质理论、地质作图和趋势分析等，推测开挖工作面前方可能揭示的地质情况的一种超前地质预报方法。

地质调查法是隧道超前地质预报中最早使用的方法，具有不占用开挖工作面施工时间、不干扰施工、设备简单、操作方便、提交资料及时，可随时掌握隧道开挖工作面的地层、岩性、地质构造、地下水等地质条件的变化等优点。这种方法在隧道埋深较浅、构造不太复杂的情况下有很高的准确性。

地质调查法包括隧道地表补充地质调查和隧道内地质素描：

1）隧道地表补充地质调查是在研究区域地质及已有勘察资料的基础上，对隧道所处区域的地质条件进行的进一步调查与核实，贯穿于整个施工期间。当施工中遇到重大地质异常时，为了进行地下与地面对照，也需要进行地表补充地质调查。

2）隧道内地质素描是将隧道所揭露的地层岩性、地质构造、结构面产状、地下水出露点位置及出水状态和出水量、煤层、溶洞等准确记录下来并绘制成图表，包括开挖面地质素描和洞身地质素描。隧道内地质素描示例如图2-2所示。

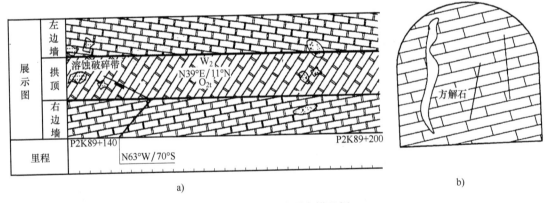

a)   b)

图 2-2　隧道内地质素描示例

a）洞身地质素描　b）开挖面地质素描

2. 超前钻探法

超前钻探是在隧道开挖面或其侧洞沿开挖前进方向施做超前地质钻孔，以探明开挖工作面前方地质条件。超前钻探包括超前地质钻探法和加深炮孔探测两种方法：超前地质钻探是利用钻机在隧道开挖工作面进行钻探获取地质信息的一种超前地质预报方法；加深炮孔探测是利用风钻或凿岩台车等在隧道内开挖工作面钻小孔径浅孔获取地质信息的一种方法。

1）超前地质钻探法适用于各种地质条件下的隧道超前地质预报，富水软弱断层破碎带、富水岩溶发育区、煤层瓦斯发育区、重大物探异常区等地质条件复杂地段必须采用。该方法能比较直观地探明钻孔所经过部位的地层岩性、岩体完整程度、岩溶及地下水发育情况等，必要时应测试水压、取样、进行室内试验，且对煤系地层可进行孔内煤与瓦斯参数测定。与物探方法相比，它具有直观性、客观性，不存在物探手段经常发生的多解性、不确定性。超前钻探虽直观，但也有费用高、速度慢、占用隧道施工时间长的缺点，并有"一孔之见"的不足，对断层等面状构造一般不会漏报，但是对溶洞有漏报的可能。某隧道开挖面超前地质钻孔情况如图2-3所示。

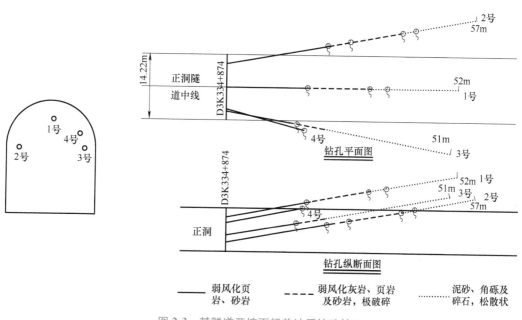

图2-3 某隧道开挖面超前地质钻孔情况

2）加深炮孔探测适用于各种地质条件下隧道的地质超前探测，尤其适用于岩溶发育地区。该方法是地质超前钻探的一种重要补充，因其数量多，在岩溶发育区大大增加揭示溶洞的概率，效果非常明显。与地质超前钻探相比，具有设备移动灵活，操作方便、费用低、占用隧道施工时间短的特点，可与爆破孔同时施作。但是也存在钻孔浅，且不能取岩芯的缺点。

3. 物探法

物理勘探（简称物探）是利用物理学的原理、方法和专门的仪器，观测并综合分析天然或人工地球物理场的分布特性，探测地质体或地质构造形态的勘探方法。根据所采用的原理分类，目前常用的物探技术原理主要包括声波法、电测法、电磁波反射法、地震波反射法和红外探测法等。目前在隧道工程超前地质预报中应用的主要物探技术的基本原理及代表性方法见表2-6，部分物探方法的结果示例如图2-4~图2-6所示。

表2-6 隧道工程超前地质预报物探技术的基本原理及代表性方法

序号	类 型	基 本 原 理	代表性方法
1	弹性波反射法	利用人工激发的地震波、声波在不均匀地质体中所产生的反射波特性来预报隧道开挖工作面前方地质情况，包括地震波反射法、水平声波剖面法、负视速度法和极小偏移距高频反射连续剖面法等	TSP法、TRT法、HSP法、陆地声呐法、跨孔声波CT成像法、负视速度法
2	电磁波反射法	利用电磁波在隧道开挖工作面前方岩体中的传播和反射，根据传播速度和反射脉冲波走时进行超前地质预报	地质雷达法

（续）

序号	类　型	基 本 原 理	代表性方法
3	高分辨直流电法	以岩石的电性差异（即电阻率差异）为基础，电流通过布置在隧道内的供电电极在围岩中建立起全空间稳定电场，通过研究电场或电磁场的分布规律预报开挖工作面前方储水、导水构造分布和发育情况	瞬变电磁法
4	红外探测法	通过接收地质体的红外辐射强度，根据红外辐射场强的变化来判断开挖面前方、洞壁四周或隧底是否存在隐伏的含水构造	红外探水法

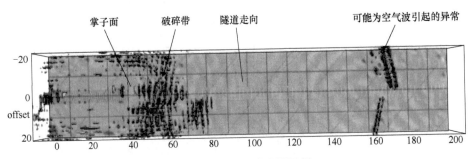

图 2-4　TRT 探测成果图示例

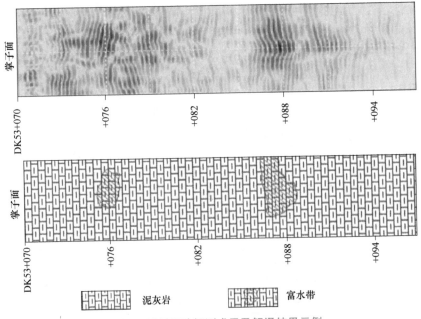

图 2-5　地质雷达探测成果及解译结果示例

　　采用物探技术进行超前地质预报的优点是快速、超前探测距离大、对施工干扰相对小、可以多种技术组合应用。但是物探法的应用受环境及经验的影响，准确解译物探资料具有一定的技术难度，实际中应进一步结合地质理论和其他探测资料，提高物探成果解译水平。

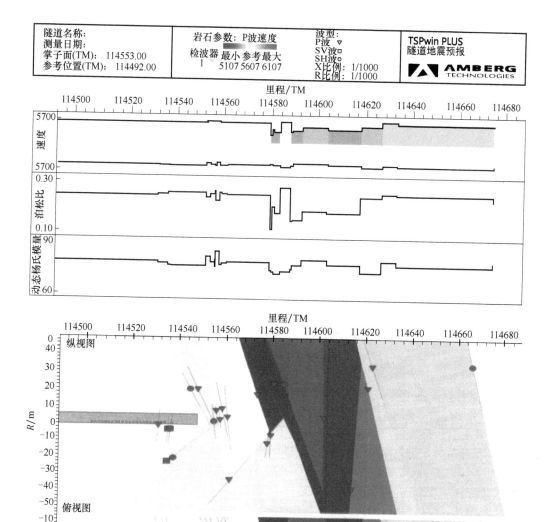

图 2-6　TSP 探测二维成果图示例

4. 超前导坑预报法

超前导坑预报法是以超前导坑中揭示的地质情况，通过地质理论和作图法预报正洞地质条件的方法。超前导坑法可以分为平行超前导坑法和正洞超前导坑法。平行超前导坑法是在隧道正洞左边或右边一定距离开挖一个平行的断面较小的导坑，以导坑中的地质情况通过地质理论和作图法预报正洞地质条件的方法；正洞超前导坑法是在隧道正洞某个部位开挖一个断面较小的导坑以探明地质情况的方法。线间距较小的两座隧道可互为平行导坑，以先行开挖的隧道预报后开挖的隧道地质条件。超前导坑预报法的示例如图 2-7 所示。

超前导坑预报法适用于各种地质情况，但因为费用高、工期长，通常只在隧道长、埋深大、地质条件复杂且设计有超前导坑（施工期间增加工作面加快施工速度、施工和运营期间作为通风及防灾救援通道等）的环境下使用。为探测前方地质条件而专门进行超前探洞施工的情况在实际工程中很少见。

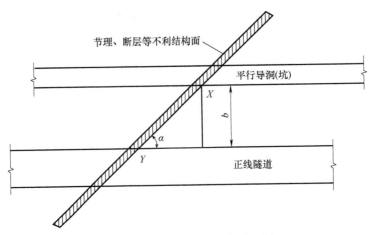

图 2-7　平行超前导坑预报法示例

2.2.3　综合超前地质预报方法

要推动隧道超前地质预报水平，提高预报准确度，就必须将地质调查方法与多种物探方法有机结合起来，对地质物探资料进行系统处理和综合分析。

1. 综合超前地质预报原则

目前已开始注重采用综合分析方法对隧道开展超前地质预报工作，所遵循的原则为"以地质分析为核心，综合物探与地质分析结合，洞内外结合，长短预测结合，物性参数互补"：

1）"以地质分析为核心"是指以地面和开挖面地质调查为主要手段（必要时开展超前钻孔），并将地质分析作为超前预报的核心，贯穿于整个预报工作的始终。

2）"综合物探与地质分析结合"是指在开展 TSP、地质雷达、瞬变电磁法等综合物探工作的同时，必须将物探解译与地质分析紧密结合。

3）"洞内外结合"是指洞内、洞外预报相结合，并以洞内预报为主，如地面地质调查是洞外预报，开挖面素描、超前钻探和各种物探方法是洞内预报。

4）"长短预测结合"是指在长距离预报的指导下，进行短距离精确预报，如地面地质调查和 TSP 是长距离预报，开挖面素描、地质雷达、超前钻探等是短距离预报。

5）"物性参数互补"是指选取的物探预报方法其预报物性参数应相互补充配合。TSP、地质雷达、瞬变电磁法、BEAM 等物探方法不一定同时同等使用，应在地质分析的基础上，考虑"长短预测结合"等综合预报原则和物探方法适宜性，选取适宜的方法进行预报。

2. 综合超前地质预报工作路线

在上述综合预报原则的指导下，建立隧道综合超前地质预报工作路线，如图 2-8 所示。首先对隧址区勘察设计资料进行详细研究，利用地面地质调查等方法，确定断层和其他不良地质体与隧道轴线交点的大概位置，估测岩层、断层和其他重要地质界面的产状，预测地下水富存段。在此基础上，根据宏观地质分析预测成果和开挖面地质调查，结合各种物探方法的适宜性，有针对性地选择一种或者几种物性参数互补的物探方法进行超前探测与预报解译，了解开挖面前方一定距离的详细地质特征信息。通过上述地质分析和物探预报解译，对开挖面前方的基本地质条件，包括断层、岩体破碎情况、溶洞、地下水情况、岩体软硬程度等，进行综合分析预报，判断是否存在不良地质体和施工地质灾害，并采取相应的措施指导施工。

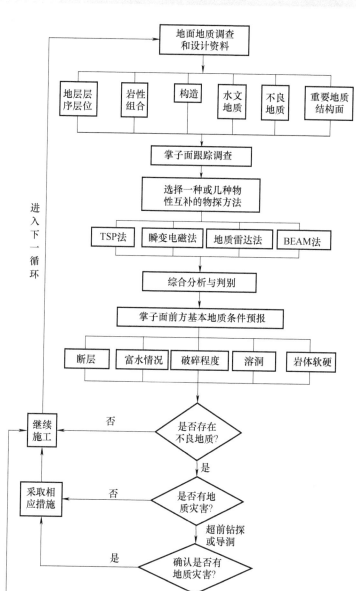

图 2-8 综合超前地质预报工作路线图

■ 2.3 岩体的基本工程性质

隧道是在岩体中开挖形成洞室，再施以支护措施而形成的结构体。因此，了解岩体的基本工程性质，对隧道工程的修建和安全运营都是十分重要的。地质体可分为岩体和土体：岩体是由岩石、结构面及充填物组成的，土体指土和破碎岩石等非胶结的粒状集合体。目前所说的岩体，是包括土体的。

2.3.1 岩体的初始应力场

隧道工程是修筑在应力岩体之中的，所谓应力岩体就是指具有一定应力历史和一定应力场的岩体。在这种岩体中修建隧道就必须了解它的状态及其影响，而对评定应力岩体有重要意义的是岩体的初始应力场。所谓初始应力场，是由于岩体的自重和地质构造作用，在开挖隧道前岩体中就已存在的地应力场。它是经历了漫长的应力历史而逐渐形成的，并处于相对稳定和平衡状态。隧道开挖后，围岩在开挖边界处解除了约束，失去了平衡。此时隧道周边应力重分布，其结果是引起周围岩体的变形或破坏，形成围岩新的应力场。这种应力传播以及一切岩体力学现象无一不与围岩的初始应力场密切相关，都是初始应力发展的延续。

1. 岩体的初始应力场

岩体初始应力场的形成与岩体的结构、性质、埋藏条件以及地质构造运动的历史等有密切关系，根据地应力场的成因将其分为自重应力场和构造应力场两大类。自重应力场是指上覆岩体自重所产生的应力场，它是地心引力和离心惯性力共同作用的结果。构造应力场，是指地壳各处发生的一切构造变形与破裂所形成的地应力。

围岩的初始应力状态，一般受到两类因素的影响：第一类因素有重力、地质构造、地形、地温、岩体的物理力学性质等经常性的因素；第二类因素有新构造运动、地下水活动、人类的长期活动等暂时性的或局部性的因素。

2. 岩体的自重应力场

研究岩体的自重应力场，大都是建立在假定岩体是均一连续介质的基础上的，采用连续介质的理论来分析。

（1）水平成层地层自重应力场　当水平成层、地面平坦时，地层自重应力场如图2-9所示。假设岩体在 xOy 平面内是均质的，沿 z 方向是非均质的。在以自重应力场为主的岩体中，地表以下任一深度 H 处的垂直应力等于单位面积上上覆岩体的重力，即

$$\sigma_z^0 = \gamma_1 H_1 + \gamma_2 H_2 + \cdots + \gamma_n H_n = \sum_{i=1}^{n} \gamma_i H_i \tag{2-1}$$

式中　γ_i——第 i 层岩体的重度；

H_i——第 i 层岩体的厚度。

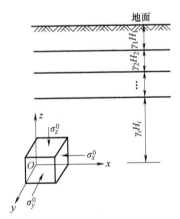

图 2-9　地表水平时的地层自重应力场

该点水平应力 σ_x^0、σ_y^0 主要由岩体的泊松效应引起，按弹性理论应为

$$\sigma_x^0 = \sigma_y^0 = \frac{\mu}{1-\mu}\sigma_z^0 = \lambda\sigma_z^0 \tag{2-2}$$

式中　μ——计算应力处岩体的泊松比；

λ——侧压力系数。

当 μ 取 0.5 时，λ 为 1，此时和静水压力一样，岩体水平应力等于垂直应力。大多数围岩的泊松比变化范围为 0.15～0.35，故在自重应力场中水平应力通常小于竖直应力。

（2）非水平成层地层自重应力场　上述情况仅当地面为水平且岩体为各向同性的半无限弹性体时才有效。实际上，由于地壳的运动，岩层发生变形和岩体物理力学性质的变化，使得自重应力场也相应变化，如背斜及断层构造对自重应力场的影响如图 2-10 和图 2-11 所示。

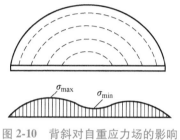

图 2-10　背斜对自重应力场的影响

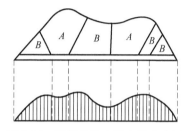

图 2-11　断层构造中的自重应力场

深度对初始应力状态有重大影响。随着深度的增加，σ_z^0 和 σ_x^0（σ_y^0）都增大。但围岩本身的强度是有限的，因此，当 σ_z^0 和 σ_x^0 增大到一定值后，各向受力的围岩将处于隐塑性状态。在这种状态下，围岩的物性值（变形模量 E 和泊松比 μ）是变化的。并随着深度的增加 λ 值趋于 1，即与静水压力相似。此时，围岩接近流动状态。其应力状态可视围岩的不同分别处于弹性的、隐塑性的及流动的 3 种状态。围岩的隐塑性状态在硬岩中约出现在距地面 10km 以下，也可能在浅处出现，如在岩石临界强度低（如泥岩等）的地段。

3. 岩体的构造应力场

由于形成构造应力场的原因非常复杂，其在空间和时间上都是不断变化的，属于非稳定的应力场。但对工程结构物的使用期限来说，可以忽略时间因素，将它视为稳定的。即使如此，目前还很难用函数形式表达出构造应力场，它在整个初始应力场中的作用只能通过某些量测数据加以分析，找出一些规律性。但实测的初始应力是许多不同成因的应力分量叠加而成的综合值，无法将它们一一区分。通过这些实测数据的分析，只能了解由于构造应力的存在，使自重应力发生了什么样的变化，以及它在整个应力场中所起的作用。

据已发表的一些地应力测量资料表明：

1）地质构造形态的变化不仅改变了自重应力场，还将应力以各种形式积蓄在岩体内（除了以某些构造形态获得释放外），这种残余应力将对地下工程产生重大影响。

2）构造应力场在不深的地方已普遍存在，最大构造应力的方向多近似为水平，且水平应力普遍大于自重应力场中的水平应力分量，甚至也大于垂直应力分量，这与自重应力场有很大不同。

3）构造应力场很不均匀，它的参数无论在空间上还是时间上都有很大变化，特别是主应力轴的方向和绝对值有很大变化。水平主应力具有明显的各向异性，且具有很强的方向性，一般总是以一个方向的主应力占优势，很少有大、小主应力相等的情况，且最大主应力的方向与该区域地质构造有着密切关系。

2.3.2　岩体的构造-力学特征

岩体是整个地质母体中的一部分，这些岩体内部有着许多结构面，有的是构造作用形成的，有的是其他原因，如风化、变质等原因形成的。这些结构面把岩体分割成各种类型和尺寸的岩块，因此，岩体也可以说是各种类型和尺寸的岩块的集合体，它们在初始应力状态下彼此连锁在一起而处于平衡状态。由此可见，岩体的构成包括：不同尺寸和类型的岩块、结构面、岩块间的充填物。因此，岩体的生成及其埋藏条件赋予它一定的构造-力学特征。

1. 裂隙岩体的构造特征

裂隙岩体的地质构造特征是结构面的存在。结构面是由各种地质原因形成的，有的是原生的（节理、层面），有的是次生的（构造的、风化的）。结构面的存在使岩体的力学、变形的各向异性极为显著，不均质性也很突出。结构面使岩体变成不同岩块的组合体，使岩体呈现不同的结构形态或破碎状态，这种结构形态或破碎状态对岩体稳定有着重要的影响。在各种类型结构面中，结构软弱面对岩体稳定性影响很大，它是决定岩体强度的基本条件。结构软弱面基本是指那些断层、剪切带、破碎带、泥质充填的节理、软弱夹层等控制岩体强度的结构面，其强度较岩石强度低。由此可见，岩石只是岩体构成的一部分，它的性质并不能代表岩体的物性，这一点是必须明确的。由上述条件决定的岩体构造-力学特征是非连续性、非均质性、各向异性和突变性。

岩石结构的颗粒、层理、裂隙等都破坏了岩体的连续性，结果把岩体分割成层状、块状等单元体。但是，如果所有这些单元体，像一个整体似地变形，则从这个概念的数学意义上来说就可视为连续介质。因此，采用连续介质力学方法的必要条件是在岩体中能分离出单元体。显然，单元体应具有该岩体的所有性质，但因较研究的对象小很多，它的应力-应变状态可以视为一点的状态。粗略地，如果研究范围的尺寸大于单元体尺寸2个数量级，或大于构造单元尺寸3个数量级，则裂隙岩体就可以视为似连续介质。

2. 裂隙岩体的强度特性

裂隙岩体强度随裂隙组数的增加有较大的降低，当裂隙组数超过一定值后，强度不再继续降低，而接近岩石的残余强度。随着岩体中不连续面的增加，岩体的强度形态有逐渐变为各向同性的趋势。在隧道工程设计中，把含有4组或以上不连续面的岩体当作各向同性体。因此，根据岩体的状态，岩体强度可用经验的方法加以估计。

例如，苏联煤炭部全苏矿山力学与矿山测量科研院（ВНИМИ）建议岩体强度 R_{cs} 的估算公式为

$$R_{cs} = R_c k_c \tag{2-3}$$

式中　R_c——岩石饱和单轴抗压强度；

　　　k_c——构造削弱系数，其值见表2-7。

表 2-7　岩体构造对强度的削弱系数 k_c

岩体状态	k_c 的建议值
层厚大于 1.0m，有 1 组裂隙，间距大于 1.5m	0.9
层厚为 0.5～1.0m，不超过 2 组裂隙，间距 1～1.5m	0.7
层厚 0.5～1.0m，有 3、4 组裂隙，间距 0.5～1.0m	0.5
层厚小于 0.5m，裂隙小于 6 组，间距小于 0.5m	0.3
层厚小于 0.3m，裂隙大于 6 组，间距小于 0.3m	0.1～0.2

k_c 可通过多种方法决定，例如，以岩芯未破坏岩块（$\geqslant 10\text{cm}$）的总长 $\sum l_i$ 与所取岩芯总长 L 的比值，即由 $\sum l_i / L \times 100\% = \text{RQD}$ 决定，RQD 为岩体质量指标。或用现场测定的岩体弹性波速度 v_{pm} 的平方与同种岩石试件弹性波速度 v_{pr} 的平方比值，即岩体完整性指数 K_v 来决定

$$K_v = \left(\frac{v_{pm}}{v_{pr}} \right)^2 \tag{2-4}$$

岩体强度不仅与构成的岩石强度有关，更主要的还与岩块间的不连续面强度（如断裂摩擦角），即不连续面的状态以及充填物的性质等有关，岩体强度通常视为岩块强度 R_c、结构面强度（c_k、φ_k）以及应力水平（σ_0）的函数，即

$$R_{cs}=f(R_c, c_k, \varphi_k, \sigma_0, \cdots) \tag{2-5}$$

由此可见，岩体强度是个综合概念，它不仅可以部分地反映岩体的力学动态，还可部分地表达岩体的物理（构造）状态，理论上只能对其做大致的估定。

3. 裂隙岩体的变形特性

裂隙岩体受力过程的特点是易变形性，这主要是由构造岩块彼此间的相对位移造成的。同时，在它们的接触面上存在摩擦力。沿构造岩块接触面的变形（滑动和转动），会导致岩体的力-变形的曲线关系与岩块试件的有很大的不同。裂隙岩体比完整岩体更易变形，岩体的抗拉变形能力很低，或者根本没有，一般没有必要专门研究裂隙岩体的受拉变形特性。

（1）受压变形特征　裂隙岩体的受压变形特性，可以用受压时的应力-应变曲线（本构关系）来说明，如图 2-12 所示。从图 2-12 中可以看出，典型的裂隙岩体全应力-应变曲线可以分解为 4 个阶段：

1）压密阶段（OA）：主要是岩体中结构面的闭合和充填物的压缩而产生，形成了非线性的凹状曲线，变形模量小，总的压缩量取决于结构面的性态。

2）弹性阶段（AB）：岩体充分压密后便进入弹性阶段，所出现的弹性变形是岩体的结构面和结构体共同产生的，应力-应变关系呈直线。

3）塑性阶段（BC）：岩体继续受力，变形发展到弹性极限后便进入塑性阶段，此时岩体的变形特性受结构面和结构体的变形特性共同制约。整体性好的岩体延性小、塑性变形不明显，达到强度极限后迅速破坏。破裂岩体塑性变形大，甚至有的从压密阶段直接发展到塑性阶段，而不经过弹性阶段。

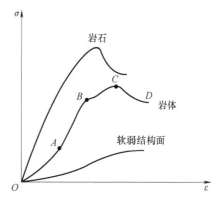

图 2-12　裂隙岩土受压应力-应变曲线

4）破裂和破坏阶段（CD）：应力达到峰值后，岩体即开始破裂和破坏。破坏开始时，应力下降比较缓慢，说明破裂面上仍有一定摩擦力，岩体还能承受一定的荷载。而后应力急剧下降，岩体全面破坏。

（2）剪切变形特征　裂隙岩体的剪切变形特性主要受结构面控制，根据结构体和结构面的具体性态，裂隙岩体的剪切变形可能有 3 种方式：

1）沿结构面滑动，所以结构面的变形特性即为岩体的变形特性。

2）结构面不参与作用，结构体岩石断裂，所以岩石的变形特性起主导作用。

3）在结构面影响下，岩石剪断，此时岩体的变形特性介乎上述二者之间。

试验和实践还发现，无论岩体受压或受剪，它们所产生的变形都不是瞬时完成的，而是与加载速度和在荷载作用下的长期性有关。岩体变形的这种时间效应称为岩体的流变特性。对于那些具有较强流变性的岩体，在隧道工程的设计和施工中必须考虑其对稳定性的影响。如在一些大断面隧道分部开挖施工中，临时支撑分步拆除，剩余支撑构件的轴力并不是马上变化，而是经过几天以后才增大，这就是岩体流变的一种体现。属于这类的岩体大体上有软弱的层状岩体，如薄层状岩体、含有大量软弱层的互层或层间岩体。此外，还有含有大量泥质物、受软弱结构面切割的破裂岩体。这些软弱结构面有时将对岩体的变形和破坏起控制作用。

■ 2.4 隧道围岩分级

围岩是隧道周围一定范围内对洞身产生影响的岩土体。这部分岩体或土体受开挖与支护影响，其性质发生变化。一般来说，岩土体处在原始状态之下，未受到人为的工程外力（开挖、爆破等）的干扰和破坏；而围岩则不同，它受到人为的工程外力的作用，变得松弛，强度也会降低、劣化。尽管隧道工程所处地质环境复杂，不确定性大，但根据长期工程经验，工程技术人员逐渐认识到各种围岩的物理、力学性质间存在一定的联系和规律，按照此规律，可将围岩进行分类或分级。隧道工程的围岩分级的目的和意义在于：施工方法选择的依据；科学管理及评价经济效益的依据；确定作用于隧道支护结构上荷载的依据；隧道支护结构设计依据；制定劳动定额、材料消耗标准的依据等。因此，隧道围岩分级是一项综合地质、力学、施工等因素的综合技术。随着技术的进步，围岩分级向客观性、定量化方向发展，逐渐将原来的"围岩分类"统一称为"围岩分级"。

2.4.1 国内外典型的围岩分级方法

围岩分级的方法有很多种，这些方法都是在人们的不断实践和对围岩的地质条件逐渐加深了解的基础上发展起来的，不同的国家、不同的行业都根据各自的工程特点和目的提出了各自的围岩分级方法。现行的许多围岩分级方法中，作为分级的基本要素大致有 3 大类：与岩性有关的要素、与地质构造有关的要素、与地下水有关的要素。考虑上述 3 大类基本要素，目前国际上主要有以下几种围岩分级方法。

（1）日本"国铁岩石分级法" 这种方法认为隧道开挖后的稳定性主要取决于岩石强度，以岩石强度为依据，分为坚石、次坚石、松石和土，并设计出相应的四种隧道衬砌结构类型。这种方法并不全面，需要改进完善。比如在无支护下，干燥的黄土窑洞可几十年不垮，然而其强度却并不高。

（2）普氏分级法 普氏分级法是苏联普洛托奇雅柯诺夫教授提出的围岩分级（类）方法，又称为"岩石坚固性系数法"和"f 值"分级法，将围岩分为 10 类。此方法也曾在我国应用。坚固性系数 f 值是一个综合的物性指标值，它表示岩石在采矿中各个方面的相对坚固性，如岩石的抗钻性、抗爆性、强度等。但以往确定 f 值主要采用强度试验方法（$f_{岩石} = R_c/150 \sim R_c/100$）再兼顾其他指标，所以这种方法仍然是岩石强度指标的反映。

（3）太沙基分级法 该方法把不同岩性、不同构造的围岩分为 9 类（级），每类都有相应的地压范围值和支护措施建议。分类时，以围岩有水为基础，当确认无水时，4~7 类围岩的地压值降低 50%。

（4）按弹性波（纵波）速度分级法 由于弹性波速度能反映岩石软硬程度、岩体结构的完整程度，是判断岩体的综合性指标。在 20 世纪 70 年代，日本采用围岩弹性波速度，结合岩性、岩体构造特征及土压力状态等，进行围岩分级，将围岩分为 7 类。

（5）以岩石质量为指标的分级方法（RQD 方法） 岩石质量指标 RQD（Rock Quality Designation），是用直径 75mm 金刚石钻头在钻孔每次进尺中，等于或大于 10cm 的柱状岩芯的累计长度与每个钻进回次进尺之比，以百分数表示，表达式见式（2-6）。RQD 可表征岩体节理、裂隙等发育的程度，根据 RQD 值将围岩分为 5 类。

$$\text{RQD} = \frac{\geq 10\text{cm 岩芯的累计长度}}{\text{单次钻孔长度}} \times 100\% \tag{2-6}$$

（6）岩体质量 Q 值分级方法　该方法是 20 世纪 70 年代由挪威学者巴顿等人提出。描述岩体质量的指标 Q 值由 6 个地质参数组成，表达式见式（2-7）。式中，RQD、J_n、J_r、J_a、J_w 和 SRF 分别代表岩石质量指标、节理组数、节理粗糙度系数、节理蚀变影响系数、节理含水折减系数、应力折减系数。岩体质量 Q 值可综合反映岩块大小尺寸、抗剪强度和应力作用等，根据 Q 值将岩体质量评为 9 级。

$$Q = \frac{RQD}{J_n} \cdot \frac{J_r}{J_a} \cdot \frac{J_w}{SRF} \tag{2-7}$$

（7）RMR 岩体分级法　RMR（Rock Mass Rating）岩体分类方法，是由宾尼亚斯基（Bieniawski Z. T.）于 20 世纪 70 年代提出的一套岩体分类系统。该方法将岩石强度 R_c（单轴抗压强度或点荷载强度）、RQD 值、节理间距、节理条件和地下水条件的各项参数进行评分，各得分值（分别为 A_1、A_2、A_3、A_4、A_5）相加得到 RMR 的初值；再根据由参数 B 代表的不连续面产状与洞室关系的评分，对 RMR 的初值进行修正，得到最终的 RMR 值，表达式见式（2-8）。计算得到的 RMR 评分值介于 0~100，分越高说明岩体质量越好。按 20 分等差，将工程岩体的质量分为 5 级。

$$RMR = (A_1 + A_2 + A_3 + A_4 + A_5) + B \tag{2-8}$$

总的来说，目前的围岩分级方法已经较为完善，但仍有发展的空间。随着钻探技术的迅速发展，超前钻探参数、钻孔参数、TBM 掘进参数等都取得了较丰硕的研究成果，出现了如基于钻进参数估算岩石质量指标（RQD）的方法。随着隧道智能化建造技术相关研究的开展，建立动态的围岩级别自动化判识方法是研究的方向。

2.4.2　我国铁路隧道围岩分级方法

目前，我国公路、铁路隧道围岩分级方法，都是在《工程岩体分级标准》（GB/T 50218—2014）的基础上修订而成的，具有以下特点：

1）分级方法中考虑和体现了围岩分级的 3 要素，即分级标准、分级指标及指标获取方法。采用围岩稳定性作为围岩分级标准；围岩分级指标采用定性与定量评价指标，并提出了明确的指标获取方法。

2）围岩分级分为设计阶段围岩分级和施工阶段亚级分级。

3）将土质围岩分为黏性土、砂质土及碎石土 3 类，分别提出相应的分级方法，并给出了对应的各级土质围岩物理力学指标范围值。

4）提出了特殊围岩，包括强膨胀土（岩）、第三系富水弱胶结砂泥岩、岩体强度应力比小于 0.15 的极高地应力软岩等，为特殊围岩隧道采用特殊设计提供了依据。

1. 围岩分级步骤

一般来说，工程岩体分级可以分为初步定级和详细定级两个阶段：

（1）初步定级　初步定级一般是在工程勘察设计的初期阶段采用，该阶段勘察资料不全，工作还不够深入，各项修正因素尚难以确定，可以依据岩体基本性质（由岩石坚硬程度和岩体完整程度两个因素确定）进行初步分级。

（2）详细定级　随着设计工作的深入，地质勘察资料增多，就应结合不同类型工程的特点、边界条件、所受荷载（含初始应力）情况和运行条件等，引入影响岩体稳定的主要修正因素（地下水出水状态、初始地应力状态、主要结构面产状状态等），对工程岩体做详细定级。

我国公路、铁路隧道现行的围岩分级方法，均是参照《工程岩体分级标准》（GB/T 50218—2014）的工程岩体分级方法和要求制定的，围岩分级的工作流程、划分标准也大致相同，因此，本小节后续部分将以铁路隧道为例，结合不同的阶段介绍相应的围岩分级方法。

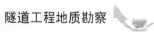

表 2-9 岩体完整程度的划分

完整程度	结构面发育程度			主要结构面结合程度	主要结构面类型	相应结构类型	岩体完整性指数 K_v	岩体体积节理数 J_v /（条/m³）
	定性描述	组数	平均间距/m					
完整	不发育	1~2	>1.0	结合好或一般	节理、裂隙、层面	整体状或巨厚层状结构	$K_v>0.75$	$J_v<3$
较完整	不发育	1~2	>1.0	结合差	节理、裂隙、层面	块状或厚层状结构	$0.75 \geq K_v>0.55$	$3 \leq J_v<10$
较完整	较发育	2~3	1.0~0.4	结合好或一般	节理、裂隙、层面	块状结构	$0.75 \geq K_v>0.55$	$3 \leq J_v<10$
较破碎	较发育	2~3	1.0~0.4	结合差	节理、裂隙、劈理、层面、小断层	裂隙块状或中厚层状结构	$0.55 \geq K_v>0.35$	$10 \leq J_v<20$
较破碎	发育	≥3	0.4~0.2	结合好	节理、裂隙、劈理、层面、小断层	镶嵌碎裂结构	$0.55 \geq K_v>0.35$	$10 \leq J_v<20$
较破碎	发育	≥3	0.4~0.2	结合一般	节理、裂隙、劈理、层面、小断层	薄层状结构	$0.55 \geq K_v>0.35$	$10 \leq J_v<20$
破碎	发育	≥3	0.4~0.2	结合差	各种类型结构面	裂隙块状结构	$0.35 \geq K_v>0.15$	$20 \leq J_v<35$
破碎	很发育	≥3	≤0.2	结合一般或差	各种类型结构面	碎裂结构	$0.35 \geq K_v>0.15$	$20 \leq J_v<35$
极破碎	无序	—	—	结合很差	—	散体状结构	$K_v \leq 0.15$	$J_v \geq 35$

注：平均间距指主要结构面间距的平均值。

表 2-10 结构面结合程度的划分

结合程度	结构面特征
结合好	张开度小于1mm，为硅质、铁质或钙质胶结，或结构面粗糙、无填充物 张开度1~3mm，为硅质或铁质胶结 张开度大于3mm，结构面粗糙，为硅质胶结
结合一般	张开度小于1mm，结构面平直，钙泥质胶结或无填充物 张开度1~3mm，为钙质胶结 张开度大于3mm，结构面粗糙，为铁质或钙质胶结
结合差	张开度1~3mm，结构面平直，为泥质胶结或钙泥质胶结 张开度大于3mm，多为泥质或岩屑充填
结合很差	泥质充填或泥夹岩屑充填，充填物厚度大于起伏差

表 2-11 层状岩层厚度的划分

层状岩层厚度	单层厚度
巨厚层	大于1.0m
厚层	大于0.5m，且小于或等于1.0m
中厚层	大于0.1m，且小于或等于0.5m
薄层	小于或等于0.1m

（3）**围岩基本分级** 围岩基本分级应将围岩基本质量的定性特性和基本质量指标（BQ）相结合，按表 2-12 确定，各级围岩的物理力学指标标准值应按试验资料确定，无试验资料时可按表 2-13 选用。围岩基本质量指标 BQ，应根据定量指标 R_c 的兆帕数值和 K_v，按式（2-10）计算。当 $R_c > 90K_v + 30$ 时，应以 $R_c = 90K_v + 30$ 和 K_v 代入计算 BQ 值；当 $K_v > 0.04R_c + 0.4$ 时，应以 $K_v = 0.04R_c + 0.4$ 和 R_c 代入计算 BQ 值。

$$BQ = 100 + 3R_c + 250K_v \tag{2-10}$$

表 2-12　围岩基本分级

围岩级别	岩 体 特 征	土 体 特 征	围岩基本质量指标 BQ	围岩弹性纵波速度/（km/s）
I	极硬岩，岩体完整	—	>550	A：>5.3
II	极硬岩，岩体较完整 硬岩，岩体完整		550～451	A：4.5～5.3 B：>5.3 C：>5.0
III	极硬岩，岩体较破碎 硬岩或软硬岩层互层，岩体较完整 较软岩，岩体完整	—	450～351	A：4.0～4.5 B：4.3～5.3 C：3.5～5.0 D：>4.0
IV	极硬岩，岩体破碎 硬岩，岩体较破碎或破碎 较软岩或软硬岩互层，且以软岩为主，岩体较完整或较破碎 软岩，岩体完整或较完整	具压密或成岩作用的黏性土、粉土及砂类土，一般钙质、铁质胶结的粗角砾土、粗圆砾土、碎石土、卵石土、大块石土，黄土（Q_1、Q_2）	350～251	A：3.0～4.0 B：3.3～4.3 C：3.0～3.5 D：3.0～4.0 E：2.0～3.0
V	较软岩，岩体破碎 软岩，岩体较破碎至破碎 全部极软岩及全部极破碎岩（包括受构造影响严重的破碎带）	一般第四系坚硬、硬塑黏性土，稍密以上、稍湿或潮湿的碎石土、卵石土、圆砾土、角砾土、粉土及黄土（Q_3、Q_4）	≤250	A：2.0～3.0 B：2.0～3.3 C：2.0～3.0 D：1.5～3.0 E：1.0～2.0
VI	受构造影响很严重呈碎石、角砾及粉末、泥土状的富水断层带，富水破碎的绿泥石或炭质千枚岩	软塑状黏性土、饱和的粉土、砂类土等，风积沙，严重湿陷性黄土	—	<1.0（饱和状态的土<1.5）

注：Q_1、Q_2、Q_3、Q_4 表示黄土不同的形成地质时期。其中 Q_1、Q_2 地质年代较老，为早更新世和中更新世；Q_3、Q_4 地质年代较新，为晚更新世和全新世；A～E 表示不同岩石类型。

表 2-13　各级围岩的物理力学指标

围岩级别	重度 γ/（kN/m³）	弹性反力系数 K/（MPa/m）	变形模量 E/GPa	泊松比 μ	内摩擦角 φ/（°）	黏聚力 c/MPa	计算摩擦角 φ_c/（°）
I	26～28	1800～2800	>33	<0.2	>60	>2.1	>78
II	25～27	1200～1800	20～33	0.2～0.25	50～60	1.5～2.1	70～78
III	23～25	500～1200	6～20	0.25～0.3	39～50	0.7～1.5	60～70
IV	20～23	200～500	1.3～6	0.3～0.35	27～39	0.2～0.7	50～60
V	17～20	100～200	1～2	0.35～0.45	20～27	0.05～0.2	40～50
VI	15～17	<100	<1	0.4～0.5	<22	<0.1	30～40

注：本表中数值不包括黄土地层及特殊围岩；选用计算摩擦角时，不再计内摩擦角和黏聚力。

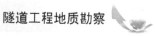

3. 围岩分级修正

隧道围岩级别应在围岩基本分级的基础上，结合隧道工程的特点，考虑地下水出水状态、初始地应力状态、主要结构面产状状态等因素进行修正，并宜采用定性修正与定量修正相结合的方法，综合分析确定围岩级别。

（1）地下水出水状态修正　大量的施工实践表明，地下水是造成施工塌方、隧道围岩丧失稳定性的重要因素之一。地下水状态分级划分见表2-14，根据地下水状态分级对围岩基本分级级别的修正见表2-15。

表 2-14　地下水状态的分级

级别	状　态	渗水量/[L/(min·10m)]
Ⅰ	潮湿或点滴状出水	≤25
Ⅱ	淋雨状或线流状出水	25~125
Ⅲ	涌流状出水	>125

表 2-15　地下水状态对围岩基本分级级别的修正

地下水状态分级	围岩基本分级级别				
	Ⅰ	Ⅱ	Ⅲ	Ⅳ	Ⅴ
Ⅰ	Ⅰ	Ⅱ	Ⅲ	Ⅳ	Ⅴ
Ⅱ	Ⅰ	Ⅱ	Ⅲ 或Ⅳ①	Ⅴ	Ⅵ
Ⅲ	Ⅱ	Ⅲ	Ⅳ	Ⅴ	Ⅵ

① 围岩岩体为较完整的硬岩时定为Ⅲ级；其他情况定为Ⅳ级。

（2）围岩初始地应力状态修正　当无实测资料时，可以根据隧道工程埋深、地貌、地形、地质、构造运动史、主要构造线与开挖过程中出现的岩爆、岩芯饼化等特殊地质现象，按表2-16评估初始地应力状态，之后根据表2-17（不适用于特殊围岩）进行围岩基本级别的修正。

表 2-16　初始地应力状态评估基准

初始地应力状态	主 要 现 象	评估基准（R_c/σ_{max}）
一般地应力	硬质岩：开挖过程中不会出现岩爆，新生裂缝较少，成洞性一般较好	>7
	软质岩：岩芯无或少有饼化现象，开挖过程中洞壁岩体有一定的位移，成洞性一般较好	
高应力	硬质岩：开挖过程中可能出现岩爆，洞壁岩体有剥离和掉块现象，新生裂缝较多，成洞性较差	4~7
	软质岩：岩芯时有饼化现象，开挖过程中洞壁岩体位移显著，持续时间较长，成洞性较差	
极高应力	硬质岩：开挖过程中有岩爆发生，有岩块弹出，洞壁岩体发生剥离，新生裂缝多，成洞性差	<4
	软质岩：岩芯常有饼化现象，开挖过程中洞壁岩体有剥离，位移极为显著，甚至发生大位移，持续时间长，不易成洞	

注：表中 R_c 为岩石单轴饱和抗压强度（MPa）；σ_{max} 为垂直洞轴线方向的最大初始地应力值（MPa）。

表 2-17　初始地应力影响修正

初始地应力状态	围岩基本分级				
	I	II	III	IV	V
极高应力	I	II	III 或 IV①	V	VI
高应力	I	II	III	IV 或 V②	VI

① 围岩岩体为较破碎的极硬岩、较完整的硬岩时定为III级，其他情况定为IV级。
② 围岩岩体为破碎的极硬岩、较破碎及破碎的硬岩时定为IV级，其他情况为V级。

（3）主要结构面产状状态修正　主要结构面是指其产状、发育程度及结合程度等因素，对地下工程围岩稳定性起主要影响的结构面，如层状岩体的泥化层面，一组很发育的裂隙，次生泥化夹层，含断层泥、糜棱岩的小断层等。应考虑主要结构面产状与洞轴线的组合关系，并结合结构面特性、富水情况等因素综合确定。

（4）围岩级别定量修正方法　围岩级别定量修正应对围岩基本质量指标 BQ 进行修正，并以围岩基本质量指标修正值［BQ］依据表 2-12 的中 BQ 值分级标准确定围岩级别。［BQ］的计算公式为

$$[BQ] = BQ - 100 \times (K_1 + K_2 + K_3) \tag{2-11}$$

式中　K_1——地下水影响修正系数；

K_2——主要软弱结构面产状影响修正系数；

K_3——初始地应力影响修正系数。

K_1、K_2、K_3 的值可分别按表 2-18、表 2-19 和表 2-20 确定。

表 2-18　地下水影响修正系数 K_1

地下水出水状态	BQ				
	>550	550~450	450~351	350~251	≤250
潮湿或点滴状出水	0	0	0~0.1	0.2~0.3	0.4~0.6
淋雨状或线流状出水	0~0.1	0.1~0.2	0.2~0.3	0.4~0.6	0.7~0.9
涌流状出水	0.1~0.2	0.2~0.3	0.4~0.6	0.7~0.9	1.0

表 2-19　主要结构面产状影响修正系数 K_2

结构面产状及其与洞轴线的组合关系	结构面走向与洞轴线夹角<30° 结构面倾角 30°~75°	结构面走向与洞轴线夹角>60° 结构面倾角>75°	其他组合
K_2	0.4~0.6	0~0.2	0.2~0.4

表 2-20　初始地应力影响修正系数 K_3

初始地应力状态	BQ				
	>550	550~451	450~351	350~251	≤250
极高应力区	1.0	1.0	1.0~1.5	1.0~1.5	1.0
高应力区	0.5	0.5	0.5	0.5~1.0	0.5~1.0

4. 施工阶段围岩级别的判定及围岩亚级分级

在隧道施工过程中，根据对隧道围岩的直接观察、量测和试验结果，可进一步核定岩层构

造、岩性及地下水等情况，从而可以判断围岩的稳定程度。当发现设计文件与实际情况不符时，应及时修改围岩级别，并变更支护设计。

我国铁路、公路隧道围岩分级方法都将围岩质量由好至坏共分为6级，然而在工程实践中发现，隧道开挖后的实际地质条件经判定经常会处于两级围岩之间，这种现象在Ⅲ、Ⅳ、Ⅴ级围岩中尤为突出，现实中不得不按照较低围岩级别的方法进行处理，从而使隧道建设过于保守，造成浪费。为提高隧道支护的优化程度，有必要对稳定性较复杂、施工方法和支护结构参数等相对多样化的Ⅲ、Ⅳ、Ⅴ级围岩进行更细的级别划分（各划分为两个亚级），即进行围岩亚级分级。

施工阶段围岩亚级分级，分两步进行：

1）首先以毛洞暂时自稳跨度作为其自稳性体现指标，用岩石坚硬程度、岩体完整程度两指标组合表达各种围岩工况，根据不同组合工况下围岩自稳性特征结果，并结合围岩基本质量指标 BQ 值，在此基础上初步确定围岩亚级分级。

2）结合隧道工程的特点，考虑地下水出水状态、初始地应力状态及主要结构面产状状态对围岩基本级别进行修正，获得最终的围岩亚级级别。

 思考题与习题

1. 隧道工程地质勘察的内容与方法有哪些？
2. 隧道超前地质预报主要内容及方法有哪些？
3. 请说明围岩的定义及围岩分级的目的和意义。
4. 请说明岩体的初始应力场的构成及对隧道工程的影响。
5. 请说明隧道围岩分级的基本要素种类。
6. 简要说明我国铁路隧道围岩分级流程与方法。

 本章资源二维码

第2章资源

第 3 章 隧道选线设计

【学习目标】

1. 熟悉隧道位置选择的原则。

2. 熟悉隧道洞口位置选择遵循的原则和依据，了解隧道洞口平面及纵断面设计方法。

3. 熟悉隧道平纵断面线形设计的特点与要求。

隧道是山区线路穿越山岭时用来克服高程障碍的一种建筑物，隧道选线也是线路设计中的重要组成部分，尤其在隧道所占比例较大、长大隧道较多的线路中，隧道选线对控制线路走向、控制工程投资、节约用地及保护环境等方面起到重要的作用。其中，隧道位置及洞口位置选择、隧道线形设计则是隧道选线中的关键内容，需要引起重视。

■ 3.1 隧道位置的选择

隧道具体位置的选择与区域工程地质条件、水文地质条件、地形地貌条件、工程难易程度、投资的数额、工期的要求，以及现有的施工技术水平和今后运营条件等因素有关，同时与线路也互为相关。一般情况下，当线路的方案比选确定以后，区段上隧道的位置就只能依从于线路的位置，最多是在上、下、左、右很小幅度内移动。但是，如果隧道很长，工程规模很大，技术上也有一定困难，属于本区段的重点控制工程，那么这一区段的线路就得依从于隧道所选定的最优位置。所以，隧道位置的选定与线路的选定是同时考虑的，不可分开。要选择好隧道线路位置，一般说来，主要应对沿线的地形、地质条件做详尽的了解，充分掌握这两方面的资料，统筹研究，并处理好近期与远期、隧道工程与其他工程的关系，从而选择出较为理想的隧道线路位置和恰当的隧道进出口位置。

3.1.1 越岭线上隧道位置的选择

当路线跨越高程很大的分水岭时，必要时需要横穿山岭，这段线路称之为越岭线，往往在越岭线上需要设置越岭隧道。在越岭线路的选线中，应以路线纵断面为主导，结合水文和地质情况处理好垭口选择、越岭隧道高程和垭口两侧路线展线三者间的关系。

1. 选择垭口

当线路跨越分水岭时，分水岭的山脊线上总会有高程低处，称之为垭口。一般情况下，常常有若干个垭口可以通过（正对垭口穿越山体时，隧道的长度较短）。此时就要在较大范围地质测绘和综合地质勘探的基础上分析比较，选定最为理想的垭口。

从平面上考虑，当然是与连接两端控制点的航空直线方向越靠近越好，这样线路距离最短。但是天然的地形往往做不到完全符合航空直线，只能是尽可能靠近它。除了考虑平面位置外，还要考虑垭口两端沟谷的分布情况和台地的开敞程度，主沟高程是否相差不大和沟谷是否靠近，以便设计必要的展线。随着我国隧道修建工程经验的积累和技术的发展进步，现在也逐渐意识到，正对垭口穿越山体虽然隧道较短，但通常地质条件较差、地下水量也较大，隧道贯通以后出现大量漏水的概率也增加。因此，有时在满足线路总体要求的前提下，为选择更好的地质地段，也可将路线适当绕行或适当加长隧道长度。

例如，成昆线乃托至泸沽一段，当中有明显的分水岭把两地隔开。分水岭与乌斯河一侧的高差达1600m，分水岭与泸沽一侧高差也有620m。线路要跨越，必须以隧道通过。在小相岭纵横几十公里范围内进行了大面积的测绘及调查，得知这一地区是个横断山脉，小相岭的脊线是明显的分水岭。所有可跨越的垭口都在2500m高程以上，其中以沙马拉达垭口最低，而其两侧沟谷较长，地势开阔，线路沿沟谷台地有展线的条件。经过技术和经济的比较，最后选定了沙马拉达隧道方案，如图3-1所示。这一方案是比较切合当时具体情况和工期要求的，但按现在的经济条件和技术水平，则选择小相岭更为合适。

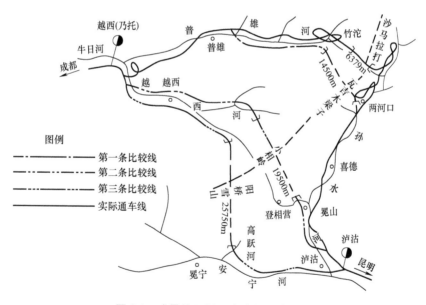

图3-1 成昆线乃托—泸沽段隧道方案

2. 选定高程

分水岭的山体，一般是上部比较陡峭而下部比较平缓。隧道位置定得越高山体越薄，隧道越短，工程可以小一些，如图3-2所示。但是，两端的引线却要迂回盘绕以凑必要的高程，这样就使得线路坡陡弯多，技术条件恶化。反之，隧道位置定得越低，隧道将越长，工程规模要大一些，但是它无须太多的引线，线路顺直平缓，技术条件好，对今后运行有利。在选定隧道高程时，务必全面衡量，从技术和经济两方面，尤其在今后长远运营条件上，做出综合比较，决定取舍。

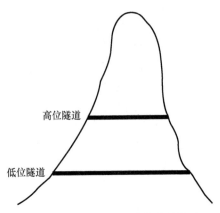

图 3-2　越岭高程对隧道长度的影响

3.1.2　河谷线上隧道位置的选择

线路沿河傍山时称为河谷线。河谷地形受到地质构造和水流冲刷的影响，往往出现地形和地质均较复杂的情况，特别是在山区河谷地区，往往河流弯曲、沟谷发育、支沟密布，河谷两岸常有对称或不对称的台地和陡峭的山坡，并常伴有崩塌、错落、岩堆、滑坡、泥石流、河岸冲刷等不良地质现象，常采用隧道通过。当设置隧道时，必须要遵循一些原则，尽量避免隧道受到不良地质条件和水流冲刷的危害。

1. 宁里勿外

河谷地段往往山坡险峻，岩体风化破碎，河道蜿蜒，线路势必随之弯转。走行在凹岸时，更有可能受到河水的冲刷，必须设置防护建筑物，并且常伴随着地质不良现象。设计线路位置时，如果稍偏河流一侧，则线路位置恰恰落在山体的风化表层内，极易引起坍方落石；如果稍偏靠山一侧，形成浅埋，洞顶覆盖太薄，将受到山体的偏侧压力，对施工和结构的受力状态十分不利，有时会导致施工困难和结构不安全。因此，河谷线路宜向山侧内移，避免隧道外侧岩体过薄、河流冲刷和不良地质对其稳定的影响。

为了使隧道顶上（洞口段除外）有足够的覆盖岩体，隧道结构不致受到侧压，还能形成自然拱，洞顶以上外侧应有足够的厚度。当岩层结构面倾向山体一侧时，岩层比较稳定，覆盖厚度可以酌减。当岩层结构面倾向河流一侧时，覆盖厚度应加大。

2. 裁弯取直

当线路顺着河谷傍山行走、地形起伏不定时，则存在线路沿山嘴绕行的短隧道群方案与直穿山嘴的长隧道方案的比较问题。一般情况下，优先选用长隧道"裁弯取直"，这是因为：

1）对危岩落石地段或陡坡地段，如以路基通过，往往工程不少，安全难保，所以采用隧道方案为宜。

2）沿河傍山地面，若线路靠外而行，结果出现桥、隧、支挡相连，隧道洞壁过薄、洞口常伴有深基础明洞或较大的河岸防护工程，路基难免出现病害；如线路靠里修建隧道或增长隧道，减少桥梁、路基工程，则能减少或避免上述弊病。

3）以中长隧道或长隧道代替隧道群或桥隧群，工程集中单一，施工管理方便，并有利于运营安全。

4）沿河傍山修建中长隧道或长隧道，易于设置辅助坑道（如横洞），增加工作面。

3.1.3 地质构造的影响

隧道位置的确定往往受到地质构造条件的影响较大，其中地质构造条件如岩层的构造特征、节理裂隙发育程度、结构面的性状、岩石的块状大小与完整状态等，通常是需要考虑的重要因素。

1. 单斜构造

单斜构造是指成层的岩层向一个方向倾斜的地质构造。常见的工程地质问题为不均匀的地层压力、偏压、顺层滑动等现象，故隧道中线以垂直走向穿越最为有利。按岩层的倾角不同，可分为3种情况：

（1）水平或缓倾角岩层 当隧道通过坚硬的厚层岩层时，较为稳定。若通过很薄的岩层，则施工时顶部易产生掉块现象（图3-3），此时最好以不透水的坚硬岩层作顶板。

（2）陡倾角岩层 陡倾角岩层一般有偏压和不均匀压力存在，当有软弱夹层伴以有害节理切割时，易产生坍方和顺层滑动，如果隧道的位置恰恰在层间软弱面上（如图3-4中的B方案所示），岩层滑动将使隧道结构受到很大的剪力，以致结构物损坏。因此，当隧道中线可能沿两种不同岩性的岩层走向通过时，宜将隧道置于岩性较好的单一岩层中，如图3-4中的A方案所示。但是，尽量避免把隧道中线设计成与软弱结构面的走向一致或平行，要正交或有一定的交角，如图3-4b所示。

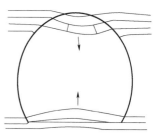

图3-3 隧道穿越水平（缓倾）
层状岩层

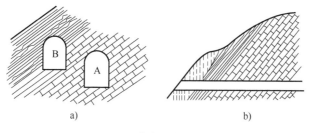

图3-4 隧道穿越陡倾角岩层
a）隧道方案比选 b）隧道与岩层相交穿越

（3）直立岩层 隧道通过直立岩层时，其中线宜垂直于岩层的走向穿过。如隧道中线与岩层走向一致时，仍应避开不同岩层接触带。尤其应注意的是，当层状岩层较薄并有软弱夹层，伴有微量地下水活动时，亦可产生不对称压力，在隧道开挖过程中，易产生坍塌（图3-5），甚至导致大的塌方，致使地面形成"天窗"，这在选择隧道位置时应予重视。

2. 褶皱构造

褶皱构造有向斜和背斜两种基本类型，在褶皱构造的地区，岩层一部分向上弯曲翘起成为背斜，另一部分向下弯曲成为向斜。当隧道通过褶皱构造时（图3-6），应尽量避免将隧道置于向斜或背斜的轴部，因背斜或向斜的轴部岩层均比翼部破碎，节理裂隙发育，施工时可能发生坍塌。将隧道通过向斜和背斜轴部做比较时，则背斜较向斜略好；若向斜轴部位于含水层中，洞身开挖所出的水将比背斜严重。若将隧道置于翼部，则隧道所处的地质条件为单斜构造，将受到侧压力，需加强结构。

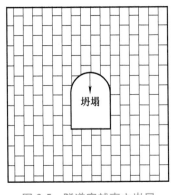

图 3-5　隧道穿越直立岩层

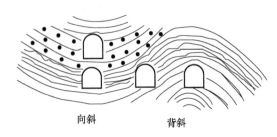

图 3-6　隧道穿越褶皱地层

3. 断层构造

在断层构造地区，断层带中的岩体呈破碎状态，当严重揉挤时可成为泥状。断层带的强度很低，而且往往是地下水的通道，地下水量也较大，常呈突水涌出，一般在该处开挖隧道易产生坍塌，会给施工带来一定的困难，同时地层压力变化较大，衬砌结构也难处置。因此，在选择隧道位置时，切忌沿着（或靠近平行）断层带或破碎带修建隧道，特别是对于区域性大断裂，尤其注意绕避。当隧道线路必须通过断层带时，应尽量使线路与断层走向正交（图 3-7），同时应避开严重破碎带，并应使通过断层的地段最短。

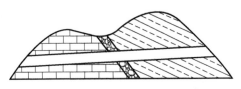

图 3-7　隧道正交穿越断层构造

3.1.4　不良地质和特殊岩土的影响

在隧道进行选线设计时，不良地质和特殊岩土对隧道位置的选择影响较大。不良地质系指滑坡、错落、崩塌、岩堆、危岩、落石、岩溶、陷穴、泥石流、流砂（风积沙）、断层、褶皱、涌水及第四纪堆积层等不良地段。特殊岩土地区系指膨胀岩（土）、含盐地层、煤系地层、黄土、多年冻土、地震地区以及水库坍岸区等。如线路难以绕避或绕避而有损于线路的总体性时，在技术条件许可和经济合理的条件下，也可因地制宜地采取相应工程措施通过。

1. 不良地质条件对隧道位置选择的影响

（1）滑坡　隧道通过滑坡地区时，将会突然地受到土体的推力，有时会把结构物挤压破坏，或是剪切断开。如果对滑坡面的位置已经了解清楚，可以把隧道置于滑坡面以下的稳定岩体中，如图 3-8 中的 B 方案所示。如果已知滑坡是多年静止的死滑坡或古滑坡，则在不得已时，也可以把隧道置于滑坡体内，但要上部减载和加强排水，在确保滑坡稳定的情况下，才允许隧道或明洞通过。

（2）岩堆、崩塌、错落、堆积层以及危岩落石　在上述不良地质地区选择隧道位置时，原则上应避免从不稳定的岩堆、崩塌、错落、堆积层地区中通过，应将洞身置身于稳定的地层，如图 3-9 所示的 A 方案所示。当隧道必须通过上述不良地质地区时，首先应分析并确认其具有稳定性，且一定要采取有效可靠的工程措施，以图3-9中的B、C方案所示位置通过，另外在运营期间，危岩、落石常常危害运营安全，引起断道，需要做明洞等防护设施。

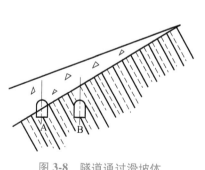

图3-8　隧道通过滑坡体

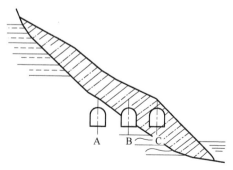

图3-9　隧道穿越堆积体

（3）泥石流　当线路通过泥石流地区时，首先应充分预计和判明泥石流的成因、规模、发展趋势和冲淤变化规律，论证以路基、桥梁通过或者以隧道等方式绕避的合理性，并判定工程安全度，以决定隧道方案的可行性。当将隧道与明洞方案比较时，一般以隧道方案通过较为安全可靠，在决定隧道位置时应使洞身置于基岩中或稳定的地层内，其顶板覆盖厚度应充分考虑对隧道产生的最不利影响，且不可把隧道洞口设置在洪积扇范围以内。

（4）岩溶　当隧道通过岩溶地区时，应尽量选择高线位通过，避开岩溶水发育带，力求避免穿越岩溶严重发育的网状洞穴区、巨大空洞区及有利于岩溶发育的构造带，并尽量避免将洞身置于碳酸盐岩与非碳酸盐岩（即可溶岩与非可溶岩）的接触带。当不可能避开时，应选择在较狭窄地段，以垂直或大角度穿过，使通过岩溶的地段最短。

（5）瓦斯　在瓦斯赋存的地层中开挖隧道时，甲烷等有害气体逸出轻则使人窒息，重则引起爆炸，危害甚大。选择隧道位置时最好能避开，不得已时，应采取通风稀释和防爆等安全措施。

（6）流砂（风积沙）　修建在流砂地层上的隧道，地基可能发生沉陷、失稳而破坏。隧道一般应避开流砂地段，无法避开时，应选择其范围最小且相对稳定地段，并以短距离通过，还应提出合理可行的工程处理措施，以保证施工和洞身安全。

（7）地下水　选择隧道位置时，最好不要从富水地层中经过，避免引起施工期间的涌水、突泥等事故，且减少运营期间的隧道渗漏水情况。不得已时，也要尽可能地把隧道置于地下水位以上的地方，或从不透水层中穿过。

（8）高地温　高地温会对隧道的施工、运营造成较大的影响，隧道通过高地温地区时，应尽量选在地温相对较低的地层，不得已时，应优化平纵断面，以高线位、短距离方式通过。

2. 特殊岩土对隧道位置选择的影响

（1）膨胀岩（土）　当隧道通过膨胀岩（土）地区时，应在确认膨胀性围岩的范围后，以通过地段最短、地下水含量最少者为宜。同时应根据支撑变形情况，顶、底板隆起及侧帮的凸出等程度，来分析和测定膨胀力的大小和开挖不同部位相应的变化规律，以便采取相应的施工方法和加强衬砌结构的工程措施。

（2）含盐地层　当隧道通过含盐地层时，宜选择在干燥无水或地下水位低、含盐量最小的地段通过，并应对衬砌结构采取相应的加强措施。

（3）煤系地层　当隧道通过煤系地层时，要注意有害气体、煤窑采空区以及地层膨胀等影响隧道结构安全的问题。在选择隧道位置时，应设法避开有害气体含量较高和煤窑采空密集地段，当不可避免时应选择影响最小的方案，同时保证底部隔层有足够厚度或预留煤柱，以减少其对隧道工程的威胁，确保施工安全和结构稳定。

（4）黄土地区　黄土具有干燥时坚固，遇水容易剥落和遭受侵蚀的特征。在黄土地区常见有冲沟、陷穴、滑坡及泥石流等不良地质现象，对隧道的危害是不容忽视的，特别是在有地下水活动和陷穴密集的地段，在隧道施工中极易发生坍塌，产生较大的围岩压力，导致支撑变形、基础下沉及衬砌开裂等，因此选择隧道位置时应避开沟壑及有地下水活动和地面陷穴密集的地区。

（5）多年冻土　多年冻土地区修建的隧道，在洞口地段及衬砌背后会形成一个冻融交替的融化圈，因冻融循环的交替作用，洞门易遭到破坏，融化圈内的围岩强度则有所降低。在冻结时，产生的冻胀力不同程度地影响着衬砌结构的安全。针对上述情况，当隧道在多年冻土地区通过时，应注意选择好隧道位置和洞口位置，防止隧道病害的发生，减少施工和运营养护的困难。

（6）地震区　地震的破坏作用，由地表向地下随隧道深度增加而迅速减弱，故一般对深埋隧道影响较小、对浅埋、偏压的隧道及明洞和洞门等结构的影响较大；另外，一般在松散的山坡堆积层或滑坡地段、断层破碎带、泥石流发育地区、不稳定的悬崖深谷、易坍陷的地下空洞等处，由于地震波的冲击作用，抗震性差。因此，在选择隧道位置和洞口位置时，应特别注意地形、地质及洞身埋置深度等问题，不宜穿越活动断裂带、易液化砂（粉）土地层，对土质松散或地层破碎及地质构造不利的傍山隧道，更应注意采取必要措施，以保证洞身稳定和洞口工程的安全。

（7）水库地区　水库蓄水后，改变了岸边的工程地质和水文地质条件，岸壁将受库水的浸润和波浪的冲刷，形成水库坍岸。在水库坍岸地区修建隧道时，隧道应置于牢固的基岩中，或坍岸范围以外具有一定覆盖厚度并足以保证洞身稳定的土层上。隧道设置高程一般均在水库设计正常高水位以上规定高度，如因特殊原因需要设于正常高水位以下时，应根据工程地质、水文等情况采取有效的防护工程措施，并有足够的技术经济比选依据。

3.2　隧道洞口位置的选择

洞口是隧道进出的咽喉，又是隧道施工中的主要通道。洞口位置选择是否合理，将对隧道的施工工期、造价、运营安全等产生重大的影响。所以在隧道线路设计中，洞口位置的选择是一项很重要的工作。

隧道的进出口是隧道建筑物唯一的暴露部分，也是整个隧道的薄弱环节。洞口处地质条件差，多为严重风化的堆积体；覆盖层厚度较薄，若地形倾斜又易造成浅埋侧压；还受地表水的冲刷，加上隧道一旦开挖，山体受扰动等原因，容易造成山体失稳，产生滑动和坍塌。如洞口位置选择不当，可能导致洞口坍方而无法进洞，或病害整治工程量过大，甚至遗留后患。在这方面，以往的隧道工程中有过不少教训。

根据我国多年实践经验，在隧道洞口位置选择方面，总结出"早进晚出"的原则。即在决定隧道洞口位置时，为了确保施工、运营的安全，宁可早一点进洞，晚一点出洞，这样做，虽然隧道修长了一些，却较安全可靠。当然，并不意味着进洞越早越好，出洞越晚越好，而是应当从安全等多方面比较确定。理想的洞口位置应选择在地质条件良好，地势开阔，施工方便，技术、经济合理之处。在选择隧道洞口位置时应注意以下几个原则：

1）洞口不宜设在垭口沟谷的中心或沟底低洼处，如图 3-10 中的 A 线。一般情况下，垭口沟谷在地质构造上是最薄弱的环节，常会遇到断层带、古坍方、冲积土等不良地质；此外，地表流水都汇集在沟底，再加上洞口路堑开挖，破坏了山体原有的平衡，更容易引起坍方，甚至不能进洞。所以，洞口最好选在沟谷一侧，如图 3-10 中的 B 线。

2）洞口应避开不良地质地段，如断层、滑坡、岩堆、岩溶、流砂、泥石流、盐岩、多年冻土、雪崩、冰川等，以及避开地表水汇集处。

3）当隧道线路通过岩壁陡立、基岩裸露处时，最好不刷动或少刷动原生地表，以保持山体的天然平衡。此时，洞口位置应根据具体情况，采取贴壁进洞（图 3-11）或设置一段明洞（当山坡上有落石、掉块而难以清除时）（图 3-12）；或修建特殊结构洞门，如悬臂式洞门、钢筋混凝土锚杆洞门、洞门桥台联合结构、悬臂式托盘基础洞门或长腿式洞门等。

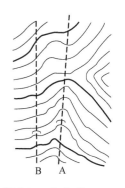

图 3-10 沟底附近洞口
平面位置示意图

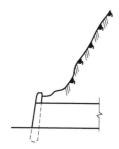

图 3-11 贴壁进洞时洞口纵断面示意图

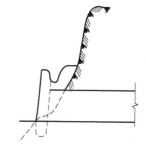

图 3-12 陡壁下接长明洞纵断面示意图

4）减少洞口路堑段长度，延长隧道提前进洞。对处于漫坡地形的隧道，其洞口位置变动范围较大，一般应采取延长隧道的办法，以解决路堑弃土及排水的困难。

5）洞口线路宜与等高线正交，使隧道正面进入山体（图 3-13），洞口结构物不致受到偏侧压力。对于傍山隧道因限于地形，有时无法与等高线正交，只能斜交进洞（图 3-14），此时，其交角不应太小（不小于 45°），并根据具体情况，采取斜交洞门、台阶式正交洞门或修建一段明洞。

图 3-13 正交洞门

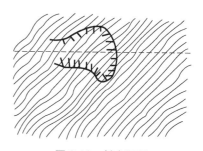

图 3-14 斜交洞门

6）隧道洞口应考虑防洪、防淹。当隧道洞口位于可能被洪水淹没地带、水库回水影响范围、受山洪威胁地段时，其路肩高程应高出设计水位加波浪侵袭高度，且壅水高度不小于 0.5m。城市地区的隧道采用"V"形坡时，洞门及敞开段边墙顶高程应高出内涝水位 0.5m。

7）为了确保洞口的稳定和安全，边坡及仰坡均不宜开挖过高。

8）当洞口附近遇有水沟或水渠横跨线路时，可设置拉槽开沟的桥梁或涵洞，排泄水流。如水量较大，上述方法仍不能满足要求，则应修建明洞接长隧道把水流引到洞顶水沟中排走。

9）当洞口地势开阔，有利于施工场地布置时，可利用弃渣有计划、有目的地改造洞口场地，以便布置运输便道、材料堆放场、生产设施用地及生产、生活用房等。另外，在桥隧相连时，应注意防止因弃渣乱堆造成堵塞桥孔或推坏桥梁墩台建筑物。

总之，隧道洞口位置的选择，应根据地形、地质条件，考虑边坡、仰坡的稳定，结合洞外相关工程及施工难易程度，本着"早进晚出"的指导思想，全面综合地分析确定。

■ 3.3　隧道平、纵断面线形设计

隧道内线路设计内容主要包括隧道的平面线形设计和纵断面线形设计。隧道平面线形是指隧道中心线在水平面上的投影，隧道纵断面线形是中心线展直后在垂直面上的投影。由于隧道内的环境条件比较差，无论是车辆运行，还是维修养护，都处于不利的条件下。所以，在设计隧道内线路时，除了应满足整体线路规定的各种技术指标以外，还要符合为适应隧道特点提出的一些技术要求。

3.3.1　隧道平面线形设计

1. 铁路隧道平面线形设计

铁路隧道内的线路宜设计为直线，当因地形、地质等条件限制必须设计为曲线时，宜将曲线设在洞口附近并采用较大的曲线半径。例如，当线路绕行于山嘴时，为了避免直穿隧道太长，或是为了便于开辟辅助性的横洞，有时也会有意识地设置与地形等高线相接近的曲线隧道。当隧道越岭时，线路常常是沿着垭口的一侧山谷转入山体后，又沿垭口另一侧山谷转出。这样可以使隧道较长的中段放在直线上，但两端为了转向都要落在曲线上。如果垭口两侧沟谷地势开阔，则可将曲线放在洞口以外。有时，隧道已经施工，在开挖前进中发现前方有不良地质，不宜穿过。此时，不得不临时改线绕行，于是出现曲线，而且是左转与右转两条曲线，才能回到原线上来。

上述情况，在山区的线路（尤其是普速铁路线路）中是常遇到的。设计时，应尽可能采用较短的曲线，或是半径较大的曲线，使它的影响小一些。铁路隧道在曲线两端设缓和曲线时，最好不使洞口恰恰落在缓和曲线上。缓和曲线在平面上半径总在改变，竖向的外轨超高也在变化，这样，在双重变化下，列车行驶不平稳。所以，应尽可能将缓和曲线设在洞外一个适当距离以外，圆曲线的长度也不应短于一节车厢的长度。同一座隧道内最好不设一个以上的曲线，尤其是不宜设置反向曲线或复合曲线。列车同时跨在两个曲线上时，行驶很不稳定。所以，两曲线间应有足够长的夹直线，一般要求在3倍车辆长度以上。

内燃牵引隧道内不宜设置反向曲线，因为内燃牵引的铁路曲线隧道的自然通风条件不如直线隧道，有害气体较难排出，对养护人员的身体健康和轨道的性能都有不利的影响。运营中为了保证隧道符合建筑限界的要求和正常的行车条件，需要经常检查线路平面和水平，曲线隧道较直线隧道增加了维护作业量和难度。故从争取较好的通风条件，减少施工难度，改善维修养护人员和乘务员的工作环境及瞭望条件，简化洞内施工、养护作业并缩短作业时间，以及提高行车速度等方面来看，直线隧道优于曲线隧道。

2. 公路隧道平面线形设计

公路隧道洞身平面线形设计，应综合考虑地形、地质状况、洞口接线、通风、车辆运行安全和施工条件等因素，与隧道自身建设条件及连接区间的公路整体线形协调一致。超长、特长隧道

往往控制路线总体走向，一般宜采用直线。当隧道设曲线时不宜采用设超高和加宽的圆曲线，以便采用同一轮廓断面，方便施工。隧道不设超高的圆曲线最小半径应符合表 3-1 的规定。受特殊条件限制，隧道平面线形需采用设超高的平曲线时，其超高值不宜大于 4%，过大的超高将使隧道施工变得复杂，路面扭曲严重，影响隧道内行车视角，危及行车安全。

表 3-1　隧道不设超高的圆曲线最小半径　　　　　　　　（单位：m）

路　　拱	设计速度/(km/h)					
	120	100	80	60	40	30
≤2.0%	5500	4000	2500	1500	600	350
>2.0%	7500	5250	3350	1900	800	450

相比铁路隧道，公路隧道的平面线形设计还需考虑对驾驶员的行车安全影响。公路隧道常不设路肩，而作为一个相对封闭的空间，受隧道边墙影响，在曲线隧道内行车时驾驶员的视线与一般道路有较大出入。同时，随着运行速度设计新理念的引入，隧道内运行速度与设计速度上的差异也会影响车辆行车的安全性和舒适性。因此，曲线隧道还应结合隧道内运行速度的实际情况进行停车视距与会车视距验算，以保证驾驶员在紧急情况下有充分的时间迅速停车而避免发生交通事故。公路隧道的停车视距与会车视距应符合表 3-2 的规定。

表 3-2　公路隧道停车视距与会车视距

公路等级	高速公路、一级公路				二、三、四级公路				
设计速度/(km/h)	120	100	80	60	80	60	40	30	20
停车视距/m	210	160	110	75	110	75	40	30	20
会车视距/m	—	—	—	—	220	150	80	60	40

公路隧道内视距的评价将从隧道设计速度和小汽车在隧道内的运行速度两个方面进行。在平面曲线半径为 R 时，满足视距 L 的最小平曲线半径按式（3-1）计算，计算示意如图 3-15 所示。这种视距检算在设计速度等于或高于 80km/h 的高速公路设计中显得尤为重要。

$$\frac{L}{2} = (R+A+T+M) \times \alpha \qquad (3-1)$$

式中　　α——按 $\alpha = \arccos\dfrac{R}{R+A+M+T}$ 计算；

　　　　R——平曲线半径；

　　　　L——停车视距或会车视距；

　　　　T——侧向余宽；

　　　　A——路缘带宽度；

　　　　M——车道中心线到路缘带边缘线的距离。

3.3.2　隧道纵断面线形设计

隧道内线路纵断面设计就是要选定隧道内线路的坡道形式、坡度大小、坡段长度和坡段间的衔接等。

1. 铁路隧道纵断面线形设计

（1）坡道形式　铁路隧道一般可采用单面坡形或人字坡形，如图 3-16 所示。

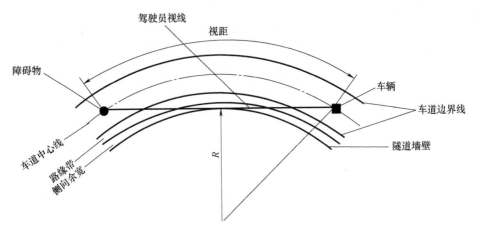

图 3-15　公路隧道内视距计算示意图

图 3-16　坡道形式示意图
a）单面坡　b）人字坡

单面坡多用于线路的紧坡地段或是展线的地区，因为单面坡可以争取高程，拔起或降落一定的高度。单面坡隧道两洞口的高程差较大，由此而产生的气压差和热位差也大，能促进洞内的自然通风。它的缺点是：在施工阶段，由于下坡开挖，洞内的水自然地流向开挖工作面，使开挖工作受到干扰，需要随时抽水外排；此外，运渣时，空车下坡重车上坡，运输效率低。

人字坡道多用于长隧道，尤其是越岭隧道。因为越岭无须争取高程，而垭口两端都是沟谷地带，同时向下的人字坡正好符合地形条件。人字坡的优点是：施工时水自然流向洞外，排水措施相应地简化，而且重车下坡，空车上坡，运输效率高。其缺点是：列车通过时排出的有害气体聚集在两坡间的顶峰处，尽管用机械通风，有时也排除不干净，长时间积累，浓度逐渐增大，使司机以及洞内维修人员的健康受到影响。

两种不同的坡型适用于不同的隧道。对位于紧坡地段要争取高程的区段上的隧道，位于越岭隧道两端展线上的隧道，地下水不丰富的隧道，或是可以单口掘进的短隧道，可以采用单面坡。对于长大隧道、越岭隧道、地下水丰富而抽水设备不足的隧道，宜采用人字坡。

（2）坡度大小　对于行车来说，线路的坡度以平坡为最好。但是，天然地形是起伏不定的，为了能适应天然地形以减少工程数量，只好随着地形的变化设置与之相适应的线路坡度。但依据地形设计坡度时，注意应不超过限制坡度，如果在平面上有曲线，还需为克服曲线的阻力，再减去一个曲线的当量坡度，即

$$i_{允} = i_{限} - i_{曲} \qquad (3\text{-}2)$$

式中　$i_{允}$——设计中允许采用的最大坡度（‰）；

　　　$i_{限}$——按照线路等级规定的限制最大坡度（‰）；

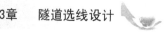

$i_曲$——曲线阻力折算的坡度当量（‰）。

隧道内行车条件要比明线差，对线路最大限制坡度的要求更为严格。因此，隧道内线路的最大允许坡度要在明线最大限制坡度上乘以一个折减系数 m。考虑坡度折减有以下原因：

1）列车车轮与钢轨踏面间的黏着系数降低。机车的牵引能力有时是由车轮与轨面之间的黏着力来控制的。隧道内空气的相对湿度较露天处大，因而钢轨踏面上凝成一层薄膜，使轮轨之间的黏着系数降低，于是机车的牵引力也随之降低。此外，如果是蒸汽机车牵引，机车喷出的煤烟渣淬落在轨面上，也会使黏着系数降低。因此，隧道内线路的限制坡度应比明线的限制坡度有所减小。

2）洞内空气阻力增大。列车在隧道内行驶，其作用犹如一个活塞，洞内空气将像气缸中气体作用于活塞那样给前进的列车以空气阻力，使列车的牵引力减弱。所以，隧道内的限制坡度要比明线的限制坡度小。

由于上述原因，隧道内线路的限制坡度要在明线限制坡度上乘以一个小于 1 的折减系数 m。铁路隧道当长度小于 400m 时，上述影响不太显著，坡度可以不折减，但长度大于 400m 的隧道都要考虑坡度的折减。折减的计算公式为

$$i_允 = mi_限 - i_曲 \tag{3-3}$$

式中　m——隧道内线路的坡度折减系数，它与隧道的长度 L 有关。

当隧道内有曲线时，要先进行隧道内线路坡度的折减，然后再扣除曲线折减。铁路隧道内线路坡度折减系数 m 的经验数值见表 3-3，可参照使用。

表 3-3　铁路隧道内线路最大坡度折减系数 m

隧道长度 L/m	电力牵引	内燃牵引
$400 < L \leqslant 1000$	0.95	0.90
$1000 < L \leqslant 4000$	0.90	0.80
>4000	0.85	0.75

注：最大坡度折减系数不分单、双机牵引，也不分单、双线隧道。

另外，不但隧道内的线路应按上述方式予以折减，洞口外一段距离内，也要考虑相应的折减。因为当列车的机车一旦进入隧道，空气阻力就增加，黏着系数也开始减少。所以在上坡进洞前半个远期货物列车长度范围内，也要按洞内一样予以折减。至于列车出洞，机车已达明线，就不存在折减的问题了，如图 3-17 所示。

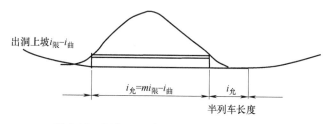

图 3-17　洞内、洞外线路坡度折减方式示意

除了限制最大坡度外，还要限制最小坡度。因为隧道内的水全靠排水沟向外流出。根据《铁路隧道设计规范》（TB 10003—2016）规定，隧道内线路坡度不宜小于 3‰。在最冷月平均气温低于 -3℃ 的地区，为加大隧道排水坡度，隧道宜适当加大坡度。

（3）坡段长度　铁路隧道内线路的坡型单一，但不宜把坡段定得太长，尤其是单坡隧道，坡度已用到了最大限度。如果是上大坡，列车就必须用尽机车的全部潜在能力，持续前进。这样，会越爬越慢，以至有停车的可能或出现车轮打滑的情况，容易发生事故。在下坡时，由于坡段太长，制动时间过久，机车闸瓦摩擦发热，将使燃油失效，以致刹不住车，发生溜车事故。所以，在限坡地段，坡段不宜太长。如果隧道很长，坡度又不想变动，为了不使机车爬长坡，可以设缓坡段，使机车有一个喘息和缓和的时间。

此外，顺坡设排水沟时，如果坡段太长，水沟就难以布置。不是流量太大，就是沟槽太深，为此需要设置许多抽水、扬水设施，分级分段排水，这也给今后的运营和维修增加了工作量。所以，隧道内线路的坡段不宜太长。

与此相反，隧道内的线路坡段也不宜太短。因为，坡段太短就意味着变坡点多而密集，列车行驶就不平稳，司机操纵要随时调整。列车过变坡点时，受力情况也随之变化，车辆间会发生相互的冲撞，车钩产生附加的应力。如果坡段过短，一列车在行驶中，会同时跨越两个变坡点，车体、车钩都同时受到不利的影响，有时会因此发生事故。实践指出，坡段长度最好不小于列车的长度。考虑到长远的发展，坡段长度最好不小于远期到发线的长度。

（4）坡段连接　对于铁路隧道来说，为了行车平顺，两个相邻坡段坡度的代数差值不宜太大，否则会引起车辆之间仰俯不一，车钩受到扭力，容易发生断钩。因此，在设计坡度时，坡间的代数差要有一定的限制。对客货共线铁路和重载铁路来说，相邻坡段的坡度差主要受货物列车制约，因此从安全的观点出发，两坡段间的代数差值 Δi 不应大于重车方向的限坡值 i。由于旅客列车质量远低于货物列车，因此高速动车对相邻坡段的坡度差不做限制。

对高速铁路线路纵断面来说，为保证列车在变坡点处的运行安全、乘客的舒适性要求，当相邻坡段的坡度差大于或等于 1‰ 时，应采用圆曲线形竖曲线连接。当设计速度为 300km/h、350km/h 时，最小竖曲线半径为 2500m；当设计速度为 250km/h 时，最小竖曲线半径为 2000m。由于竖曲线与圆曲线重叠设置时合成的空间线型比较复杂，增加了施工及运营维护的难度，因此一般不宜重叠设置。在困难条件下重叠设置时，需要考虑乘客舒适度的要求，对竖曲线与平面曲线的重叠设置条件予以限制。

隧道内线路坡度不但要考虑上述因素，还要验算列车在相应坡段上的行车速度。因为列车上坡需要有一定的速度，才能将动能转为势能。如果列车行车速度过低，那么列车开始上坡时，还有足够的前进能力，但行至中途机车的效能就会有所降低，逐渐衰减以至趋近于不能前进而出现打滑、停车以致倒退等危险情况；即使能勉强爬上，缓缓而过，洞内行车时间过长，散发出的污浊空气会使机车乘务人员以及旅客感到非常不舒服，甚至酿成窒息、晕倒等事故。按照实践经验，通过隧道内最低行车速度见表 3-4。

表 3-4　内燃、蒸汽牵引列车通过隧道的最低行车速度　　　　　（单位：km/h）

隧道长度 L/m	蒸汽牵引		内燃牵引
	单线隧道单机牵引，双线隧道单、双机牵引	单线隧道双机牵引	
<400	计算速度	计算速度	计算速度
400<L≤1000	25（但不小于计算速度）	30	计算速度
1000<L≤4000	30	35	25
>4000	35	40	25

2. 公路隧道纵断面线形设计

公路隧道的纵断面线形，应以行车安全、排水、通风、防灾为基础，并根据施工期间的排

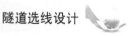

水、出渣、材料运输等要求确定。从行驶舒适性和运营通风效率来看，公路隧道纵坡形式，宜采用单向坡，地下水发育的长隧道、特长隧道可采用双向人字坡。隧道内纵坡变化处应设置大半径竖曲线平缓过渡，以保证驾驶员有足够的视线。变坡点的凸、凹竖曲线的最小半径和最小长度应符合表3-5的规定。

表3-5　竖曲线最小半径和最小长度

设计速度/（km/h）	120	100	80	60	40	30	20
凸形竖曲线最小半径/m	17000	10000	4500	2000	700	400	200
凹形竖曲线最小半径/m	6000	4500	3000	1500	700	400	200
竖曲线最小长度/m	100	85	70	50	35	25	20

隧道内纵坡的最小值以隧道建成后洞内排水（包括渗漏水、涌水、隧道清洗水、消防用水等）能自然排泄为原则，要求不小于0.3%；对长隧道、特长隧道，隧道内排水距离长，排水量相对较大，不小于0.5%较好。

隧道最大纵坡值，应以隧道的使用功能（通行汽车）为依据，从设计速度（爬坡时行驶速度不能降低太多）、地质条件（尽量将隧道置于稳定地层中）、通风（尽可能减少废气量）、交通事故率、火灾时救援、两洞口高差及两端接线、工程投资等方面综合考虑。一般情况下，当长下坡且坡度较大时，容易发生交通事故；同时考虑到超长、特长、长大隧道的通风量一般与隧道纵坡的平方成正比，因此从洞内卫生条件分析，超长、特长、长大隧道最大纵坡值最好控制在2.5%以下，中、短隧道最大纵坡可以适当放宽，一般控制在3%以下（短于100m的隧道可不受此限制）。高速公路、一级公路的中、短隧道，受地形等条件限制时，经技术经济论证、交通安全评价后，隧道最大纵坡可适当加大，但不宜大于4%；在特别困难的条件下，经技术经济论证，最大纵坡值还可以加大至5%，但需增加运营安全措施。

3.3.3　隧道最小净距设计

在确定隧道的位置时，还需要考虑修建相邻双洞隧道的情况，从施工和运营方面综合考虑相邻双洞隧道的最小净距问题。

1. 铁路隧道最小净距设计

新建双线或增建复线时，应进行修建一座双线隧道和两座单线隧道的比较。对特长隧道及松软地层、不良地质地段、黄土地区的隧道，跨度大小对隧道工程的影响比其他地区更为显著，往往修建两座单线隧道较修建一座双线隧道较易于保证工程质量和施工安全，且工程费所增亦不多，此时，宜修建两座单线道；其他有条件的长隧道，考虑到运营期间一旦发生事故，能有效防灾、救援且尽量控制损失，则选用两座单线隧道，相互间设置联络通道的方案应是最佳决策。

两相邻铁路隧道的最小净距，应综合考虑围岩级别、隧道断面尺寸及施工方法等因素确定。根据近年来的铁路隧道设计、施工实践经验，一般情况下，两相邻隧道间距可采用表3-6的中值；困难情况下，通过采取控制爆破、加强支护等措施后可以采用表3-6的下限值。

表3-6　两相邻单线铁路隧道间的最小净距

围岩级别	I	II、III	IV	V	VI
净距	(0.5～1.0) B	(1.0～1.5) B	(1.5～2.0) B	(2.0～4.0) B	>4.0B

注：B为隧开挖跨度（m）；在地应力影响地段，相邻隧道净距应适当加大。

2. 围岩基本分级

根据《铁路隧道设计规范》（TB 10003—2016）的规定，将围岩的初步定级称为围岩基本分级，在此阶段主要依据岩石坚硬程度和岩体完整程度两个因素、采用定性划分和定量指标两种方法综合确定围岩的基本分级。

（1）划分岩石坚硬程度　将岩浆岩、沉积岩和变质岩三大岩类按岩性、物理力学参数、耐风化能力划分为硬质岩和软质岩两大类，然后可以根据单轴饱和极限抗压强度 R_c 再分为极硬岩、硬质岩、较软岩、软岩、极软岩。当无条件取得单轴饱和极限抗压强度 R_c 时，也可采用实测的岩石点荷载强度指数的换算值（$R_c = 22.82 I_{s(50)}^{0.75}$）。岩石坚硬程度的定量和定性划分标准见表 2-8。其中的定性鉴定标准，是为了便于现场勘察时直观地鉴别岩石坚硬程度，规定采用锤击难易程度、回弹程度、手触感觉和吸水反应等行之有效、简单易行的方法。

表 2-8　岩石坚硬程度的划分

岩石类别		单轴饱和抗压强度 R_c/MPa	定性鉴定
硬质岩	极硬岩	$R_c > 60$	锤击声清脆，有回弹，振手，难击碎 浸水后，大多无吸水反应
	硬岩	$30 < R_c \leq 60$	锤击声较清脆，有轻微回弹，稍振手，较难击碎 浸水后，有轻微吸水反应
软质岩	较软岩	$15 < R_c \leq 30$	锤击声不清脆，无回弹，较易击碎 浸水后，指甲可刻出印痕
	软岩	$5 < R_c \leq 15$	锤击声哑，无回弹，有凹痕，易击碎 浸水后，手可掰开
	极软岩	$R_c \leq 5$	锤击声哑，无回弹，有较深凹痕，手可捏碎 浸水后，可捏成团

（2）划分岩体完整程度　岩体完整程度这一指标所包含的内容十分丰富，其中主要是指围岩被各种结构面切割成单元体的特征及其被切割后的块度大小。岩体完整程度定性划分主要考虑了岩体中的软弱结构面的产状、贯通性、充填情况以及结构面受地质构造作用的影响程度等，据此将岩体的完整程度划分为完整、较完整、较破碎、破碎、极破碎 5 类。

岩体的完整程度可按表 2-9 确定，表中结构面结合程度可按表 2-10 确定、层状岩层厚度划分可按表 2-11 确定。定量指标岩体完整性指数 K_v 的确定方法见式（2-4），当无条件取得实测值时，也可用岩体体积节理数 J_v，按表 2-9 中的对应关系确定 K_v 值。

岩体体积节理数 J_v 是根据不同的工程地质岩组或岩性段，选择有代表性的露头或开挖壁面进行节理（结构面）统计，有条件时宜选择两个正交岩体壁面进行统计。除成组节理外，对延伸长度大于 1m 的分散节理亦应予以统计。已为硅质、铁质、钙质填充再胶结的节理不予统计。统计每组结构面数目时，应沿着有关结构面组的垂直方向计数。每一测点的统计面积，不应小于 2m×5m。根据节理统计结果，J_v 值计算公式为

$$J_v = \sum_{i=1}^{n} S_i + S_0 \qquad i = 1, \cdots, n \qquad (2-9)$$

式中　n——统计区域内结构面组数；

$\quad\quad S_i$——第 i 组结构面沿法向每米长结构面的条数；

$\quad\quad S_0$——每立方米岩体非成组节理条数。

2. 公路隧道最小净距设计

高速公路、一级公路的隧道应设计为上、下行分向行驶的双洞隧道。高等级公路隧道一般有4种布置方式：标准间距的分离式隧道、小净距隧道、连拱隧道和分岔式隧道（图3-18）。

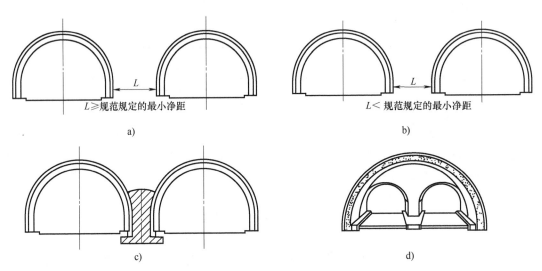

图 3-18　高等级公路双洞隧道布置形式
a）分离式隧道　b）小净距隧道　c）连拱隧道　d）分岔式隧道

标准间距的分离式隧道两洞室净距较大，在设计施工过程中基本可以不考虑两洞室之间的相互影响。分离式独立双洞的最小净距，按对两洞结构彼此不产生有害影响的原则，结合隧道平面线形、围岩地质条件、断面形状和尺寸、施工方法等因素确定，两洞间净距宜取0.8~2.0倍开挖宽度（围岩条件总体较好时取较小值，围岩条件总体较差时取较大值）。两洞跨度不同时，以较大跨度控制。在同等地质条件下标准间距的分离式隧道造价最低，施工速度较快且较安全，一般用于长大隧道，要求进出口地形条件比较开阔。

小净距隧道是指两洞室净距较小，在设计和施工过程中需采取特殊措施的一种分离式隧道。在地形条件较狭窄的情况下，不能按常规的分离式隧道间距布设，或因隧道的分离式设置而导致隧道两端的桥、路分岔拉宽，增大桥梁施工难度时，可以考虑设置小净距隧道。小净距隧道在设计施工过程中必须考虑两洞室之间的相互影响，特别是当地质条件较差时处理较复杂。小净距隧道与标准间距分离式隧道相比，在同等地质条件下造价稍高，施工速度稍慢。

连拱隧道是指两洞室无中间岩柱，两洞结构共用中壁墙的一种整体式隧道。连拱隧道两端接线可采用整体式路基，具有节约土地、接线顺畅、减少工程量等优点，但是连拱隧道因两洞室无中间岩柱，往往施工复杂、造价高，因此隧道两端接线的平面线形和隧道长度是选择连拱隧道的控制性因素。

在地形条件特别复杂的地段，隧道洞口段无法采用分离式双洞而洞身段又必须采用分离双线时，可采用分岔式隧道。分岔式隧道是在两洞室外设置大拱衬砌段以适应两洞室净距的不断变化。其断面包含了上述三种隧道的结构衬砌形式，隧道洞口段由整体式路基（隧道）逐渐过渡为分离式隧道。隧道断面逐渐从洞口大拱衬砌段、整体式中隔墙连拱衬砌段、夹心式中隔墙连拱衬砌段、小净距衬砌段，过渡到普通分离式衬砌段。分岔式隧道大拱衬砌断面跨度较大，各种类型断面过渡施工复杂，因此分岔式隧道的分岔段宜布置在围岩级别好于Ⅳ级的地段。

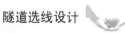

 思考题与习题

1. 请说明隧道位置在越岭与河谷地段选择的原则与区别。
2. 简述特殊地质构造对隧道位置选择的影响及选择要点。
3. 简述公路隧道与铁路隧道平、纵断面设计异同点。
4. 请说明隧道最小净距设计的影响因素。

 本章资源二维码

第3章资源

第 4 章　隧道结构构造

【学习目标】
1. 熟悉隧道建筑限界与净空的概念及掌握曲线隧道的净空加宽计算方法。
2. 熟悉隧道支护结构、洞门、明洞的构造形式及作用。
3. 熟悉隧道附属构筑物及辅助坑道的类型和作用。

为保证隧道的正常使用，要在隧道开挖施工中修建保证隧道稳定、安全的工程结构，如隧道洞身支护结构和洞门，以形成可满足隧道功能需求的使用空间（净空）。同时，为了保障隧道的施工进度、运营管理、维修养护等要求，在隧道内还需要修建各种附属构筑物（如避车洞、人行和车行横通道、排水沟槽等）和辅助坑道（如横洞、斜井、竖井、平行导坑等）。

■ 4.1　隧道限界与净空

4.1.1　隧道限界

隧道限界是一个和线路中心垂直的极限横断面轮廓线，这种轮廓线以内的空间用于保证隧道内列车或车辆安全运行所必需的行车、设备安装、救援通道等空间。

1. 隧道限界的种类

此处以铁路隧道为例介绍隧道限界的种类。铁路隧道的建筑限界是根据基本建筑限界制定的，基本建筑限界又是根据机车车辆限界制定的。

1）机车车辆限界是指机车车辆最外轮廓线的尺寸。要求所有在线路上行驶的机车车辆停在平坡直线上时，车体所有部分都必须容纳在此限界范围内而不得超越。

2）基本建筑限界是指线路上各种建筑物和设备均不得侵入的轮廓线。它的用途是保证机车车辆的安全运行及建筑物和设备不受损害。

3）隧道建筑限界是指比基本建筑限界要大一些的外部轮廓线。基本建筑限界和隧道建筑限界之间所留出的空间，用于安装通信信号、通风、照明、电力等设备。

铁路隧道的各类限界及与隧道衬砌内轮廓之间的空间关系如图 4-1 所示。

2. 各类隧道的建筑限界区别

根据《铁路隧道设计规范》（TB 10003—2016）附录 A 建筑限界部分所述，铁路隧道建筑限界按线路类型可以分为客货共线铁路隧道建筑限界（$v \leqslant 160 \text{km/h}$）、客货共线铁路隧道建筑限界

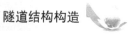

（160km/h<*v*≤200km/h）、双层集装箱运输铁路隧道建筑限界、城际铁路隧道建筑限界、高速铁路隧道建筑限界；按机车类型又可以分为内燃牵引区段和电力牵引区段。以上多种线路类型的隧道建筑限界的形状和相关尺寸之间也存在一定差异，其原因与隧道内通行的机车类型、车辆行驶速度、线路状态、车辆允许制造误差、隧道施工误差等因素有关。其中高速铁路隧道建筑限界尺寸如图 4-2 所示。

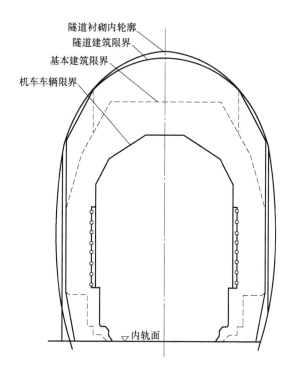

图 4-1　铁路隧道建筑限界种类示例

　　由于行业差异，在公路隧道中所述的"隧道建筑限界"可视为铁路隧道中的"基本建筑限界"，在此空间内不得有任何部件（包括通风、照明、安全监控和内装饰等附属设施）侵入。根据《公路隧道设计规范 第一册 土建工程》（JTG 3370.1—2018）中的规定，考虑了公路等级、行车速度、车道数、检修道或人行通道宽度等因素，各级公路的隧道建筑限界尺寸也有一定差异。其中高速公路、一级公路两车道隧道建筑限界如图 4-3 所示。

4.1.2　隧道净空及衬砌内轮廓

　　隧道净空是指隧道衬砌的内轮廓线所包围的空间，隧道净空有效面积即隧道衬砌内轮廓内轨顶面以上的净空断面面积（对铁路隧道而言）。

1. 铁路隧道净空

　　在铁路隧道中，隧道净空比"隧道建筑限界"稍大一些（图 4-1），设计时除了需满足隧道限界要求，还应考虑避让等安全空间、救援通道及技术作业空间，高速铁路隧道还应考虑空气动力学效应等各种情况，满足隧道净空有效面积标准要求。以高速铁路隧道为例，在隧道净空断面设计时，除了隧道建筑界限以外，还需要预留以下相关空间：

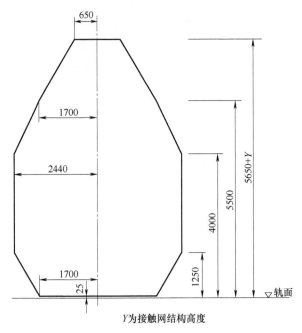

图 4-2　高速铁路隧道建筑限界（单位：mm）

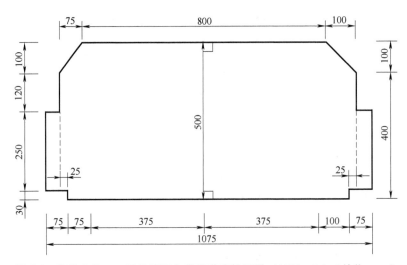

图 4-3　高速公路、一级公路两车道隧道建筑限界（100km/h）（单位：cm）

（1）安全空间　安全空间（或称为安全区）是为铁路内部员工和特殊情况下抢修和养护人员预留的，安全区内包括靠衬砌侧安放施工设施（宽 0.3m）或开关柜（宽 0.4m、长 1.3m）的空间。安全空间应设在距线路中线 3.0m 以外的地方，其高度不应小于 2.2m，宽度不应小于 0.8m。

（2）技术作业空间　技术作业空间用于安放施工辅助设施，作为预留加强衬砌或安装隔声板等的空间。该空间内允许在有限的长度范围内设置一些设备，如接触导线张力调制器和接触导线以及接头的紧回装置。技术作业空间沿隧道衬砌内轮廓环向设置，其宽度为 0.3m。隧道的

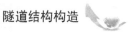

施工误差不应占用技术作业空间。

（3）救援通道　在隧道内应设置贯通的救援通道（或称疏散通道），是用于紧急情况下旅客疏散和救援人员及专用救援小车走行的通道。高速铁路隧道疏散通道的宽度不宜小于1.5m，装设专业设施处宽度可适当减少，但不得小于0.75m。疏散通道空间可部分侵入建筑限界，但不能侵入车辆限界。

以高速铁路隧道为例，时速300~350km/h高速铁路双线隧道衬砌净空断面的各类空间布置情况如图4-4所示。我国根据不同的行车速度目标值和运行列车的限界，拟定的高速铁路隧道净空有效面积标准见表4-1。

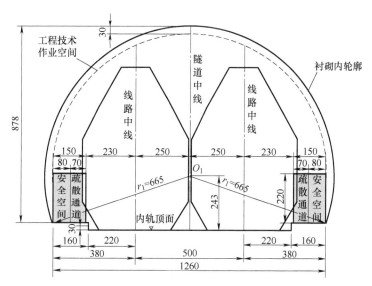

图4-4　300~350km/h高速铁路双线隧道衬砌净空断面图（单位：cm）

表4-1　我国高速铁路隧道净空有效面积　　　　　　　　　　　（单位：m²）

序号	类　别	单　线	双　线
1	设计速度250km/h的高速铁路	58	90
2	设计速度300~350km/h的高速铁路	70	100

2. 铁路隧道衬砌内轮廓

铁路隧道尤其是高速铁路隧道衬砌内轮廓的确定一般应考虑隧道建筑限界、股道数及线间距、隧道设备空间、空气动力学效应、轨道结构形式及其运营维护方式、养护及工程技术作业空间、疏散通道空间、机车车辆类型及密封性等因素。因此，在对铁路隧道衬砌内轮廓进行设计时，应满足隧道建筑限界和各种预留空间的要求，并满足隧道净空有效面积要求。在进行隧道衬砌内轮廓设计时，还应考虑在不同围岩压力作用下，隧道支护结构的合理受力形式以及施工方便等因素。通常将隧道衬砌内轮廓设计为单心圆（双线隧道）或三心圆（单线隧道）的曲墙形式。近年来采用隧道掘进机（或盾构）施工的铁路隧道呈现增长的趋势，此类隧道一般采用圆形断面。

以高速铁路隧道为例，时速300~350km/h高速铁路单线隧道衬砌内轮廓设计如图4-5所示。双线隧道衬砌内轮廓设计如图4-4所示。

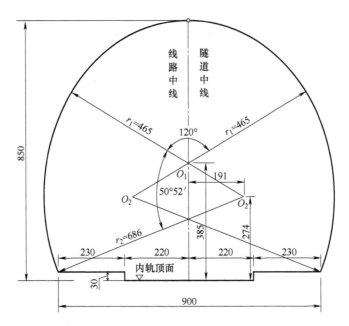

图 4-5　300~350km/h 高速铁路单线隧道衬砌内轮廓图（单位：cm）

3. 公路隧道衬砌内轮廓

公路隧道衬砌内轮廓设计，除应符合隧道建筑限界的要求外，还应满足洞内排水、通风、照明、消防、监控、内装、交通工程及附属设施等所需的空间，并考虑一定的预留富余量，隧道内轮廓线与建筑限界的最小距离要求不小于 50mm，如图 4-6 所示。

经过多年的工程实践和内力分析，公路隧道内轮廓采用拱部为单心圆或三心圆、侧墙为大半径圆弧的断面形式，受力较好。以高速公路、一级公路两车道隧道（设计行车速度 100km/h）为例，相应的隧道衬砌内轮廓设计如图 4-7 所示。

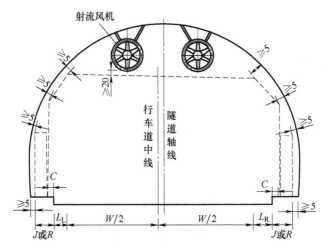

图 4-6　公路隧道内轮廓需要的富余量（单位：cm）

J—检修道宽度　R—人行道宽度　W—行车道宽度　C—余宽　L_L—左侧向宽度　L_R—右侧向宽度

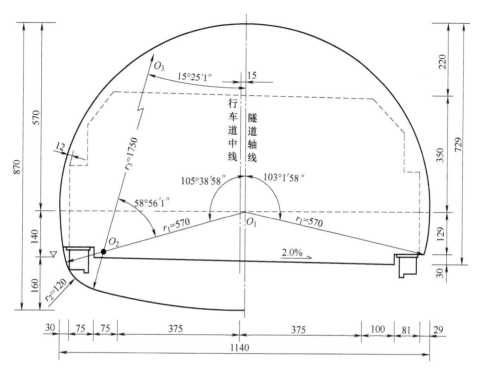

图 4-7 高速公路、一级公路两车道隧道内轮廓图（设计行车速度 100km/h）（单位：cm）

4.1.3 曲线隧道净空加宽

1. 曲线隧道净空加宽原因

曲线隧道净空加宽通常在设计行车速度为 200km/h 及以下的铁路隧道中出现，其原因如下：

1）机车车辆通过曲线时，转向架中心点沿线路运行，而车辆本身却不能随线路弯曲仍保持其矩形形状。故其两端向曲线外侧偏移（$d_{外}$），中间向曲线内侧偏移（$d_{内1}$），如图 4-8 所示。

2）由于曲线外轨超高，车辆向曲线内侧倾斜，使车辆限界上的控制点在水平方向上向内移动了一个距离 $d_{内2}$，如图 4-9 所示。

因此，曲线隧道净空的加宽值为

内侧加宽
$$W_1 = d_{内1} + d_{内2} \tag{4-1}$$

外侧加宽
$$W_2 = d_{外} \tag{4-2}$$

总加宽
$$W = W_1 + W_2 = d_{内1} + d_{内2} + d_{外} \tag{4-3}$$

对于设计行车速度超过 200km/h 的新建单、双线铁路隧道，隧道的净空面积和断面形式是经过优化比选的，既充分满足了空气动力学效应标准的要求，又满足隧道建筑物接近限界的需要，且留有余量，因此可以不考虑曲线加宽。在公路隧道的平面线形设计中，通常需要用保证视距宽度去核查隧道衬砌内轮廓断面是否满足停车视距和会车视距要求，进而调整隧道平面线形的临界曲线半径，但为避免影响洞内设施布置、减少施工时衬砌模板的制作难度，一般一个隧道不宜出现几种不同轮廓的断面（紧急停车带部位除外）。

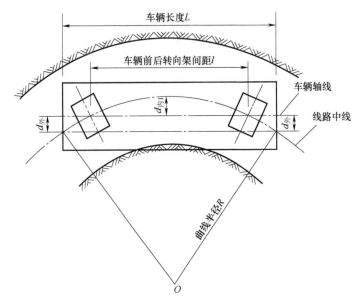

图 4-8 曲线隧道净空加宽平面示意图

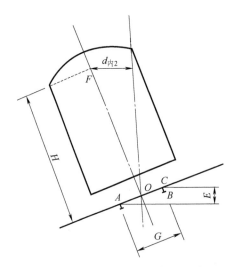

图 4-9 曲线隧道净空加宽断面示意图

2. 单线曲线隧道净空加宽值计算

（1）车辆中间部分向曲线内侧的偏移 $d_{内1}$（cm）为

$$d_{内1} = l^2/8R = \frac{18^2}{8R} \times 100 = \frac{4050}{R} \tag{4-4}$$

式中　l——车辆转向架中心距，取 18m；

　　　　R——曲线半径（m）。

（2）车辆两端向曲线外侧的偏移 $d_{外}$（cm）为

$$d_{外} = \frac{L^2 - l^2}{8R} = \frac{26^2 - 18^2}{8R} \times 100 = \frac{4400}{R} \tag{4-5}$$

式中　L——标准车辆长度，我国为 26m。

（3）外轨超高使车体向曲线内侧倾斜 $d_{内2}$（cm）为

$$d_{内2} = \frac{H}{150}E = \frac{H}{150} \times 0.76 \frac{v^2}{R} \tag{4-6}$$

式中　H——隧道限界控制点自轨面起的高度（cm）；

　　　E——曲线外轨超高值（cm），其最大值不超过 15cm，并按 0.5cm 取整；

　　　v——铁路远期行车速度（km/h）。

在式（4-6）中，$\frac{H}{150}E$ 的值也可以用内侧轨顶为轴，将相关限界旋转 $\arctan\frac{E}{150}$ 角求得，对于电气化铁路和非电气化铁路，亦可以分别近似取 $d_{内2} = 2.8E$、$d_{内2} = 2.7E$。

（4）单线曲线隧道加宽值

1）由图 4-10 可知，单线曲线隧道内侧加宽值 W_1（cm）为

$$W_1 = d_{内1} + d_{内2} = \frac{4050}{R} + \frac{H}{150}E = \frac{4050}{R} + \frac{H}{150} \times 0.76 \frac{v^2}{R} \tag{4-7}$$

2）单线曲线隧道外侧加宽值 W_2（cm）为

$$W_2 = d_{外} = \frac{4400}{R} \tag{4-8}$$

3）单线曲线隧道总加宽值 W（cm）为

$$W = W_1 + W_2 = \frac{4050}{R} + \frac{H}{150} \times 0.76 \frac{v^2}{R} + \frac{4400}{R} \tag{4-9}$$

4）单线曲线隧道中线与线路中线偏移距离 d（cm）为

$$d = \frac{1}{2}(W_1 + W_2) - W_2 = \frac{1}{2}(W_1 - W_2) \tag{4-10}$$

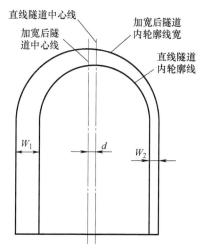

图 4-10　单线曲线隧道加宽示意图

3. 双线曲线隧道净空加宽值计算

（1）双线曲线隧道加宽原因　两线列车交会时，外线车辆中部向内偏移，而内线车辆两端向外偏移，使行车安全空间被压缩，如图 4-11a 所示，所以两线间的线间距必须随之加大，才能保证行车的安全。此外，如果外线的超高值大于内线的超高值，则两线上行驶的车辆顶部互相靠

近，也减少了行车安全空间，图 4-11b 所示，因而双线曲线隧道内外侧线路的中线间距也要由规定的直线区段的线间距加大一个水平距离 W_3。

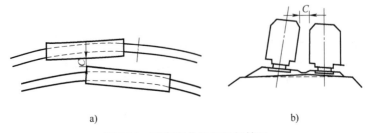

图 4-11　列车在曲线段运行情况

a）两线列车会车平面示意图　b）外线的超高值大于内线的超高值

（2）双线曲线隧道净空加宽值　双线曲线隧道的内侧加宽值 W_1 及外侧加宽值 W_2 与单线曲线隧道加宽值的计算相同，内外侧线路中线间距的加宽值 W_3（cm）按以下情况计算。

1）当外侧线路的外轨超高值大于内侧线路的外轨超高值时，W_3 计算公式为

$$W_3 = \frac{8450}{R} + \frac{H}{150} \times \frac{E}{2} = \frac{8450}{R} + \frac{360}{150} \times \frac{E}{2} = \frac{8450}{R} + 1.2E \tag{4-11}$$

式中　H——车辆外侧顶角距内轨顶面的高度，取 360cm；

　　　E——外侧线路的外轨超高值（cm）；

　　　R——曲线半径（m）。

2）其他情况时（内侧线路超高值大于外侧线路超高值、内外侧线路超高值一致），W_3 计算公式为

$$W_3 = \frac{8450}{R} \tag{4-12}$$

双线曲线隧道总净空加宽值为

$$W = W_1 + W_2 + W_3 \tag{4-13}$$

（3）双线曲线隧道中线与线路中线偏移距离　此处以远期行车速度为 120km/h 的铁路线路（直线段线间距为 400cm、两侧线路中线距离直墙衬砌内轮廓距离 245cm）为例进行说明。双线曲线隧道加宽如图 4-12 所示。

1）双线隧道线路中线偏移量 d（cm）计算方法与单线隧道线路中线偏移量计算方法相同，计算公式为

$$d = \frac{1}{2}(W_1 - W_2) \tag{4-14}$$

2）双线曲线隧道内侧线路中线至隧道中线的距离 d_1（cm）为

$$d_1 = \frac{1}{2}(400 + W_3) - d = \frac{1}{2}(400 + W_3) - \frac{1}{2}(W_1 - W_2) = 200 - \frac{1}{2}(W_1 - W_2 - W_3) \tag{4-15}$$

3）外侧线路中线至隧道中线的距离 d_2（cm）为

$$d_2 = \frac{1}{2}(400 + W_3) + d = \frac{1}{2}(400 + W_3) + \frac{1}{2}(W_1 - W_2) = 200 + \frac{1}{2}(W_1 - W_2 + W_3) \tag{4-16}$$

4. 曲线隧道与直线隧道衬砌的衔接方法

在铁路曲线隧道中，可按图 4-13 所示的阶梯形方式或采用曲线圆顺的方式进行衔接，加宽的范围包括全部圆曲线、缓和曲线和部分直线。

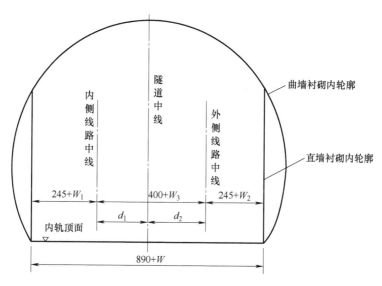

图 4-12　双线曲线隧道加宽示意图（120km/h 双线电力牵引铁路隧道）（单位：cm）

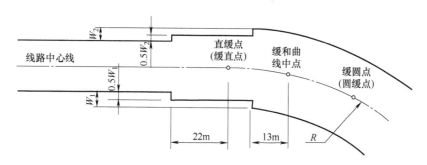

图 4-13　曲线隧道与直线隧道阶梯形衔接方法平面示意图

图 4-13 中 22m、13m 的选取理由如下：

1）当列车由直线进入曲线，车辆前面的转向架进到缓和曲线的起点后（直缓点），由于缓和曲线外轨设有超高，故车辆开始向内侧倾斜，车辆的后端点亦已偏离线路中心，所以从车辆的前转向架到车辆后端点的范围内应按圆曲线加宽值的一半（0.5W）加宽，此段长度为两转向架间距离 18m 加上转向架中心到车辆后端点距离 4m，共 22m。

2）当车辆的一半进入缓和曲线中点时，其车辆后端偏离中线值应根据前面的转向架所在曲线的半径及超高值决定。此时，前面转向架已接近圆曲线。故车辆后段（按切线支距法原理推算，近似取车长一半，即 13m）应按圆曲线加宽值（W）加宽。

■ 4.2　隧道支护结构构造

开挖后的隧道，为保持围岩的稳定和施工安全并确保运营过程中的隧道稳定性、耐久性，需施作支护结构。由于所采用的施工方法不同，其支护结构的构成也有所不同：矿山法隧道常用的支护结构类型有喷锚衬砌、整体式衬砌、复合式衬砌等；明挖法隧道常用的支护结构类型主要是整体式衬砌；盾构法隧道常用的支护结构类型有装配式管片衬砌及双层衬砌等。

4.2.1 整体式衬砌

整体式衬砌是传统的隧道衬砌结构形式，在新奥法（NATM）问世前广泛地应用于隧道工程中，它是在隧道开挖后，以较大厚度和刚度的整体模筑混凝土作为隧道的衬砌。为防止围岩掉块、坍塌，常在开挖后、施作衬砌前，需要采用支撑或临时支护（传统上为各类支撑，如木支撑、钢支撑），但这种支撑或支护多作为临时支护，而不作为结构的组成部分。

整体式衬砌按照不同的工程类别、围岩级别采用不同的衬砌厚度，其形式有直墙式和曲墙式两种，而曲墙式又分为有仰拱和无仰拱两种。

1. 直墙式衬砌

这种形式的衬砌适用于地质条件比较好，以垂直围岩压力为主而水平围岩压力较小的情况，主要适用于Ⅰ~Ⅲ级围岩。直墙式衬砌由上部拱圈、两侧竖直边墙和下部铺底三部分组合而成。顶部拱圈可采用圆弧形拱或三心圆拱。三心圆拱是指以大小两种不同半径分别做成三心圆弧线，当中用较小的半径，两边用较大的半径。拱圈是等厚的，所以外弧的半径是内弧半径增加了一个拱圈厚度的尺寸。由于内外弧是同心圆弧，所以内外半径的圆心是重合的。两侧边墙是与拱圈等厚的竖直墙，与拱圈平齐衔接。洞内一侧设有排出洞内积水的排水沟，所以有水沟一侧的边墙深度要大一些。整个结构是敞口的，并不闭合，只是以混凝土做成平槽，成为铺底。

图4-14为设计时速160km/h及以下铁路隧道Ⅲ级围岩整体式直墙式衬砌标准图，拱部内轮廓线由三心圆曲线组成。

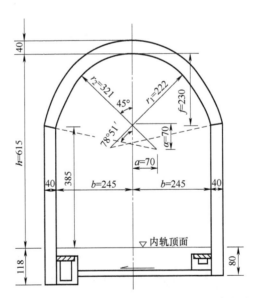

图4-14 设计时速160km/h及以下铁路隧道Ⅲ级围岩整体式直墙式衬砌标准图（单位：cm）

2. 曲墙式衬砌

曲墙式衬砌适用于地质条件较差，有较大水平围岩压力的情况，主要适用于Ⅳ级及以上的围岩，或Ⅲ级围岩双线，多线隧道也有采用曲墙有仰拱的衬砌。曲墙式衬砌由顶部拱圈、侧面曲边墙和底板（或铺底）组成。在Ⅳ级围岩无地下水，且基础不产生沉降的情况下可不设仰拱，

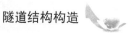

可只做平铺底外，其他情况一般均设仰拱，以抵御底部的围岩压力和防止衬砌沉降，并使衬砌形成一个封闭整体结构，以提高衬砌的承载能力。顶部拱圈的内轮廓与直墙式衬砌的拱部一样，但它的拱圈截面是变厚度的，拱顶处薄而拱脚处厚。边墙是变厚度的，做成向外拱的曲线形，以抵抗较大的水平压力。仰拱一般为等厚度的。

图 4-15 为设计时速 160km/h 及以下铁路隧道 V 级围岩整体式曲墙式衬砌标准图，其边墙及拱部的内部轮廓线由五心圆组成。

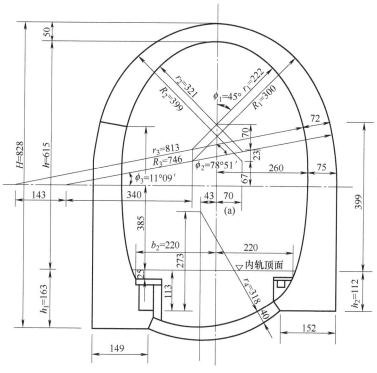

图 4-15　设计时速 160km/h 及以下铁路隧道 V 级围岩整体式曲墙式衬砌标准图（单位：cm）

4.2.2　喷锚衬砌

喷锚衬砌是以喷射混凝土为主体，根据需要与锚杆、钢筋网、钢架等构件组合而成的衬砌，既作为隧道临时支护，又作为隧道永久结构的形式。喷锚衬砌与围岩密贴、支护及时且柔性好，同时封闭了围岩壁面以防止风化，并能封闭围岩的张性裂隙和节理，提高围岩的固有强度，控制围岩的变形，还能充分调动围岩本身的自稳能力，从而更好地起到支护作用。另外，喷锚衬砌有效利用了洞内净空，能提高作业的安全性和作业效率，并能适用于软弱和膨胀性地层中开挖隧道，还能用于整治塌方和隧道衬砌的裂损。

喷锚衬砌结构形式的示意图如图 4-16 所示。

4.2.3　复合式衬砌

复合式衬砌是允许围岩产生一定的变形，而又充分

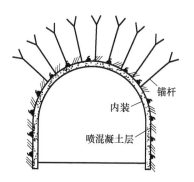

图 4-16　喷锚衬砌结构示意图

发挥围岩自承能力的一种衬砌。这类衬砌是把隧道衬砌分成两层或两层以上，一般由初期支护、防水层和二次衬砌组合而成。复合式衬砌是先在开挖好的洞壁表面喷射一层早强的混凝土（有时也同时施作锚杆），凝固后形成薄层柔性支护结构（称为初期支护），该结构既能允许围岩有一定的变形，又能限制围岩产生有害变形。一般待初期支护与围岩变形基本稳定后再施作二次衬砌，通常为就地浇筑的混凝土衬砌。为防止地下水流入或渗入隧道内，可在初期支护和二次衬砌之间铺设防水层。复合式衬砌可以满足初期支护施作及时、刚度小易变形的要求，且与围岩密贴，从而能保护和加固围岩，充分发挥围岩的自承作用。二次衬砌施作后，衬砌内表面光滑平整，可以防止外层风化、装饰内壁，增强安全感，目前已经成为我国山岭隧道衬砌结构的主流。

复合式衬砌可以分为曲墙带底板、曲墙带仰拱的结构形式如图 4-17、图 4-18 所示。

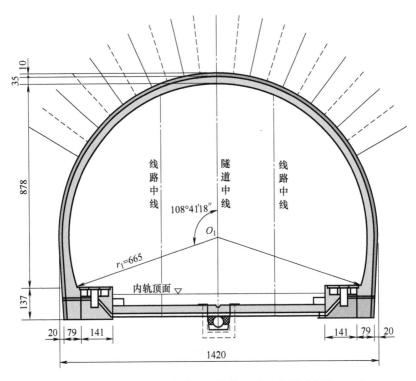

图 4-17　曲墙带底板复合式衬砌结构形式示意图（单位：cm）

4.2.4　装配式衬砌

装配式衬砌是将衬砌分成若干块构件，这些构件在现场或工厂预制，然后运到隧道内用机械拼装形成一环接着一环的衬砌。这种衬砌的特点是：拼装成环后立即受力，便于机械化施工，改善劳动条件，节省劳动力。目前在使用盾构法施工的隧道（如地下铁道、水底隧道）中，广泛采用了装配式管片衬砌。

盾构隧道管片衬砌各环间的纵向连接方式有通缝和错缝两种（图 4-19、图 4-20）：所有衬砌环的纵缝对齐的形式称为通缝；而环间纵缝互相错开，犹如砖砌体一样的称为错缝。通缝拼装方便，但错缝的整体性较好。

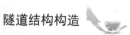

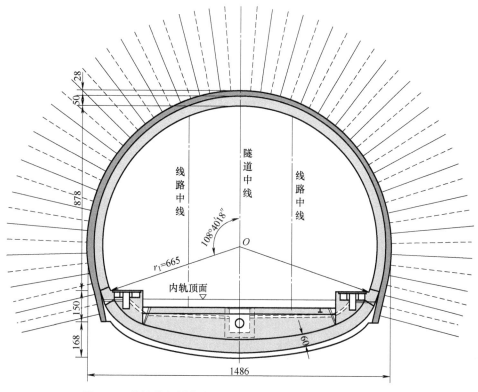

图 4-18 曲墙带仰拱复合式衬砌结构形式示意图（单位：cm）

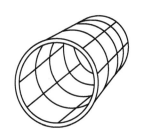

图 4-19 管片衬砌通缝拼装方式

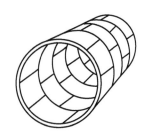

图 4-20 管片衬砌错缝拼装方式

■ 4.3 隧道洞门与明洞

洞门位于隧道的洞口部位，为挡土、坡面防护等而设置的隧道结构物。明洞是以明挖法修建或在露天修建（可有回填土覆盖，也可没有回填土覆盖）的隧道，与隧道洞身段相连。

4.3.1 洞门

1. 洞门的作用

洞门的作用有以下几个方面：

（1）减少洞口土石方开挖量 洞口段范围内的路堑是根据地质条件以一定坡率开挖的，当隧道埋置较深时，开挖量较大，设置隧道洞门可以起到挡土墙的作用，减少土石方开挖量。

（2）稳定边、仰坡　修建洞门可减小引线路堑的边坡高度，缩小正面仰坡的坡面长度，使边坡及仰坡得以稳定。

（3）引离地表水流　地表水流往往汇集在洞口，如不排除，将会浸害线路，不利于行车安全，修建洞门可以把水流引入侧沟排走，确保运营安全。

（4）装饰洞口　洞口是隧道唯一外露部分，是隧道的正面外观。修建洞门可起装饰作用，特别在城市附近、风景区及旅游区内的隧道更应配合当地的环境，给予艺术处理，进行美化。

2. 洞门的形式

洞门的形式从构造形式、建筑材料以及相对位置等可以划分为许多类型，目前我国常见的隧道洞门形式汇总见表4-2。

表 4-2　隧道洞门形式

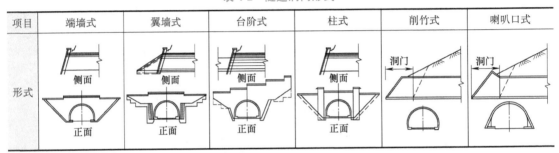

项目	端墙式	翼墙式	台阶式	柱式	削竹式	喇叭口式
形式	侧面 正面	侧面 正面	侧面 正面	侧面 正面	洞门	洞门

（1）端墙式洞门　端墙式洞门是最常见的洞门形式，它适用于地形开阔、石质较稳定的地区，由端墙和洞门顶排水沟组成。端墙的作用是抵抗山体纵向推力及支持洞口正面上的仰坡，保持其稳定。洞门顶排水沟用来将仰坡流下来的地表水汇集后排走。

（2）翼墙式洞门　当洞口地质条件较差、山体纵向推力较大时，可以在端墙式洞门的单侧或双侧设置翼墙。翼墙在正面起到抵抗山体纵向推力、增加洞门的抗滑及抗倾覆能力的作用。两侧面保护路堑边坡，起到挡土墙作用。翼墙顶面与仰坡的延长面相一致，其上设置水沟，将洞门顶水沟汇集的地表水引至路堑侧沟内排走。

（3）台阶式洞门　当洞门位于傍山侧坡地区，洞门一侧边仰坡较高时，为了提高靠山侧仰坡起坡点，减少仰坡高度，将端墙顶部改为逐级升高的台阶形式，以适应地形的特点，减少洞门圬工及仰坡开挖量，也能起到一定的美化作用。

（4）柱式洞门　当地形较陡、仰坡有下滑的可能性，又受地形或地质条件限制，不能设置翼墙时，可在端墙中部设置2个（或4个）断面较大的柱墩，以增加端墙的稳定性。柱式洞门比较美观，适用于城市附近、风景区或长大隧道的洞口。

（5）削竹式洞门　其名称是由于结构形式类似竹筒被斜向削断的样子，故得其名。当隧道洞口段有一节较长的明洞衬砌时，由于洞门背后一定范围内是以回填土为主，山体的推滑力不大时，可采用削竹式洞门。

（6）喇叭口式洞门　高速铁路隧道为减缓高速列车的空气动力学效应，对单线隧道一般设喇叭口洞门缓冲段，同时兼作隧道洞门。

（7）其他形式洞门　在工程实际中还有环框式洞门、斜交式洞门、遮光棚式洞门等形式。

因此，应根据洞口的地形、地质条件、隧道长度和所处的位置等选择洞门形式，特别要注意洞口施工后地形改变的特点，同时也要与隧道规模、使用特性以及周围建筑物、地形条件等相协调。

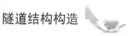

4.3.2 明洞

明洞是隧道的一种变化形式，一般修筑在隧道的进出口处。当洞顶覆盖层薄用暗挖法难以进洞、洞口路堑边坡上有落石而危及行车安全时，或铁路、公路、河渠必须在铁路上方通过且不宜做立交桥或涵渠等情况时，均需要修建明洞。明洞的结构形式常因地形、地质和危害程度的不同有多种形式，采用最多的为拱式明洞和棚式明洞两种，有时也采用箱形明洞。

1. 拱式明洞

拱式明洞由拱圈、边墙和仰拱（或铺底）组成，它的内轮廓与隧道一致，但结构截面的厚度通常要比隧道衬砌大一些。拱式明洞可以分为以下几种形式：

（1）对称路堑式　适用于地面横坡较为平缓、两侧地形基本对称的情况。根据洞顶回填土厚度的不同，又分为浅埋式明洞和深埋式明洞。浅埋式明洞顶填土厚度小于3m，深埋式明洞顶填土厚度为3~10m。深埋式明洞主要适用于漫坡地形暗挖施工困难，且明挖后如填土不足又对环境影响较大的地段，此外在上软下硬地层也经常采用深埋式明洞。对称路堑式明洞断面如图4-21所示。

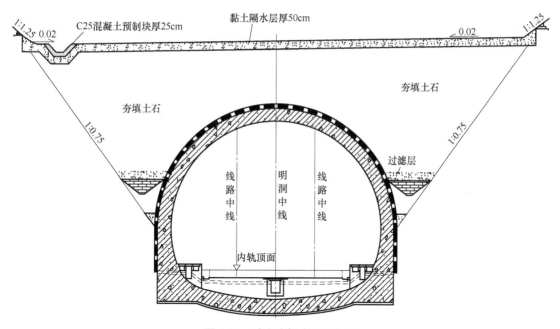

图4-21　对称路堑式明洞断面

（2）偏压路堑式　适用于地面横坡较大，但明洞外墙未露出地面，且外墙侧地层稳定的情况，明洞顶填土厚度一般小于5m。偏压路堑式明洞断面如图4-22所示。

（3）单压路堑式　适用于地面横坡较陡、明洞外墙露出地面，或外墙虽未露出地面但外墙侧地层不稳定的情况，明洞顶填土厚度一般小于3m。单压路堑式明洞断面如图4-23所示。

（4）全回填式　适用于：陡坎进洞，仰坡陡峻且有少量坍塌落石，需接长明洞防落石地段；需要隧道接长明洞以恢复地表环境、减少占地地段；洞口存在少量不稳定坡体，需要接长明洞确保安全地段；缓冲结构较长地段。明洞顶填土厚度一般小于4m。此外，当仅为设置缓冲结构需要时，明洞也可以不回填。全回填式明洞断面如图4-24所示。

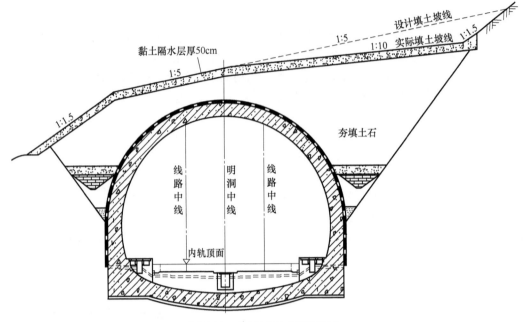

图 4-22　偏压路堑式明洞断面

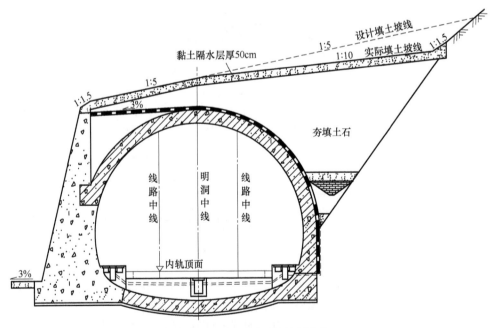

图 4-23　单压路堑式明洞断面

2. 棚式明洞

有些傍山隧道，地形的自然横坡比较陡，外侧没有足够的场地设置外墙及基础或确保其稳定，难以修建拱式明洞时，可以采用棚式明洞。棚式明洞的常见结构形式有盖板式、刚架式和悬臂式 3 种，如图 4-25~图 4-27 所示。

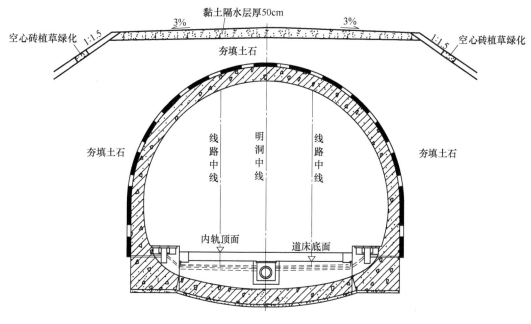

图 4-24 全回填式明洞断面

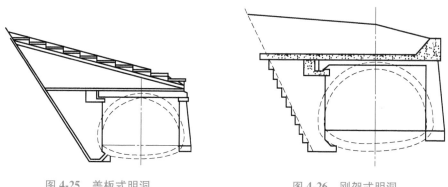

图 4-25 盖板式明洞　　　　　　　图 4-26 刚架式明洞

（1）盖板式明洞　盖板式明洞由内墙、外墙及钢筋混凝土盖板组成简支结构，其上回填土石，以保护盖板不受山体落石的冲击。明洞的内侧应置于基岩或稳定的地基上，一般为重力式墩台结构，厚度较大，以抵抗山体的侧向压力。外墙只承受由盖板传来的垂直压力，厚度较薄，要求的地基承载力较小。

（2）刚架式明洞　当地形狭窄、山体陡峻、基岩埋置较深而上部地基稳定性较差时，为了使基础置于基岩上而减少基础工程，可采用刚架式外墙，此时称明洞为刚架式明洞。该类明洞主要由外侧刚架、内侧重力式墩台结构、横顶梁、底横撑及钢筋混凝土盖板组成，并做防水层及回填处理。

（3）悬臂式明洞　对于稳定而陡峻的山坡，外侧地形难以满足一般棚洞的地基要求，且落石不太严重的情况，可修建悬臂式棚洞。它的内墙为重力式，上端接悬臂式横梁，其上铺以盖板，同时为了保证棚洞的稳定性，要求悬臂必须伸至稳定的基岩内。

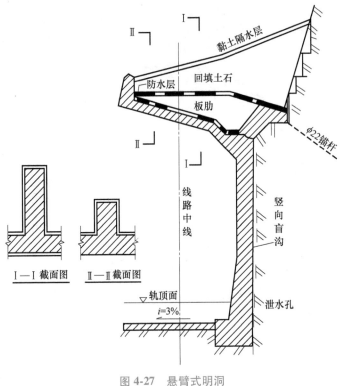

图 4-27　悬臂式明洞

3. 箱形明洞

箱形结构建筑高度较小，对地基要求较低，在建筑高度受到限制时，可采用箱形明洞，如图 4-28 所示。

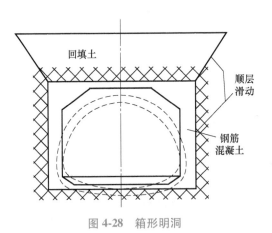

图 4-28　箱形明洞

■ 4.4　隧道附属构筑物及辅助坑道

为保证铁路、公路等隧道正常使用，安全运营，通常在隧道内还要修筑一些附属构筑物，包括安全避让设施、排水沟槽、电力通信信号沟槽、设备洞室等。其中，铁路隧道、公路隧道的附属构筑物类型和设置要求上存在一定差异。

4.4.1 避车洞

当列车通过铁路隧道时，为保证洞内行人、维修人员及维修设备（小车、料具）的安全，在隧道两侧边墙上交错均匀修建的人员躲避及放置车辆、料具的洞室称为避车洞。避车洞分为小避车洞和大避车洞。小避车洞是为了保证隧道内行人和维修人员的安全而设置的；大避车洞是为了存放一些必要的维修材料、工具及轨道小车避让列车而设置的。

1. 避车洞的净空尺寸

1）大避车洞的净空尺寸：宽 4.0m，深 2.5m，中心高 2.8m，如图 4-29 所示。

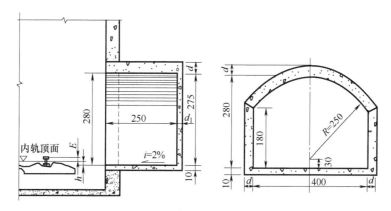

图 4-29　大避车洞尺寸（单位：cm）

2）小避车洞的净空尺寸：宽 2.0m，深 1.0m，中心高 2.2m，如图 4-30 所示。

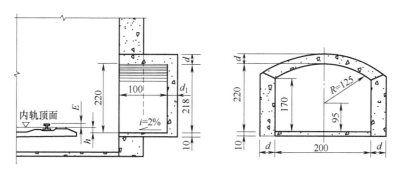

图 4-30　小避车洞尺寸（单位：cm）

2. 避车洞的布置要求

1）大避车洞。在碎石道床的隧道内，每侧相隔 300m 布置一个大避车洞；在整体道床的隧道内，因人员行车待避较方便，且线路维修工作量较小，因此每侧相隔 420m 布置一个大避车洞。当隧道长度在 300~400m 时，可在隧道中间布置一个大避车洞；隧道长度在 300m 以下时，可不设置大避车洞。

2）小避车洞。无论在碎石道床的隧道内还是在整体道床的隧道内，每侧边墙上应在大避车洞之间间隔 60m（双线隧道按 30m）布置一个小避车洞。

避车洞平面布置的方法如图 4-31 所示。在设计时速 200km 以上的高速铁路隧道（隧道净空面积较大）或在列车正常运行时不允许有人员进入的隧道中，可不设避车洞。

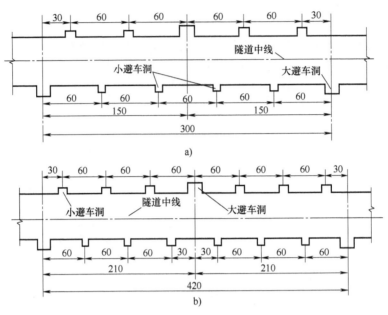

图 4-31　避车洞平面布置图（单位：m）

a）碎石道床　b）整体道床

4.4.2　紧急停车带

公路隧道紧急停车带的主要功能是用来停放故障车辆、紧急情况下疏散交通及用以紧急救援活动等，即保证对事故车辆和人员及时有效施救，并降低对正常交通的影响。

1. 紧急停车带建筑限界及尺寸

紧急停车带的宽度是向行车方向右侧加宽不小于 3.0m，长度应不小于 50m，其中有效长度不应小于 40m。紧急停车带建筑限界、宽度和长度如图 4-32 所示。

2. 紧急停车带的布置要求

1）公路特长隧道、长隧道内不设硬路肩或硬路肩宽度小于 2.5m 时，单洞两车道隧道应设紧急停车带，单洞三车道宜设紧急停车带，单洞四车道隧道可不设紧急停车带。

2）单向行车隧道紧急停车带设置间距不宜大于 750m，并不应大于 1000m。

3）双向行车隧道紧急停车带应两侧交错设置，同一侧间距宜采用 800~1200m，并不应大于 1500m。

4）不设检修道、人行道的隧道，可以不设紧急停车带，但应在隧道两侧交错布置行人避车洞。

4.4.3　横通道

上、下行分离的独立双洞公路隧道，为满足紧急情况下救援及逃生需要，需设置人行或车行横通道。在双洞铁路隧道中，为满足巡查、维修、疏散救援等要求也应设置联络横通道。

1. 横通道建筑限界及尺寸

1）公路隧道人行横通道限界宽度不得小于 2.0m，限界高度不得小于 2.5m。

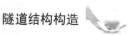

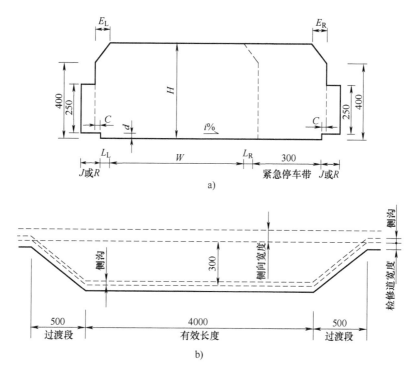

图 4-32　公路隧道紧急停车带的建筑限界、宽度和长度（单位：cm）

a）建筑限界及横向构成　b）平面构成

J—检修道宽度　R—人行道宽度　W—行车道宽度　C—余宽　L_L—左侧向宽度　L_R—右侧向宽度

E_L—建筑限界左顶角宽度，包含余宽 C　E_R—建筑限界右顶角宽度，包含余宽 C

2）公路隧道车行横通道限界宽度不得小于 4.5m，限界高度应与主洞限界高度一致。

3）高速铁路隧道横通道断面尺寸不宜小于 4.0m×3.5m（宽×高）。

公路隧道人行、车行横通道的断面建筑限界尺寸如图 4-33 所示，高速铁路隧道典型横通道断面如图 4-34 所示。

2. 横通道的布置要求

1）公路隧道人行横通道设置间距宜为 250m，并不应大于 350m。

2）公路隧道车行横通道设置间距宜为 750m，并不应大于 1000m，且一般结合紧急停车带位置设置。

3）高速铁路隧道联络横通道间距应不大于 500m。

公路隧道横通道的平面布置形式如图 4-35 所示。

4.4.4　设备洞室

在隧道内通常需要设置一定数量的设备洞室来放置各种电器设备、通信设备和消防设备等，保证隧道的正常运营和安全维修。预留洞室需要根据设备类型和产品尺寸在衬砌结构上开孔，这可能改变隧道结构受力条件从而带来不利影响，需采取相应的结构和构造措施，保证隧道衬砌结构的承载能力。由于设备洞室种类繁多，本书仅做简要介绍。

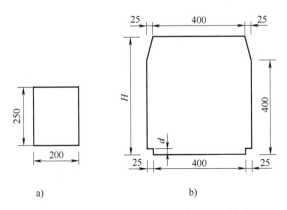

图 4-33　公路隧道横通道的断面建筑限界（单位：cm）

a）人行横通道　b）车行横通道

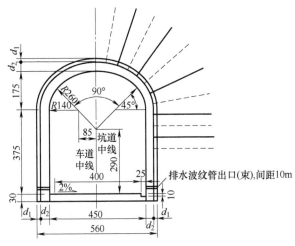

图 4-34　高速铁路隧道典型横通道断面（单位：cm）

1. 铁路隧道设备洞室

为保证电气化铁路隧道的正常运营和安全维修，在隧道内通常需要设置一批用于安放运营设备安装的洞室，包括绝缘梯车洞、余长电缆槽（腔）、信号继电器箱洞、无人增音站洞、变压器洞室、综合洞室等类型，如图 4-36 所示。另外还有部分设施设备需要安装在隧道主洞内局部区段，如风机段、下锚段，可通过局部扩大断面的方式安装相关设施设备。

2. 公路隧道设备洞室

公路隧道通常需要设置一定数量的设备洞室来放置各种电器设备、通信设备和消防设备等，主要包括配电洞室、变压器洞室、灭火器洞室、紧急电话洞室等，如图 4-37 所示。

4.4.5　沟槽

当通信、信号电缆通过隧道时，为了避免电缆被损坏、腐蚀，以保证通信、信号工作的安全，应在隧道内设置电缆槽。同时，为满足隧道内排水的需要，通常在隧道两侧设侧沟，在隧道中线处设置中心排水沟。

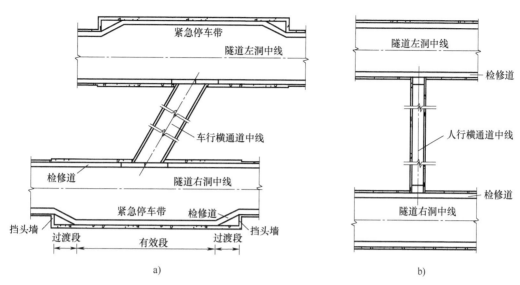

图 4-35　公路隧道横通道平面布置示意图
a）车行横通道　b）人行横通道

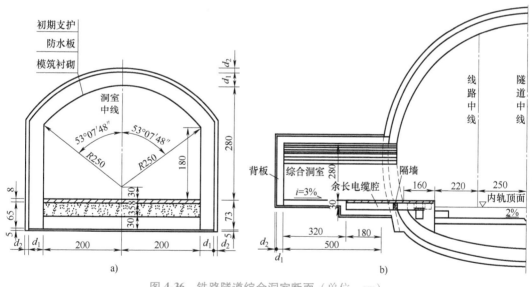

图 4-36　铁路隧道综合洞室断面（单位：cm）
a）横断面　b）纵剖面

　　隧道中电缆槽与洞内侧沟的布置形式较多，此处仅列举高速铁路隧道、高速公路隧道两侧及底部电缆槽、水沟的布置形式，如图 4-38、图 4-39 所示。

4.4.6　辅助坑道

　　辅助坑道也称为辅助通道，通常包括竖井、斜井、横洞、平行导坑、横通道、风道、泄水洞等形式。隧道中设置辅助坑道的目的通常有两个：一是为满足隧道运营通风、救援、排水或防冻保温的需要，此类辅助坑道属于永久性建筑物，称为运营辅助坑道；二是为增加施工工作面，这类辅助坑道称为施工辅助坑道，属于临时工程，整个工程施工完成以后一般要求回填。

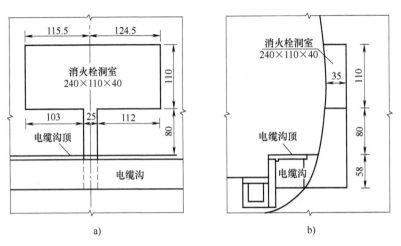

图4-37　公路隧道消火栓灭火器洞室（单位：cm）

a）正视图　b）侧视图

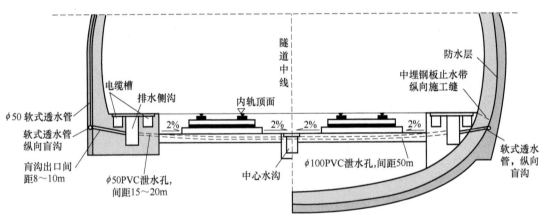

图4-38　高速铁路隧道电缆槽、排水沟布置形式示意图

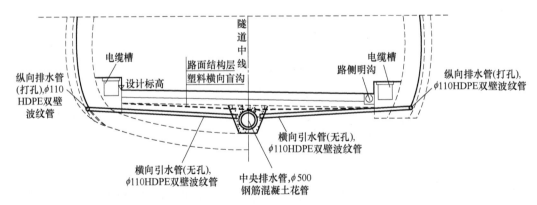

图4-39　高速公路隧道电缆槽、排水沟布置形式示意图

辅助坑道的类型、主要用途及适用条件见表4-3。

表 4-3　辅助坑道类型、主要用途及适用条件

辅助坑道类型		主要用途	适用条件
竖井	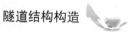	运营通风	特长隧道分段纵向式通风
		增加施工开挖面	长隧道、特长隧道，地质条件较好、无设置直通地面的横洞和斜井条件；洞顶局部地段覆盖层较薄
斜井		运营通风	特长隧道分段纵向式机械通风
		增加施工开挖面	长隧道、特长隧道，地质条件较好、埋置不深、隧道旁侧有低洼地形、傍山隧道
横洞		增加施工开挖面	傍山、沿河、隧道一侧地形低洼地带，隧道横向与地面连接
平行导坑		运营疏散、救援通道	单洞双向行驶的长、特长隧道；远期规划修建第二线隧道时
		增加施工开挖面	长、特长的深埋隧道；不宜采用其他辅助通道时
		超前探测地质情况	地质情况复杂
		排水通道	地下水量大，多用于岩溶富水地区
风道		运营通风	竖井或斜井与隧道通风连接；风机房与隧道的连接
地下风机房		放置风机及其机电设备	有设置地下风机需求的特长隧道；地质条件较好
横通道		运营疏散、救援通道	分离式隧道左右洞之间的连接
		施工联络通道，增加施工工作面，便于出渣运输和施工通风	

（续）

辅助坑道类型	主要用途	适用条件
泄水洞 横导洞　泄水洞　横导洞	防冻、保温、排水	高寒地区、地下水特别大的地区

 思考题与习题

1. 铁路隧道的建筑限界是根据什么制定的？

2. 铁路隧道净空断面设计时需要预留的空间类型有哪些？

3. 单线、双线曲线铁路隧道加宽的原因是什么？

4. 隧道衬砌的类型有哪些？各自的适用条件是什么？

5. 隧道洞门及明洞的作用是什么？

6. 隧道附属构筑物的种类及作用是什么？

7. 隧道辅助坑道的种类及作用是什么？

8. 根据所给出的条件和参数，计算曲线铁路隧道的隧道净空加宽值 W_1（隧道内侧加宽值）、W_2（隧道外侧加宽值）、W_3（内外侧线路中线间距的加宽值）、W（隧道总加宽值）、d（隧道中线偏移值）：①该隧道为双线铁路隧道，采用电力牵引，设计行车速度为120km/h，直线段线间距为400cm；②该隧道曲线半径为2000m，且外侧线路的外轨超高大于内侧线路的外轨超高。

本章资源二维码

第4章资源

第 5 章 隧道结构设计理论与方法

【学习目标】
1. 熟悉隧道支护结构设计的基本理念、理论发展阶段和基本方法。
2. 熟悉隧道开挖前后围岩应力状态的改变，及其对隧道支护结构设计的影响。
3. 掌握隧道支护结构设计的荷载-结构法的基本原理、分析流程、围岩压力的取值（及深、浅埋隧道的划分标准）、荷载作用模式、计算方法及衬砌结构的验算方法。
4. 掌握隧道支护结构设计的地层-结构法的基本原理和分析流程。
5. 熟悉隧道支护结构设计的收敛-约束法，了解围岩及支护特征曲线的概念和作用。
6. 熟悉隧道支护结构修正设计的基本流程和方法。
7. 了解隧道支护结构抗震设计的基本方法。

隧道工程是由围岩-支护结构共同组成的结构体系，围岩既是荷载的主要来源，又是承载体系的重要组成部分。在隧道结构的设计过程中，深刻地了解和认识隧道工程这一固有特点对支护结构设计来说极为重要。如何恰当地反映支护结构与围岩共同作用和相互作用的力学特征，是隧道支护结构设计计算理论和方法中需要解决的重要问题。

■ 5.1 隧道结构设计理论与方法的发展

5.1.1 隧道结构设计的基本理念

国内学者关宝树教授将隧道设计的要点归纳为"围岩是主题""支护是手段""实践是基础""解析是验证"四大理念。

1)"围岩是主题"的含义是：设计的一切考虑，都要围绕"围岩"这个主题来做文章，如坚硬围岩中，就要采用不损伤或少损伤遗留围岩固有自承能力的支护方法；而在软弱破碎围岩中就要采用能够增强围岩自承能力的支护方法。

2)"支护是手段"的含义是：隧道结构的设计，实质上就是支护结构的设计，隧道支护包括围岩自身、初期支护、超前支护、二次衬砌等，除了围岩以外，都是辅助围岩的手段，有的是为了提高围岩强度，有的是为了防止围岩掉块、风化，有的是为了减少围岩松弛，有的则是为了提高结构安全度，等等。

3）"实践是基础"的含义是：到目前为止，隧道的预设计仍然是以经验设计或类比设计为基础，实践不断丰富经验设计和类比设计的内容和方法；其次，隧道施工过程中的地质条件是不断变换的，其力学动态也是不断变化的，因此，设计不可能一成不变，变更设计就是根据暴露出来的围岩实际状态采取相应的对策，这也是隧道设计的基本原则。

4）"解析是验证"的含义是：随着计算机软硬件水平的不断提升，各种数值解析方法不断涌现，应用范围也越来越广，解析精度不断提升；解析方法在很多条件下都是不可缺少的，特别是在分析趋势、定性评价、设计验证等方面更是具有独到之处。

5.1.2 隧道结构设计理论的发展历程

隧道结构设计理论的一个重要问题是如何确定作用在地下结构上的荷载以及如何考虑围岩的承载能力。从这方面讲，隧道支护结构设计理论的发展大概可以分为 3 个阶段。隧道支护结构设计理论的上述几个发展阶段在时间上并没有截然的先后之分，后期提出的分析方法一般也并不否定前期的研究成果。鉴于岩土介质的复杂多变性，这些方法都有其比较适用的一面，但又带各自有一定的局限性。随着各种新理论和方法的不断出现，意味着隧道结构的计算理论必将日趋完善。

1. 刚性结构阶段

19 世纪及以前的地下建筑物大都是以砖石材料砌筑的拱形坏工结构，这类建筑材料的抗拉强度都很低，且结构物中存在有较多的接触缝，容易产生断裂。为了维护结构的稳定，当时的隧道结构断面都设计得很大，结构受力后产生的弹性变形较小，所以最先出现的计算理论是将隧道结构视为刚性结构的压力线理论。由于当时隧道埋深不大，这种计算理论认为作用在支护结构上的压力是其上覆岩层的重力，没有考虑围岩自身的承载能力，因此基于该理论所进行的隧道衬砌设计一般情况偏于保守，设计的衬砌厚度偏大。

2. 弹性结构阶段

19 世纪后期，混凝土和钢筋混凝土材料出现，并用于建造隧道，使隧道结构具有较好的整体性。从这时候起，隧道结构开始按弹性连续拱形框架以超静定结构力学方法计算结构内力。作用在结构上的荷载是主动的地层压力，并考虑了地层对结构产生的弹性抗力的约束作用。由于有了比较可靠的力学原理为依据，所以至今在设计隧道结构时仍然采用。

这类计算理论认为，当隧道结构埋置深度较大时，作用在结构上的压力不是上覆岩层的重力，而只是围岩坍落体积内松动岩体的重力（松动压力）。由于当时的掘进和支护所需的时间较长，支护与围岩之间不能及时密贴，致使围岩最终有一部分破坏、塌落，形成松动压力。但当时并没有认识到这种塌落并不是形成围岩压力的唯一来源，也不是所有的情况都会发生塌落，更没有考虑通过稳定围岩，来发挥围岩的自身承载能力。

3. 连续介质阶段

20 世纪中期以来，随着岩体力学逐渐形成一门独立的学科，用连续介质力学理论计算地下结构受力的方法也逐渐得到发展，围岩的弹性、弹塑性及黏弹性解答逐渐出现，采用计算机技术的数值解析方法也得到发展。

这种计算方法以岩体力学原理为基础，认为隧道开挖后向洞室内变形而释放的围岩压力将由支护结构与围岩组成的隧道结构体系共同承担。两者之间的相互作用则与岩体的初始应力状态、岩体的特性、支护结构的特性、支护结构与围岩的接触条件以及参与工作的时间等因素有关，其中也包括施工技术的影响。一方面，围岩本身由于支护结构提供了一定的支护抗力，从而引起它的应力调整并达到新的平衡；另一方面，由于支护结构阻止围岩变形，它必然要受到围岩的反作用力而发生变形。这种反作用力和围岩的松动压力极不相同，它是支护结构与围岩共同变形过程中对支护结构施加的压力，称为形变压力。这种形变压力所带来的作用在支护结构上的荷载及其分布、历时变化等都与围岩和支护的相互作用息息相关，不是确定的，是变化的，但是可以控制的。

由连续介质力学建立隧道结构的解析计算是一个困难的任务，目前主要是在圆形衬砌问题上取得了较多的研究成果。20世纪60年代以来，随着计算机技术的应用和岩土介质本构关系研究的进展，隧道结构的数值计算方法有了很大的发展，使得连续介质力学的计算应用范围得到扩大。但是，由于计算参数还难以准确获得，如原岩应力、岩体力学参数等，此外人们对岩土材料的本构模型与围岩的破坏失稳准则还认识不足，目前根据共同作用所得到的计算结果，其应用受到一定的限制，一般也只能作为设计参考依据。

随着新奥法施工技术的出现，以及岩土力学、测试仪器、计算机技术和数值分析方法的发展，最终出现了以岩体力学原理为基础的、考虑支护与围岩共同作用的隧道工程现代支护理论，促进了收敛-约束法（又称为特征曲线法）、信息反馈法等隧道设计方法的进一步发展，隧道支护结构设计理论正在逐渐成为一门完善的学科。

5.1.3　隧道结构设计的基本方法

山岭隧道结构的设计方法基本可分为预设计和修正设计两大类，其中预设计是指施工前根据有限的地质调查数据进行的设计（包括初步设计和施工图设计）；修正设计是指施工中根据揭露的围岩状况，修正、完善预设计的设计（或称为变更设计）。

1. 隧道结构的预设计方法

在预设计中采用的主要设计方法包括：标准设计法、类比设计法、解析设计法。其中标准设计及类比设计是当前我国隧道工程的两种主要设计方法，目前我国铁路隧道主要采用标准设计法，而公路隧道主要采用类比设计法。

（1）标准设计法　标准设计法是标准支护模式设计方法的简称，它是根据隧道的埋深大小、围岩级别、运输方式、速度目标值、股道/车道数量、铁路轨道形式、防排水方式等内容，依照国家或行业有关部门发布的标准图、通用图开展工程设计的方法，主要适用于具有标准内轮廓形状的隧道衬砌。我国铁路隧道长期以来也一直是采用标准设计法。随着铁路隧道设计规范的不断完善，隧道衬砌标准设计图也得到迅速发展，目前在铁路隧道勘测设计中标准设计图采用率高达90%以上。

（2）类比设计法　类比设计法是类似条件设计方法的简称，也称为经验设计法或工程类比法，它是通过对具有类似围岩条件、断面形式、使用功能的既有隧道工程案例的综合分析，开展新建隧道设计的方法。采用该方法时一般要求类比隧道间具有一定的相似或相近性，例如水文地质环境、围岩条件、埋深、断面形状及大小、初始应力场等。类比设计法对难以准确计算的隧道工程具有一定的科学性，但无法得出设计工程的安全性状况，一般还需采用其他方法如解析设计法等进行验证。

（3）解析设计法　解析设计法是基于一定的模型和假定，如荷载-结构模型、地层-结构模型等，运用结构力学或弹塑性力学等基本原理，采用理论解析或数值解析的方法，获得隧道支护结构的力学行为并用于结构设计的方法。解析设计法一般作为前面两种设计方法的补充和验证，但也是研究得最多、最深入的方法，本章将重点阐述。数值解析方法以及计算机的高性能化，解析方法获得一定的发展，用以核查隧道施工中围岩动态及验证支护效果等。

2. 隧道结构承载能力验算方法

在隧道设计过程中，还需对支护结构的承载能力进行验算或检算，也称为承载能力设计。其方法与一般的钢筋混凝土结构设计原理相同，已从过去的允许应力法和破损阶段法逐渐向概率极限状态法过渡。

（1）允许应力法　所谓允许应力法是以构件截面的计算应力不大于规定的材料允许应力的原则进行结构承载能力设计或验算的方法。因为构件中的应力均在允许值以下，支护结构处于弹性状态，而与屈服以后的动态无关，不能考虑结构破坏时的状态。此外，允许应力法没有考虑荷载的离散性，也没有考虑荷载的变动，这些离散性也包含在材料的安全系数内，实际上确保的安全度是不明确的。但此方法概念明确，计算偏于安全，应用较多。

（2）破损阶段法　破损阶段法设计要求按材料非线性计算求得的结构构件截面的承载能力应大于作用在结构构件截面上的设计内力，其克服了允许应力法仅按照材料线弹性性质进行结构计算的不足。允许应力法设计时，只要结构截面中某点的应力达到允许应力则可判定结构破坏，而破损阶段法设计时重点利用的是结构截面的承载能力，考虑了结构材料的塑性性质及其极限强度。与允许应力法相似，破损阶段法在工程结构可靠性方面，同样由安全系数来保证，因此也存在相似的不足之处。

（3）概率极限状态法　概率极限状态法是破损阶段法的发展，它是以概率理论为基础，以防止结构或构件达到某种功能要求的极限状态作为依据的结构承载能力设计或验算方法。承载能力的极限状态是指结构或构件达到不适于继续承载的较大变形的极限状态，超过这一状态后，结构或构件的使用性急剧降低，甚至发生破坏。可以看出，在构件的应力超过允许应力且未达到极限状态时，结构或构件是没有丧失其承载功能的，故钢筋混凝土的极限状态设计方法更符合实际情况，更能够充分发挥结构的承载能力，也更经济。概率极限状态设计法规定了结构的极限状态，并把单一安全系数改为荷载系数、材料系数和工作条件系数三个分项系数，从而把不同的外荷载、不同的材料以及不同构件的受力性质等用不同的分项系数区别开来，使不同的构件具有比较一致的安全度，而部分荷载系数和材料系数基本上是根据统计资料用概率方法确定的。

极限状态设计法代表了结构设计的发展方向，需要重视该方法在隧道工程结构设计中的应用和推广。

3. 隧道结构的修正设计方法

隧道设计、施工受到围岩条件的极大影响，而围岩性质又受到岩质（软硬、构成矿物、粒度构成、物性等）、裂隙状况（频率、方向、充填物的种类等）、涌水状况（水压、水量）、地质构造（断层等）等多种条件的影响，同时与施工方法也有极大的关系。

此外，隧道是地中线状结构物，要进行全线精密调查极为困难，同时能够定量地掌握前述复杂的围岩性质的试验及调查方法也不多，要想在设计前取得满足设计的资料是比较困难的。从这一点出发，在预设计时，应根据地质调查结果，推测围岩条件，进行标准设计，在施工过程中可依观察、测量的资料确认支护效果、施工方法。考虑到事前调查的精度，隧道的预设计不一定是最合适的，因此，以建设既安全又经济的隧道为目标，在施工阶段应尽可能地根据围岩的实际情况修正预设计。

可以看出，修正设计实质上就是反馈设计，即根据施工中出现的各种现象和量测数据对预设计进行恰当的修正。这种修正不仅仅是结构参数的修正，也包括施工方法和参数的调整和修正。修正设计的主要内容包括：围岩级别的变更、支护结构的变更、辅助工法的追加、分部开挖尺寸的变更、开挖断面的变更、断面的早期闭合等。

■5.2　隧道施工力学原理

由于隧道支护结构与岩土体紧密接触且相互作用，因此隧道支护结构设计离不开对其施工过程中的力学效应分析。岩体在隧道开挖前处于初始应力状态（见本书2.3.1节），称为一次应力状态。隧道开挖后围岩的初始应力状态将被打破，形成重新分布的应力场，将进入二次应力状态。隧道支护后，围岩与支护结构相互作用，其应力场再一次发生变化，称为三次应力状态。由于实际工程的围岩条件复杂多变，在进行理论分析时必须进行简化处理，因此目前研究隧道开挖后围岩力学状态的理论，多是以下述假定为前提的：视围岩为均质的、各向同性的连续介质；只考虑自重造成的初始应力场；隧道形状以规则的圆形为主；隧道位于一定深度（深埋），可简化为无限体中的空洞问题，作为平面应变问题来处理。

5.2.1　隧道开挖后的围岩应力状态

影响围岩二次应力状态的因素有很多，如围岩的初始应力状态、岩体的构造因素（结构面、岩块组合形态等）、隧道形状和尺寸、埋深以及隧道施工技术等，但隧道开挖后隧道周围岩体中的应力、位移状态，视围岩强度（单轴抗压强度）可分为两种情况：一种是围岩仍处在弹性状态，此时围岩除产生稍许松弛（由于爆破造成）外，是稳定的；一种是开挖后的应力状态超过围岩的单轴抗压强度，此时围岩的一部分处于塑性甚至松弛状态，围岩将产生塑性滑移、松弛或破坏。

1. 深埋圆形洞室弹性二次应力状态

圆形洞室开挖是在存在初始应力场的地层中进行的，实际是一个孔口应力集中问题，即开挖后的毛洞围岩的二次应力场，由围岩初始应力场与开挖洞室引起的扰动应力场叠加得到，如图5-1所示。

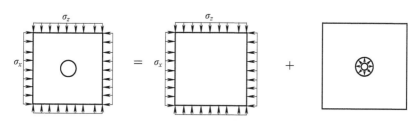

图5-1　围岩二次应力场的叠加计算

（1）应力场及位移场计算表达式　根据弹性理论对相关问题的分析和推导，并将应力场和位移场转化为极坐标下的平面问题，得到毛洞围岩的二次应力场和洞室围岩的位移表达式为

$$\begin{cases} \sigma_r(r,\theta) = \dfrac{1}{2}(\sigma_z+\sigma_x)\left(1-\dfrac{a^2}{r^2}\right)-\dfrac{1}{2}(\sigma_z-\sigma_x)\left(1+\dfrac{3a^4}{r^4}-\dfrac{4a^2}{r^2}\right)\cos2\theta \\[2mm] \sigma_\theta(r,\theta) = \dfrac{1}{2}(\sigma_z+\sigma_x)\left(1+\dfrac{a^2}{r^2}\right)+\dfrac{1}{2}(\sigma_z-\sigma_x)\left(1+\dfrac{3a^4}{r^4}\right)\cos2\theta \\[2mm] \tau_{r\theta}(r,\theta) = \dfrac{1}{2}(\sigma_z-\sigma_x)\left(1+\dfrac{2a^2}{r^2}-\dfrac{3a^4}{r^4}\right)\sin2\theta \end{cases} \quad (5\text{-}1)$$

$$\begin{cases} u_r = \frac{1+\mu}{2E}\left\{(\sigma_z+\sigma_x)\frac{a^2}{r} - (\sigma_z-\sigma_x)\left[(1-\mu)\frac{4a^2}{r} - \frac{a^4}{r^3}\right]\cos2\theta\right\} \\ u_\theta = \frac{1+\mu}{2E}(\sigma_z-\sigma_x)\left[(1-2\mu)\frac{2a^2}{r} + \frac{a^4}{r^3}\right]\sin2\theta \end{cases} \quad (5\text{-}2)$$

式中 σ_r、σ_θ、$\tau_{r\theta}$——极坐标系中洞周地层任意点的径向正应力、切向正应力和剪应力分量；

$\quad\quad\ r$、θ——洞周地层任意点在极坐标系中的径向坐标和环向坐标；

$\quad\quad\ a$——圆形洞室的半径；

$\quad\quad\ u_r$、u_θ——洞周地层任意点在极坐标系中径向位移和环向位移；

$\quad\quad\ \mu$——围岩泊松比；

$\quad\quad\ E$——围岩弹性模量。

根据式（5-1）、式（5-2），可以得到洞壁（$r=a$ 处）的应力和位移表达式为

$$\begin{cases} \sigma_r(r,\theta)\big|_{r=a} = 0 \\ \sigma_\theta(r,\theta)\big|_{r=a} = (\sigma_z+\sigma_x) + 2(\sigma_z-\sigma_x)\cos2\theta \\ \tau_{r\theta}(r,\theta)\big|_{r=a} = 0 \end{cases} \quad (5\text{-}3)$$

$$\begin{cases} u_r\big|_{r=a} = \frac{(1+\mu)a}{2E}\left[(\sigma_z+\sigma_x) - (3-4\mu)(\sigma_z-\sigma_x)\cos2\theta\right] \\ u_\theta\big|_{r=a} = \frac{(1+\mu)a}{2E}(3-4\mu)(\sigma_z-\sigma_x)\sin2\theta \end{cases} \quad (5\text{-}4)$$

（2）围岩侧压力系数 λ 对洞壁应力的影响　λ 为侧压力系数（$\lambda=\sigma_x/\sigma_z$）。为了考察垂直应力 σ_z 和水平应力 σ_x 不相等时洞壁的应力变化情况和应力集中系数 k（$k=\sigma_\theta/\sigma_z$），图 5-2 所示给出了不同 λ 值时洞壁周边的应力变化情况：λ 越小，洞壁两侧越容易压缩，而洞顶底部越容易拉裂；洞壁不出现拉应力的条件为 $\lambda \geqslant 1/3$。

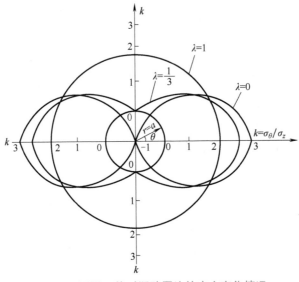

图 5-2　不同 λ 值时洞壁周边的应力变化情况

上述的应力状态是针对围岩属于弹性的、各向同性的、均质的介质而言的，隧道是圆形的，其表面是平整的。实际围岩状态、隧道状态都会有所不同，因而，二次应力状态也会有所不同。例如超欠挖使隧道表面变得极不平整，于凹凸处形成局部应力高度集中的弱点。某些试验发现，

欠挖处的应力可达初始应力值的十几倍,常常造成隧道的局部破坏。因此如何消除这种应力集中现象是现代隧道施工技术研究的重要内容之一,这也促使了光面爆破及喷射混凝土支护等技术的发展。还应该指出:隧道的二次应力状态即使是弹性的,但由于爆破开挖的影响,也会使隧道周围岩体松动、破碎,使其强度减弱;围岩长期暴露在空气中,在水气等各种外界条件作用下,会逐渐风化、剥蚀,从而降低隧道围岩的强度,因此即使在弹性应力状态下隧道是稳定的,进行一定的饰面防护也是必要的。

（3）围岩侧压力系数 λ 对洞壁位移的影响 在不同的 λ 值条件下,开挖后的洞室断面收敛状态如图 5-3 所示。当 $\lambda = 1$ 时,洞室断面是均匀缩小的,随着 λ 值的不断减小,洞室上、下顶点继续向着洞室断面内挤入,逐渐变成扁平的断面形状。

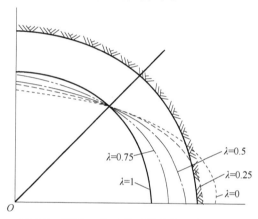

图 5-3 不同 λ 值时洞壁周边位移变化情况

以上位移状态说明,洞室开挖后,围岩基本是向隧道内移动的。只是在一定的 λ 值条件下（ $\lambda \leq 0.25$ ）,在水平直径处围岩有向两侧扩张的趋势。而且在多数情况下,拱顶位移（即拱顶下沉）均大于侧壁（水平直径处）位移。

2. 深埋圆形洞室弹塑性二次应力状态

洞室开挖后,接近洞壁的部分岩体将可能进入塑性状态,形成塑性应力区域,并使得二次应力状态出现弹、塑性状态并存的应力分布特点,这是由于多数围岩具有塑性这一性质而造成的。塑性是指围岩在应力超过一定值后产生塑性变形的性质,此时,应力即使不增大,变形仍将继续。当围岩内应力超过围岩的抗压强度后,围岩发生塑性变形并迫使塑性变形的围岩向隧道内滑移,塑性区的围岩因而变得松弛,其物理力学性质（ c 、 φ 值）也发生变化。本节仅讨论 $\lambda = 1$ 下的应力状态,此时垂直应力 σ_z 和水平应力 σ_x 相等,简化为轴对称问题。

（1）塑性区的应力和位移 近似地采用莫尔-库伦屈服准则作为进行塑性状态的判据,根据 $\lambda = 1$ 时的围岩受力特征,可提出岩体进入塑性状态的判据,再根据弹塑性力学原理,可以推导出塑性区内的应力计算公式。

岩体进入塑性状态的判据为

$$\sigma_{\theta p} = \xi \sigma_{rp} + \sigma_c \tag{5-5}$$

塑性区内的应力计算公式为

$$\begin{cases} \sigma_{\theta p} = \dfrac{\sigma_c}{\xi - 1} \left[\xi \left(\dfrac{r}{a} \right)^{\xi - 1} - 1 \right] \\ \sigma_{rp} = \dfrac{\sigma_c}{\xi - 1} \left[\left(\dfrac{r}{a} \right)^{\xi - 1} - 1 \right] \end{cases} \tag{5-6}$$

式中 $\sigma_{\theta p}$、σ_{rp}——洞周塑性地层任意点的切向塑性正应力和径向塑性正应力；

ξ——强度线的斜率，可按 $[(1+\sin\varphi)/(1-\sin\varphi)]$ 求得；

σ_c——岩体理论上的单轴抗压强度值，可按 $[2c\cos\varphi/(1-\sin\varphi)]$ 求得。

塑性区内的应力随 r 的变化如图 5-4 所示，其中 $\sigma_{\theta p}$、σ_{rp} 在塑性区内均随 r 的增大而增大。根据三向应力作用下岩体的强度特性可知，岩体的强度将随围压 σ_{rp} 的增大而提高，由此使岩体中的应力逐渐向弹性应力状态过渡。因此，在岩体内必定存在着某一点的应力为弹塑性应力的交界点，通常将该分界点到洞室中心的距离称为塑性圈半径 R_p。当 $\lambda=1$ 时，塑性圈半径 R_p 的计算公式为式（5-7），其中 p_0 为围岩初始应力。由式（5-7）可知，塑性圈半径不仅与岩体自身的强度有关，而且还受到初始应力、洞室半径的影响。

$$R_p = a\left[\frac{2}{\xi+1}\cdot\frac{p_0(\xi-1)+\sigma_c}{\sigma_c}\right]^{\frac{1}{\xi-1}} \tag{5-7}$$

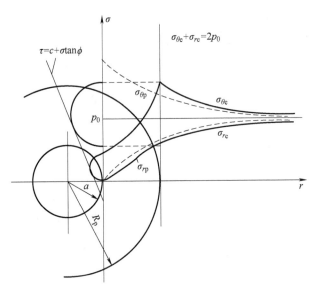

图 5-4 弹塑性应力分布图

当 $\lambda\neq1$ 时塑性区的形状和范围会发生变化，图 5-5 所示为不同 λ 值条件下圆形隧道围岩塑性区的形状和范围。图中所示的塑性区，不管何种情况，均体现出隧道侧壁塑性区显著集中的特点，这点对研究隧道破坏有很重要的意义。

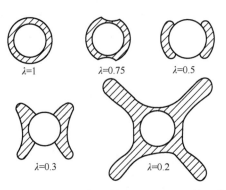

图 5-5 不同 λ 值条件下圆形隧道围岩塑性区的形状和范围

基于弹塑性理论，用平均应力与平均应变之间的关系，乘以塑性模数，并假设在塑性区内体积应变为零，可以求得塑性区内的径向位移 u 表达式为

$$u = \frac{p_0(\xi-1)+\sigma_c}{(\xi+1)} \cdot \frac{2R_p^2}{r} \cdot \frac{(1+\mu_0)}{E_0} \tag{5-8}$$

由此可知，径向位移 u 与岩体的强度参数 ξ、塑性区内的变形特性 E_0 和 μ_0、初始应力 p_0、塑性区半径 R_p 以及任意一点的距离 r 等因素有关。

（2）弹性区的应力和位移　当 $r > R_p$ 时，岩体内的应力处在弹性状态，由于塑性区的存在，将限制弹性区内的应力、位移、应变的发生。由弹塑性理论可以推导出深埋圆形洞室弹性区的应力、位移计算公式为

$$\left. \begin{array}{l} \sigma_{re} = p_0\left(1-\dfrac{R_p^2}{r^2}\right)+\sigma_{R0}\dfrac{R_p^2}{r^2} \\[3mm] \sigma_{\theta e} = p_0\left(1+\dfrac{R_p^2}{r^2}\right)-\sigma_{R0}\dfrac{R_p^2}{r^2} \\[3mm] u = p_0\dfrac{1+\mu}{E}\left[(1-2\mu)\,r+\dfrac{R_p^2}{r}\right]-\dfrac{1+\mu}{E}\sigma_{R0}\dfrac{R_p^2}{r} \end{array} \right\} \tag{5-9}$$

式中　σ_{R0}——塑性区边界上的径向应力。

式（5-9）的计算边界条件为

$$r = R_p,\ \ \sigma_{re} = \sigma_{rp} = \sigma_{R0}$$

开挖所产生的位移计算公式为

$$\Delta u = u - u_0 = \frac{1+\mu}{E}(p_0-\sigma_{R0})\frac{R_p^2}{r} \tag{5-10}$$

5.2.2　隧道支护后的围岩应力状态

隧道修筑支护结构后，相当于在隧道周边施加一个阻止隧道围岩变形的抗力，从而改变了围岩的二次应力状态。如果支护结构有足够的强度和刚度，支护结构所提供的抗力就会一直持续到支护所提供的抗力与围岩作用力之间平衡为止，从而形成一个力学上稳定的隧道结构体系，也就是三次应力状态。

支护抗力的大小和方向对围岩的应力状态有很大的影响。为了便于分析，假定支护抗力 p_i 是径向的（实际上还有切向的），沿隧道周边是均匀分布的，而且是隧道开挖后立即发挥作用的。取 $\lambda = 1$ 时的情况进行分析，如图5-6所示。

在弹性应力状态下，当隧道周边有径向支护抗力 p_i 时，在式（5-1）的基础上可以得到周边围岩应力场的表达式为

$$\begin{cases} \sigma_r(r,\theta) = \sigma_z\left(1-\dfrac{a^2}{r^2}\right)+p_i \cdot \dfrac{a^2}{r^2} \\[3mm] \sigma_\theta(r,\theta) = \sigma_z\left(1+\dfrac{a^2}{r^2}\right)-p_i \cdot \dfrac{a^2}{r^2} \end{cases} \tag{5-11}$$

当 $r = a$ 时，即洞壁处的应力为 $\sigma_r = p_i$、$\sigma_\theta = 2\sigma_z - p_i$。由此可见，支护抗力的存在，使得周边的径向应力增大、切向应力减小。实质上是使直接靠近隧道周边的岩体应力状态，从单向的（或双向的）变为双向的（或三向的）受力状态，从而提高了围岩的承载力。当 $p_i = \sigma_z$ 时，有：$\sigma_r = \sigma_z$、$\sigma_\theta = \sigma_z$，即恢复到初始应力场，显然这是理想状况。

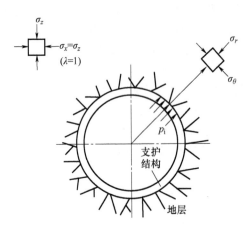

图 5-6　周边作用有支护力的圆形隧道

在塑性应力状态下，当隧道周边作用径向支护抗力 p_i 时（图 5-7），可以推导出其应力值和塑性区半径为

$$\begin{cases} \sigma_{\theta p} = \dfrac{\sigma_c}{\xi-1} \left[\xi \left(\dfrac{r}{a} \right)^{\xi-1} - 1 \right] + \xi \cdot \left(\dfrac{r}{a} \right)^{\xi-1} \cdot p_i \\ \sigma_{rp} = \dfrac{\sigma_c}{\xi-1} \left[\left(\dfrac{r}{a} \right)^{\xi-1} - 1 \right] + \left(\dfrac{r}{a} \right)^{\xi-1} \cdot p_i \end{cases} \tag{5-12}$$

$$R_p = a \left[\frac{2}{\xi+1} \cdot \frac{p_0(\xi-1)+\sigma_c}{p_i(\xi-1)+\sigma_c} \right]^{\frac{1}{\xi-1}} \tag{5-13}$$

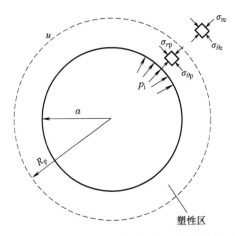

图 5-7　周边作用径向支护抗力时隧道周围的塑性区

式（5-13）说明，塑性区将随着支护抗力的增加而减小，即支护抗力限制了塑性区的发展，这是支护抗力的一个重要作用。若想使塑性区不形成，即 $R_p = a$ 时，所需的径向支护抗力 p_i 可由式（5-13）求出，即

$$p_i = \frac{2p_0 - \sigma_c}{\xi+1} \tag{5-14}$$

这就是维持隧道处于弹性应力场所需的最小支护抗力，它的大小仅与初始应力场 p_0 及岩性

指标 σ_c、ξ（c、φ）有关，而与隧道尺寸无关。实际上支护结构是在隧道开挖后一定时间内修筑，围岩塑性区域及其变形已在发生和发展，因此所需的支护抗力将小于式（5-14）所确定的数值。

从隧道的三次应力场可以清楚地看出，隧道结构是岩体和支护结构组成的结构体系。荷载主要来自岩体，而这种结构体系的主要材料绝大部分是岩体，混凝土及其他支护材料只占很小部分。因此，岩体既是承载结构的重要组成部分，也是构成承载结构的基本的建筑材料，它既是承受一定荷载的结构体，又是造成荷载的主要来源，这种三位（荷载、材料、承载单元）一体的特征与地面工程完全不同，因此研究三者之间的内在联系是非常重要的。岩体既然是主要承载单元，那么在施工过程中就必须"保护"和"爱护"岩体，以便更充分地发挥岩体的承载作用，这已为大量工程实践所证实。

■ 5.3 隧道结构设计的荷载-结构法

荷载-结构法也称为结构力学法，是一种解析设计方法，是我国目前隧道结构设计中采用的主要计算方法之一。该方法认为，地层对结构的作用只是产生作用在支护结构上的荷载（包括围岩压力和由于围岩约束结构变形而形成的弹性抗力），因此只需要知道荷载的分布规律和大小就可采用结构力学的方法来计算衬砌在荷载作用下的内力和变形。

5.3.1 作用分类及组合

工程结构上的作用是指能使结构产生作用效应（如内力、变形和裂缝等）的各种原因的总称。引起结构产生作用效应的原因有两种：一种是指施加在结构上的集中或分布力（直接作用，也称为荷载），例如结构自重、水压力、土压力等；另一种是引起结构外加变形或约束变形的原因（间接作用），例如基础沉降导致的内力效应、温度变化引起的作用效应等。

1. 作用的分类

依据《铁路隧道设计规范（极限状态法）》（Q/CR 9129—2018）中的分类，隧道结构作用可以分为永久作用、可变作用、偶然作用和地震作用这 4 类。

1）永久作用：是指在设计使用年限内始终存在且其量值变化与平均值相比可以忽略不计的作用，或其变化是单调的并趋于某个限值的作用。隧道结构永久作用主要包括结构自重、结构附加恒载、围岩压力、土压力、混凝土收缩和徐变作用、水压力及浮力、基础变位影响力、地面永久建筑物影响力。

2）可变作用：是指在设计使用年限内其量值随时间变化，且其变化与平均值相比不可忽略不计的作用。隧道结构可变作用主要包括通过隧道的列车荷载及制动力、地面车辆荷载及其产生的冲击力和土压力、与隧道立交的铁路列车荷载及其产生的冲击力和土压力、与隧道立交的渡槽流水压力、温度变化的作用、冻胀力、雪荷载、风荷载、施工灌浆压力、气动力、与各类结构施工有关的临时荷载和岩土侵蚀作用。

3）偶然作用：是指在设计使用年限内不一定出现，而一旦出现其量值很大，且持续期很短的作用。隧道结构偶然作用主要包括落石冲击力，人防荷载，沉船、抛锚、疏浚撞击力。

4）地震作用：是指地震动对结构所产生的作用。位于地震区的隧道应予以考虑。

2. 隧道结构设计常用的作用组合

在隧道结构上可能同时出现的作用，按最不利组合进行荷载计算及结构设计，应按满足承载能力和正常使用要求分别进行组合。表 5-1 仅列出了深埋隧道、浅埋隧道常用的组合作用。由

表5-1可见，隧道结构所受到的作用是以永久作用（如结构自重、结构附加恒载、围岩压力等）加可变作用的组合为主，其中围岩压力是隧道结构所承受的固有荷载和主要荷载。

表5-1　隧道结构设计的作用组合

序号	类　型	作用组合
1	深埋隧道	结构自重+结构附加恒载+围岩压力
2	浅埋隧道	结构自重+结构附加恒载+围岩压力+浅埋隧道上部及破坏棱体范围内的设施及建筑物荷载

3. 隧道结构设计的极限状态法作用组合

隧道结构应根据使用过程中在结构上可能同时出现的作用，分别按承载能力极限状态和正常使用极限状态进行作用组合，并应取各自的最不利组合效应进行支护结构的设计和验算。

对一般的铁路隧道结构（结构性重要性系数 $\gamma_0 = 1$），设计阶段通常主要考虑衬砌结构自重 G_{K1} 和围岩荷载 G_{K2}，其承载能力极限状态设计表达式（基本组合）可表示为

$$S(\gamma_{G1}G_{K1} + \gamma_{G2}G_{K2}) \leq \frac{R_d}{\gamma_d} \tag{5-15}$$

式中　$S(x)$——作用组合的效应函数；

　　　γ_{G1}、γ_{G2}——衬砌结构自重分项系数、围岩荷载分项系数；

　　　G_{K1}、G_{K2}——衬砌结构自重标准值、围岩荷载标准值；

　　　R_d——结构构件抗力设计值；

　　　γ_d——结构调整系数。

《铁路隧道设计规范（极限状态法）》（Q/CR 9129—2018）给出的隧道衬砌结构混凝土抗压、混凝土抗裂、钢筋混凝土的分项系数、调整系数值见表5-2所示。

表5-2　铁路隧道衬砌结构承载极限状态的作用组合系数值

序号	设计工况	结构调整系数 γ_d	自重荷载分项系数 γ_{G1}	围岩压力分项系数 γ_{G2}
1	混凝土抗压	1.1	1.2	1.4
2	混凝土抗裂	1.55	1.2	1.4
3	钢筋混凝土结构	1.0	1.2	1.4

与式（5-15）类似，可列出铁路隧道结构的正常使用极限状态设计表达式为

$$S(G_{K1} + G_{K2}) \leq \frac{C}{\gamma_d} \tag{5-16}$$

式中　C——结构或构件达到正常使用要求的规定限值，如变形、裂缝或应力的限值。

式（5-16）适用于标准组合和准永久组合的验算。其中结构调整系数 γ_d 一般取1.0，并且不需要考虑荷载分项系数。

5.3.2　围岩压力及其取值方法

围岩压力是隧道结构承受的主要荷载，因此需要了解其来源及掌握相应的取值方法。在具体确定围岩压力时，常用的方法有3种：第1种方法是现场实测，这种方法虽然比较接近实际，但由于受量测设备、量测技术和经费等原因的限制，应用还不广泛；第2种方法是理论估算，由于影响围岩压力的因素太多，所以这种方法只有在少数简单情况下较为适用；第3种方法是工程类比

法，这种方法以大量已建工程的统计资料为基础，通过回归分析等方法，按照围岩分级规则分别提出适合不同具体情况的经验公式，以此来估计围岩压力，是目前工程实践中应用最多的方法。

1. 围岩压力及其分类

围岩压力是指隧道开挖后，因围岩变形或松弛等原因，作用于支护或衬砌结构上的压力。围岩压力包括由原始地应力引起的围岩应力以及因围岩变形受阻而作用在支护结构上的作用力。从广义来理解，围岩压力既包括围岩有支护的情况，也包括围岩无支护的情况；从狭义来理解，围岩压力是指围岩作用在支护结构上的压力，在工程中一般研究狭义的围岩压力。实践证明，影响围岩压力的因素有隧道的埋深、初始地应力、围岩重度、岩体结构、地下水的分布、隧道洞室的形状和尺寸以及施工方法等。

通常把围岩和支护结构在共同变形过程中由于围岩变形受阻而作用在支护结构上的挤压力称为形变压力；把由于岩块坠落、滑移、坍塌等原因而以重力形式作用在支护结构上的作用力称为松散压力（或松动压力）。除此之外，围岩压力还包括特殊地质条件下的膨胀压力（即膨胀地层中由于岩体吸水、应力解除等使围岩膨胀所引起的压力）和冲击压力（即在高地应力脆性地层中由于隧道的开挖，围岩的约束被解除，能量突然释放所产生的压力）。

按作用方向，围岩压力又可分为围岩垂直压力和围岩水平压力。在坚硬岩层中，围岩水平压力很小，在计算时可忽略不计；但在松软岩层中，围岩水平压力较大，计算时必须考虑。

2. 围岩松动压力的形成

松动压力是目前在工程中主要研究的围岩压力类型。开挖隧道所引起的围岩松动和破坏范围，有的可达地表，有的则影响较小，因此在研究围岩的松动压力时，也需要区分浅埋和深埋的情况。对于一般裂隙岩体中的深埋隧道，其波及范围仅局限在隧道周围一定深度，所以作用在支护结构上的围岩松动压力远远小于其上覆岩层自重所造成的压力，这可以用围岩的"成拱作用"来解释。以水平岩层中开挖一个矩形坑道为例，来说明坑道开挖后围岩由形变到坍塌成拱的整个变形过程（图5-8）。

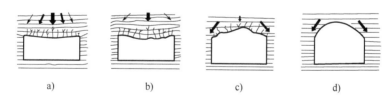

图5-8　松动压力的形成过程

a）变形阶段　b）松动阶段　c）塌落阶段　d）成拱阶段

1）变形阶段：隧道开挖后，在围岩应力重分布过程中，顶板开始沉陷并出现拉断裂纹。
2）松动阶段：顶板的裂纹继续发展并且张开，由于结构面切割等原因逐渐转变为松动。
3）塌落阶段：顶板岩体视其强度的不同逐步塌落。
4）成拱阶段：顶板塌落停止，达到新的平衡，此时其界面形成一个近似的拱形。

3. 深埋、浅埋隧道判别方法

隧道埋深不同，确定围岩压力的计算方法也不同，因此有必要分清深埋与浅埋隧道的界限。一般情况下应以隧道顶部覆盖层能否形成"自然拱"为原则，但确定出界限是困难的，因为它与许多因素有关，只能按经验估算。深埋隧道围岩松动压力值是以施工塌方高度为根据，为了能形成此高度值，隧道上覆岩体就应有一定的厚度，否则塌方会扩展到地面。为此，深埋、浅埋隧道分界深度至少应大于塌方的平均高度且有一定余量。根据经验，深浅埋隧道分界的深度 H_p 通

常为 2~2.5 倍的塌方平均高度值 h_0，即

$$H_p = (2 \sim 2.5) h_0 \qquad (5\text{-}17)$$

根据我国铁路、公路隧道相关设计规范的计算方法，塌方平均高度值 h_0 可采用深埋隧道垂直荷载计算高度 h_a 的计算公式，即

$$h_a = 0.45 \times 2^{S-1} \omega \qquad (5\text{-}18)$$

式中　S——围岩级别；

　　　ω——宽度影响系数，$\omega = 1 + i\,(B-5)$；

　　　B——坑道宽度（m）；

　　　i——围岩压力增减率：当 $B < 5\text{m}$ 时，取 $i = 0.2$；当 $B > 5\text{m}$ 时，可取 $i = 0.1$。

式（5-17）中的"2~2.5"，对松软的围岩（Ⅳ~Ⅵ级）取 2.5，而对较坚硬围岩（Ⅰ~Ⅲ级）取 2。对于某些情况，则应做具体分析后确定。当隧道覆盖层厚度 $h \geqslant H_p$ 时为深埋，当 $h < H_p$ 时为浅埋。

4. 深埋隧道衬砌结构围岩松动压力取值方法

（1）岩石坚固系数分级方法（普氏理论）　岩石坚固系数分级方法由苏联学者普罗托吉雅柯诺夫创立，即所谓的"岩石坚固性系数"分级法，并创立了用来计算地层压力的塌落拱（也称为自然拱）理论，在国内该理论也被简称为普氏理论。

普氏理论有以下两个假定：

第一个假定是鉴于地层被许多节理、裂隙等软弱结构面所切割，认为整个围岩在一定程度上可视为松散体。对于坚硬的岩层，普氏理论建议用加大颗粒间摩擦系数来补偿被忽略的但实际存在的黏聚力，这个被加大了的摩擦系数称为似摩擦系数，或称为岩石坚固性系数。普氏理论还建议：对松散土及黏性土，坚固性系数 $f \approx \tan\varphi$（φ 为土的内摩擦角）；对岩石，$f \approx R_c/100$（R_c 为岩石单轴抗压强度）。

第二个假定是洞室开挖以后，由于围岩应力重分布，在洞室上方形成曲线状的塌落拱，拱内土石的重力就是作用在衬砌或支护上的围岩压力。

岩体的抗剪强度 $\tau = \sigma \tan\varphi + c$，先将岩体视为散粒体，但又要保证其抗剪强度不变，则 $\tau = \sigma f$，所以有

$$f = \tau/\sigma = (\sigma\tan\varphi + c)/\sigma = \tan\varphi + c/\sigma = \tan\varphi_c \qquad (5\text{-}19)$$

式中　φ、φ_c——岩体的内摩擦角和计算摩擦角；

　　　τ、σ——岩体的抗剪强度和剪切破坏时的正应力；

　　　c——岩体的黏聚力。

由式（5-19）可以看出，岩体的坚固性系数 f 是一个说明岩体特性（如强度、抗钻性、构造、地下水等）的综合指标。

为了确定围岩压力，普氏理论进一步提出了基于"自然拱"概念的计算理论，认为在具有一定黏聚力的松散介质中开挖坑道后，其上方会形成一个抛物线形的自然拱，作用在支护结构上的围岩压力就是自然拱内松散岩体的重力。而自然拱的形状和尺寸（即高度 h_k 和跨度 B_t）与岩体的坚固性系数 f 有关。具体表达式为

$$h_k = b_t/f \qquad (5\text{-}20)$$

式中　h_k——自然拱高度；

　　　b_t——自然拱的半跨度。

在坚硬的岩体中，坑道侧壁较稳定，自然拱的跨度即为坑道的跨度，如图 5-9a 所示。在松散和破碎岩体中，坑道的侧壁受到扰动而产生滑移，自然拱的跨度也相应加大，如图 5-9b 所示，

此时的 b_t 值为

$$b_t = B/2 + H_t \tan(45° - \varphi_c/2) \tag{5-21}$$

式中　B——坑道的净跨度；

　　　H_t——坑道的净高；

　　　φ_c——岩体的计算摩擦角，$\varphi_c = \arctan f$。

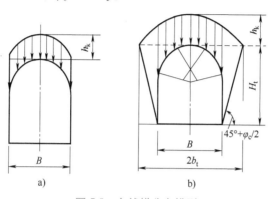

图 5-9　自然拱分布模型

a）硬岩　b）软岩

围岩垂直均布松动压力 q 为

$$q = \gamma h_k \tag{5-22}$$

式中　γ——围岩重度。

围岩水平均布松动压力 e 可按郎肯公式计算，即

$$e = \left(q + \frac{1}{2}\gamma H_t\right)\tan^2\left(45° - \frac{\varphi_c}{2}\right) \tag{5-23}$$

按普氏理论算得的软质围岩松动压力，与实际情况相比较偏小，算得的坚硬围岩松动压力则偏大，一般在松散、破碎围岩中较为适用。

（2）太沙基理论　太沙基将岩体视为散粒体，但考虑的方法与普氏理论不同。它是从应力传递的概念出发，考虑了坑道尺寸、埋深、岩石黏聚力 c 和内摩擦角 φ 对岩体稳定性的影响。他认为坑道开挖后，其上方的岩体因坑道的变形而下沉，并产生如图 5-10 所示的错动面 OAB 和 $O'A'B'$。

假定作用在任何水平面上的竖向压应力 σ_V 是均布的，相应的水平力 $\sigma_H = \lambda\sigma_V$（$\lambda$ 为侧压力系数）。在地面深度为 h 处取出一厚度为 dh 的水平条带单元体，考虑其平衡条件 $\sum V = 0$，得出

$$2b d\sigma_V + 2\tau dh = 2b\gamma dh \tag{5-24}$$

处在极限状态下剪力为

$$\tau = c + \lambda\sigma_V\tan\varphi \tag{5-25}$$

将式（5-25）代入平衡条件，得微分方程为

$$\frac{d\sigma_V}{dh} = \gamma - \frac{c}{b} - \lambda\sigma_V\frac{\tan\varphi}{b} \tag{5-26}$$

解微分方程，并引入边界条件（当 $h=0$，$\sigma_V = p$），得洞顶岩层中任意点的垂直压力为

$$\sigma_V = \frac{\gamma b - c}{\lambda\tan\varphi}\left(1 - e^{-\lambda\tan\varphi \cdot \frac{h}{b}}\right) + pe^{-\lambda\tan\varphi \cdot \frac{h}{b}} \tag{5-27}$$

当围岩的黏聚力采用普氏方法考虑时，随着坑道埋深 h 的加大，$e^{-\lambda\tan\varphi \cdot \frac{h}{b}}$ 趋近于零，则 σ_V 趋于某一个固定值，即

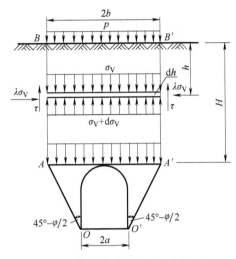

图 5-10　太沙基理论围岩压力示意图

$$\sigma_V = \frac{\gamma b}{\tan\varphi_c \cdot \lambda} \tag{5-28}$$

太沙基根据试验结果，得出 $\lambda = 1 \sim 1.5$，取 $\lambda = 1$，则

$$\sigma_V = \frac{\gamma b}{\tan\varphi_c} \tag{5-29}$$

如以 $\tan\varphi_c = f$ 代入，得

$$\sigma_V = \gamma b / f \tag{5-30}$$

此时便与普氏理论计算公式得到相同的结果。太沙基认为当 $H \geqslant 5b$ 时为深埋隧道。至于侧向均布压应力则仍按朗肯公式计算，即

$$e = \left(\sigma_V + \frac{1}{2}\gamma H_t\right)\tan^2\left(45 - \frac{\varphi_c}{2}\right) \tag{5-31}$$

（3）《铁路隧道设计规范》（TB 10003—2016）所推荐的方法　围岩破坏的直接表现形式是施工中产生的塌方，因此，根据大批隧道塌方资料的统计分析，可找出隧道围岩破坏范围形状和大小的规律性，从而得出计算围岩松动压力的统计公式。《铁路隧道设计规范》（TB 10003—2016）中推荐的计算围岩垂直均布松动压力 q 的公式，是根据成昆、贵昆、川黔等铁路共 127 座单线隧道 417 个施工坍方资料，经整理换算得出的。

如图 5-11 所示，深埋隧道围岩压力按松散压力考虑，其垂直匀布压力 q 计算公式为

$$q = \gamma \times h_a \tag{5-32}$$

式中，h_a 的计算方法见式（5-18）。

在产生垂直压力时，隧道也会有侧向压力出现，即围岩水平均布松动压力 e，按表 5-3 计算（一般取平均值）。式（5-32）、表 5-3 的适用条件是不产生显著偏压力及膨胀力的一般围岩及采用钻爆法（或开敞式掘进机法）施工的隧道。

表 5-3　铁路隧道不同围岩水平均布压力 e

围岩级别	I、II	III	IV	V	VI
水平均布压力	0	<0.15q	(0.15~0.3) q	(0.3~0.5) q	(0.5~1.0) q

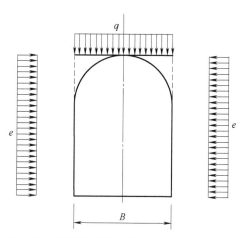

图 5-11　深埋隧道围岩松动压力形式示意图

除了确定压力的数值外，还要考虑压力的分布形态。我国隧道垂直围岩压力的一些量测资料表明，作用在支护结构上的荷载一般是不均匀的。这是因为岩体破坏范围的大小和形状受岩体结构、施工方法等因素的控制极不规律。根据统计资料，围岩垂直松动压力的分布大概可概括为四种，如图 5-12 所示。可用等效荷载，即非均布压力的总和应与均布压力的总和相等的方法来确定各荷载图形的高度值。另外，还应考虑围岩水平压力非均匀分布的情况。上述压力分布图形只概括了一般情况，当地质、地形或其他原因可能产生特殊荷载时，围岩压力的大小和分布应根据实际情况分析确定。

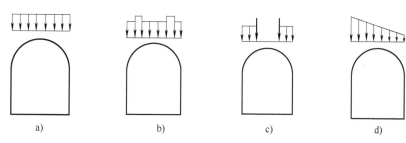

图 5-12　垂直松动压力的分布图

5. 浅埋隧道衬砌结构围岩松动压力取值方法

当隧道浅埋时，地层多为松散堆积物，"自然拱"无法形成，此时的围岩压力计算不能再引用前述深埋情况的计算公式，而应按浅埋情况进行分析计算。我国浅埋隧道的围岩压力计算方法普遍采用谢家烋公式，其计算原理如图 5-13 所示。

这种方法认为，隧洞开挖后岩体中会形成一个与水平面呈 β 角的斜直破裂面，AC、BD 面为假定的破裂面，分析时考虑黏聚力 c（采用计算摩擦角 φ_c）。当隧洞顶部正上方的岩体 $FEGH$ 向下移动时，受到了两侧三棱岩体 ACE 和 BDF 的挟持作用，产生的挟持力反过来又带动两侧三棱岩体向下滑动。而整个岩体 $ABDHGC$ 在下滑过程中，又受到周围未扰岩体的夹持和摩擦作用。由于滑面 FH、EG 并非破裂面，因此滑面阻力要小于破裂面 AC、BD 的阻力，若该滑面的摩擦角为 θ，则 θ 值应小于 φ_c 值。当无实测资料时，各级围岩的 φ_c、θ 可按表 5-4 的参考值采用。

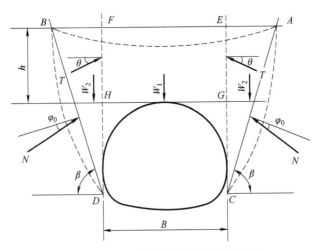

图 5-13　浅埋隧道围岩压力计算原理图

表 5-4　各级围岩的 θ 和 φ_c 参考取值

围岩级别	I	II	III	IV	V	VI
$\theta/(°)$	0.9φ_c			$(0.7\sim0.9)\ \varphi_c$	$(0.5\sim0.7)\ \varphi_c$	$(0.3\sim0.5)\ \varphi_c$
$\varphi_c/(°)$	>78	70~78	60~70	50~60	40~50	30~40

当滑动岩体下滑时，受到两种阻力作用：一种是滑面上阻止滑动岩体下滑的摩擦阻力；另一种是支护结构的反作用力，这种反作用力的数值应等于滑动岩体对支护结构施加的压力，也就是所要确定的围岩松动压力。根据受力的极限平衡条件

滑动岩体重力 = 滑面上的阻力 + 支护结构的反作用力（围岩松动压力）

可得

围岩松动压力 = 滑动岩体重力 - 滑面上的阻力

基于以上原理，可以推导出地面基本水平的浅埋隧道的围岩压力分布形式如图 5-14 所示，其中垂直围岩压力 q 按式（5-33）~式（5-35）计算，水平压力 e_i 按式（5-36）计算。

$$q=\gamma h\left(1-\frac{\lambda h\tan\theta}{B}\right) \tag{5-33}$$

$$\lambda=\frac{\tan\beta-\tan\varphi_c}{\tan\beta\left[1+\tan\beta(\tan\varphi_c-\tan\theta)+\tan\varphi_c\tan\theta\right]} \tag{5-34}$$

$$\tan\beta=\tan\varphi_c+\sqrt{\frac{(\tan^2\varphi_c+1)\tan\varphi_c}{\tan\varphi_c-\tan\theta}} \tag{5-35}$$

$$e_i=\gamma h_i\lambda \tag{5-36}$$

式中　γ——围岩重度（kN/m^3）；

h——洞顶离地面的高度，即洞顶覆盖层厚度（m）；

θ——顶板土柱两侧摩擦角（°），为经验数值；

B——坑道跨度（m）；

λ——侧压力系数；

φ_c——围岩计算摩擦角（°）；

β——产生最大推力时的破裂角（°）；

h_i——内外侧任意点至地面的距离（m）。

以上公式适用于 $h_a<h<2.5h_a$ 的浅埋隧道，当 $h<h_a$ 时属于超浅埋隧道，此时采用岩柱公式计算，即在以上公式中取 $\theta=0$。

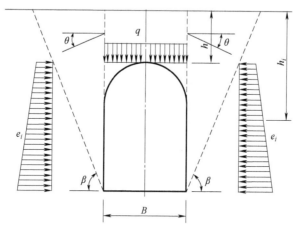

图 5-14　浅埋隧道围岩压力形式示意图

5.3.3　荷载作用模式及计算方法

荷载-结构法将支护结构和围岩分开考虑，支护结构是承载的主体，围岩作为荷载的来源和支护结构的弹性支承，与其对应的计算模式称为荷载-结构模式。隧道支护结构与围岩的相互作用是通过弹性支承对支护结构施加约束来实现的。当作用在支护结构上的荷载确定后，即可应用结构力学的方法求解超静定结构的内力和位移。

1. 荷载作用模式

根据围岩与支护结构的相互作用的关系，可以将结构荷载简化为如图 5-15 所示的几种作用模式。

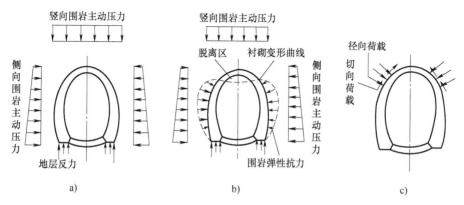

图 5-15　隧道结构荷载作用模式

a）主动荷载模式　b）主动荷载加被动荷载（弹性抗力）模式　c）实际荷载模式

（1）主动荷载模式　此模式不考虑围岩与支护结构的相互作用，因此，支护结构在主动荷载作用下可以自由变形。它主要适用于软弱围岩没有能力去约束衬砌变形的情况，如采用明挖法施工的城市地铁工程及明洞工程。

（2）主动荷载加被动荷载（弹性抗力）模式　此模式认为围岩不仅对支护结构施加主动荷载，而且由于围岩与支护结构的相互作用，还对支护结构施加约束反力。为此，支护结构在荷载和反力同时作用下进行工作。这种模式能适用于各种类型的围岩，只是所产生的弹性抗力大小不同而已。在实际应用中，该模式基本能反映出支护结构的实际受力状况。

（3）实际荷载模式　此模式采用量测仪器实地量测得到的作用在支护结构上的荷载值，代替主动荷载。实地量测的荷载值是围岩与支护结构相互作用的综合反映，它既包含围岩的主动压力，也含有弹性抗力。实地量测的荷载值的大小除与围岩特性有关外，还取决于支护结构的刚度以及支护结构背后回填的质量。因此，某一种实地量测的荷载，只能适用于与量测条件相同的情况。

2. 隧道结构受力变形特点

隧道结构在主动荷载作用下要产生变形。如图 5-16 所示，隧道衬砌在主动荷载作用下，结构所产生的变形用虚线表示。在拱顶，其变形背向地层，不受围岩的约束而自由变形，这个区域称为"脱离区"。而在两侧及底部，结构产生朝向地层的变形，并受到围岩的约束使其变形受到阻碍，因而围岩对衬砌产生了弹性抗力，这个区称为"抗力区"。所谓弹性抗力就是指由于支护结构发生向围岩方向的变形而引起的围岩对支护结构的约束反力。

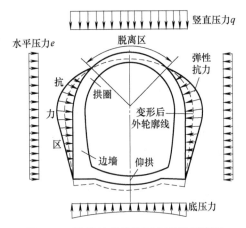

图 5-16　隧道衬砌结构受力变形示意图

为此，围岩对衬砌变形起双重作用：围岩产生主动压力使衬砌变形，又产生被动压力阻止衬砌变形。这种效应的前提条件是围岩与衬砌必须全面地、紧密地接触，但实际的接触状态是相当复杂的。由于围岩的性质、施工方法、衬砌类型等因素的不同，致使围岩与衬砌可能是全面接触，也可能是局部接触；可能是面接触，也可能是点接触；有时是直接接触，有时通过回填物间接接触。为便于计算，一般将上述复杂情况予以理想化，即假定衬砌结构与围岩全面地、紧密地接触。因此，为了符合设计计算要求，施工中应严格按照施工规范要求进行施工，保证衬砌结构与围岩的接触。

3. 围岩弹性抗力的计算原理

弹性抗力的大小，目前多用文克尔（Winkler）假定为基础的局部变形理论来计算。局部变形理论把围岩简化为一组彼此独立的弹簧（弹性支承），某一弹簧受压缩时产生的反力值，只和其自身压缩量成正比，和其他弹簧无关，如图 5-17a 所示，其表达式为

$$\sigma_i = K\delta_i \tag{5-37}$$

式中　δ_i——支护结构表面点 i 的位移（m），即对应的围岩表面某点的压缩变形值；

σ_i——在该 i 点处围岩和结构相互作用的反力（MPa）；

K——围岩的弹性抗力系数（MPa/m）。

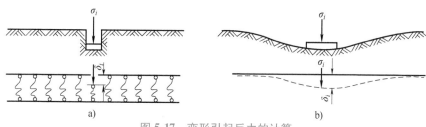

图 5-17 变形引起反力的计算

a）局部变形假设 b）整体变形假设

这样假设和实际情况有出入，实际地层变形应如图 5-17b 所示。但局部变形理论简单明了，便于应用，且能满足一般工程设计的需要精度，故广为使用。围岩的约束作用是地下结构的一大特点，它有利于结构的稳定，限制了结构的变形，从而改善了结构的受力条件，提高了结构的承载力。

4. 隧道结构的计算方法

由前述可知，隧道结构计算采用荷载-结构模式，适用于主动荷载及被动荷载（弹性抗力）共同作用下的拱式结构。衬砌结构在主动荷载作用下产生的弹性抗力的大小和分布形态取决于衬砌结构的变形，而衬砌结构的变形又和弹性抗力有关，所以衬砌结构的计算是一个非线性问题，必须采用迭代解法或某些简化的假定，使问题得以解决。因此，对弹性抗力的处理方法不同，计算方法也有不同。

（1）不考虑弹性抗力的计算方法 该计算方法主要用于主动荷载模式。对于一些明挖隧道和地下结构来说，回填土对结构的约束作用很弱，因此可以视为不产生弹性抗力。在淤泥、流砂、饱和砂、塑性黏土及其他塑性土等松软含水地层中，整体式的隧道衬砌结构也可采用不考虑弹性抗力的计算方法，如用于盾构隧道整环管片衬砌计算的自由变形弹性均质圆环法。

以明挖矩形框架结构为例，适用的计算简图如图 5-18 所示。其中 q、e 为作用在顶板和侧墙上的垂直和水平土压力，W 为侧向水压力，p_{0z}、p_{0z1} 和 p_{0z2} 为考虑防护用途的特殊荷载。当底宽不大、底板相对地层有较大的刚度时，一般情况下底板的地基反力 P_R 按直线分布，可通过与全部竖向荷载平衡来确定；否则可用弹性地基梁法或弹性支承法进行求解。

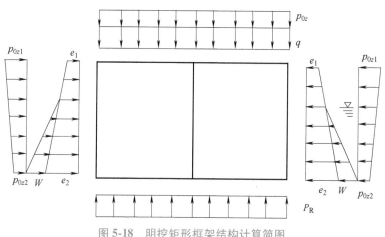

图 5-18 明挖矩形框架结构计算简图

（2）假定弹性抗力的计算方法（"假定抗力图形法"）　如果经过多次计算和经验积累，基本上掌握了某种断面形式的衬砌在某种荷载作用下的变形规律，那么以后再计算同类荷载作用下的同类衬砌结构时，就可假定衬砌结构周边抗力分布的范围及抗力区各点抗力变化的图形。只要知道某一特定点的弹性抗力，就可求出其他各点的弹性抗力值，其内力分析也就变成了通常的超静定结构问题。

图 5-19 为曲墙式衬砌结构采用"假定抗力图形法"求解衬砌截面内力的计算简图，该衬砌结构是一个在主动荷载及弹性抗力共同作用下，支承在弹性地基上的无铰高拱。若仰拱是在曲墙和拱圈受力之后才修建，结构计算中通常不考虑仰拱的影响；否则应将仰拱、曲墙和拱圈视为一个整体进行结构计算（图 5-21b）。墙基支承在弹性的围岩上，视为弹性固定端，因底部摩擦力很大，无水平位移，可将结构视为支承在弹性地基上的高拱。

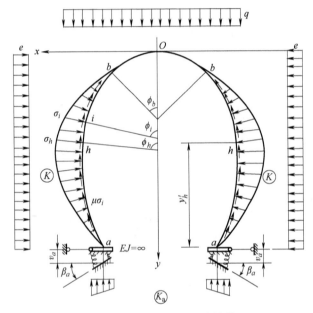

图 5-19　曲墙式衬砌结构计算简图

如图 5-16 所示，在这类衬砌结构的拱圈顶部将形成一个不受围岩约束的脱离区，同时侧墙部分将形成一个抗力区。图 5-19 所示的假定弹性抗力为镰刀形分布，其量值用三个特征点控制：抗力上零点 b、抗力下零点 a 和最大抗力点 h（假设在衬砌跨度最大处）；拱两侧的弹性抗力按二次抛物线分布，只要知道最大抗力点 h 处截面的弹性抗力值 σ_h，其他各截面的弹性抗力值 σ_i 可通过与 σ_h 有关的函数关系式求出。此外，围岩对衬砌的弹性抗力在衬砌外侧还产生相应的摩擦力 S_i（图 5-19 中的 $\mu\sigma_i$、μ 为衬砌与围岩间的摩擦系数）。

（3）弹性地基梁法　该方法是将衬砌结构看成置于弹性地基上的曲梁或直梁，弹性地基上的抗力按文克尔假定的局部变形理论求解。当曲墙的曲率是常数或为直墙时，可采用初参数法求解结构内力。一般直墙式衬砌的直边墙利用此法求解。

该方法计算拱形直墙式衬砌内力是将拱圈和边墙分开计算，其计算简图如图 5-20 所示。拱圈为一个弹性固定在边墙顶上的无铰平拱，在计算原理上与图 5-19 所示的曲墙式衬砌结构相同。边墙为一个置于弹性地基上的直梁，计算时先根据其换算长度，确定是长梁、短梁或刚性梁，然后按照初参数方法来计算墙顶截面的位移及边墙各截面的内力值。

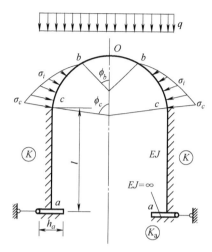

图 5-20　直墙式衬砌计算简图

（4）弹性支承法　弹性支承法也称为链杆法，是按照局部变形理论考虑衬砌与围岩共同作用，将弹性抗力范围内的连续围岩离散成为彼此不相干的独立岩柱，用一些具有一定弹性的支承代替岩柱来考虑弹性抗力的作用。岩柱的一个边长是衬砌的纵向计算宽度，通常取单位长度，另一边长是两个相邻的衬砌单元的长度之半的和。因岩柱的深度与传递轴力无关，故可不考虑。将隧道结构也离散为有限个单元，将弹性支承以铰接的方式支承在衬砌单元之间的节点上，它不承受弯矩，只承受轴力。对于弹性固定的边墙底部可用一个既能约束水平位移，又能产生转动和垂直位移的弹性支座来模拟。

图 5-21 所示为弹性支承法的常见计算模型，假定拱顶 90°～120° 范围为脱离区，在此区域内由于衬砌向内变形而不致受到弹性约束，因此可不设置弹性支承。在拱腰及边墙等部位将产生朝向地层的变形，从而产生弹性抗力，在此范围内以只能承受压力的弹性支承代替围岩的约束作用。弹性支承法将主动围岩压力简化为节点荷载，衬砌结构的内力计算可采用矩阵力法或位移法分析计算。随着数值计算技术的发展和计算机性能的进步，弹性支承法已经能用数值计算软件进行较为方便的求解，因此成为目前隧道和地下结构内力计算的常用方法之一。

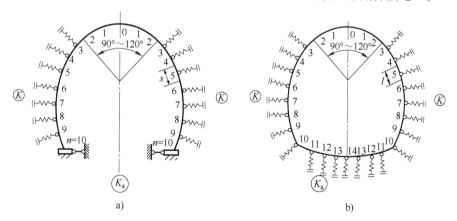

图 5-21　弹性支承法计算模型
a）无仰拱　b）有仰拱

在弹性支承法中，弹性支承的设置方向应该和弹性抗力一致，可以是径向的（图 5-22a），不计衬砌与围岩间的摩擦力，且只传递轴向压力（由于围岩与衬砌间存在黏结力，也可能传递少量轴向拉力）；也可以和径向偏转一个角度，考虑上述摩擦力（图 5-22b），为了简化计算也可将链杆水平设置（图 5-22c）；若衬砌与围岩之间充填密实、接触良好，此时除设置径向链杆外，还可设置切向链杆（图 5-22d）。由于目前对围岩与衬砌之间的黏结力、摩擦力研究不多，通常仅考虑径向弹性抗力，这样的计算结果偏保守，更为安全。

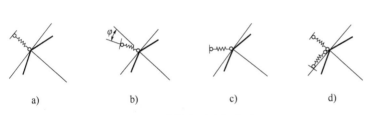

图 5-22 弹性支承设置方式

a）径向设置 b）径向偏转角度设置 c）水平设置 d）径向和切向同时设置

图 5-23 衬砌截面内力

5.3.4 衬砌结构的验算方法

先按工程类比法初步拟定隧道结构的尺寸，然后按荷载-结构方法进行计算可获得隧道衬砌结构轴力 N、弯矩 M 和剪力 Q 等内力分布，之后需要对隧道衬砌结构的承载能力和正常使用功能进行验算。隧道衬砌结构任一截面所受弯矩和轴力是主要的，一般为偏心受压构件，如图 5-23 所示。目前铁路隧道衬砌结构分为极限状态法和破损阶段法两种方法进行验算，公路隧道衬砌结构的验算则采用破损阶段法。

1. 衬砌结构的极限状态法验算

按极限状态法设计时，应按承载能力极限状态及正常使用极限状态分别验算结构的承载力及稳定性、变形、抗裂及裂缝宽度。一般的铁路隧道衬砌在设计阶段，通常的验算内容包括隧道结构的截面承载力、抗裂和裂缝宽度。

（1）承载能力极限状态 根据衬砌材料及破坏形式的不同，隧道结构的承载能力极限状态可分为混凝土和钢筋混凝土两类结构进行计算。

1）混凝土衬砌承载能力验算。素混凝土矩形截面轴心及偏心受压构件，当偏心距 e_0 小于 0.2 倍截面高度 h 时，衬砌承载能力由抗压承载能力极限状态控制，其受压承载能力应按式（5-38）计算；对不允许开裂的素混凝土矩形截面偏心受压构件，当偏心距 e_0 不小于 0.2 倍截面高度 h 时，衬砌承载能力由抗裂极限状态控制，其受压承载能力应按式（5-39）计算。

$$N \leqslant \frac{\varphi \alpha f_c bh}{\gamma_d} \tag{5-38}$$

$$N \leqslant \frac{1.55\varphi f_t bh}{\gamma_d [6(e_0/h)-1]} \tag{5-39}$$

式中 N——轴力设计值（MN）；

γ_d——结构调整系数，式（5-38）取为 1.1、式（5-39）取为 1.55；

φ——素混凝土构件的稳定系数，对于隧道衬砌、明洞拱圈及墙背紧密回填的边墙取为 1.0；

f_c——混凝土轴心抗压强度设计值（MPa）；

f_t——混凝土轴心抗拉强度设计值（MPa）；

b——截面宽度（m）；

h——截面高度（m）；

α——轴向力偏心影响系数，$\alpha = 1.000 + 0.648(e_0/h) - 12.569(e_0/h)^2 + 15.444(e_0/h)^3$；

e_0——轴向力作用点至截面重心的距离（m），$e_0 = M/N$，M 为弯矩设计值（MN·m）。

2）钢筋混凝土衬砌承载能力计算。当隧道采用矩形截面钢筋混凝土衬砌时，由力的平衡条件及力矩平衡条件可以得出偏心受压正截面受压承载力的两个计算公式为

$$N \leqslant \frac{1}{\gamma_d}(f_c b x + f'_y A'_s - \sigma_s A_s) \tag{5-40}$$

$$Ne \leqslant \frac{1}{\gamma_d}\left[f_c b x\left(h_0 - \frac{x}{2}\right) + f'_y A'_s(h_0 - a'_s)\right] \tag{5-41}$$

式中　γ_d——结构调整系数，此处取为 1.0；

x——混凝土受压区高度（m）；

f'_y——钢筋抗压强度设计值（MPa）；

A_s、A'_s——受拉区、受压区纵向普通钢筋的截面积（m²）；

σ_s——受拉边或受压较小边的纵向钢筋的应力（MPa），需要根据大、小偏心受压情况分别进行取值或计算确定，其中大偏心受压时取 $\sigma_s = f_y$，f_y 为钢筋抗拉强度设计值；

e——轴向力作用点到受拉边（或较小受压边）钢筋合力点的距离（m），$e = e_0 + e_a + \frac{h}{2} - a_s$；

e_a——附加偏心距（m），取 0.02m 和偏心方向截面最大尺寸的 1/30 两者中的较大值；

a_s、a'_s——纵向受拉、受压区钢筋合力点至截面近边的距离（m）。

（2）正常使用极限状态　对于正常使用极限状态，隧道结构构件应分别按作用的标准组合或准永久组合并考虑长期作用的影响进行验算。与承载能力极限状态类似，正常使用极限状态也分为混凝土衬砌和钢筋混凝土衬砌两类结构进行验算。

1）混凝土衬砌结构拉应力验算。素混凝土衬砌结构不允许开裂，按标准组合和准永久组合作用下，构件受拉边缘混凝土拉应力不应大于混凝土抗拉强度的标准值。对于偏心受拉和受压构件，验算截面边缘混凝土的法向应力计算式为

$$\sigma_{ck} = \frac{M_k}{W_0} + \frac{N_k}{A_0} \tag{5-42}$$

$$\sigma_{cq} = \frac{M_q}{W_0} + \frac{N_q}{A_0} \tag{5-43}$$

式中　σ_{ck}、σ_{cq}——标准组合和准永久组合作用下抗裂验算截面边缘的混凝土法向应力（MPa）；

N_k、M_k——按作用标准组合计算的轴向力值（MN）、弯矩值（MN·m）；

N_q、M_q——按作用准永久组合计算的轴向力值（MN）、弯矩值（MN·m）；

A_0——构件换算截面面积（m²）；

W_0——构件换算截面受拉边缘的弹性抵抗矩（m³）。

2）钢筋混凝土衬砌结构裂缝宽度验算。钢筋混凝土衬砌结构构件最大裂缝宽度不应超过

0.2mm，按作用标准组合或准永久组合并考虑长期作用影响的最大裂缝宽度时按式（5-44）~式（5-47）计算，对 $e_0/h_0 \leqslant 0.55$（$h_0 = h - a_s$，为截面的有效高度）的偏心受压构件可不验算裂缝宽度。

$$w_{\max} = \alpha_{cr}\psi\frac{\sigma_s}{E_s}\left(1.9c_s + 0.08\frac{d_{eq}}{\rho_{te}}\right) \tag{5-44}$$

$$\psi = 1.1 - 0.65\frac{f_{tk}}{\rho_{te}\sigma_s} \tag{5-45}$$

$$d_{eq} = \frac{\sum n_i d_i^2}{\sum n_i v_i d_i} \tag{5-46}$$

$$\rho_{te} = \frac{A_s}{A_{te}} \tag{5-47}$$

式中　$w_{\max}$——最大裂缝宽度（mm）；

　　　α_{cr}——构件受力特征系数，对受弯和偏心受压的钢筋混凝土构件取 1.9；

　　　ψ——裂缝纵向受拉钢筋应变不均匀系数，当 $\psi < 0.2$ 时取 0.2，当 $\psi > 1.0$ 时取 1.0，对直接承受重复荷载的构件取 1.0；

　　　σ_s——按作用准永久组合计算的钢筋混凝土构件纵向受拉钢筋应力（MPa）；

　　　E_s——钢筋的弹性模量（MPa）；

　　　c_s——最外层纵向受拉钢筋外缘到受拉区底边的距离（mm）：当 $c_s < 20$ 时取 20，当 $c_s > 30$ 时取 30；

　　　ρ_{te}——按有效受拉混凝土截面面积计算的纵向受拉钢筋配筋率，在最大裂缝宽度计算中当 $\rho_{te} < 0.01$ 时取 0.01；

　　　A_{te}——有效受拉混凝土截面面积（mm^2）；

　　　d_{eq}——受拉区纵向钢筋的等效直径（mm）；

　　　d_i——受拉区第 i 种纵向钢筋的公称直径（mm）；

　　　n_i——受拉区第 i 种纵向钢筋的根数；

　　　v_i——受拉区第 i 种纵向钢筋的相对黏结特性系数，带肋钢筋取 1.0，光圆钢筋取 0.7。

2. 衬砌结构的破损阶段法验算

破损阶段法与极限状态法均是基于荷载-结构模型对衬砌结构内力进行计算，两种方法在衬砌结构内力计算流程上一致。不同之处主要体现在 3 个方面：一是建筑材料的力学参数不同；二是荷载组合不同；三是承载力和裂缝宽度验算公式不同。

（1）安全系数 K 的取值　破损阶段法与极限状态法在衬砌结构验算阶段的一个重要区别，就是在验算公式中考虑了一个安全系数 K，以综合考虑和体现衬砌结构在承受各种作用下的安全性，因此破损阶段法又被称为综合安全系数法。

综合安全系数法的设计表达式为

$$KS(\cdot) \leqslant R(\cdot) \tag{5-48}$$

式中　K——综合安全系数；

　　$S(\cdot)$——作用组合的效应函数；

　　$R(\cdot)$——结构抗力函数。

以铁路隧道为例，在采用破损阶段法进行隧道结构设计时，衬砌结构截面强度验算时所选用的强度安全系数取值见表 5-5。验算施工阶段的强度时，安全系数可采用表 5-5 中"主要荷载+附加荷载"栏内数值乘以折减系数 0.9。

表 5-5　不同荷载组合下隧道衬砌结构的强度安全系数

衬砌类型	破坏原因	主要荷载	主要荷载+附加荷载
混凝土结构	混凝土达到抗压极限强度	2.4	2.0
	混凝土达到抗拉极限强度	3.6	3.0
钢筋混凝土结构	钢筋达到计算强度或混凝土达到抗压或抗剪极限强度	2.0	1.7
	混凝土达到抗拉极限强度	2.4	2.0

（2）混凝土衬砌验算　对素混凝土矩形截面构件，当 $e_0 \leqslant 0.2h$ 时系抗压强度控制承载能力，因此轴心及偏心受压构件的抗压强度，应按式（5-49）计算，可不必验算抗裂；当 $e_0 > 0.2h$ 时系抗拉强度控制承载能力，从抗裂要求出发，截面偏心受压构件的抗拉强度按式（5-50）计算，不必验算抗压。

$$KN \leqslant \varphi \alpha R_a bh \tag{5-49}$$

$$KN \leqslant \frac{1.75\varphi R_1 bh}{6(e_0/h) - 1} \tag{5-50}$$

式中　K——安全系数（按表 5-5 取值）；

$\quad\quad R_a$——混凝土的抗压极限强度（MPa）；

$\quad\quad R_1$——混凝土的抗拉极限强度；

其余符号的意义与极限状态法的对应公式相同。

（3）钢筋混凝土衬砌验算　以偏心受压情况为例：钢筋混凝土矩形截面的大偏心受压构件（$x \leqslant 0.55h_0$），其截面强度应按式（5-51）或式（5-52）进行计算；小偏心受压构件截面强度应按式（5-53）进行计算。

$$KN \leqslant R_w bx + R_g(A_g' - A_g) \tag{5-51}$$

$$KNe \leqslant R_w bx(h_0 - x/2) + R_g A_g'(h_0 - a') \tag{5-52}$$

$$KNe \leqslant 0.5R_a bh_0^2 + R_g A_g'(h_0 - a') \tag{5-53}$$

式中　R_w——混凝土弯曲抗压极限强度（MPa）；

$\quad\quad R_g$——钢筋的抗拉或抗压计算强度（MPa）；

$\quad A_g$、A_g'——受拉和受压区钢筋的截面面积（m^2）；

$\quad\quad a'$——自钢筋 A_g' 的重心至截面最近边缘的距离（m）；

其余符号的意义同前。

钢筋混凝土衬砌结构构件，考虑长期荷载作用的影响进行计算时，表面裂缝计算宽度限值不应大于 0.2mm。钢筋混凝土受拉、受弯和偏心受压构件在长期荷载作用下最大裂缝宽度计算公式与极限状态法相同，即可按式（5-44）~式（5-47）计算。对 $e_0 \leqslant 0.55h_0$ 的偏心受压构件可不验算裂缝宽度。

■ 5.4　隧道结构设计的地层-结构法

地层-结构法是以岩体力学为原理的一种隧道结构设计和分析方法，对应所采用的计算模型为地层-结构模型。对这种模型，目前可以采用解析法和数值法进行求解。由于数学方面的困难，解析法一般应用于均匀介质中的圆形隧道问题的求解（如本章 5.2 节所述），而大多数隧道的实际工况计算主要还是采用数值法。

5.4.1 分析方法与流程

1. 分析思路

采用地层-结构模型计算时，支护结构和地层被视为整体共同受力的统一体系，在满足变形协调条件的前提下分别计算或同时得出衬砌结构与地层的内力，据以验算地层的稳定性和进行结构截面设计。对于按新奥法设计和施工的支护结构，因为支护结构能够和围岩紧密接触，并使围岩始终在非松动阶段工作，同时支护结构能够与围岩一起共同承受由于开挖而释放的初始地应力的作用，所以采用连续介质理论的方法来模拟隧道的施工是合理有效的。

在地层-结构模型中，围岩是直接的承载单元，支护结构只是用来约束围岩的变形，这一点正好和荷载-结构法相反。在地层-结构模型中可以考虑围岩和支护材料的非线性特性、开挖面空间效应所形成的三维状态，可以模拟隧道开挖的每一个施工步所引起的围岩与支护结构的应力和变形等。目前，这种方法主要用于研究地层的稳定性，以及对隧道工程的各种施工方案进行比较，判断开挖对地层及地面的影响等。在有经验的情况下，也可用于隧道衬砌的内力校核。

2. 分析方法

地层-结构分析的数值法可分为有限单元法（FEM）、边界单元法（BEM）和有限差分法（FDM）等。有限单元法由于既可模拟各级围岩的性态特征，又能反映断层、节理等地质构造的影响，并能对开挖施工过程实行动态追踪等显著优点，适用于各级围岩（硬岩或软岩）中的公路隧道设计的计算。同时由于已有多种包括前、后处理在内的功能强大的软件可供选用，这类方法是目前最常采用的一类方法。

地层-结构法分析的关键是模型中各类物理力学参数的确定。其中有初始地应力参数、隧道开挖的应力释放率、地层物理及力学参数、地层结构性参数、支护结构的力学参数等。一般用于计算模型的参数不完全等同于实验室试验的参数，也不完全等同于现场原位测试的参数，正确的参数应该通过实际工程量测信息的反演得出。但是由于隧道工程的复杂性，在实际操作过程中，仅能获得有限点的位移数据、个别点的围岩压力和支护应力和应变数据，而且围岩压力和支护应力应变数据的离散性很大，因此一般的反演都是依靠位移数据进行的。经验证明，只要拥有足够多的、可靠的位移量测数据，位移反演是可以得出令人满意的模型参数的。

3. 分析流程

采用基于岩体力学原理的方法对围岩和隧道支护结构进行分析时，通常按如下流程开展（图 5-24）：

1）分析初始应力场，得到围岩的初始应力状态（也称为一次应力状态）$\{\sigma\}^0$。

2）分析开挖洞室后围岩的二次应力状态 $\{\sigma\}^2$ 和位移场 $\{u\}^2$。

3）判断围岩二次应力状态和位移场是否符合稳定性条件，即围岩稳定性判断。

4）分析设置支护结构后围岩的应力状态（也称为三次应力状态）$\{\sigma\}^3$ 和位移场 $\{u\}^3$，以及支护结构的内力 $\{F\}$ 和位移 $\{\delta\}$。

5）判断支护结构的安全状况。

5.4.2 计算模型建立方法

采用有限元软件对地层-结构模型进行分析时，首先要基于合理的假设建立一个简化的计算模型，模型的质量将对计算结果的准确性有较大的影响。本节介绍采用有限元分析软件对隧道围岩及支护结构建模的方法，主要包括计算范围的确定、几何模型的建立、初始应力场的确定、结构体系的离散化及边界条件的确定等建模关键步骤的要点。

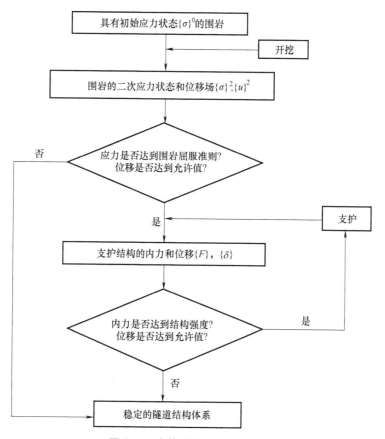

图 5-24 岩体力学方法分析流程

1. 计算范围的确定及几何模型建立

如果取整个隧道作为研究对象，则需要建立三维有限元模型（图 5-25），才能全面地反映隧道支护结构和围岩内的位移场和应力场的变化情况。但是三维问题的求解难度较大，耗费机时也较多。因此，对一些深埋隧道或其上部地面平坦的浅埋隧道，当某一段地质情况变化不大时，可以在该段取单位长度的隧道力学特性来代替该段的三维力学特性，这就转变为平面应变问题。

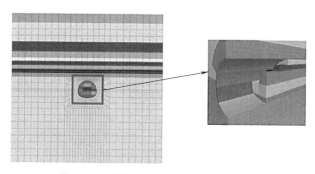

图 5-25 隧道结构分析三维有限元模型

以平面应变问题为例，在建立有限元模型时，可根据圣维南原理，建立一个有限区域内的模型，以节省计算成本和满足精度要求。实践和理论分析证明，对于地下洞室开挖后的应力和应变，仅在洞室周围距洞室中心点 3~5 倍开挖宽度或高度的范围内存在着影响，所以计算边界通常可确定在 3~5 倍开挖宽度。在这个边界上，可以认为开挖引起的位移为零。此外，对于对称问题，分析区域一般可以取 1/2（1 个对称轴），如图 5-26 所示。

计算边界确定以后，需要根据隧道结构尺寸和施工工法，建立对应的几何模型，以便模拟隧道开挖的情况。图 5-25 所示为模拟三台阶开挖法所建立的模型，该模型也对应包括了各分部开挖部位及对应施作的支护措施。

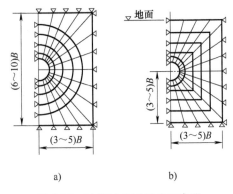

图 5-26　计算域单元划分示意图
a）深埋隧道　b）浅埋隧道

2. 结构体系离散化

将岩体与支护结构离散为仅在节点处铰接的单元体的组合，是有限单元法的基础。对于单元类型的选择，应根据结构的实际受力情况选择。通常可以用二维平面单元（平面应变或平面应力问题）或三维实体单元（三维问题）来对计算范围内的地层进行离散化分析。

对于如喷射混凝土或模筑混凝土之类的面式支护结构，可以采用与地层单元相协调的实体单元，也可以采用直梁单元。采用后者的特点是可以直接计算出支护结构的轴力、弯矩和剪力，但因为梁单元允许节点发生转动，而（平面或实体）地层单元只允许节点发生线位移，故两者在公共节点处不能直接满足位移协调条件，需要特殊处理。一种处理方法是用只能承受轴力和发生轴向变形的杆单元，在两端分别与梁单元节点和地层单元节点铰接，即可达到公共节点的位移协调；也可以把这种杆单元看成是对模筑混凝土背后注浆或其他回填层的模拟。

对于如锚杆之类的（内接触式）线式支护构件，可以用二力杆单元模拟。例如，预应力或端头锚固式锚杆可以用一个在两端作用有集中力的杆单元来代表，全长黏结式锚杆可以用若干个彼此铰接但与地层单元节点刚性相连的杆单元来模拟。

二次衬砌在平面应变问题分析时，常用二维实体单元（如四边形单元、三角形单元）和线单元（如梁单元）模拟。对于空间问题，二次衬砌常用三维实体单元模拟。由于二次衬砌和初期支护之间设有防水层，两者之间只能传递径向力，不能传递切向力，因此在二次衬砌与喷层之间也需要设置接触单元。

在平面应变模型中，围岩通常采用二维实体单元模拟，在三维模型中采用三维实体单元模拟。围岩是自然形成的材料，其组成相当复杂，它不仅有完整的岩块，同时也会有断层和节理，因此也需要用相应的节理单元模拟岩体的节理、裂隙及软弱夹层等构造面。

3. 边界条件和初始应力

计算模型的边界可以分为内部边界和外部边界。由于地下工程都是在应力岩体中开挖，因此数值计算中一般采用内部加载的方式，即由于开挖而在洞周形成释放荷载，释放荷载大小与初始应力相等，方向相反，如图 5-27 所示。初始应力场按照成因可以分为自重应力场和构造应力场。在一般隧道中，多考虑自重应力场，通常可按本书第 2 章式（2-1）、式（2-2）进行计算。在具有现场实测数据的情况下，对隧道衬砌结构的计算，初始构造地应力常可假设为均布或线性分布应力。将初始自重应力与构造应力叠加，即得初始地应力。

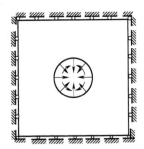

图 5-27　内部加载方式

计算模型的外边界可以采取两种边界条件处理：一种是位移边界条件，即一般假定边界点位移为零，适用于受地形影响较小的匀质岩层中的地下结构，且需要分深埋、浅埋两种情况予以考虑，如图 5-28 所示；另一种是应力边界条件，其由岩体中的初始应力场确定，适用于受地形影响较大或者非匀质岩层中的地下结构。应力边界条件认为边界上的应力状态即为原始应力状态（把原始应力状态作为面荷载加到边界上），为了维持平衡，一般把下面边界条件取为固定支座，此时形成了混合边界条件，如图 5-29 所示。

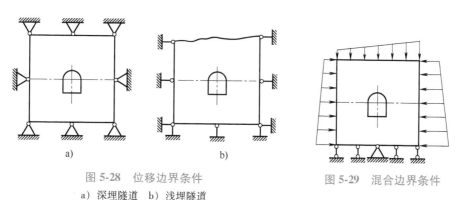

图 5-28 位移边界条件
a）深埋隧道 b）浅埋隧道

图 5-29 混合边界条件

5.4.3 围岩本构模型及破坏准则

对隧道支护结构和围岩应力进行计算分析的时候，应选择一个相对正确地描述围岩和支护材料的应力-应变特征的力学模型，并研究和选择与模型一致的参数和破坏准则，为计算提供可靠的依据，是保证计算得到相对准确结果的重要前提。

1. 围岩材料的本构模型

岩石材料在受力过程中，一般是先进入弹性状态，随后材料中有一些点达到弹性极限，即材料屈服进入塑性状态，最后塑性发展达到塑性极限，材料随即发生局部破坏。继续加载以后，岩石的局部裂隙就会贯通，直至岩石中破坏面形成，发生整体破坏失稳。因此，根据岩石的加载破坏过程，通常在计算分析中需要提出相应的本构模型，反映围岩的弹性状态、弹塑性状态，有时候还需要反映围岩流变性质（蠕变）的黏弹性状态。因此，一般情况下，根据试验结果和岩石性质，围岩材料本构模型可以大致简化为下述 3 种类型。

（1）弹性模型 弹性模型为研究试验对象在弹性阶段的应力和变形状态而设计和制作的模型或应力-应变关系曲线为斜直线的本构模型。弹性模型可以分为线性弹性模型和非线性弹性模型（图 5-30）：线弹性本构关系即按一般的弹性力学，应力-应变关系服从广义胡克定律；非线性弹性本构关系是弹性理论中广义胡克定律的推广。

（2）弹塑性模型 相较于弹性材料，弹塑性材料是一类范围甚广、在行为上更像土或岩石的理想材料。弹塑性模型反映材料的塑性变形。图 5-31 给出了理想弹塑性模型的应力-应变曲线。弹塑性模型可分为 3 个阶段：弹性阶段，此处为线性关系；屈服点，与此点对应的应力称为屈服应力；塑性流动阶段，流动阶段可长可短，和材料有关。

（3）黏弹性模型 一些岩石的物理力学性质具有流变性质，即在应力不变时，变形随时间增长而增长的现象（蠕变）；在应变保持恒定不变时，应力随时间的延续而减小的现象（松弛）；以及在弹性范围内受力时，加载后经过一段时间，应变才增加到应有的数值，卸载后经过一段时间应变才恢复到零的现象（弹性后效）。目前用于反映岩石蠕变特性的本构模型较多，在工程实践中采用较多的是广义凯尔文力学模型，如图 5-32 所示，它是由弹性单元、黏性单元进行串、并联组成，对应的松弛和蠕变曲线如图 5-33 所示。

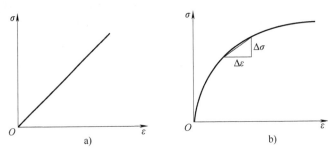

图 5-30　弹性材料的应力-应变曲线

a）线性弹性材料　b）非线性弹性材料

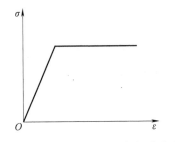

图 5-31　理想弹塑性模型的应力-应变曲线

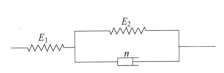

图 5-32　广义凯尔文力学模型

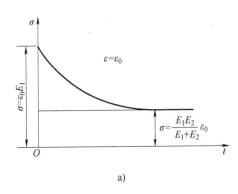

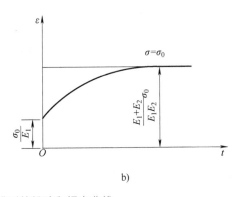

a）　　　　　　　　　　　　　b）

图 5-33　广义凯尔文模型的松弛和蠕变曲线

a）松弛曲线　b）蠕变曲线

2. 屈服准则

材料进入塑性状态的判断准则采用不同的屈服准则，常用的岩土材料屈服准则有摩尔-库仑（Mohr-Coulomb）屈服准则、DP（Druker-Prager）屈服准则、格里菲斯屈服准则、修正剑桥屈服准则等。其中在隧道工程实践中，使用较为广泛的为摩尔-库仑屈服准则、DP 屈服准则。屈服准则所需参数包括岩土的黏聚力和内摩擦角，可通过试验确定；若无试验数据，也可根据相关规范，按围岩级别的标准值确定。

摩尔-库仑屈服准则是指对于一般受力下的岩土介质，所考虑的任何一个受力面，其极限抗

剪强度通常表示为

$$\tau_n = c - \sigma_n \tan\varphi \tag{5-54}$$

式中　τ_n——极限抗剪强度；

　　　σ_n——受剪面上的法向应力，以拉为正；

　　c、φ——岩土的黏聚力及内摩擦角。

其余屈服准则此处不一一叙述，具体可以查阅岩体力学、隧道力学等相关专门书籍。上述准则都是以强度为基准的，且有某种联系，可联合使用，以便更符合岩体的真实应力-应变关系。

5.4.4　隧道开挖及支护过程模拟

隧道开挖在力学上可以认为是一个应力释放和回弹变形问题，为了模拟开挖效应，获得开挖隧道后围岩中的应力、应变状态，可以将开挖释放掉的应力作为等效荷载加载开挖后隧道的周边上。在计算过程中，还需考虑隧道开挖过程中的时间和空间效应，设置每一步的合理应力释放率。

1. 隧道开挖与支护的模拟方法

目前实现隧道开挖的模拟，主要有反转应力释放法和地应力自动释放法，由于相比之下地应力自动释放法计算更为简单，更符合隧道开挖后围岩应力重分布的过程，此处仅介绍该方法及以此为基础发展出来的施加虚拟支撑力逐步释放法。

（1）地应力自动释放法原理　该方法认为，洞室的开挖打破了开挖边界上各点的初始应力平衡状态，开挖边界上的节点受力不平衡，为获得新的受力平衡，围岩就要产生新的变形，引起应力的重新分布，从而直接得到开挖后围岩的应力场和位移场（图5-34）。

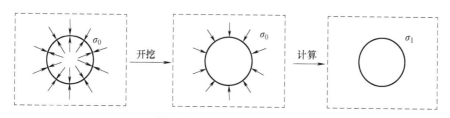

图 5-34　地应力自动释放法

在模拟开挖时，将每一步被挖出部分单元变为"空单元"，即在保证求解方程不出现病态的情况下把要挖掉单元的刚度矩阵乘以一个很小的比例因子，使其刚度贡献变得很小可忽略不计，同时使质量、荷载等效果值也设为0。由此，在开挖边界产生了新的力学边界条件，然后直接进行计算就可以得到此工况开挖后的结果，接着可用同样的方法进行下一步的开挖分析，一直到开挖结束。

（2）施加虚拟支撑力逐步释放法原理　该方法是在地应力自动释放法的基础上，通过在开挖边界施加虚拟支撑力的方法，来模拟围岩的逐步卸载，其示意图如图5-35所示。

图5-35a所示阶段为初始地应力状态；在图5-35b所示阶段，隧道的开挖引起开挖边界上的释放节点荷载 $f_{1i}=\alpha_1 f_i$，为实现这一过程，在初始应力场中挖去隧道单元的同时，在开挖边界上各相应节点施加虚拟支撑力 $p_{1i}=(1-\alpha_1)(-f_i)$，则产生新的荷载（应力）边界条件，继续进行计算，就直接得到开挖后围岩的位移场和应力场；在图5-35c所示阶段，初期支护施作后，又有一部分的节点荷载 $f_{2i}=\alpha_2 f_i$ 被释放，这时只需将虚拟支撑力减小为 $p_{2i}=(1-\alpha_1-\alpha_2)(-f_i)$，继续进行计算即得到初期支护后围岩和支护的位移和应力；在图5-35d所示阶段为，二次衬砌施作

后，剩余的节点荷载被完全释放，这时只需除去虚拟支撑力，继续计算就可得到最终竣工后围岩和衬砌的位移和应力。

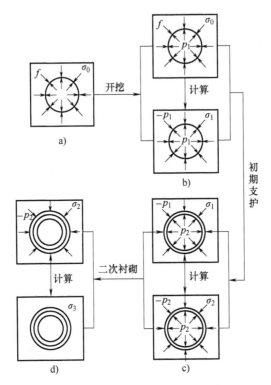

图 5-35 施加虚拟支撑力逐步释放法

a）初始地应力状态 b）隧道开挖状态 c）初期支护施作状态 d）二次衬砌施作状态

2. 隧道开挖的空间效应与时间效应分析

隧道的开挖是个三维甚至是四维问题。在施工过程中，隧道洞周位移的发展一般要经历 5 个阶段，如图 5-36 所示：开挖面到达前阶段、支护施作前变形阶段、支护作用时机前变形阶段（围岩与支护逐渐密贴及支护强度增长直至强度稳定阶段）、支护结构闭合前的变形阶段、支护结构闭合后变形趋于稳定阶段。如图 5-36 所示，当隧道进行支护时，实际上洞周已经发生了一部分的位移，也意味着由开挖所引起的荷载也同步得到了部分释放，且无法再恢复。随后在初期支护施作以后，围岩与初期支护协同变形阶段也会再释放一部分的荷载，一直到二次衬砌施作完毕后剩余荷载再释放完毕。

以上过程，一方面是开挖面逐步向前推进逐步释放荷载引起的，另外一方面则是因围岩黏弹性变形随时间增长产生的蠕变引起的，也就是所谓的空间效应与时间效应。在平面应变问题中，通常无法有效地考虑隧道开挖过程中空间效应与时间效应，因此，在图 5-35 所示的几个阶段中，通过设置虚拟支撑力来实现释放荷载的分阶段释放的效果，以模拟空间效应与时间效应，因此 α 通常被称为应力释放率。在采用弹塑性模型的三维计算中，虽然能在一定程度上反映隧道开挖的空间效应，但是时间效应仍然还需要采用黏弹性模型进行计算和分析（此时变为四维问题的求解），这会造成计算工作量大大增加，而且在工程实际设计和施工中也无必要，因此也需要考虑设置荷载释放系数，在一定程度上对时间效应进行模拟。

需要说明的是，应力释放率跟围岩条件、施工方法、支护时间等因素密切相关，一般结合以上因素，根据工程经验或现场实测数据确定，但往往是比较困难的事情。对于圆形隧道，《地下工程围岩稳定性分析与设计理论》（郑颖人，等，2012）给出的隧道开挖面处产生的变位大约是洞周总变位的30%，这可以作为确定应力释放系数取值的参考。

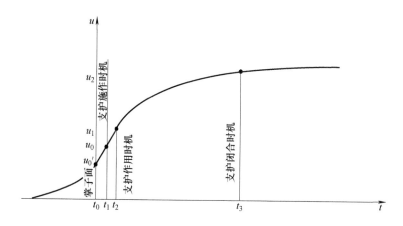

图 5-36　隧道洞周位移随施工步的变化规律

在《公路隧道设计规范 第一册 土建工程》（JTG 3370.1—2018）的条文说明中，对采用地层-结构模型进行计算分析时初期支护和二次衬砌的释放荷载分担比例给出了一个建议值（两车道隧道）。Ⅰ~Ⅲ级围岩条件下，初期支护可使围岩保持稳定，因此二次衬砌可以不考虑分担围岩压力荷载。在Ⅳ、Ⅴ级围岩条件下，使用阶段中的荷载分担比例参考值见表5-6。

表 5-6　两车道隧道释放荷载分担比例参考值

围岩级别	分担比例	
	围岩+初期支护	二次衬砌
Ⅳ	60%~80%	40%~20%
Ⅴ	20%~40%	80%~60%

注：1. 围岩条件较好时，初期支护取大值，二次衬砌取小值；围岩条件较差时，则相反。

　　2. 施工阶段二次衬砌未施作，对围岩及初期支护共同承受释放荷载的作用的检算，其分担比例比表中值大，最大可达100%。

5.4.5　计算结果评价指标及方法

采用地层-结构模型分析隧道开挖及支护过程，可以得到每次开挖和支护后的围岩位移、支护结构内力等，因此应在考虑隧道周边环境、围岩条件、衬砌结构等基础上，研究位移、围岩的稳定性、支护结构的应力等内容，对解析结果进行评价。在有必要的情况下，也可以结合计算结果对二次衬砌的截面强度按破损阶段法进行验算。

1. 位移

隧道的位移，一般采用净空位移（上半断面收敛值）评价。根据试验结果，净空位移达到隧道直径的2%后，位移将急剧增大，因此，这个值可以作为允许值的大致标准。作为量测值的净空位移多在绝对位移的70%~80%左右，作为基准值可取隧道直径的1.5%。根据标准设计的计算结果，净空位移在隧道直径的0.2%以下时，几乎不会发生塑性区，因此，这个值可以作为视围岩为弹性体时的大致标准。此外，也可以参照《铁路隧道监控量测技术规程》（Q/CR

9218—2015）中对不同隧道跨度、埋深及围岩级别的净空位移和拱顶下沉的控制值，对计算结果进行合理评价。对于隧道接近结构物的情况，要把结构物的位移作为主要参考量进行评价。一般铁道、公路等都设定了相应的基准值（管理值、允许值）。

2. 围岩的稳定性

根据解析结果评价围岩的稳定性时，其指标主要有隧道周围发生塑性区的大小。从塑性区来看，壁面应力达到围岩的单轴抗压强度时开始塑性化，塑性区达到隧道直径的20%后急剧增大。因此，可将塑性区不超过隧道直径的20%作为评价围岩稳定性的一个大致标准。此外，也有学者提出了屈服接近度、塑性荷载指数、破坏接近度等指标，这些也可以用于对围岩稳定性的判定标准。

3. 支护结构的应力

喷混凝土、锚杆、钢架等支护构件，应根据有关标准设定混凝土、钢材的允许值，但允许值的设定应考虑支护构件的作用。也就是说，支护构件作为主体结构的一部分时，应采用与有关标准相同的允许值。支护构件仅作为临时结构物时，应适当降低允许应力以此作为允许值。在膨胀性围岩、围岩条件极端差、位移非常大的情况下，从构件不发生破坏的观点出发，也可以采用构件的强度作为允许值。

4. 二次衬砌截面强度安全系数

如果在模型中采用梁单元模拟二次衬砌，可以求得二次衬砌的弯矩、轴力及剪力，可以采用破损阶段法的相关计算公式和强度安全系数规定值，对二次衬砌的承载能力进行验算。需要说明的是，从荷载产生的机理上来讲，荷载-结构法中二次衬砌承受的是塌方荷载，而地层-结构法中的二次衬砌承受的是形变荷载，两种荷载从本质上来说是不一样的，因此必然会导致计算结果存在差异。总体上地层-结构法的衬砌内力计算结果偏小，更易通过验算，在使用中应对此情况加以注意。

■ 5.5　隧道结构设计的收敛-约束法

锚杆与喷射混凝土等新型支护系统的出现与应用促进了隧道新奥法的发展，同时形成了一些适用于锚喷支护的计算与设计方法。这些计算方法不再采用传统的荷载假定，而是通过分析结构与岩体间的相互作用来分析围岩的稳定特征，其中收敛-约束法（又称为特征曲线法）是这些方法的典型代表。

5.5.1　收敛-约束法的基本原理

收敛-约束法认为隧道支护体系由支护结构和周围岩体构成，围岩作为主要的承载单元与支护构成共同承载体，它们之间互相依存，协调变形，其基本原理是利用围岩特征曲线和支护结构特征曲线交会的办法来决定支护体系的最佳平衡条件。

1. 围岩特征曲线

隧道在开挖后将引起一定范围内的应力重分布，而应力重分布必然会导致围岩变形的发展，主要表现在隧道直径的减小，而在洞周极限位移范围内，允许围岩的位移增加则所需的支护抗力就减小。在围岩和支护相互作用过程中，支护结构受到的地层压力与支护结构所提供的支护抗力是作用力与反作用力的关系。将围岩在洞周的径向位移 u_0 表示为支护抗力 p_i 的函数，即可以在以 u_0 为横坐标、p_i 为纵坐标的平面上绘出表示二者关系的曲线，也称为围岩特征曲线或地层收敛曲线，如图5-37所示。

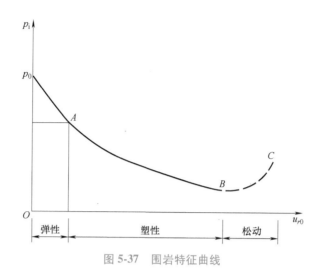

图 5-37　围岩特征曲线

对一般的地层，围岩特征曲线的发展过程要经历 3 个阶段：

1）弹性阶段：在洞室开挖初始阶段，围岩处于弹性变形状态，在特征曲线上表现为线弹性行为特点的曲线。

2）塑性阶段：隧道开挖后，初始应力释放到一定阶段使得周边围岩出现塑性或黏塑性变形，洞周围将出现塑性区，此时洞周径向位移在特征曲线上呈加速增长的特征。

3）松动阶段：当围岩塑性区发展到一定程度，会在洞周一定范围的围岩内出现松弛现象，使支护结构上作用形变压力和松动压力，特征曲线出现上翘的特点。

围岩特征曲线形态不仅受到围岩性质（瞬时的及长期的）、围岩构造的影响，还受到施工技术，如开挖方法等的影响。施工技术的影响主要表现为对围岩的不同损伤程度，其影响可能是各式各样的。并不是所有的围岩均表现出上述 3 个阶段的行为特点，如图 5-38 所示，图中直线 1 代表弹性围岩，曲线 2 代表能达到自稳状态的弹塑性围岩，曲线 3 代表不能自稳的弹塑性围岩。

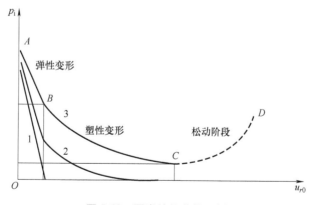

图 5-38　围岩特征曲线示例

2. 支护特征曲线

洞室地层对支护结构的作用力，其量值也为 p_i。因此，支护结构的变形 u_i 也可以表示为地层压力的函数，并在以 u_i、p_i 为坐标轴的平面上绘出二者的关系曲线，表示支护结构的受力变形特征，即支护特征曲线。

不同的支护具有不同的特征曲线，可分为如图 5-39 所示的 4 种类型：

1）大刚度（线弹性区工作）支护：p_i 和 u_i 始终成正比，斜率不改变，如图 5-39 中直线 1。

2）增阻可缩性支护：p_i 和 u_i 始终成正比，但在 T 点前斜率不变，T 点后斜率大减，位移加速发展，如图 5-39 中折线 2。

3）恒阻可缩性支护：在 T 点前，p_i 和 u_i 和成正比，T 点以后，p_i 为常数，位移无限增大，p 值是对应 T 点的围岩压力，表征支护结构的极限承载力，如图 5-39 中折线 3。

4）非线性可缩性支护：p_i 和 u_i 成非线性增长规律，如图 5-39 中曲线 4。

类似地，支护结构的特征曲线也受其材料、构造的影响，例如喷射混凝土结构和点式锚杆的特征曲线就完全不同（图 5-40）。

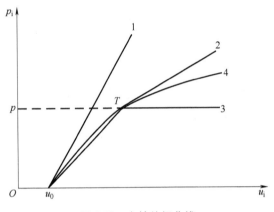

图 5-39　支护特征曲线

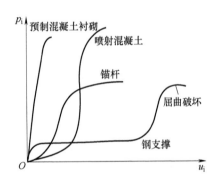

图 5-40　喷锚支护的特征曲线示例

在图 5-39 中，u_0 表示围岩的自由变形，在支护前就已经发生。可以看出支护结构所受地层压力的大小不仅与支护类型的选择有关，还与支护的时机、支护的刚度密切相关。

3. 围岩与支护结构相互作用原理

显然参照围岩特征曲线就可以合理地设置支护结构特征曲线，使两者的平衡点处于最佳位置，即决定在围岩初始位移 u_0 达到何值时施设支护结构，这样也就具体地体现了两者的相互作用。收敛-约束法的关键即在于合理地确定这两条曲线的基本性质及其变化规律，以及由两者相互作用所决定的最佳平衡条件。

支护特征曲线与围岩特征曲线交点处的横坐标为形成平衡体系时洞周发生的位移，如图 5-41 所示，交点纵坐标以下的部分为支护结构上承受的荷载，以上部分由围岩来承担。图 5-41 中：A、B、C 为不同支护刚度情况下支护特征曲线与围岩特征曲线的交点；u_∞ 为假设支护结构经过长时间后达到平衡时的位移，u_0 为支护结构参与工作前坑道周边的初始位移；u_p 为支护结构在平衡压力 p 作用下的位移。图 5-41 中直线 1、2、3 的斜率表示 3 个大小不同的支护刚度，且支护刚度依次减小。直线 1 与围岩特征曲线相交于 A 点，此时作用在支护上的围岩压力很大（图 5-41 中表现为交点最高），当支护结构与岩体产生少量的径向位移时，作用于支护上的围岩压力有所减小，但围岩压力值仍然较大；直线 2 的支护刚度较适中，支护结构与岩体产生位移，围岩压力仍将逐渐减小，支护结构所具有的承载能力能够抵抗这一围岩压力的变化，使岩体仍保持稳定；直线 3 支护刚度很小，作用在支护上的围岩压力超出支护结构所能承受的荷载，进而产生新的变形，同时围岩压力又会增加，导致围岩失稳。以上分析表明，支护结构刚度不必很大，需要既能与岩体一起产生少量位移，又能控制岩体位移，因而直线2是较为合理的支护设计。

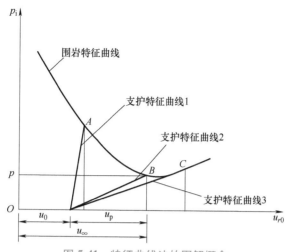

图 5-41 特征曲线法的图解概念

5.5.2 围岩特征曲线的确定方法

为使得问题简化，一般情况下假设支护抗力为均匀分布，可用解析法计算洞周位移，进而绘制围岩特征曲线。

1. 弹性应力状态下的洞周径向位移 u_{r0}^e

在弹性应力状态下，洞壁（$r=a$ 处）的径向位移计算公式为

$$u_{r0}^e = \frac{1+\mu}{E}(p_0 - p_i)a \tag{5-55}$$

式中 μ——围岩的泊松比；

E——围岩的弹性模量；

p_0——初始地应力；

p_i——支护抗力。

2. 弹塑性应力状态下的洞周径向位移 u_{r0}^p

（1）不考虑塑性体积扩容的方程 假设岩土材料在发生塑性变形时仅发生形状变化，体积变化为零，此时可采用修正的芬纳公式计算洞周径向位移，即

$$u_{r0}^p = \frac{(1+\mu)a}{E}(p_0\sin\varphi + c\cos\varphi)\left[(1-\sin\varphi)\frac{c\cot\varphi + p_0}{c\cot\varphi + p_i}\right]^{\frac{1-\sin\varphi}{\sin\varphi}} \tag{5-56}$$

由于塑性区 c、φ 值是变化的，选择不同的 c、φ 值就可以得到不同的收敛曲线，通常采用 c、φ 平均值来确定收敛曲线。

（2）考虑体积扩容的收敛曲线方程 当考虑岩土材料的塑性体积变化（体积扩容）时，洞周径向位移计算公式为

$$u_{r0}^p = \frac{M(1-\mu)a}{2G}\left[\frac{(p_0+c\cot\varphi)(1-\sin\varphi)}{p_i+c\cot\varphi}\right]^{\frac{1-\sin\varphi}{2\sin\varphi}} + \frac{a}{2G}(1-2\mu)(p_i-p_0) \tag{5-57}$$

式中 M——弹塑性边界上的应力差，$M = 2p_0\sin\varphi + 2c\cos\varphi$；

G——围岩的剪切模量，$G = \dfrac{E}{2(1+\mu)}$。

当 $\mu = 0.5$ 时式（5-57）则为修正的芬纳公式。

5.5.3 支护特征曲线的确定方法

支护结构可以对围岩提供约束能力，任何一种支护结构，如钢拱架支撑、锚杆、喷射混凝土、模筑混凝土等，如果具有一定的刚度，并可以与围岩紧密接触，就总能对围岩的变形提供一定的约束力，即支护抗力。但支护结构的力学特性是比较复杂的，因为它不仅仅决定于支护结构本身的构造，而且与周围岩体的接触条件以及在施工中出现的变异有关。因此目前在评价支护结构力学特性时，原则上都假定其他条件是相同的、不变的（如接触紧密、压力分布均匀、径向分布等），只研究支护结构因结构形式不同而产生的力学效应。

1. 支护结构的力学特性

在一般情况下，具有一定结构刚度 K 的支护结构的力学特性可表示为

$$p = f(K) \tag{5-58}$$

刚度 K 为支护抗力 p 与其位移 u 的比值，即

$$K = \mathrm{d}p/\mathrm{d}u \tag{5-59}$$

基于上述概念，可把各种支护结构的力学特性用支护结构特征曲线来表示。一般而言，支护结构特征曲线是指作用在支护上的荷载与支护变形的关系曲线。

支护结构的位移 u_p 一般可表达为

$$u_\mathrm{p} = u_\mathrm{1p} + u_\mathrm{2p} \tag{5-60}$$

式中　u_1p——由支护结构与岩体间的空隙等决定的位移；

u_2p——由支护结构刚度决定的位移。

假设支护结构与围岩间紧密接触，因此在确定支护结构的平均刚度时可以不考虑接触刚度的影响，因此作用在支护结构上的径向压力 p_i 由结构自身的刚度 K 和径向位移 u_i 决定，即

$$p_\mathrm{i} = K \cdot \frac{u_\mathrm{i}}{a} \tag{5-61}$$

如图 5-42 所示，支护结构通常是在隧道已经出现一定量的收敛之后才施作的，这个初始收敛用 u_0 表示，则支护结构的径向位移为

$$u_\mathrm{i} = u_0 + \frac{p_\mathrm{i} a}{K} \tag{5-62}$$

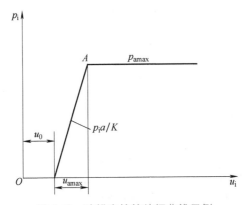

图 5-42　喷锚支护的特征曲线示例

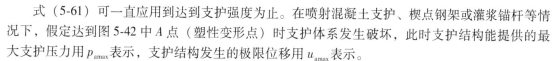

式（5-61）可一直应用到达到支护强度为止。在喷射混凝土支护、楔点钢架或灌浆锚杆等情况下，假定达到图 5-42 中 A 点（塑性变形点）时支护体系发生破坏，此时支护结构能提供的最大支护压力用 p_{amax} 表示，支护结构发生的极限位移用 u_{amax} 表示。

2. 不同形式支护结构的特征曲线

以下介绍几种常见支护形式的支护特征曲线确定方法。

（1）喷射混凝土或混凝土衬砌的支护特征曲线　考虑开挖半径为 a，厚度为 t_c 的喷射混凝土或现浇混凝土衬砌，其支护刚度 K_c 可按式（5-63）进行计算。需要指出的是，衬砌中钢筋网或其他形式的轻型配筋虽然会在控制衬砌应力分布和衬砌开裂方面具有重要的作用，但是其不能显著地增大结构的刚度，因而未在该模型中进行考虑。此外还应注意的是喷射混凝土与现浇混凝土都假定是可以渗透的，因而内水压和或外水压都不影响支护压力 p_i，但是在水工隧洞或采用承担水压荷载的隧道中必须计入由水压力产生的附加应力。

$$K_c = \frac{E_c [a^2 - (a-t_c)^2]}{(1+\mu_c)[(1-2\mu_c)a^2 + (a-t_c)^2]} \tag{5-63}$$

式中　E_c——喷射混凝土或现浇混凝土的弹性模量；

　　　μ_c——喷射混凝土或现浇混凝土的泊松比；

　　　a——隧道半径；

　　　t_c——喷射混凝土或现浇混凝土衬砌厚度。

在喷射混凝土或混凝土衬砌上的最大支护抗力可按外压作用下的圆筒理论计算，即

$$p_{amax} = \frac{1}{2}\sigma_{cc}\left[1 - \frac{a^2}{(a+t_c)^2}\right] \tag{5-64}$$

式中　σ_{cc}——喷射混凝土或现浇混凝土的单轴抗压强度。

当混凝土厚度 t_c 较小时（$t_c < 0.04a$ 时），可采用薄壁圆筒计算公式，即

$$K_c = \frac{E_c t_c}{a} \tag{5-65}$$

可提供的最大支护抗力 p_{amax} 为

$$p_{amax} = \frac{t_c \sigma_{cc}}{a} \tag{5-66}$$

在计算喷射混凝土特征曲线时，应注意 E_c 和 σ_{cc} 的选用。由于喷射混凝土具有较高的早期强度，因而喷射混凝土在喷射后不久就开始发挥作用；二次喷射也并不一定是在 28d 后才施作，所以计算时要采用喷射混凝土的早期（一般为 3d）强度及 E_c。

（2）钢架的支护特征曲线　钢架作为永久支护的一个重要组成部分，通常与喷射混凝土、锚杆等联合使用，通常用于较差围岩的支护，如图 5-43 所示。

一般而言钢架事先在工厂预制，在工地安装时，必须采用不同厚度的木垫块使钢架与围岩密贴，甚至给予一定的预加荷载，因此在绘制钢架的特征曲线时，就不仅要考虑本身的构造，而且要考虑垫块的刚度。当采用可缩式支撑时，还应考虑钢架伸缩的影响，即

$$u_p = u_{1p} + u_{2p} + u_{3p} \tag{5-67}$$

式中　u_{1p}——钢架本身的位移；

　　　u_{2p}——木垫块引起的位移；

　　　u_{3p}——钢架伸缩引起的位移。

圆环状楔点钢架的刚度 K_s 为

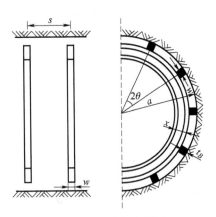

图 5-43 楔点钢架模式

$$K_s = \frac{sa}{E_s A_s} + \frac{sa^3}{E_s I_s} \left[\frac{\theta(\theta+\sin\theta\cos\theta)}{2\sin^2\theta} - 1 \right] + \frac{2s\theta t_B}{E_B w^2} \tag{5-68}$$

式中　a——隧道半径；

　　　s——沿隧道长度方向的支撑间距；

　　　θ——楔点之间夹角的一半（弧度）；

　　　w——支撑翼缘宽度；

　　　A_s——钢架截面积；

　　　I_s——钢架截面惯性矩；

　　　E_s——钢的弹性模量；

　　　t_B——垫块厚度；

　　　E_B——垫块材料的弹性模量。

假定楔块平面为矩形，侧边等于 w，即钢架的翼缘宽度，则作用在钢架上的最大支护抗力为

$$p_{amax} = \frac{3A_s I_s \sigma_{ys}}{2sa\theta \left\{ 3I_s + xA_s \left[a - \left(t_B + \frac{1}{2}x \right) \right] (1-\cos\theta) \right\}} \tag{5-69}$$

式中　σ_{ys}——钢的屈服强度；

　　　x——钢架截面厚度。

当确定支撑的伸缩量为 ΔL 时，则由 ΔL 产生的径向位移 u_{3p} 为

$$u_{3p} = \frac{\Delta L}{2\pi} \tag{5-70}$$

（3）锚杆的支护特征曲线　在隧道工程中采用的锚杆有两种基本类型：端部锚固的，如楔缝式锚杆；全长锚固的（或胶结的），如砂浆或树脂锚杆等。两者的特征曲线有所不同，两类锚杆的应力分布如图 5-44 所示。

1）端部锚固锚杆。端部锚固锚杆的一端是锚头，另一端是丝扣、垫板和螺母，杆体和围岩并不相连。将螺母拧紧，垫板即与围岩紧密接触，使锚杆发生作用。端部锚固锚杆充分发挥作用时杆体应力的分布如图 5-44a 所示，刚度系数 K_b 的表达式为

$$\frac{1}{K_b} = \frac{s_c s_1}{a} \left[\frac{4l_b}{\pi d_b^2 E_b} + Q \right] \tag{5-71}$$

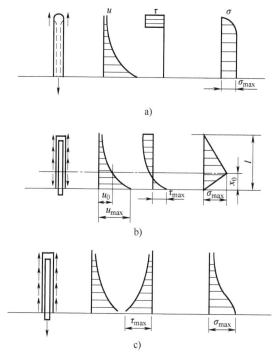

图 5-44　锚杆应力状态

a）端部锚固锚杆　b）全长锚固锚杆（在工作过程中）　c）全长锚固锚杆（在拉拔试验中）

式中　s_c、s_1——锚杆的环向间距与纵向间距；

d_b、l_b、E_b——锚杆的直径、净长度和弹性模量；

Q——锚杆杆体、垫板、锚头的受力变形特征有关的常数，可由试验确定，计算公式为

$$Q = \frac{(u_2' - u_2) - (u_1' - u_1)}{T_2 - T_1}$$ (5-72)

式中　T_1、T_2——在锚杆拉拔试验中大小不同的两个拉力；

u_1、u_2——与拉力 T_1、T_2 相应的锚杆计算伸长值；

u_1'、u_2'——与拉力 T_1、T_2 相应的锚杆实测伸长值。

锚杆支护对围岩能提供的最大径向压力为

$$p_{amax} = \frac{T_{bf}}{s_c s_1}$$ (5-73)

式中　T_{bf}——由锚杆拔出试验确定的锚杆抗拔强度。

2）全长锚固锚杆。全长锚固锚杆借助沿锚杆全长分布的锚杆与地层间的黏结力传递剪力，这类锚杆的拉应力在锚杆全长上并不均匀分布，如图 5-44b 所示。理论分析中可近似用锚杆杆体中的最大拉力表示支护抗力。

锚杆杆体最大拉力的作用点一般都在杆体中部偏向孔口 $0.5 \sim 1.0$m 的范围内。设锚杆最大拉力截面离孔口的距离为 x_0，锚杆长度为 l，隧道半径为 a，则由剪应力为 0 的条件可得

$$x_0 = \frac{l}{\ln \frac{l}{l+a}} - a$$ (5-74)

对比图 5-44b 与 c，可知全长锚固锚杆的工作应力和进行拉拔试验时锚杆杆体的应力状态是不同的。在最大拉力点以上的剪应力方向向上，可阻止锚杆向外拔出；最大拉力点以下的剪应力方向向下，与锚杆向外拔出的方向一致。

由抗拔试验可得全长锚固锚杆与地层间的抗剪强度 $[\tau]$。通过最大拉拔力 N_1 与 $[\tau]$ 之间的关系，可以得出

$$N_1 = \int_0^l \pi d\tau_1 \mathrm{d}x \geq k_1 l[\tau]\pi d \tag{5-75}$$

式中　d——锚杆或锚杆孔的直径；

　　　τ_1——在拉拔试验中作用在锚杆杆体上的剪应力；

　　　k_1——剪应力 τ_1 分布的不均匀系数，可由试验确定。

全长锚固锚杆的最大支护拉力 N_2 为

$$N_2 = \int_{x_0}^l \pi d\tau_2 \mathrm{d}x \geq k_2[\tau](1-x_0)\pi d \tag{5-76}$$

式中　τ_2——作用在锚杆杆体上的工作剪应力；

　　　k_2——剪应力 τ_2 分布的不均匀系数，可由试验确定。

由最大支护拉力的数值及锚杆的分布状态，可求出与之相应的径向位移和全长锚固锚杆的支护特征曲线。总的来看，计算得到锚杆的支护抗力较小，但实践说明在很多场合锚杆支护都发挥了巨大作用，因此这个问题还有待进一步研究。

3. 组合结构的支护特征曲线

当两种支护体系，如锚杆和喷射混凝土联合组成一个支护体系时（假定 2 种支护同时施设），可假定组合支护体系的刚度 K' 等于每个组成部分刚度的总和，即

$$K' = K_1 + K_2 \tag{5-77}$$

式中　K_1——第 1 系统的刚度；

　　　K_2——第 2 系统的刚度。

则组合支护体系的特征曲线为

$$u_i = u_0 + \frac{p_i a}{K'} \tag{5-78}$$

式（5-77）可用在系统之一达到最大位移之前，在这一点上剩余的支护体系需要承受大部分荷载，但它的反应多半是可以预计的。

在绘制组合支护体系的支护特征曲线时，需要的数据有：K_1，系统 1 的支护刚度；p_{1max}，系统 1 的最大支护抗力；K_2，系统 2 的支护刚度；p_{2max}，系统 2 的最大支护抗力；u_0，架设支护结构前隧道初始位移（两种支护体系对变形的反应是同时开始的）。

组合支护特征曲线的计算步骤如下：

1）绘出第 1 个系统的特征曲线，即

$$u_{1max} = \frac{p_{1max} a}{K_1} \tag{5-79}$$

2）绘出第 2 个系统的特征曲线，即

$$u_{2max} = \frac{p_{2max} a}{K_2} \tag{5-80}$$

3）绘出联合支护的特征曲线，即

$$u_{12max} = \frac{p_i a}{K_1 + K_2} \tag{5-81}$$

在决定最大支护抗力 p_{amax} 时，可能会有下述 3 种情况：

1）当 $u_{12max}<u_{1max}<u_{2max}$ 时，即 u_{12} 最小时，则有

$$p_{12max} = (K_1+K_2)\frac{u_{12max}}{a} \tag{5-82}$$

2）当 u_{1max} 最小时，则有

$$p_{12max} = (K_1+K_2)\frac{u_{1max}}{a} \tag{5-83}$$

3）当 u_{2max} 最小时，则有

$$p_{12max} = (K_1+K_2)\frac{u_{2max}}{a} \tag{5-84}$$

两种支护同时施设的组合特征曲线如图 5-45 所示。

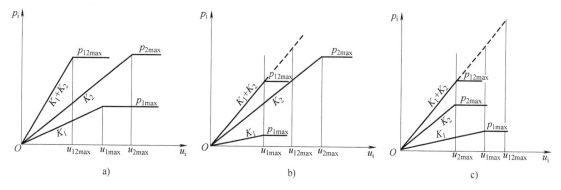

图 5-45　两种支护同时施设的组合特征曲线

a）u_{12max} 最小时　b）u_{1max} 最小时　c）u_{2max} 最小时

这种方法是假定两次支护是同时施设的，其次，组合支护所提供的支护抗力虽然增大了，但位移值却减少了，这与工程实践也是不一致的，因此，如何绘制组合支护的特征曲线尚需进一步研究。

考虑到支护时间的不同，组合支护特征曲线可按下述方法来确定。在支护 1 尚未达到最大变形之前，开始施设支护 2，其特征曲线如图 5-46 所示。该图表明，当支护 1 达到 u_{1max} 时，仍然发挥作用，因为支护 2 对支护 1 有一定的加强作用，一直达到 u_{2max} 时整个系统才认为破坏。同理，当采用三种支护措施时，其特征曲线如图 5-47 所示。与图 5-46 和图 5-47 相适应的支护结构能提供的最大支护压力（p_{12max}、p_{123max}）和支护结构发生的极限位移（u_{12max}、u_{123max}）已分别示于图中，支护结构能提供的最大支护压力相当于几次支护的支护抗力之和，支护结构发生的极限位移则小于几次支护允许位移的总和。这种方法的关键是在何时施设支护 2 或支护 3，一般应通过量测加以决定。

采取下述支护步骤时：第 1 次支护喷射混凝土厚 5cm，第 2 次支护打长 3m 的锚杆（$d=20$cm，$s_c=s_l=1.5$m），第 3 次支护喷射混凝土厚 5cm，则其组合支护特征曲线如图 5-48 所示。

整个支护特征曲线的计算位移，均较实际的小，这个问题除了与取值（E）有关外，计算方法也存在一定问题。上述决定初期支护力学特性的方法和结果，是在理想的假定条件下获得的。因此获得的结果可能偏高，不宜直接引用，但可以定性地认识初期支护的力学特性。

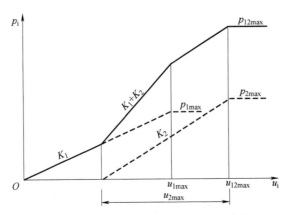

图 5-46 两种支护不同时施设的特征曲线

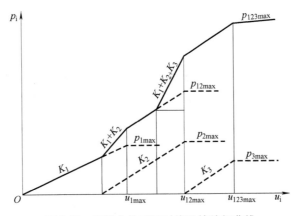

图 5-47 三种支护不同时施设的特征曲线

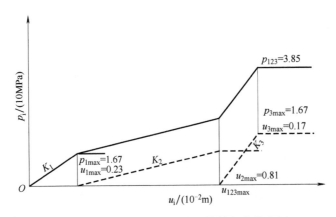

图 5-48 多种支护不同时施设的特征曲线实例

■ 5.6 隧道结构设计的信息反馈法

随着新奥法的推广和应用，其监控量测成为隧道施工中必不可少的工作。通过施工阶段的监控量测，及时收集由于隧道开挖而在围岩和支护结构中所产生的位移和应力变化等信息，并根据一定的标准来判断是否需要修改预先设计的支护结构和施工方案，这一方法称为信息反馈法或动态设计，是隧道支护结构的修正设计方法。

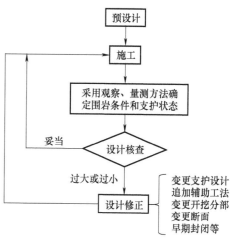

图 5-49　修正设计的基本流程

修正设计的基本流程如图 5-49 所示。在该流程中，需要重点解决以下两个问题：一是采用什么信息进行修正，二是采用什么方法进行修正。一般说，位移、应力等信息可以通过量测获得，而变异信息多数场合是通过观察和经验发现的。观察的方法，也是经验的方法，常常在修正设计中居于主导地位，是不容忽视的方法。而在量测信息中，当前许多国家都把重点放在隧道断面的收敛量测（位移量测）上，因为位移量测比应力、荷载量测简单、直接，而且数据容易处理。因此，在量测方法中目前也是通过位移信息进行反馈的方法居多。

5.6.1　变异信息的观察

变异信息既包括支护结构的变异，如开裂、屈服、底部鼓起等，也包括开挖面围岩条件的突然改变等内容。

变异信息的观察，关键是对已经暴露的地质情况进行评估，修正围岩级别，进而修正预设计或者根据观察到的各种异常现象采取对策，这也是修正设计的内容。实施过程中，可根据洞内的开挖面观察、已施工区段支护结构的观察、洞外的地表观察等结果对隧道开挖进行围岩稳定性综合评价，从而判断预设计及采用的施工方案是否妥当。

1. 开挖面观察

开挖面观察是判断开挖面附近的稳定性及选择未开挖区段初期支护的重要调查方法。根据开挖面观察判断开挖断面、一次掘进长度或支护模式变更的必要性时，要充分考虑围岩条件（开挖面状态、埋深等）和围岩动态（净空位移等）的关系，或最近位置净空位移的变化趋势。

基于开挖面观察结果评价开挖面或支护的稳定性时，要客观地采用以下方法把观察结果和支护模式及开挖面稳定性联系起来。

（1）定性的评价方法　本方法是把观察结果与经验设定的基准进行综合评价，考虑既有的观察记录标准，再加上到目前为止的经验、其他的量测和观察数据，以及围岩条件等因素。这种方法是基本的评价方法之一，但评价基准是不明确的，有主观评价的成分，受评价者自身认知水平的影响较大。

（2）定量的评价方法　本方法是把观察结果定量化，采用评点法或多变量解析的方法。评点法包括将观察记录表上的观察项目分数化进行评价的方法、RMR 方法、Q 系统方法等，以及单纯地把点数平均的单纯平均法和给出各观察项目权值的加权平均法。多变量解析方法是把观察结果和净空位移、拱顶下沉或支护模式用数学方法联系起来的方法，如数量化理论。最近，也有采用模糊理论、神经网络等人工智能（AI）方法进行研究的尝试。

2. 已施工区段的支护结构观察

利用已施工区段的观察结果，能够判断已施工支护的效果、稳定性和今后的对策及是否改变支护等。洞内的各种量测是在一定距离范围内实施的，比较离散，因此，此项观察最好在整个区间内连续地进行，以便能够从总体上掌握围岩的动态。

评价时，不仅要观察、分析支护的变形，也要观察、分析有无后期荷载，涌水状况，基底的变异等发生的位置、规模、时期、历时变化、与量测值的相关等，并参考其他观察量测结果进行综合评价。特别是洞内涌水对完成后的维修管理关系重大，对其规模和持久性要慎重评价，并采取适当措施。已施工区段的观察调查应做好记录，认为有变异发生的场合，首先要分析变异发生的状况，把已施工区段的观察调查记录与开挖面观察结果、支护模式、量测结果等对比，进行变异发生原因和其发展性的分析。

3. 洞外观察

在埋深小的情况，洞外观察可以掌握隧道结构物的稳定性，及其对周边结构物的影响。洞外观察可与地表面沉陷（包括冒顶）、地中位移量测等内容一并进行评价。当采用目视方法进行洞外观察时，须覆盖影响区域的全体，并结合量测结果的数据分析掌握宏观变异。

根据洞外观察结果及量测数据判断变异是否由开挖引起、是否要采取新的调查、是否对地表面的结构物和植被采取保护措施，分析变异对包括隧道全体在内的围岩稳定性的影响程度等。确认有变异发生时，充分掌握其初期状态是极为重要的。同时，伴随地表面变异，在洞内也可能会观察到变异的发生，因此洞内和洞外要联系起来进行综合评价。

5.6.2 量测信息的反馈

隧道施工中，量测已经成为不可忽视的重要作业环节。量测可以获得大量的信息，通过这些信息对隧道支护结构、围岩的动态以及出现的各种变异现象做出分析与评价，并以此修正设计。量测信息主要包括两大类：位移信息和应力信息。其中，位移信息包括隧道周边位移、围岩体内位移、地表下沉、地中位移等；应力信息包括围岩与支护结构间的接触压力、围岩和结构的应力、锚杆轴力等。

1. 位移信息

隧道周边位移（包含洞周收敛和拱顶下沉）值是开挖时围岩动态、围岩条件、支护效果的综合体现，是在隧道全长进行的重要的量测项目。此项目的量测结果可用以判断：周边围岩的稳定性；初期支护的是否妥当；衬砌、仰拱的灌注时间等。变更支护模式时，要考虑最终位移的预测值、开挖面观察、开挖面前方围岩的情报、埋深等，并与其他量测结果进行综合判断。

首先可以根据位移速度（mm/d）的变化趋势（收敛或发散），来判断支护强度是否合理。一个合理的支护结构参数，围岩的位移速度往往在初期最大，随着时间的推进，位移速度是逐渐减小并趋于收敛。若围岩位移速度越来越大，趋于发散，则意味着支护结构强度不够，且即将失稳垮塌。

最大位移速度和最大净空位移（mm）也具有一定的相关性，该相关性与围岩条件、施工方法等因素密切相关。可以利用该相关性，并考虑开挖断面、施工方法等因素影响，求出最大净空位移。这对于评价建成后隧道内净空是否满足设计要求具有重要意义。

此外，根据位移速度可大致确定能达到稳定状态的支护规模及其荷载大小，也可作为确定二次衬砌修筑时间的判断资料。围岩位移速度越小，说明来自围岩的大部分荷载已由初期支护承担，二次衬砌上的荷载等级越小，越有利于隧道结构的整体安全。

2. 应力信息

除位移量测外，还需要有锚杆的轴力、衬砌内力等应力量测以及洞内弹性波测试等数据。这些数据在修正设计中，具有重要的价值。

对于锚杆而言，可根据轴力的峰值大小和位置对围岩的松弛区域进行判断。若锚杆峰值在其中心附近，说明其深度超过松弛区，锚杆长度是适当的；若峰值区在锚杆头部附近，可以判断围岩松弛区较深；若峰值区靠近壁面，则围岩松弛区较浅。

对钢架而言，应根据钢架应力测定的结果，按钢材的允许应力作为大致标准检验支护结构是否妥当。综合考虑钢架的断面力和喷射混凝土的断面力，能够评价两者的荷载负担率，从而适当地选定钢架的间距、尺寸等。同时，根据钢架应力测定结果可以计算出轴力、弯矩、剪力，并推断作用土压的分布状态。

围岩的弹性波速（一般采用纵波波速）与围岩好坏之间具有相关性。可在隧道开挖后，在洞内侧壁发射地震波，而后记录该地震波传播的状况，从而测定该围岩的弹性波速，进而推断围岩的性质。此外，将洞内弹性波速测定结果与初期的地表面弹性波速测定结果比较，可以重新评价围岩级别；与围岩试件试验一起，可以推断围岩的强度。根据洞内弹性波速测定结果，可以对围岩级别、开挖造成的松弛区大小等进行评价，也可以预测开挖面前方的围岩状况，判断是否需要修正锚杆长度、范围及开挖面对策等。

5.6.3 支护参数的修正

从空间角度，支护参数的修正可以分为未开挖部分预设计的修正和已开挖部分初步设计的变更两种类型。未开挖部分预设计的修正是指，根据地质调查结果设计的标准支护模式，结合施工中的观察、量测结果和具体的围岩状况，对未开挖地段的支护模式或施工方法进行合理的修正。此时，因围岩条件、位移值和当初预计的差异不同，修正的内容和规模也不同。同时，为确保施工的安全、高效率，也要修正辅助工法。已开挖部分初步设计的变更是指，根据量测，开挖后位移不收敛时，可采取增打锚杆、增加喷射混凝土厚度、仰拱临时闭合等对策。同时，要求对地表下沉和周边结构物影响的限制必须收敛到某一限度内时，应分析研究量测结果和当前支护结构的力学性能。

从净空位移值的大小角度，也可以将修正设计分为2种情况。一种是当净空位移值比预计大时，需要扩大变形富余量、增强支护构件、尽早闭合断面、增强开挖面及前方稳定性、变更开挖方法等；另一种是当净空位移值小于预计时，需要减少支护构件、缩小变形富余量。

不管从哪个角度来分类，隧道支护参数的修正方法可以分为支护减弱和支护增强两种情况，见表5-7。这些经验的方法，常常要与量测或观察的方法结合起来，才会获得更好的效果。究竟采用哪一种方法好，仍然要根据围岩条件、施工方法、变形状况而定。

表 5-7 隧道支护参数的修正方法

类 型	现 象	研 究 事 项	修 正 方 法
支护减弱场合	1. 位移值小 2. 锚杆轴力小 3. 喷射混凝土应力小而且无变异 4. 开挖面稳定	1. 不连续面的间隔、状态 2. 涌水的多少 3. 围岩强度应力比大	1. 减轻支护结构 2. 增加一次掘进长度 3. 变更断面分部 4. 减小变形富裕值
支护增强场合	1. 位移大 2. 喷混凝土发生变异 3. 锚杆产生过大的轴力 4. 钢支撑发生变异 5. 开挖面不稳定	1. 初期位移速度 2. 位移的收敛性 3. 围岩的应力、应变状态 4. 松弛区域的大小 5. 围岩强度应力比小 6. 开挖面的自稳性 7. 涌水的多少	1. 增加支护结构 2. 补强开挖面附近 3. 断面早期闭合 4. 变更断面分部 5. 变更开挖断面 6. 增加变形富裕值

■ 5.7　隧道结构的抗震设计方法

隧道结构是一种与地层随动的构筑物，一般情况下具有良好的抗震能力。历次地震中，桥梁、路基往往损毁严重，而隧道震害则相对轻微，在进行修复后均可通车，因此穿越地震峰值加速度高的地段、地形地质复杂段的重要交通道路，采用隧道形式在地震时保通性更强。但并不是说隧道就不发生震害，相反洞口浅埋段、断层带等仍然是抗震的薄弱点，地震仍可能造成很大的破坏，需要进行专门的抗震设计。

5.7.1　抗震设计的主要内容

隧道结构抗震设计与其他构筑物一样遵循"小震不坏、中震可修、大震不倒"的目标。小震不坏：当地震遭遇低于本地区设防烈度的多遇地震影响时，一般不损坏或不需修理仍可继续使用。中震可修：当遭遇高于本地区设防烈度的地震影响时，建筑物可能损坏，经过一般修理或不需修理仍可继续使用。大震不倒：当遭受高于本地区设防烈度的预估罕遇影响时，建筑物不倒塌或不发生危及生命的严重破坏。

隧道结构的抗震设计应贯穿设计的整个过程，首先应合理选择线路走向和线形，其次是采取合适抗震设防措施。地震区的隧道抗震设计主要包含地震设防段落的确定、隧道结构抗震设计、隧道结构抗震的构造设计 3 个方面：

1）根据震害调查可知，洞口、浅埋、偏压以及洞身穿越断层带的部位是隧道抗震的薄弱环节，因此这些部位应进行抗震设防。

2）隧道结构的抗震设计是指以隧道横断面设计为基础，考虑地震时隧道的受力状态而进行的相应的结构设计，其中地震力按特殊荷载考虑荷载组合。

3）隧道结构的抗震构造设计是指在结构上要考虑减少地震力集中的构造措施，如变形缝设置、棚洞防落梁设置、地基处理等方面。

当前地震力计算方法从大类上可以分为静力法和动力法两种。其中，静力法包括地震系数法、反应位移法等；动力法有二维/三维有限元模型、质量-弹簧模型等。不同的计算方法有其相应的特征及适用性，计算方法的选择应根据隧道重要程度、抗震设防类别、抗震性能要求、断面形状、结构特征、隧址区工程地质条件及输入地震动参数等因素综合确定。本书主要介绍的抗震设计方法为地震系数法、反应位移法和动力法 3 种。

5.7.2　抗震设计的主要方法

1. 地震系数法

1899 年日本学者大森房吉针对地面建筑抗震问题，提出了以静力理论为基础的地震系数法。由于缺乏对地下结构动力响应规律的认识，地下结构的早期抗震理论仍然采用了地震系数法的静力理论的思想。该方法认为地震发生时，地下结构和地面结构一样，受到惯性力的作用，并且认为惯性力是地下结构在地震荷载作用下所承受的主要荷载。我国早期的铁路隧道多是采用地震系数法进行抗震设计。

地震系数法引用自地面结构的抗震计算方法，根据地震峰值加速度确定的水平地震系数进行计算。计算中假设地下结构的各个部分与地面地震动一致，将随时间变化的地震荷载用某一特定的等效静力荷载代替并直接作用在结构上，再通过静力方法分析等效荷载作用下的结构反应。该方法由于形式简单，被广泛应用于我国早期铁路隧道的抗震设计中。

地震系数法中，结构所受的荷载可以分成两部分附加作用：一是结构所受的地震荷载，包括结构自身水平惯性力（F_1）、结构上覆土体的水平惯性力（F_2）和结构一侧土体的主动侧向土压力增量（Δe）；二是结构另一侧土体提供的抵抗力（P），其计算模型如图5-50所示。

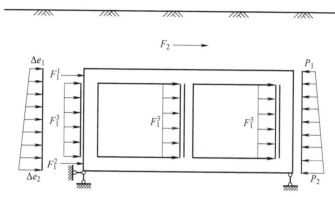

图5-50　地震系数法计算模型

F_1^1—顶板的水平惯力　F_1^2—底板的水平惯力　F_1^3—侧墙或中柱的水平惯力

这种由地震引起的建筑物结构所受的惯性力称为地震力。建筑物在进行抗震验算时，一般只计算水平地震力的作用，其大小由水平地震系数确定。地震力作用是短暂的、偶然性的，因此，它在隧道支护结构设计中按特殊荷载考虑。

2. 反应位移法

地震系数法计算简单，但是只能计算浅埋隧道，存在一定的局限性。实际上地下结构地震中的响应规律与地上结构有着很大的不同。国内外学者通过震害调查、试验研究和理论分析等途径，对地下结构在地震作用下的动力反应规律进行了大量的研究工作，结果表明地下结构在地震作用下与周围土体共同运动，结构的位移、速度和加速度等反应均与周围土体基本一致。根据地下结构在地震中的这一响应特征，日本学者提出了反应位移法。

反应位移法认为地下结构在地震时的反应主要取决于周围土层的变形。同时，由于地下结构与周围土体之间抗侧移刚度的不同，可引入地基弹簧来定量表示结构与土体之间的相互作用。反应位移法将地下结构的横断面模型简化为框架式结构，周围施加地基弹簧，将结构深度方向的位移差作为地震荷载施加在弹簧上，以此来计算结构的内力反应。

反应位移法是基于一维的土层地震反应分析，结构计算变形与实测变形较为吻合，其概念清晰，可以反映土-结构间的相互作用，是日本等发达国家目前普遍采用的地下结构抗震计算方法。我国的《城市轨道交通结构抗震设计规范》（GB 50909—2014）、《公路隧道抗震设计规范》（JTG 2232—2019）等规范也将反应位移法列为隧道结构物抗震计算的主要方法之一。

（1）横向反应位移法　当采用反应位移法对隧道结构进行横断面的抗震分析时，需要考虑的荷载有3部分：土层相对位移、结构水平惯性力和结构周围土层剪力，其计算模型如图5-51所示。

在反应位移法中，根据地下结构顶底板位置处自由场发生最大相对水平位移时刻的土层位移分布，确定土层相对位移，即相对于结构底板位置处的位移，土层相对位移施加于结构两侧面压缩弹簧上和上部剪切弹簧远离结构的端部处。结构自身的惯性力作为集中力可以作用在结构形心上；为提高计算精度，也可以按照各部位的最大加速度计算结构的水平惯性力，并将其施加在相应的结构部位上。结构上下表面的土层剪力可通过自由场土层地震反应分析来得到，它等于地震作用下结构上下表面处自由土层的剪力；也可以采用反应谱法计算土层位移，通过土层位移微分确定土层应变，最终通过物理关系计算土层剪力。将以上求得的荷载求得加载到计算模型上，就可以求解出地下结构的地震响应结果。

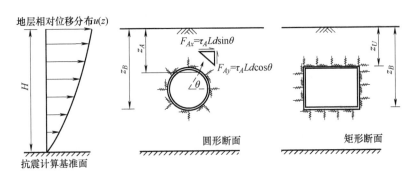

图 5-51　横向反应位移法计算示意图

（2）纵向反应位移法　根据研究发现，刚度较大而密度小于地层的地下结构，其纵向变形取决于隧道周围地层的位移，包括沿隧道纵轴水平面和竖直面的位移；而隧道衬砌结构则通过弹性支承链杆与地层相连或将其视为弹性地基梁，随地层位移而产生沿其纵轴水平面和竖直面的呈正弦波式的横向变形（横波传递方向与隧道纵轴平行时）（图 5-52a），以及沿隧道纵向的拉压变形（横波传递方向与隧道纵轴垂直时）（图 5-52b）。

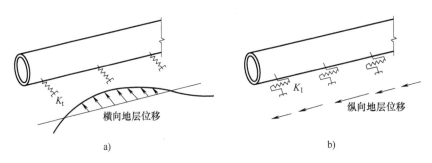

图 5-52　纵向反应位移法计算示意图
a）横向　b）纵向

当采用反应位移法对隧道结构进行纵断面的抗震分析时，计算模型总长度不宜小于一个地震波的波长或取隧道全长。地层近似均匀时，可假定地层沿隧道轴线方向的纵向位移 u_A 及与隧道轴线垂直方向的横向位移 u_T 均按正弦规律分布（图 5-53）。地层纵向位移、横向位移施加于地基弹簧的非结构连接端。

3. 动力法

动力法主要为动力数值法（如时程分析法），它可以考虑结构物及地层的非线性，考虑结构物和地层的相互作用。计算模型主要有二维及三维有限元模型、质量-弹簧模型，在进行地震响应分析时，需要输入实际工程所在地区的地震波。然而，动力法在计算模型和计算参数选择、地震波及其输入方式、边界条件的确定等方面还需要进行更深入的研究，而且求解复杂，耗时大，因此目前其工程实用性还有待进一步加强。

1）二维及三维动力有限元模型。二维有限元模型主要适用于洞身深埋地段；而洞口段受地形条件影响显著，主要采用三维有限元模型。

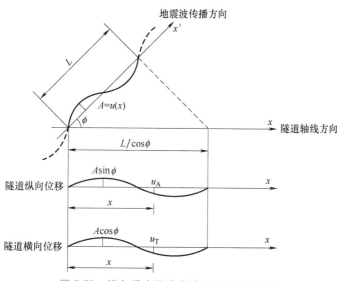

图 5-53　纵向反应位移法地层位移分布规律

2）质量-弹簧模型。质量-弹簧模型是 20 世纪 70 年代的田村重四郎和冈本舜三提出的。该模型的前提条件是地层单一，其下方由坚硬基底组成。根据假定，把基岩以上地层沿隧道轴向划分成一系列节段，每一节段用与其自振周期相同的质量-弹簧代替。对于浅埋短隧道可以采用质量-弹簧模型进行全隧道地震响应的计算。

 思考题与习题

1. 隧道支护结构设计的基本理念是什么？

2. 隧道支护结构设计理论的发展共经历了哪几个阶段？每个阶段的特点是什么？

3. 隧道开挖前后，围岩应力场是如何发生变化的，这种变化对围岩稳定性有什么影响？

4. 请简述隧道支护结构设计的荷载-结构法的基本原理和流程。

5. 浅埋隧道和深埋隧道是怎么划分的？铁路隧道的围岩松动压力计算方法是什么？

6. 隧道衬砌结构的验算方法中，极限状态法和破损阶段法的区别是什么？

7. 请简述隧道支护结构设计的地层-结构法的基本原理和流程，并说明与荷载-结构法的区别。

8. 围岩和支护的特征曲线是什么？如何应用收敛-约束法进行隧道支护结构的设计？

9. 隧道支护结构修正设计的基本流程如何？修正设计中需要采用哪些信息进行隧道支护参数的修正设计？隧道支护参数的修正方法有哪些？

10. 隧道结构的抗震设计目标是什么？隧道结构的抗震设计方法有哪些？

11. 已知某铁路隧道采用钻爆法修建，隧道高 8.0m，宽 6.0m。请按《铁路隧道设计规范》（TB 10003—2016）的方法计算该隧道在以下条件时的围岩压力（垂直和水平方向），并绘制出不同埋深时的围岩压力图示。

（1）V 级围岩，重度 $\gamma = 22kN/m^3$，埋深 3m，计算摩擦角 $\varphi_c = 45°$，顶板土柱两侧摩擦角 $\theta = 0.6\varphi_c$。

（2）Ⅲ 级围岩，重度 $\gamma = 24kN/m^3$，埋深 100m，计算摩擦角 $\varphi_c = 65°$。

第 6 章　隧道施工方法

【学习目标】
1. 了解隧道施工方法的分类及其适用条件。
2. 掌握以新奥法为代表的隧道钻爆施工方法的基本原理、技术特点和施工原则。
3. 熟悉主要的隧道开挖方法及其适用条件。

隧道施工技术是指在地层中修建隧道的技术方案和措施，包括在不同地质条件下的施工方法、施工技术和工程实施中的技术、计划、质量、经济和安全管理措施，其中施工方法的合理选择，往往是隧道修建顺利实施的重要前提条件。因此，需要掌握目前常用的隧道施工方法，以便依据具体项目的工程地质条件和水文地质条件，并结合隧道断面尺寸、长度、衬砌类型、隧道的使用功能和施工技术水平等因素综合选用适用的施工方法。

6.1　隧道施工方法概述

6.1.1　施工方法分类

随着工程实践的不断丰富和理论的发展完善，尤其是近年来在不良地质条件下的隧道工程修建中取得了许多宝贵经验，隧道施工技术得到了长足的发展和进步。目前隧道施工方法种类繁多，较好地适应了当前隧道工程建设发展的需要。

隧道工程施工方法根据技术原理和开挖方式，大体上可以分为明挖法和暗挖法两大类：明挖法是先开挖地表面，再修建隧道衬砌结构，然后回填土石、恢复地面的隧道施工方法；暗挖法通常是指隧道的开挖和支护等施工作业全部在地下进行的施工方法。再进一步细分，明挖法包括放坡开挖法、支挡开挖法、盖挖法、沉管法等施工方法；暗挖法包括传统矿山法、新奥法、浅埋暗挖法、新意法等钻爆施工方法和盾构法、掘进机法（TBM 法）、顶进法（以顶管法为主）等机械开挖施工方法。隧道施工方法具体分类见表 6-1。

表 6-1 依据隧道开挖面的开挖方式为对隧道施工方法进行合理分类，主要是将盾构法、TBM 法、顶进法等利用全断面掘进机械进行非钻爆开挖的方法划为机械开挖法，与采用钻眼、爆破方式开挖为主的各类钻爆施工方法进行了区分。此外，近年来在浅埋、软弱围岩的区段也出现了采用悬臂掘进机或装配式铣挖机进行全断面或分部开挖的隧道工程案例，由于该类方法在隧道工

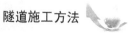

程中的应用还在逐步发展和推广阶段，本书暂未对铣挖法进行展开介绍。

表 6-1　隧道施工方法分类

类　别	施 工 方 法	
明挖法	基坑开挖法	放坡开挖法
		支挡开挖法
		盖挖法
	沉管法	
暗挖法	钻爆法	传统矿山法
		新奥法
		浅埋暗挖法
		新意法
		挪威法
	机械开挖法	盾构法
		掘进机法（TBM 法）
		顶进法
		铣挖法

6.1.2　施工方法选择

　　隧道施工属地下作业，其特点与地面作业相比有较大的区别：隧道内部工作面狭小，机具集中，光线不足，噪声大，施工中不安全因素多，所以隧道施工要特别强调安全，要有严格的安全生产制度和完备的安全设施；隧道修建一经完成，修复和改建都比较困难，因此，施工要求高质量高标准；隧道开挖和围岩的变形具有一定的规律，开挖面长时间的暴露会直接影响其自身的稳定，合理的衬砌设置时机尤为重要。因此，隧道施工方法选择是否正确，直接影响工程造价高低，工期长短，甚至工程的成败。基于目前业界对隧道工程的认识，隧道施工方法的选择主要需要考虑具体项目的地质条件，同时也应考虑隧道断面尺寸、跨度大小、隧道长度及辅助坑道设置，以及地形地貌、环境条件、埋深、安全、投资、施工进度等因素，进行经济技术比较以后综合确定。以下根据隧道所处位置的类型，对各类隧道的特点及常用施工方法的选择进行简述。

　　1）山岭隧道埋深大，工程地质和水文地质情况较为复杂，多采用适应性较强的钻爆法进行施工，在地层中硬岩占比大时也可采用 TBM 法。其中新奥法是已被工程实践所证实了的先进的隧道修筑方法，其设计与施工理论较为完善，被国内外普遍采用，我国在推广应用新奥法方面也取得了不少经验。近年来正在发展的新意法也开始在我国隧道中得到一定的应用；在一些北欧国家，挪威法在山岭隧道中也应用较多。

　　2）城市隧道施工受到地面建筑物、城市交通、水文地质、环境保护、施工机具以及资金条件等因素的影响较大，因此，所采用的施工方法也不尽相同。一般来说，城市隧道埋深小，对周围沉降要求高，施工场地有限，国内目前常用盾构法来进行修筑施工，即利用盾构机这种大型机械在地面以下暗挖隧道。盾构法掘进速度快、施工劳动强度低、沉降控制好且不影响地面交通与设施。由于城市环境条件多样化且通常较为复杂，根据具体工程项目各项条件的比选，支挡开挖法或盖挖法乃至浅埋暗挖法也经常被城市隧道施工采用。而对一些小直径的市政管线和电力电缆隧道或城市综合管廊，在下穿一些交通干道时，为避免中断交通，也可采用顶进法（以顶管法为主）进行施工。当施工场地开阔且周边环境对沉降位移要求不高时，也可放坡开挖或局部放坡开挖。

3）水底隧道不同于陆地隧道，施工部位大多位于水下，通常覆盖层厚度小，且承受土压的同时还要承受高水压，克服涌水等关键问题，因此，施工方法上宜选择盾构法（及 TBM 法）、沉管法以及钻爆法，其中以盾构法居多。在一定条件下，沉管法隧道覆土浅、线路短，照明和通风代价较小，工程和运营费用低，使用效果好。

各类隧道的适用工法如图 6-1 所示，对不同的工程地质和水文地质条件、环境条件和隧道结构的功能需求，应综合考虑工程特点及建设要求选择适宜的施工方法。本章将重点介绍钻爆法的技术内容，明挖法、机械开挖法的施工方法技术内容，将在其他章节进行介绍。

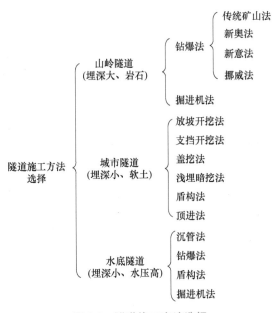

图 6-1　隧道施工方法选择

■ 6.2　钻爆法技术原理

钻爆法是目前国内外应用最为广泛的一种隧道施工方法，它是通过钻孔、装药、爆破开挖岩石的隧道施工方法。这一方法已经从早期人工手把钎、锤击凿孔，用火雷管逐个引爆单个药包，发展到用凿岩台车或多臂钻车钻孔，应用毫秒爆破、预裂爆破及光面爆破等控制爆破新技术，而且还在不断发展和完善中。根据对围岩认知的不同，钻爆法主要包括传统矿山法、新奥法、新意法和挪威法，以及在新奥法基础上发展起来的浅埋暗挖法等。

6.2.1　传统矿山法

传统意义上的矿山法（Mine Tunnelling Method，简称 MTM）因最早应用于采矿坑道而得名，也是我国早期隧道施工的常用方法，如图 6-2、图 6-3 所示（图片源自《中国铁路隧道史》）。

图 6-2 人工打眼

图 6-3 临时支撑

传统矿山法的基本原理是认为隧道开挖后受爆破影响，造成岩体破裂形成松弛状态，随时都有可能坍落，形成作用在隧道衬砌结构上的荷载。基于这种松弛荷载理论，传统矿山法支护理念认为围岩是荷载的来源，所有的荷载均作用在支护结构上。通常以木或钢构件作为临时支撑边开挖边支撑，待隧道开挖成型后，逐步将临时支撑撤换下来，而代之以整体式混凝土厚衬砌作为永久性支护（早期为青砖、料石和混凝土预制块）。钢木构件支撑类似于地上的荷载-结构力学体系，作为一种维持坑道稳定的措施，是很直观和奏效的，也容易被施工人员理解和掌握，因此这种施工方法一直到 20 世纪 80 年代，仍然广泛地应用于我国隧道（主要是铁路隧道）的修建中。

20 世纪 50 年代以来，我国进行了大规模的铁路建设，隧道工程日益增多，传统矿山法也在工程实践中得到了进一步的发展，施工技术水平不断提高，机械设备亦逐渐增加配套，不仅施工条件得到了极大改善，施工手段也有了很大的加强。我国隧道中采用的矿山法施工在 20 世纪 50 年代初期以上导坑先拱后墙法为主，随后 60~70 年代相继采用了上下导坑先拱后墙法、蘑菇形开挖先拱后墙法和漏斗棚架先墙后拱法，随后又探索了正台阶法、反台阶法。随着我国隧道施工机械化程度的提高，1965 年开始在围岩完整的隧道中试点和推广了全断面法，提高了隧道开挖的效率。20 世纪 70 年代末以来，我国较多的铁路新线一次建成双线，在跨度较大的双线隧道及多线隧道中也普遍应用矿山法，并逐步出现了一些新的施工方法，如双侧壁导坑法、中隔壁法。

自 20 世纪 70 年代末期，新奥法在我国开始被了解和接受。经过 20 世纪 70 年代的工点验证和研究，我国对喷锚支护的优越性有了初步的认识，加上新奥法原理的传播和隧道施工机械化程度的日益提高，从 20 世纪 80 年代开始，我国在一系列的隧道建设中贯彻了新奥法基本原理，设计中采用了信息化设计方法和复合式衬砌，传统矿山法开始逐步被新奥法所取代。因此，本节仅对其做一般性的介绍。

6.2.2 新奥法

新奥法（New Austrian Tunnelling Method，简称，NATM）是"新奥地利隧道修建方法"的简称，是由奥地利土木工程师拉布西维兹（L. V. RABCEWICZ）在 20 世纪 50 年代总结隧道建造实践经验的基础上创立的，经过一些国家的工程实践和理论研究，于 20 世纪 60 年代取得专利权并正式命名。新奥法是以隧道工程经验和岩体力学的理论为基础，将锚杆和喷射混凝土组合在一起作为主要支护手段，并通过对围岩的监控量测指导设计与施工，控制围岩变形，使围岩成为支护体系的一部分，以便充分发挥围岩的自承能力，保持围岩稳定的一种隧道修建方法。

1. 基本原理

新奥法的基本观点是根据岩体力学理论，着眼于洞室开挖后形成塑性区的二次应力重分布，而不拘泥于传统的荷载观念，所以它主要不是建立在传统矿山法对坍落拱的"支撑概念"上，而是建立在对围岩的"加固概念"基础上，两种观点的对比示意图如图6-4所示，两者的本质区别是工程理念和认识的不同。新奥法的出现也标志着隧道工程理论步入到了现代理论的新领域。新奥法的基本原理可概括为：充分利用围岩的自承能力和开挖面的空间约束作用，采用以锚杆和喷射混凝土为主要支护手段，及时对围岩进行加固，约束围岩的松弛和变形，并通过对围岩和支护结构的监控、测量来指导地下工程的设计与施工。

新奥法以光面爆破、喷锚支护和监控量测为三大要素，其核心思想是充分发挥围岩的自承载作用。围岩是承载的主体，而初期支护和二次衬砌的目的是为了保证和调动围岩的强度，帮助围岩实现自承，使隧道尽快形成一个能自承的土壤或岩石承载环，从而形成一个长期稳定的洞室。

2. 技术特点

在隧道开挖初期的应力调整过程中，围岩变形量大、速度快，为适应这一特点，新奥法要求支护既能抑制围岩变形，防止围岩开裂松动，又要具有一定的可缩性，允许围岩适度变形。只有这样才能最大限度地减少支护受力，充分发挥围岩的支承能力。

新奥法所采用的隧道支护体系为复合式衬砌，由初期支护、防水层和二次衬砌组合而成（图6-5），其中初期支护是以喷射混凝土为主体，根据需要与锚杆、钢筋网、钢架等构件组合而形成锚杆喷射混凝土支护。锚杆是一种可缩性支护，但是混凝土衬砌却是刚度较大的脆性支护；喷射混凝土厚度大则刚度大，在变形压力作用下很快就会破坏。为提高衬砌的柔性，初期支护要采用厚度较薄的薄壁结构，以减少弯矩，提高其变形适应能力。当初期支护强度需要增强时，可以使用锚杆、钢筋网及钢拱架，而不是增加喷射混凝土或衬砌的厚度。而二次衬砌的作用是提高支护的安全度，根据新奥法原则，二次支护也应采用薄壁结构，当围岩变形稳定后适时地完成。

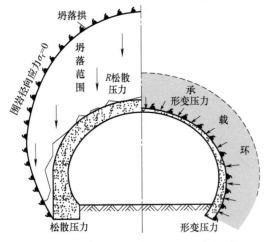

图6-4 传统矿山法与新奥法原理对比

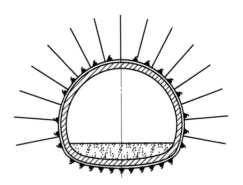

图6-5 复合式衬砌结构形式

由于新奥法是以喷射混凝土、锚杆支护为主要支护手段，锚杆喷射混凝土支护能够形成柔性薄层，与围岩全面紧密黏结成可缩性支护结构，允许围岩有一定的协调变形，而不使支护结构承受过大的压力，同时又能及时有效地防止因水和风化作用造成围岩的破坏和剥落，保护原有岩体强度。因此，新奥法施工特点可概括为及时性、封闭性、黏结性、柔性。

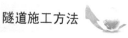

3. 施工顺序

新奥法的施工顺序可以概括为开挖——第一次支护——第二次支护。

（1）开挖　开挖作业的内容包括钻孔、装药、爆破、通风、出渣等。开挖作业与一次支护作业同时交叉进行，为保护围岩的自承能力，第一次支护工作应尽快进行。为了充分利用围岩的自承能力，开挖应采用光面爆破或机械开挖，并尽量采用全断面开挖，地质条件较差时可以采用分块多次开挖。一次开挖长度应根据岩质条件和开挖方式确定。岩质条件好时，长度可大一些，岩质条件差时长度可小一些；在同等岩质条件下，分块多次开挖长度可大一些，全断面开挖长度就要小一些。一般在中硬岩中开挖长度为 2~2.5m，在膨胀性地层中为 0.8~1.0m。

（2）第一次支护　第一次支护作业包括：一次喷射混凝土、打锚杆、挂网、立钢拱架、复喷混凝土。在隧道开挖后，应尽快地喷射一层薄层混凝土（3~5cm）。为争取时间，在较松散的围岩掘进中，第一次支护作业是在开挖的渣堆上进行的，待未被渣堆覆盖的开挖面的一次喷射混凝土完成后再出渣。按一定系统布置的锚杆，能加固深度围岩，在围岩内形成承载拱。由喷射混凝土、锚杆及岩面承载拱构成的外拱，起临时支护作用，同时又是永久支护的一部分。复喷后的混凝土层应达到设计厚度（一般为 10~15cm），并要求将锚杆、钢筋网、钢拱架等覆裹在喷射混凝土内。在安装锚杆的同时，在围岩和支护中埋设仪器或测点，进行围岩位移和应力的现场测量，依据量测得到的信息来了解围岩的动态以及支护抗力与围岩的相适应程度。

完成第一次支护的时间非常重要。目前的施工经验是松散围岩中的第一次支护应在爆破后三小时内完成，主要由施工条件决定。在地质条件非常差的破碎带或膨胀性地层（如风化花岗岩）中开挖隧道，为了延长围岩的自稳时间，给一次支护争取时间，并且安全地作业，需要在开挖工作面的前方围岩进行超前支护（预支护），然后再进行开挖。

（3）第二次支护　第一次支护后，当围岩变形趋于稳定时，进行第二次支护和封底，即永久性的支护（或是补喷射混凝土，或是浇筑混凝土衬砌），起到提高安全度和增强整个支护承载能力的作用，而此支护时机可以由监测结果得到。如果底板不稳，底鼓变形严重，则会牵动侧墙及顶部支护不稳，所以应尽快封底，形成封闭式的支护，以谋求围岩的稳定。

新奥法施工工序流程如图 6-6 所示。

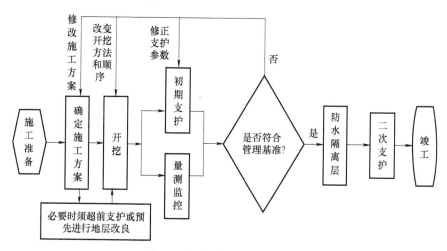

图 6-6　新奥法施工工序流程图

4. 施工原则

新奥法施工的基本原则可以归纳为"少扰动、早支护、勤量测、紧封闭"。

"少扰动"，是指在进行隧道开挖时要尽量减少对围岩的扰动次数、强度、范围和持续时间。即要求能用机械开挖的就不用钻爆法开挖；采用钻爆法开挖时，要严格进行控制爆破；尽量采用大断面开挖；根据围岩类别、开挖方法、支护条件选择合理的循环掘进进尺；对自稳性差的围岩，循环掘进进尺应短一些；支护要尽量紧跟开挖面，缩短围岩应力松弛时间。

"早支护"，是指开挖后及时施作初期喷锚支护，使围岩的变形进入受控制状态。这样做一方面是为了使围岩不致因变形而产生坍塌失稳；另一方面是使围岩变形适度发展，以充分发挥围岩的自承能力。必要时可采取超前预支护措施。

"勤量测"，是指以直观、可靠的量测方法和量测数据来准确评价围岩（或围岩加支护）的稳定状态，或判断其动态发展趋势，以便及时调整支护形式、开挖方法，确保施工安全和顺利地进行。量测是现代隧道及地下工程理论的重要标志之一，也是掌握围岩动态变化过程的手段和进行工程设计、施工的依据。

"紧封闭"，一方面是指采取喷射混凝土等防护措施，避免围岩因长时间暴露而导致强度和稳定性的衰减（尤其是对易风化的软弱围岩）；另一方面是指要适时对围岩施作封闭形支护，这样做不仅可以及时阻止围岩变形，而且可以使支护和围岩进入良好的共同工作状态。

6.2.3 浅埋暗挖法

浅埋暗挖法是在距离地表较近的地下进行各种类型地下洞室暗挖施工的一种方法。浅埋暗挖法是对新奥法理念的延伸和拓展，是王梦恕院士在我国山岭隧道新奥法施工经验的基础上，结合我国国情和工程地质与水文地质情况，主持创造的地下工程施工技术。浅埋暗挖法于20世纪80年代中期在大秦线军都山铁路隧道双线进口黄土试验段研究成功之后，又于1986年5月—1987年5月在北京地铁复兴门折返线工程的设计与施工中应用成功。该方法灵活多变，对地面建筑、道路和地下管网影响不大，具有造价低、拆迁少、不需要太多专用设备及不干扰地面交通和周围环境等特点，近几十年来已在我国城市地铁、市政地下管网及其他浅埋地下结构物的工程设计与施工中广泛应用，并形成了一套完整的综合配套技术。

1. 基本原理

浅埋暗挖法沿用了新奥法的基本原理，创建了信息化量测反馈设计和施工的新理念；采用先柔后刚复合式衬砌新型支护结构体系，初期支护按承担全部基本荷载设计，二次模筑衬砌作为安全储备；初期支护和二次衬砌共同承担特殊荷载。故浅埋暗挖法与新奥法的主要区别为：由于需要减少城市地表沉陷，浅埋暗挖法要求初期支护有一定刚度，设计时基本不考虑利用围岩的自承能力。

在应用浅埋暗挖法进行设计和施工时，同时采用多种辅助工法超前支护，改善加固围岩，调动部分围岩的自承能力；采用不同的开挖方法及时支护、封闭成环，使其与围岩共同作用形成联合支护体系；在施工过程中应用监控量测、信息反馈和优化设计，实现不塌方、少沉降、安全生产与施工。

浅埋暗挖法包括小导管超前支护技术、"8"字形网构钢架设计与制造技术、环形开挖预留核心土施工方法，以及相应的监测仪器、监测方法和用变位进行反分析的计算方法。它强调了新的施工要点，突出了时空效应对防塌的重要作用，提出了在软弱地层中必须快速施工的理念。

2. 技术特点

与其他隧道施工方法相比，浅埋暗挖法具有以下技术特点：

（1）埋深浅　对于浅埋的隧道或地下工程而言，在施工过程中，地层承载能力差，开挖引起明显的地表沉降，对周边环境的影响较大，这对地层预加固、开挖方法、支护衬砌等提出了更高的要求。

（2）地质条件差　浅埋暗挖法是在软弱围岩浅埋地层中修建隧道或地下工程的施工方法，主要适用于不宜明挖施工的土质或软弱无胶结的砂、卵石等第四纪地层，通常还需要采取堵水或降水、排水措施。

（3）周边环境复杂　浅埋地下工程，尤其是城市地铁施工具有结构埋置浅，地面建筑密集，交通运输繁忙，地下管线密布，地表沉陷控制要求严格，周边环境复杂，交通疏解、拆迁改移费用高等特点。与其他施工方法相比，浅埋暗挖法在这些方面具有明显优势。

（4）辅助工法多样　由于浅埋暗挖法适用于软弱地层，预先加固改良地层是一项必不可少的技术措施。目前可用的辅助工法较多，包括注浆法、降水法、超前小导管法、超前管棚法、水平旋喷法、冻结法等。

（5）开挖方法多样　采用浅埋暗挖法施工时，常见的开挖方法有全断面法、正台阶法，以及适用于特殊地层条件的其他施工方法，如单侧壁导坑超前正台阶法、双侧壁导坑正台阶法、中隔壁法等。

（6）风险管理难度大　浅埋暗挖工程通常具有工期长、规模大、技术复杂、地质条件不确定、不良地质多、施工中的意外事故和施工造成的环境影响对工程的进展产生的影响很大等特点。因此，需要以科学的方法和手段研究风险发生和变化的规律，防患于未然，把风险造成的损失降低到最低。

（7）施工影响小　如前所述，浅埋暗挖法对地面建筑、周边环境、地面交通、地下管线等影响不大，简单易行，灵活方便，且对区间隧道施工不控制工期，对隧道施工的影响小。

3. 施工原则

这种设计思想的施工要点可概括为"十八字方针"："管超前、严注浆、短开挖、强支护、快封闭、勤量测"。

"管超前"，是指采用超前管棚或超前导管注浆加固地层。开挖面未开挖前先进行超前管棚或超前导管注浆加固地层，使松散、软弱地层经注浆加固后形成一个壳体，增强其自稳能力，防止地层坍塌现象产生。

"严注浆"，是指在导管超前支护后，立即进行压注水泥浆液填充砂层孔隙，浆液凝固后，土体集结成具有一定强度的"结石体"，使周围地层形成一个壳体，增强其自稳能力，为浅埋暗挖施工提供一个安全环境。

"短开挖"，是指根据地层情况不同，采用不同的开挖长度，一般在地层不良地段每次开挖进尺采用 0.5~0.8m，甚至更短。由于开挖距离短，可争取时间架立钢拱架，及时喷射混凝土，减少坍塌现象的发生。

"强支护"，是指严格按照喷射混凝土——开挖——架立钢架——挂钢筋网——喷混凝土的次序进行初期支护施工，采用加大拱脚的办法以减小地基承载应力。

"快封闭"，是指初期支护从上至下及早形成环形结构，这是减小地基扰动的重要措施。采用正台阶法施工时，下半断面及时紧跟，及时封闭仰拱。

"勤量测"，是指坚持监控量测，并将量测资料反馈于指导施工。地面、洞内都要埋设监控点，通过这些监控点的量测信息，可以随时掌握地表和洞内土体各点因开挖和外力产生的位移，以此来指导施工。

6.2.4 新意法

新意法（New Italian Tunnelling Method，简称 NITM）是"新意大利隧道施工法"的简称，由意大利的皮埃特罗·卢纳尔迪（Pietro Lunardi）教授于 20 世纪 70 年代中期开始对数百座隧道进行理论和现场试验研究并逐步创立，也通常被称作岩土控制变形分析法（ADECO-RS 法）。近年来，该方法已经被意大利铁路、公路及大型地下工程建设项目中纳入设计规范且广泛采用，在我国的一些隧道中也开始有应用实例。

1. 基本原理

该方法的核心观点是开挖面前方超前核心岩土的滑动与隧道塌方之间存在着紧密联系，隧道塌方总是发生在核心土体滑动之后，开挖面超前核心岩土的强度、稳定性及对变形的敏感性在隧道施工中起到决定性作用。

长期研究试验及工程实践证实，隧道开挖扰动后周边及前方围岩所产生的变形分为开挖面围岩挤出变形、开挖面前方围岩预收敛变形及开挖后洞室围岩收敛变形 3 类，如图 6-7 所示。通过对隧道开挖面超前核心岩土体的勘察、量测，预报围岩的应力-应变形态并将其划分为 3 种基本变形类型：A 类为开挖面-超前核心土稳定（硬岩类别）；B 类为开挖面-超前核心土短期稳定（黏结性地层）；C 类为开挖面-超前核心土不稳定（松散性地层）。这 3 种情况下，隧道的变形及失稳表现均直接或间接与开挖面前方围岩的强度有关。变形反应从开挖面前方围岩变形开始，逐渐沿隧道向后发展，形成挤出变形、预收敛变形和收敛变形。收敛变形只是错综复杂应力-应变过程中的最后阶段，可以通过控制超前围岩的变形（如挤出变形、预收敛变形）来控制隧洞总变形，措施是采取相应防护及加固手段来增加超前核心围岩的强度。

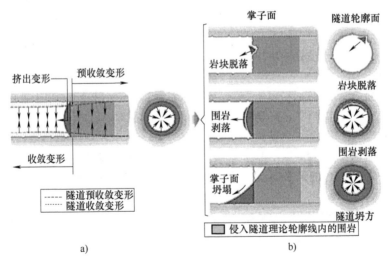

图 6-7 隧道开挖围岩变形的 3 种类型

a）变形类型 b）隧道不稳定的表现形式

新意法是以开挖面超前核心岩土的变形与隧道的稳定性为主要评价目标，设计和施工都是以此为基础进行确定。与新奥法相比，新意法不仅考虑到了隧道后方的变形影响，同时重点考虑前方开挖面的变形对隧道稳定性的影响；而新奥法则没有考虑开挖面前方核心岩土的影响，两者区别见表 6-2。

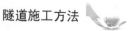

表 6-2　新意法与新奥法对照

比较要点		新　意　法	新　奥　法
不同点	岩土观点	重视开挖面超前岩土的稳定性	没有重视
	洞体量测	重视开挖面超前核心岩土的收敛变形和挤压变形的量测	没有重视
	超前支护	强调开挖面超前核心岩土的人工控制、岩体强度的改善	只注重了前方轮廓的预加固,没有对超前核心土加固
	断面开挖	机械化全断面开挖	断面分步开挖
	工期	可以在设计阶段较准确地预测完成时间	设计阶段只能大概地估计时间
	设计、施工、量测关系	强调了预收敛量测和洞身的收敛量测,及时反馈设计调整参数的动态设计	没有进行预收敛量测,只是对洞身进行量测,属于被动量测,因此动态设计的及时性较弱
最重要的区别		强调了对超前核心岩土体的控制、量测、动态设计,突出了机械化全断面开挖的理念	—

2. 技术特点

采用新意法进行隧道施工,有以下优点:

1)新意法重视隧道加固措施,把隧道加固措施视为控制和调节隧道变形不可缺少的工具,从而把隧道加固措施视为保证隧道最终稳定结构的一部分(关注隧道的变形量,隧道工程的造价与其变形量成正比)。在这一方面,值得注意的是,在总造价中,隧道加固措施和地层改良措施的造价变化幅度很大;而隧道开挖和衬砌的造价相对较为稳定,对于所有地层,其变化幅度都不大。

2)可以对隧道进行完整的、可靠的设计,从而在各种地层中,甚至在最困难的地层条件下,都可以进行机械化全断面隧道施工。

3)可以估计出工程的工期和造价,从而可以避免业主与承包商之间的各种纠纷。

4)可以在隧道施工期间很容易地、客观地量测出开挖面-超前核心土体系的应力-应变状态,从而有效克服了以前的围岩分类方法的缺陷。

3. 工作程序

新意法整个施工过程由以下阶段组成:

1)勘察阶段。在隧道设计和施工之前,必须进行隧道勘察,收集影响隧道修建的地层信息,如岩性、结构、地层、形态、构造、水文、地质、地质力学和应力状态等,以掌握介质的强度和变形特性。勘察阶段由两步组成,首先对隧道线路的地质剖面进行初步评估;然后对地质勘察进行规划,包括确定间接地球物理勘察、现场试验和钻孔勘察等计划。

2)诊断阶段。在诊断阶段,设计工程师运用理论方法,利用勘查阶段获得的数据,把整个隧道划分为其应力-应变条件相同的几个部分(A 类、B 类、C 类),确定各部分的详细变形和挖掘产生的荷载形式。

3)处治阶段。在此阶段通过适当的稳定支护措施/体系控制变形现象。根据诊断阶段所划分的隧道变形形态的类别,确定采取何种加固形式,以保证隧道处于完全稳定状态,继而设计出隧道的典型纵横断面形式。各种隧道稳定措施的作用类型及适用范围分别见表 6-3 和表 6-4。

表 6-3 新意法支护措施的作用类型

对隧道的作用	稳定措施		作用参数 地层的黏聚力 c 和摩擦角 φ	约束压力 σ_3	压力水
超前约束作用	开挖面前方地层改良	传统的注浆	●	●	●
		冻结		●	●
		近水平方向的旋喷注浆		●	
		机械预切槽		●	
		排水管排水	●		●
		玻璃纤维锚杆加固超前核心土		●	
约束作用	径向地层改良	喷射混凝土		●	
		全长锚固型洞顶锚杆	●		
		端部锚固型洞顶锚杆		●	
		仰拱		●	
		敞开式盾构		●	
超前支护作用	管棚（超前小导管）				

注：● 表示适用。

表 6-4 新意法支护措施的适用范围

隧道稳定措施	开挖面超前核心土状态									
	稳定（A 类）		短期稳定（B 类）			不稳定（C 类）				
	A_1	A_2	B_1	B_2	B_3	C_1	C_2	C_3	C_4	C_5
径向岩石锚杆	●		●							
加劲喷射混凝土①	●	●						●	●	●
玻璃纤维锚杆加固超前核心土			●	●		●	●	●		
玻璃纤维锚杆加固周围地层								●	●	
施作隧道仰拱			●		●	●	●	●		
机械预切槽					●					
从导洞内进行径向地层加固							●	●		
近水平方向旋喷注浆						●				
超前注浆或冻结										●
排水管排水	●	●	●	●	●	●	●		●	
管棚（超前小导管）		●								

① 通过钢拱架和/或钢筋网和/或玻璃纤维加劲。

4）实施阶段。设计完成后，进入实施阶段。根据设计确定的典型纵、横断面，进行隧道开挖和支护。对于软弱不良地层，一般需要进行超前加固，然后进行全断面机械化开挖，进度可达 50m/月。

5）监测阶段。监测和判识隧道掘进过程中的围岩变形，验证诊断和处治阶段所做预测的准确性，然后调整设计方案以平衡开挖面和洞壁的支护措施。在隧道施工及使用的全生命期内都要监测其安全性。

新意法隧道设计施工基本步骤如图 6-8 所示。

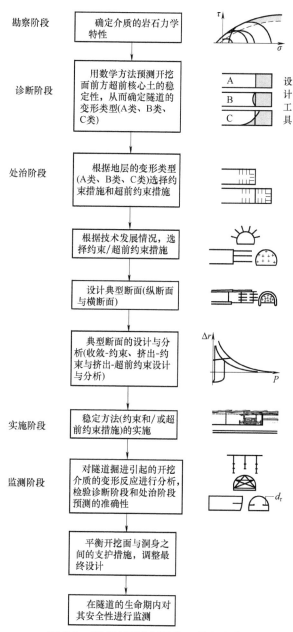

图 6-8　新意法隧道设计施工基本步骤

4. 施工原则

在困难地质情况下，采用新意法进行隧道设计和施工基于以下基本原则：

1）全断面开挖。

2）运用超前支护和加固措施减小或避免围岩变形。

3）在离开挖面较短的距离支护封闭以减小隧道变形。

6.2.5　挪威法

所谓挪威法（Norwegian Method of Tunnelling，简称 NMT），就是由正确的围岩评价、合理的支护参数和高性能的支护材料3部分组成的一种经济而安全的隧道施工方法。它是以挪威等国家为代表的北欧地区的隧道支护设计和施工方法，适用于公路隧道、铁路隧道、水工隧洞及大型地下工程，目前在我国的一些大型地下洞室的修建中也有一定的应用。

挪威法适宜较硬的地层。在硬岩中修建隧道，无论用钻爆法或掘进机开挖，节理和超挖都占主导地位。在此条件下，锚杆调动围岩强度的动力最强，因此，挪威法以锚杆作为隧道主要支护手段。由于可能超挖，刚性的钢架或格构梁不适宜于较硬的岩石。对裂缝中有黏土的岩体和不连续的可能不稳定的岩体，更加需要喷混凝土和钢纤维混凝土来对锚杆支护进行补强。确切地说，锚杆加钢纤维混凝土是已经设计出来的两种最可能有多种用途的隧道支护方法。这种锚杆加喷混凝土（或喷钢纤维混凝土）支护系统，既可用作隧道临时支护，又可用作隧道永久支护。因此，隧道只有锚杆和喷射混凝土等初期支护，没有国内常用的隧道二次衬砌，而是用钢纤维喷射混凝土层代替二次衬砌。挪威法对开挖轮廓形状适应性强，即使轮廓不平顺，喷射混凝土也能贴合岩面，远比钢拱架好，喷射混凝土承载环可视需要形成。围岩条件变化时，只需调整锚杆长度和间距以及喷射混凝土厚度便可适应，很少做混凝土二次衬砌。

隧道支护设计主要考虑围岩的条件。影响围岩分类的因素很多，主要是岩石（体）的物理力学性质、构造发育情况、承受的荷载、应力变形状态、几何边界条件、水的赋存状态等。目前主要采用定性和定量相结合的综合评判方法，以提高分类的可靠性。隧道施工时也经常会有无支护的围岩自稳性好的地段，但是大多数情况下需要选择合理的隧道支护手段，以达到既经济又满足安全的需要。正确的围岩评价体系主要是采用Q系统，即用巴顿法（N·Barton）进行围岩分级。

图6-9是挪威法基于Q值的围岩分类与支护类型选择图，该围岩分类法主要侧重于对围岩的

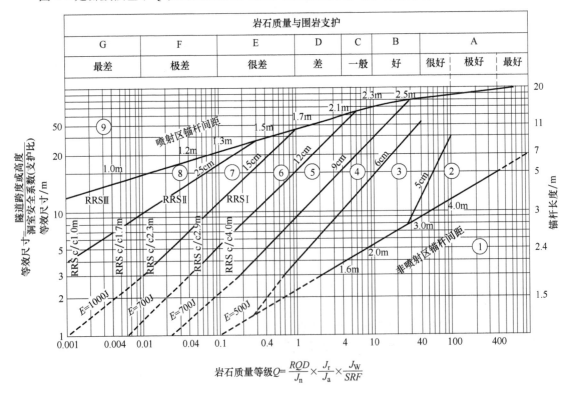

图6-9 基于Q值的围岩分类与支护类型选择

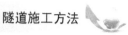

完整性考察，同时也考虑了地下水和地应力的影响，与国内公路隧道围岩分类相比较为直观。该图的横轴是 Q 值，围岩类别示于图的上侧；纵轴表示隧道等效尺寸 S，右侧表示对应的锚杆长度参考值。根据横轴 Q 和纵轴 S 的数值，将这张图划分为 9 个不同类型的支护区，对应 9 种不同的支护类型。实际应用时，当决定了 Q 值和 S 值后，即可由 Q 值和 S 值在图上确定一点，看这一点落在图中的哪个区域，即可确定隧道支护类型。

■ 6.3　隧道开挖方法

隧道开挖方法是指开挖成形的方法。在隧道施工中，开挖方法是影响围岩稳定的重要因素之一，因此应在保证围岩稳定或减少对围岩扰动的前提下，选择恰当的隧道开挖方法和掘进方式。当使用盾构法、TBM 法、顶进法进行隧道施工时，整个隧道断面是统一使用机械掘进开挖；当使用明挖法修建时，实则不存在隧道断面的开挖。故本节主要是针对钻爆法隧道施工中常见的各种不同断面开挖方法进行阐述。

6.3.1　开挖方法分类

按隧道开挖的横断面分部情形来分，隧道开挖方法可分为全断面开挖法、台阶开挖法以及各种分部开挖法等，具体可见表 6-5。随着隧道修建技术的发展，近年来还出现了一些在此基础上衍生出来的其他开挖方法，如 PBA 法（洞桩法）、侧洞法、柱洞法等。

表 6-5　隧道开挖方法

序号	名　称	横断面示意	纵断面示意
1	全断面法		
2	台阶法		
3	环形开挖预留核心土法		
4	单侧壁导坑法		

（续）

序号	名　称	横断面示意	纵断面示意
5	双侧壁导坑法		
6	中隔壁法（CD法）		
7	交叉中隔壁法（CRD法）		
8	中洞法		

6.3.2 全断面法

全断面开挖法就是按照隧道设计轮廓一次爆破成形，然后修建支护和衬砌的施工方法。其优点是：工序少，相互干扰小，便于组织施工和管理；工作空间大，便于组织大型机械化施工，速度快。但是由于全断面法是一次开挖成形，开挖跨度和高度越大，隧道周边围岩的变形和塑性区范围越大，拱脚处的应力集中也更为严重，隧道拱顶更不稳定，围岩自稳所要求的围岩自身强度较高。故全断面法主要适用于Ⅰ～Ⅲ级硬岩地层和Ⅱ级软岩地层，对于Ⅳ级硬岩地层，在采取超前锚杆、超前小管棚、超前预注浆等辅助施工措施加固后，也可采用全断面法施工，但应根据具体围岩情况适当缩短开挖进尺。浅埋段、偏压段和洞口段不宜采用全断面法开挖。

全断面法施工工序示意图如图6-10所示，施工工艺流程如图6-11所示。图6-11也是目前采用钻爆法进行隧道修建的一般性施工工艺流程，本节所介绍的其他开挖方法的主要施工工艺流程与此类似（也包含开挖、支护、出渣、衬砌及辅助作业等主要工序），只是不同的开挖方法在此基础上根据分部开挖步序和相应的作业流程进行了调整和重新组织，因此在后续介绍的隧道开挖方法相关内容的阐述中，相应的施工工艺流程就不再赘述。

采用全断面法，由于施工空间较大，对于组织机械化作业、提高施工效率和保障施工质量是比较有利的。目前隧道的钻爆法施工中，一般按无轨和有轨两种运输模式分别进行或配套组合，组成开挖、装运、衬砌、喷锚、辅助作业5条基本作业线。

6.3.3 台阶法

台阶法是将整个断面分层自上而下进行开挖的施工方法，因纵向断面成台阶状而得名。台阶法分为二台阶法、三台阶法以及三台阶预留核心土法。

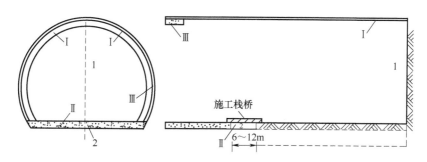

图 6-10 全断面法施工工序示意图

1—开挖 2—检底 Ⅰ—初期支护 Ⅱ—铺底混凝土 Ⅲ—拱墙混凝土

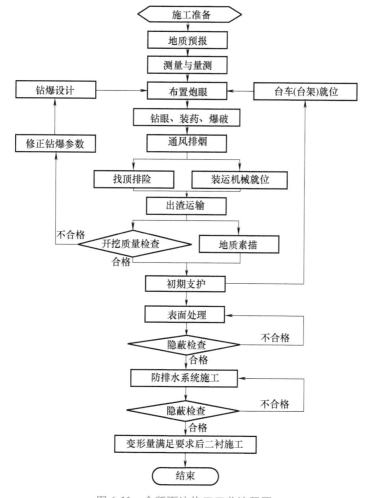

图 6-11 全断面法施工工艺流程图

1. 二台阶法

二台阶法就是将隧道开挖断面分为上半断面和下半断面两次开挖成型。根据台阶的长度，

隧 道 工 程

又可以分为长台阶法、短台阶法和超短台阶法 3 种（图 6-12）。施工中应采用何种台阶法，要根据初期支护形成闭合断面的时间要求（围岩越差，闭合时间要求越短）和上断面施工所用的开挖、支护、出渣等机械设备施工场地大小的要求两个条件来决定。在软弱围岩中应以前一条件为主，兼顾后者，确保施工安全；在围岩条件较好时，主要考虑是如何更好地发挥机械效率，保证施工的经济性，故只需考虑后一条件。

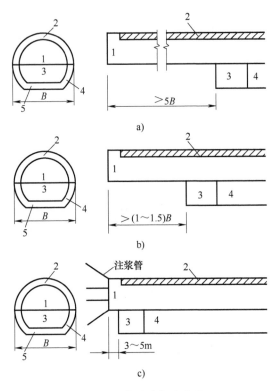

图 6-12　台阶法长度分类
a）长台阶法　b）短台阶法　c）超短台阶法
1、3—开挖　2、4、5—支护

（1）长台阶法　长台阶法开挖断面小，有利于维持开挖面的稳定，适用范围较全断面法广，一般适用Ⅱ～Ⅳ级围岩。上、下断面相距较远，一般上台阶超前 50m 以上或大于 5 倍洞跨。

优缺点及适用条件。长台阶法有足够的工作空间和相当的施工速度，上部开挖支护后，下部作业就较为安全，但上下部作业有一定的干扰。相对于全断面法来说，长台阶法一次开挖的断面和高度都比较小，只需配备中型钻孔台车即可施工，而且，对维持开挖面的稳定也十分有利。所以，它的适用范围较全断面法广泛，凡是在全断面法中开挖面不能自稳，但围岩坚硬不要用仰拱封闭断面的情况，都可采用长台阶法。

（2）短台阶法　短台阶法适用于Ⅲ～Ⅴ级围岩，台阶长度小于 5 倍但大于 1 倍洞跨。上下断面采用平行作业，其作业顺序和长台阶相同。

优缺点及适用条件。短台阶法可缩短支护结构闭合的时间，改善初期支护的受力条件，有利于控制隧道收敛速度和量值，因此适用范围很广，Ⅲ～Ⅴ级围岩都能采用，尤其适用于Ⅳ、Ⅴ级围岩，是新奥法施工中经常采用的方法。缺点是上台阶出渣时对下半断面施工的干扰较大，不能全部平行作业。为解决这种干扰可设置由上半断面过渡到下半断面的坡道，将上台阶的石渣直

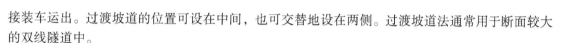

接装车运出。过渡坡道的位置可设在中间，也可交替地设在两侧。过渡坡道法通常用于断面较大的双线隧道中。

（3）超短台阶法 超短台阶法是全断面开挖的一种变异形式，适用于Ⅴ～Ⅵ级围岩，台阶仅超前3~5m，只能采用交替作业。

优缺点及适用条件。由于超短台阶法初期支护全断面闭合时间更短，更有利于控制围岩变形，在城市隧道施工中，能更有效地控制地表沉陷。所以，超短台阶法适用于膨胀性围岩和土质围岩等要求及早闭合断面的场合，当然，也适用于机械化程度不高的各类围岩地段。缺点是上下断面相距较近，机械设备集中，作业时相互干扰较大，生产效率较低，施工速度较慢。在较弱围岩中施工时，应特别注意开挖工作面的稳定性，必要时可对开挖面进行预加固或预支护。

2. 三台阶法/三台阶临时仰拱法

三台阶法是将隧道分成三部分开挖，施工时先开挖上台阶，待开挖到一定长度后再同时开挖中台阶及下台阶，形成上、中、下三台阶同时并进的施工方法，如图6-13所示。

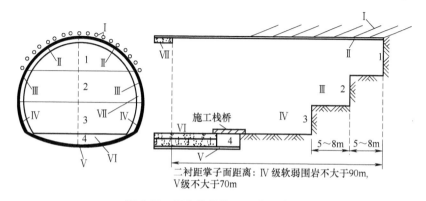

图6-13 三台阶法施工工序示意图

1—上台阶开挖 2—中台阶开挖 3—下台阶开挖 4—仰拱开挖

Ⅰ—超前小导管 Ⅱ—上台阶初期支护 Ⅲ—中台阶初期支护 Ⅳ—下台阶初期支护 Ⅴ—仰拱初期支护

Ⅵ—仰拱填充混凝土 Ⅶ—拱墙混凝土

Ⅳ级围岩段采用三台阶法开挖，Ⅳ级围岩断层破碎带及影响带、节理密集带和Ⅴ级围岩段采用三台阶临时仰拱法。三台阶开挖法将隧道断面分上、中、下三台阶来开挖，爆破施工分三次进行，可以减小爆破对围岩的扰动，保护围岩。上台阶开挖后为中下台阶的开挖创造临空面，降低炸药消耗。同时，三台阶开挖可减小隧道开挖后的空间效应，初期支护能尽早施工，可充分发挥围岩的自稳、自承能力，获得安全的地下空间。

当初期支护不封闭就难以控制围岩的稳定时，可采用三台阶临时仰拱法（图6-14）。三台阶临时仰拱法将大断面划分成自上而下的三个小单元进行开挖，以缩小开挖断面；采用临时仰拱使每个小单元及时封闭成环，形成环向受力，从而有效地发挥初期支护整体受力效果，阻止支护结构变形。根据围岩的稳定性，可以每个台阶均设置临时仰拱封闭，也可以仅第一个台阶设置临时仰拱。

3. 三台阶预留核心土法

三台阶预留核心土法也称为三台阶七步法，是以弧形导坑开挖留核心土为基本模式，分上、中、下三个台阶七个开挖面，各部位的开挖与支护沿隧道纵向错开，平行推进的施工方法，如图6-15所示。三台阶七步法适用于开挖断面为 $100 \sim 180 m^2$、具备一定自稳条件的Ⅳ、Ⅴ级围岩地段隧道的施工。

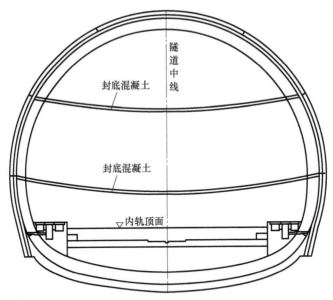

图 6-14 三台阶临时仰拱法示意图

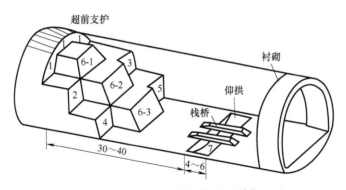

图 6-15 三台阶七步开挖透视图（单位：m）

三台阶七步法具有以下技术特点：

1）施工空间大，方便机械化施工，可以多作业面平行作业。部分软岩或土质地段可以采用挖掘机直接开挖，工效较高。

2）在地质条件发生变化时，便于灵活、及时地转换施工工序，调整施工方法。

3）适应不同跨度和多种断面形式，初期支护工序操作便捷。

4）在台阶法开挖的基础上，预留核心土，左右错开开挖，利于开挖工作面稳定。

5）当围岩变形较大或突变时，在保证安全和满足净空要求的前提下，可尽快调整闭合时间。

6.3.4 分部开挖法

分部开挖法是将隧道断面分部开挖逐步成型，且一般将某部超前开挖，故也可称为导坑超前开挖法。分部开挖法主要适用于地层较差的大断面地下工程的施工，尤其是限制地表下沉较为严格的城市地下工程的施工，包括环形开挖预留核心土法、单侧壁导坑法、双侧壁导坑法、中隔壁法（CD法）、交叉中隔壁法（CRD法）等。

1. 环形开挖预留核心土法

环形开挖预留核心土法也称为台阶分部开挖法，是指在上部断面以环形导坑超前，支护好后开挖上部核心土，其次开挖下半部两侧，支护好以后再开挖中部核心土的方法，如图6-16所示。

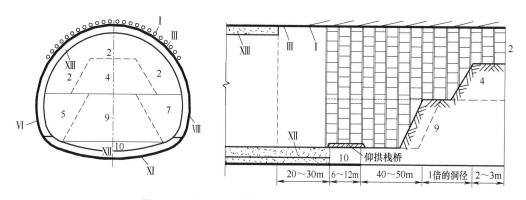

图6-16 环形开挖预留核心土法施工工序示意图

2—上部环形导坑开挖 4—上部核心土开挖 5、7—下部两侧开挖 9—下部核心土开挖 10—仰拱开挖

Ⅰ—超前支护 Ⅲ—上部初期支护 Ⅵ、Ⅷ—下部两侧初期支护 Ⅺ—仰拱初期支护

Ⅻ—仰拱填充混凝土 ⅩⅢ—拱墙混凝土

这种方法适用于一般土质或易坍塌的软弱围岩，常用于Ⅵ级围岩单线和Ⅴ～Ⅵ级围岩双线隧道掘进。由于拱形开挖高度较小，或地层松软锚杆不易成型，所以施工中不设或少设锚杆。环形开挖进尺为0.5～1.0m，不宜过长。上部核心土和下台阶的距离，一般双线隧道为1倍洞跨，单线隧道为2倍洞跨。

优缺点及适用条件：

因为上部留有核心土支挡开挖面，而且能迅速及时地施作拱部初期支护，所以开挖工作面稳定性好。和台阶法一样，核心土和下部开挖都是在拱部初期支护保护下进行的，施工安全性好。与超短台阶法相比，台阶长度可以加长，减少上下台阶施工干扰；而与侧壁导坑法相比，施工机械化程度较高，施工速度可加快。虽然核心土增强了开挖面的稳定，但开挖中围岩要经受多次扰动，而且断面分块多，支护结构形成全断面封闭的时间长，这些都有可能使围岩变形增大。因此，它常要结合辅助施工措施对开挖工作面及其前方岩体进行预支护或预加固。

2. 单侧壁导坑法

单侧壁导坑法是先在隧道开挖断面的一侧设置导坑，并设置临时初期支护侧壁构件封闭成环，再分部开挖剩余部分的施工方法，如图6-17所示。

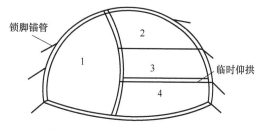

图6-17 单侧壁导坑法开挖示意图
（1～4表示开挖顺序）

侧壁导坑尺寸应本着充分利用台阶的支承作用，并考虑机械设备和施工条件而定。一般侧壁导坑宽度不宜超过0.5倍洞宽，高度以到起拱线为宜，这样，导坑可分二次开挖和支护，不需要架设工作平台，人工架立钢支承也较方便。导坑与台阶的距离没有硬性规定，但一般应以导坑施工和台阶施工不发生干扰为原则，

所以在短隧道中可先挖通导坑，而后再开挖台阶。上、下台阶的距离则视围岩情况参照短台阶法或超短台阶法拟定。

优缺点及适用条件：单侧壁导坑法是将断面横向分成3块或4块，每步开挖的宽度较小，而且封闭型的导坑初期支护承载能力大，所以，单侧壁导坑法适用于断面跨度大，地表沉陷难于控制的软弱松散围岩。

3. 双侧壁导坑法

双侧壁导坑法也称为眼镜工法，是在隧道开挖断面的两侧都布置导坑，并都对其设置临时初期支护侧壁构件封闭成环，再分部开挖隧道开挖面中间部分的方法，如图6-18所示。

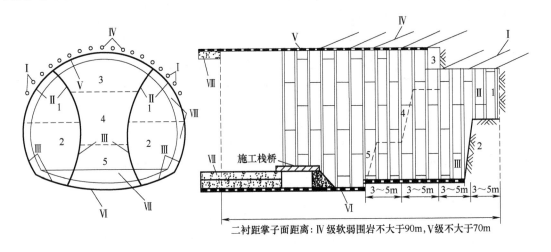

图 6-18　双侧壁导坑法施工工序示意图

1—两侧上部开挖　2—两侧下部开挖　3—中壁上部开挖　4—中壁中部开挖　5—中壁下部开挖

Ⅰ—两侧超前小导管　Ⅱ—两侧上部初期支护　Ⅲ—两侧下部初期支护　Ⅳ—拱部超前小导管　Ⅴ—中壁上部初期支护

Ⅵ—中壁下部初期支护　Ⅶ—仰拱填充混凝土　Ⅷ—拱墙混凝土

该方法适用于Ⅴ～Ⅵ级围岩双线或多线隧道掘进。一般将开挖断面分成4块：左侧壁导坑、右侧壁导坑、上台阶、下台阶。导坑尺寸拟定的原则同单侧壁导坑法，但宽度不宜超过断面最大跨度的1/3。左、右侧导坑错开的距离，应根据开挖一侧导坑所引起的围岩应力重分布的影响不致波及另一侧已成导坑的原则确定。

优缺点及适用条件：

当隧道跨度很大，地表沉陷要求严格，围岩条件特别差，单侧壁导坑法难以控制围岩变形时，可采用双侧壁导坑法。现场实测表明，双侧壁导坑法所引起的地表沉陷仅为短台阶法的1/2。双侧壁导坑法虽然开挖断面分块多，扰动大，初期支护全断面闭合的时间长，但每个分块都是在开挖后立即各自闭合的，所以在施工中变形几乎不发展。双侧壁导坑法施工安全，但速度较慢，成本较高。

4. 中隔壁法（CD法）

中隔壁法是将隧道分为左右两大部分进行开挖，先在隧道一侧采用台阶法自上而下分层开挖，待该侧初期支护和中隔墙临时支护完成，且喷射混凝土达到设计强度70%以上时再分层开挖隧道的另一侧，其分部次数及支护形式与先开挖的一侧相同，如图6-19所示。

该开挖方法在近年国内的铁路隧道和城市地下工程中的实践中，被证明是通过软弱、浅埋、大跨度隧道的最有效的施工方法之一。它一般适用于Ⅴ～Ⅵ级围岩浅埋的双线隧道，隧道断面跨度大、地表沉陷量要求较小。中隔墙开挖时，应沿一侧自上而下分为二部或三部进行，每开挖一部均应及时施作锚喷支护，安设钢架，施作中隔壁；之后再开挖中隔墙的另一侧，其分部次数及支护形式与先开挖的一侧相同。各部开挖时，周边轮廓应尽量圆顺，减小应力集中；各部的底部高程应与钢架接头处一致；另一侧开挖应及时形成全断面封闭；左右两侧纵向间距一般为30～50m；中隔壁设置为弧形或圆弧形。

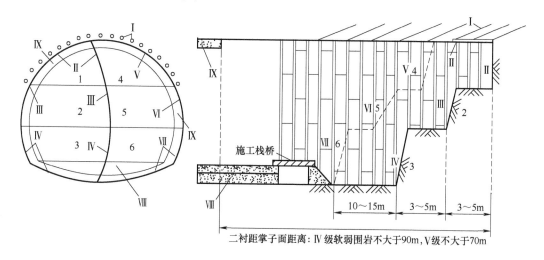

图 6-19　中隔壁法施工工序示意图

1—左侧上部开挖　2—左侧中部开挖　3—左侧下部开挖　4—右侧上部开挖　5—右侧中部开挖　6—右侧下部开挖
Ⅰ—超前小导管　Ⅱ—左侧上部初期支护　Ⅲ—左侧中部初期支护　Ⅳ—左侧下部初期支护　Ⅴ—右侧上部初期支护
Ⅵ—右侧中部初期支护　Ⅶ—右侧下部初期支护　Ⅷ—仰拱填充混凝土　Ⅸ—拱墙混凝土

5. 交叉中隔壁法（CRD法）

交叉中隔壁法仍是将隧道分侧分层进行开挖，分部封闭成环。每开挖一部均及时施作初期支护，施作中隔壁，安装底部临时仰拱。先挖一侧超前的上、中部，待初期支护完成且喷射混凝土达到设计强度70%以上时，再开挖隧道另一侧的上、中部，然后开挖一侧的下部，最后开挖另外一侧的下部，左右交替开挖。其施工工序示意图如图6-20所示。

交叉中隔壁法适用于Ⅴ～Ⅵ级围岩浅埋的双线或多线隧道。采用交叉中隔壁法施工，除满足中隔壁法的要求外，尚应满足：设置临时仰拱，步步成环；自上而下，交叉进行；中隔壁及交叉临时支护，在浇筑二次衬砌时，应逐段拆除。该方法能有效地阻止支护结构收敛变形和下沉，在控制地面沉降和土体水平位移等方面优于其他开挖方法，但拆除中隔壁时风险较大，工序烦琐，施工速度慢。

6.3.5 其他开挖法

在修筑暗挖地铁车站、地下储库、地下商业街等隧道和地下洞室时，经常会出现大空间的施工问题。当这些建筑物埋深较浅且位于软弱不稳定的围岩中时，一般采用浅埋暗挖法施工。经过多年的实践，我国在此类地下工程尤其是地铁车站的施工方法方面已经积累了丰富的理论认识和实践经验，也逐步总结出了一批新的大跨度隧道及地下空间开挖方法，如中洞法、柱洞法、侧洞法、PBA法（洞桩法）以及其他衍生的方法。

（1）中洞法　中洞法施工就是先开挖中间部分（中洞），在中洞内施作梁、柱结构，然后再

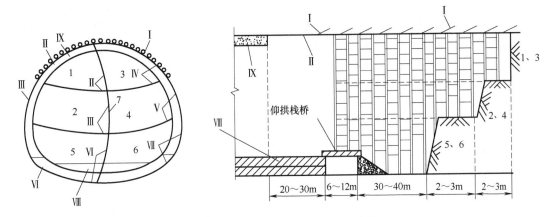

图 6-20　交叉中隔壁法施工工序示意图

1—左侧上部开挖　2—左侧中部开挖　3—右侧上部开挖　4—右侧中部开挖　5—左侧下部开挖

6—右侧下部开挖　7—拆除中隔壁及临时仰拱

Ⅰ—超前小导管　Ⅱ—左侧上部初期支护成环　Ⅲ—左侧中部初期支护成环　Ⅳ—右侧上部初期支护成环

Ⅴ—右侧中部初期支护成环　Ⅵ—左侧下部初期支护成环　Ⅶ—右侧下部初期支护成环

Ⅷ—仰拱填充混凝土　Ⅸ—拱墙二次衬砌

开挖两侧部分（侧洞），并逐渐将侧洞顶部荷载通过中洞初期支护转移到梁、柱结构上。这种施工方法，由于中洞的跨度较大，一般采用 CD 法、CRD 法或双侧壁导坑法等施工。

（2）柱洞法　柱洞法是先施工柱洞，建立起梁、柱支撑体系，然后施工两个柱洞中间和两侧部分，此处以三跨双柱的地铁车站结构形式为例进行介绍该施工方法。施工中将整个开挖断面横向分为侧洞、有柱的柱洞和中洞。先对称施工柱洞，可用台阶法开挖；柱洞做好后，在洞内再做底梁、立柱和顶梁，建立起梁、柱支撑体系。然后，施工两个柱洞中间的初期支护和二次衬砌，形成整个大中洞稳定体系。再对称自上而下施工两侧洞及其初期支护，最后纵向分段自上而下对称施作二次衬砌，完成结构闭合。

（3）侧洞法　侧洞法是先开挖两侧部分（侧洞），在侧洞内做梁、柱结构，然后再开挖中间部分（中洞），并逐渐将中洞顶部荷载通过侧洞初期支护转移到梁、柱上。

（4）PBA 法（洞桩法）　P—桩（Pile）、B—梁（Beam）、A—拱（Arc），即由边桩、中桩（柱）、顶梁、底梁、顶拱共同构成初期受力体系承受施工过程的荷载，在顶盖的保护下，逐层向下开挖土体，施作内部结构，最终形成由初期衬砌+内层衬砌组合而成的永久承载体系。

以上工法各有其适用范围和适用条件，但是总体上来看，这些工法的共同点都是将大断面化整为零，先进行导洞施工，在导洞内搭建传力支撑体系，然后进行扣拱施工，将拱部土压力传递到基底，之后，在拱部衬砌的保护下，进行大部分主体结构的施工。施工过程安全，对拱顶和地面沉降控制较好，一般适用于软岩或土质地层中修建大跨度或大断面隧道及其他地下结构。基于这样的思路，在工程实践中又出现了一些衍生出来的其他施工方法，如拱盖法等，读者有兴趣可查阅其他相关书籍。

 思考题与习题

1. 请简述隧道施工方法种类及选择依据。

2. 新奥法的基本原理是什么？核心要素包括哪些？

3. 新奥法基本原则包括哪些要点?

4. 浅埋暗挖法的基本原理是什么? 与新奥法有哪些区别?

5. 新意法（岩土控制变形分析法）的基本原理是什么? 与新奥法有哪些区别?

6. 请比较各种隧道开挖方法的特点，并简要说明各种开挖方法的适用条件。

 本章资源二维码

第 6 章资源

第 7 章　钻爆法隧道施工技术

【学习目标】
1. 掌握钻爆法隧道的主要施工流程（钻爆开挖、出渣及运输、初期支护和二次衬砌）和相应工序的技术要点。
2. 熟悉隧道监控量测的目的、必测项目及其量测方法，了解信息反馈的要点。
3. 熟悉隧道防排水体系及其施作要点。
4. 了解钻爆法隧道施工机械化配置的作用和趋势。

钻爆法是目前山岭隧道的主要施工方法，也是我国铁路、公路隧道最常采用的施工方法，主要施工工序包括钻爆开挖、出渣运输、初期支护、监控量测、二次衬砌及其他必要工序，本章对相关技术要点进行介绍。

7.1　钻爆开挖

目前山岭隧道多采用钻眼爆破的方式进行开挖，即先钻炮孔，再装炸药并起爆开挖轮廓线范围内的岩体。在开挖作业中，应做好爆破方案的设计，并采用光面爆破技术，尽量减少对围岩的扰动并控制好超挖、欠挖，保护围岩的自承能力。

7.1.1　爆炸基本知识

1. 炸药的爆炸

炸药的爆炸是一种极迅速的化学变化，能在极短的时间内能释放出大量能量并对周围介质产生巨大的破坏作用。炸药爆炸具有反应的放热性、生成气体产物、反应的快速性的基本特征，这也是构成爆炸的必要条件，也称为爆炸的三要素。

2. 隧道工程常用的炸药

目前隧道工程中常用的炸药种类包括岩石硝铵炸药、乳化炸药、水胶炸药、浆状炸药、铵油炸药、煤矿许用炸药。国产光面爆破炸药有 1 号岩石硝铵炸药、2 号岩石硝铵炸药、低爆速炸药、2 号煤矿水胶炸药、T-1 水胶炸药等类型。

隧道爆破使用的炸药一般均由工厂预制或现场加工成药卷形式，通常药卷直径为 22mm、25mm、32mm、35mm、40mm 等，长度为 165～500mm，可按爆破设计的装药结构和用药量选择使用。风钻凿眼的浅眼爆破在无水的情况下常选用标准型的2号岩石硝铵炸药,在隧道内遇有水时可选用防水型的炸药,以防炸药遇水失效而拒爆。隧道内遇到坚硬岩石时,最好选用猛度大的乳胶炸药、硝化甘油炸药,以破碎岩体和取得较高的炮眼利用率。周边光面爆破要采用小直径的低爆速、低猛度、高爆力的专用炸药,以取得优质的爆破效果。

3. 起爆器材及起爆方法

起爆器材的品种可分为起爆材料(图7-1)和传爆材料两大类。各类雷管属于起爆材料,导火索、导爆管属于传爆材料,导爆索既有起爆作用又有传爆作用。爆破工程是通过工业炸药的爆炸实施的,起爆方法如图7-2所示,一种是通过雷管的爆炸起爆,一种是用导爆索爆炸产生的能量去引爆,而导爆索本身需要先用雷管将其引爆。

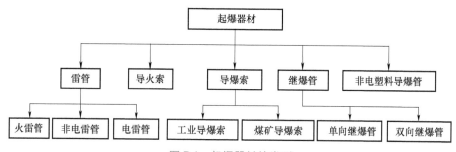

图7-1　起爆器材的类型

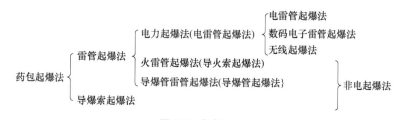

图7-2　起爆方法

(1)火雷管起爆法　火雷管起爆法是利用导火索传递火焰引爆雷管再起爆炸药的一种方法,起爆材料包括导火索、火雷管和点火材料。火雷管起爆法的价格较低,使用比较简单灵活,因此应用比较广泛,但是由于其安全性较差,加上其他先进起爆方法相继产生,火雷管起爆法终将被淘汰。

1)火雷管。在工业雷管中,火雷管是最简单的一种品种,其结构如图7-3所示。

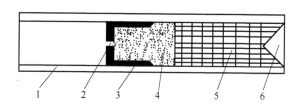

图7-3　火雷管结构示意图

1—管壳　2—传火孔　3—加强帽　4—正起爆药　5—加强药　6—聚能穴

2)导火索。导火索的用途是在一定时间内将火焰传递给火雷管,使火雷管在火花的作用下爆炸。导火索的结构如图7-4所示。

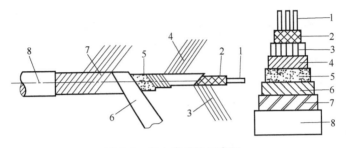

图 7-4 导火索结构示意图

1—芯线 2—芯索 3—内层线 4—中层线 5—防潮层 6—纸条层 7—外线层 8—涂料层

3）点火材料。点火材料用来点燃导火索的药芯，它包括自制导火索段、点火线、点火棒、点火筒等。

（2）导爆索起爆法 导爆索可以直接引爆工业炸药，用导爆索组成的起爆网路可以起爆群药包，但导爆索网路本身需要雷管先将其引爆。导爆索起爆网路由导爆索、继爆管和雷管组成。

1）导爆索。导爆索是用单质猛炸药作为索芯，用棉、麻、纤维及防潮材料包缠成索状的起爆器材。普通导爆索的结构与导火索相似。

2）继爆管。继爆管是一种专门与导爆索配合使用，具有毫秒延期作用的起爆器材，可以实现毫秒延期爆破，其结构如图7-5所示。

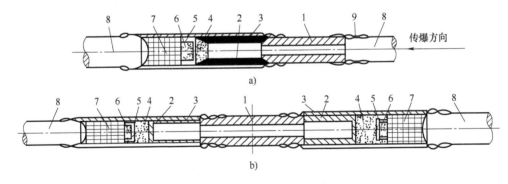

图 7-5 继爆管结构示意图

a）单向继爆管 b）双向继爆管

1—消爆管 2—大内管 3—外套管 4—延期药 5—加强帽 6—正起爆药 7—副起爆药 8—导爆索 9—连接管

导爆索起爆网路的形式比较简单，由主干线、支线和继爆管组成，分为齐发起爆网路和毫秒微差起爆网路两种。常见的导爆索起爆网路形式如图7-6、图7-7所示。

（3）导爆管雷管起爆法 导爆管雷管起爆法又称为导爆管起爆法或塑料导爆管起爆系统法等，它是利用导爆管传递冲击波引爆雷管，进而直接或通过导爆索起爆法起爆工业炸药。导爆管起爆网路由击发元件、连接元件、传爆元件和起爆元件组成。

1）塑料导爆管。塑料导爆管内壁涂有一层薄而均匀的高能混合炸药，当导爆管被击发后，管内产生冲击波并进行传播，管壁内表面上薄层炸药产生爆轰，爆轰反应释放出的热量及时不断地补充沿导爆管内传播的冲击波，从而使爆轰波能以一个恒定的速度传爆。

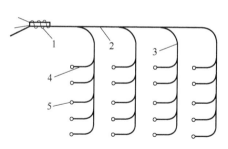

图 7-6　齐发起爆网路

1—起爆雷管　2—主导爆索　3—支导爆索

4—引爆索　5—药包

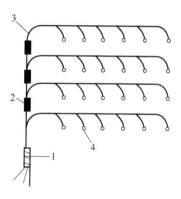

图 7-7　毫秒微差起爆网路

1—起爆雷管　2—继爆管

3—导爆索　4—药包

2）导爆管雷管。导爆管雷管为非电毫秒雷管，用塑料导爆管引爆，其结构如图 7-8 所示。导爆管雷管在网路中又称为起爆元件，可以直接引爆炸药、导爆索或引爆下一级导爆管。

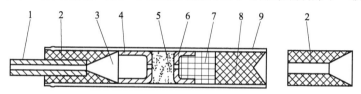

图 7-8　非电毫秒雷管结构示意图

1—塑料导爆管　2—塑料连接套　3—消爆空腔　4—空信帽　5—延期药　6—加强帽

7—正起爆药　8—副起爆药　9—金属管壳

3）导爆管连接元件。分为带有传爆雷管（连接块）和不带传爆雷管（连通器）两大类。

4）导爆管击发元件。凡能产生强烈冲击波的器材都能引爆导爆管，主要有击发枪、击发笔、发爆器配起爆头、导爆索、电雷管、火雷管等。

导爆管起爆法的连接形式基本上可以分为 3 类：簇连法、并串联连接法、闭合网路连接法。部分网路连接示例如图 7-9 和图 7-10 所示。

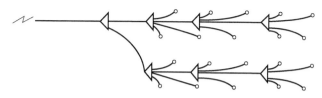

图 7-9　导爆管并串联起爆网路（连通器）示意图

（4）电力起爆法　电力起爆法是利用电能引爆电雷管进而直接或间接起爆工业炸药的起爆方法，起爆器材包括电雷管、导线、起爆电源和测量仪表。电爆网路的形式和计算方法是以电工学中的欧姆定律为基础的，连接方式有串联、并联和混联 3 种。

1）电雷管。电雷管的起爆炸药部分与火雷管相同，区别仅在它采用了电力引火装置，并引出两根绝缘导电线（脚线）。常用的电雷管有瞬发电雷管、延期电雷管（秒延期电雷管、毫秒延期电雷管）以及特殊电雷管等。几种电雷管的结构如图 7-11～图 7-13 所示。

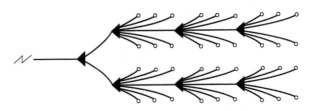

图 7-10　导爆管并串联起爆网路（连接块）示意图

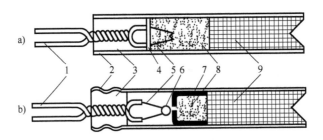

图 7-11　瞬发电雷管结构

a）直插式　b）引火式

1—脚线　2—管壳　3—密封塞　4—纸垫　5—桥丝　6—引火头　7—加强帽　8—正起爆药　9—副起爆药

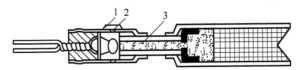

图 7-12　秒延期电雷管结构

1—蜡纸　2—排气孔　3—精制导火索

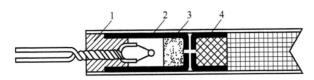

图 7-13　毫秒延期电雷管结构

1—塑料塞　2—延期内管　3—延期药　4—加强帽

2）导线。导线一般采用绝缘良好的铜线或铝线，又分为端线、连接线、区域线和主线。

3）起爆电源。常用起爆电源包括电池、交流电源、起爆器。

7.1.2　爆破基础理论

1. 单点药包爆破作用

为了分析岩体的爆破破碎机理，通常将装药简化为在一个自由面条件下球形药包，其爆破作用原理是其他形状药包爆破作用原理的基础。

（1）内部作用　当药包在岩体中的埋置深度很大，其爆破作用达不到自由面时，爆破作用为内部作用。爆炸生成的高压气体以突然冲击的方式作用在其周围的介质上，产生强大的冲击波（动压力）。这种冲击波以同心圆的形式按辐射状向四周介质传播，破坏周围介质，同时爆炸生成气体（作用在周围介质上的膨胀力）也对介质产生破坏作用。冲击波和膨胀力在介质中呈辐射状传播，传播速度随着远离药包中心而逐渐减弱，所以周围介质受破坏的程度也随着远离药包而逐渐减小。如图7-14所示，岩体的爆破破坏范围可划分为粉碎区（压缩区）、裂隙区（破裂区）、弹性振动区（震动区），破裂区的半径叫作爆破作用半径。

（2）外部作用 当集中药包埋置在靠近地表（临空面）的岩石中时，药包爆破后除产生内部的破坏作用以外，还会在地表处产生破坏作用，称为外部作用。当药包爆炸以后，压缩应力波到达自由面时便反射回来，变为性质和方向完全相反的拉伸应力波，引起岩石脱落和径向裂隙的扩展。此外，当

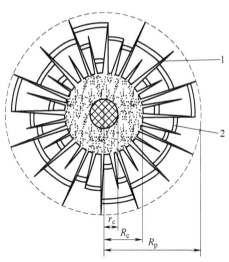

图7-14 爆破的内部作用

1—径向裂隙 2—环向裂隙 r_c—药包半径（m）
R_c—粉碎区半径（m） R_p—破裂区半径（m）

药包爆炸产生外部作用时，除了将岩石破坏以外，还会将部分破碎了的岩石抛掷，在地表形成爆破漏斗（图7-15）。除了图7-16中所示的最小抵抗线 W、爆破漏斗半径 r、爆破作用半径 R 以外，在爆破工程中还有一个常用的指数，称为爆破作用指数 n（$n=r/W$）。

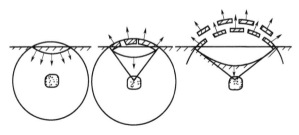

图7-15 反射拉应力波破坏作用

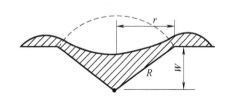

图7-16 爆破漏斗

W—最小抵抗线 r—爆破漏斗半径
R—破坏作用半径

根据上述基本原理可知，岩石的临空面越多，则爆破效果也越好。因此，隧道工作面爆破开挖时，前一炮首先应炸出一个槽腔，为后一炮开辟新的临空面，提高隧道爆破开挖效果。

2. 成组药包爆破作用

在实际工程中，往往通过使用成组药包爆破来达到预期目的。成组药包爆破的应力分布变化情况和岩石破坏过程要比单药包爆破时复杂得多。以相邻两药包为例，当相邻两药包齐发爆破时，爆轰引起的应力波以同心圆方式沿两炮孔的连心线相向传播，应力波相遇时发生相互叠加，使应力重新分布，在沿炮孔连心线上的应力得到加强，而在炮孔连心线中段两侧附近则出现应力降低区。

炮孔连心线上应力加强的原因：一方面是来自两孔的压缩应力波将在连线中点相遇，在连线方向上产生应力叠加，其切向拉应力加强（图7-17），有助于形成连线裂隙。另一方面是炮孔

内爆生气体的准静态作用，使两炮孔在各自连线方向上产生切向伴生拉应力，由于炮孔的应力集中，产生的切向伴生拉应力在炮孔壁炮孔连线方向上最大，裂隙将由孔口开始向炮孔连线发展，使两炮孔沿中心连线断裂。此外，来自炮孔的压缩应力波遇到自由面反射后，反射拉伸应力叠加，也将使两装药炮孔连线上的拉应力增大，使得炮孔连线处容易被拉断。至于产生应力降低区的原因，如图 7-18 所示，由于应力波的叠加作用（相互抵消），在两药包的辐射状应力波作用线成直角相交处产生应力降低区。理解这个过程的基本原理，将会对后续学习光面爆破和预裂爆破的原理起到重要作用。

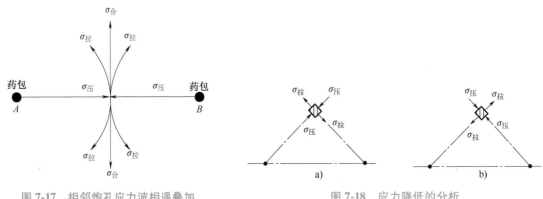

图 7-17　相邻炮孔应力波相遇叠加　　　　图 7-18　应力降低的分析

在多炮孔爆破时，装药的密集（临近）系数，也称为炮孔密集（临近）系数，是影响爆破效果的重要因素。装药密集系数 m 定义为相邻炮孔的间距 E 与最小抵抗线 W 的比值，即 $m = E/W$。根据工程实践，当 $m = 0.8 \sim 1$ 时，两装药形成一个爆破漏斗，且漏斗底部平坦，漏斗体积最大（图 7-19c）。对于爆破开挖轮廓的控制来说，这个系数 m 的选取较为关键。

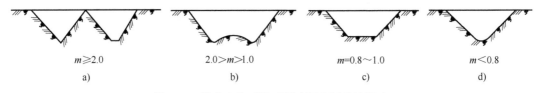

图 7-19　装药密集系数对爆破漏斗形状的影响

3. 光面爆破和预裂爆破

在爆破工程中，往往需要将既定范围内的岩石进行适度破碎，降低对爆破范围以外岩石的破坏和损伤，最大限度地保持岩石原有的强度和稳定性，并降低对爆破地震效应的影响。因此，经过长期的研究和实践，在爆破工程中发展出了光面爆破和预裂爆破，爆破效果如图 7-20 所示。

（1）光面爆破和预裂爆破的定义　光面爆破是沿开挖边界布置密集炮孔，采取不耦合装药或装填低威力炸药，在主爆区之后起爆，以形成平整轮廓的爆破作业。光面爆破后开挖轮廓成形规整，围岩保持稳定，不产生或很少产生炮震裂隙，能为施工创造舒适安全的条件，加快施工进度，节省隧道工程造价。

图 7-20　隧道光面爆破开挖效果

预裂爆破是沿开挖边界布置密集炮孔，采取不耦合装药或装填低威力炸药，在主爆区之前起爆，从而在爆区与保留区之间形成预裂缝，以减弱主爆区爆破时对保留岩体的破坏并形成平整轮廓面的爆破技术。预裂爆破可以控制软质岩体开挖轮廓线，使之光滑、平整，减少对保留区围岩产生的扰动和破坏。

二者相同点：均属于控制爆破，采取不耦合装药或装填低威力炸药，其目的都是使开挖轮廓线光滑、平整，减少超欠挖和对围岩的扰动。二者不同点：光面爆破适用于硬岩，预裂爆破适用于软岩；光面爆破和预裂爆破的炮眼起爆顺序不同。

（2）爆破成缝机理　光面爆破和预裂爆破的成缝机理大同小异，不同之处是光面爆破有侧向自由面（先爆区域形成的临空面），使应力波和爆生气体的能量向抵抗线方向转移，可以使作用于隧道开挖轮廓线外岩体的能量减弱，因此光面爆破的壁面质量优于预裂爆破。

目前对光面爆破成缝机理的认识大致是：光面爆破裂缝面的形成是应力波和爆炸气体共同作用的结果，即应力波产生初始裂缝，随后高压气体渗入将使裂缝进一步扩展并贯通，如图 7-21 所示。对预裂爆破来说，比较公认的成缝机理可以归纳为 4 个方面的共同作用：不耦

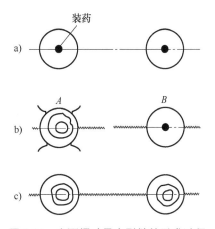

图 7-21　光面爆破贯穿裂缝的形成过程
a）炮孔和装药　b）先爆孔对相邻
炮孔的影响　c）光面的形成

合装药使炮孔压力不致压碎孔壁，相邻炮孔连心线上合成拉应力大于岩石的极限动态抗拉强度，相邻炮孔互为导向空孔抑制其他方向形成径向裂缝，同时起爆预裂孔保证预裂成缝。

7.1.3　掏槽爆破技术

隧道开挖时只有一个临空面，为给其他炮眼创造新的临空面，必须先在开挖面上炸出一个槽腔（掏槽）。掏槽的成功与否直接影响爆破效果，掏槽的深度则直接影响循环进尺。

1. 炮眼的种类和作用

如图 7-22 所示，隧道开挖面上的炮眼，按其在爆破中所起的作用主要分为：掏槽眼、辅助眼、周边眼。

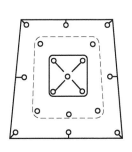
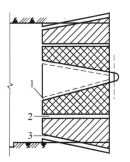

图 7-22　隧道爆破炮眼
1—掏槽眼　2—辅助眼　3—周边眼

1）掏槽眼，用于爆出新的临空面，为其他后爆炮眼创造有利的爆破条件。

2）辅助眼，又称崩落眼，是破碎岩石的主要炮眼。辅助眼利用掏槽眼爆破后创造的平行于

炮眼的临空面,爆破条件大大改善,故能在该临空面方向上形成较大体积的破碎漏斗。

3)周边眼,控制爆破后的隧道断面形状、大小和轮廓,使之符合设计要求。按其所在位置,又可分为顶眼、帮眼和底眼。

2. 常用的掏槽形式和主要参数

隧道爆破开挖成败的关键是掏槽技术,必须合理选择掏槽形式和装药量,使岩石完全破碎形成槽腔并达到较高的槽眼利用率。掏槽爆破炮眼布置有许多不同的形式,归纳起来可分为斜眼掏槽、直眼掏槽和混合掏槽。以下根据隧道断面的大小,对常用的掏槽形式进行介绍。

(1)小断面隧道掏槽技术 小断面指分部开挖的局部断面(如平行导坑、上导坑、下导坑)或断面面积为 $20m^2$ 以下的隧道。小断面隧道掏槽爆破主要有斜眼掏槽和直眼掏槽两种形式。

1)斜眼掏槽。斜眼掏槽主要有锥形掏槽和楔形掏槽。锥形掏槽是由数个共同向心倾斜的炮眼组成,炮眼布置主要形式如图 7-23 所示,炮眼倾斜角度一般为 $60°\sim70°$,各掏槽眼同时起爆,爆破后的槽子呈角锥形,还需要设置扩槽眼将之扩大成较大的临空面。楔形掏槽由数对(一般为 $2\sim4$ 对)相对称且相向倾斜的炮眼组成,爆破后形成楔形的槽子。根据楔形方向的不同,可以分为垂直楔形和水平楔形两种,如图 7-24 和图 7-25 所示。

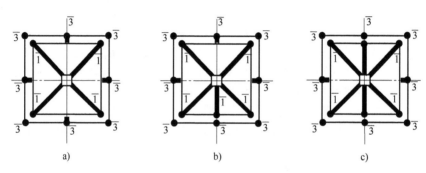

图 7-23 常见锥形掏槽炮眼布置图

a)四角锥形 b)五角锥形 c)六角锥形

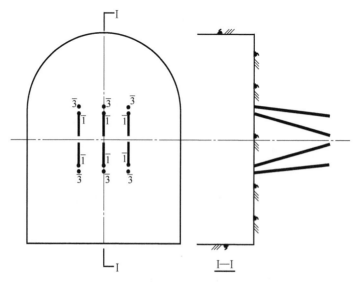

图 7-24 垂直楔形掏槽炮眼布置

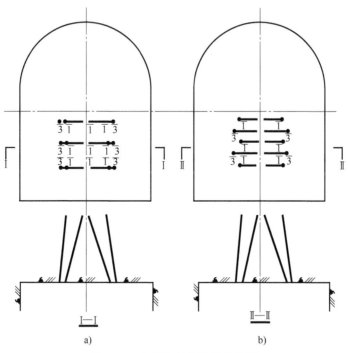

图 7-25　水平楔形掏槽炮眼布置
a）普通　b）层状

2）直眼掏槽。直眼掏槽是由若干个彼此距离很近、相互平行、垂直于开挖面的数个炮眼组成，其中有一个或几个不装药的炮眼（即空眼，其作用是给装药眼创造临空面），爆破槽腔内的岩石，保证掏槽眼范围内的岩石被破碎。目前最常用的小断面直眼掏槽有五梅花小直径中空直眼掏槽、螺旋形掏槽、菱形掏槽等几种形式，如图 7-26~图 7-28 所示。

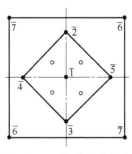

图 7-26　五梅花小直径中空直眼掏槽炮眼布置

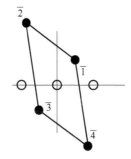

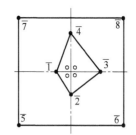

图 7-27　三空眼、四空眼菱形掏槽炮眼布置

（2）中断面隧道掏槽技术　中断面是指单线铁路隧道断面，或断面面积大于 $20m^2$ 且小于 $60m^2$ 的隧道。目前中断面隧道掏槽爆破主要有单级或复式楔形掏槽及大直径中空孔直眼掏槽。

1）单级楔形掏槽仅仅依靠数对主掏槽眼进行拉槽爆破，后方的扩槽眼、辅助眼再将槽腔扩大，从而达到为其他炮眼创造临空面的目的，示例如图 7-29 所示。复式楔形掏槽也称为 V 形掏槽，采用两层、三层或四层楔形掏槽眼，每对掏槽眼呈完全对称或近似对称，深度由浅到深，与工作面的夹角由小到大，如图 7-30 所示。

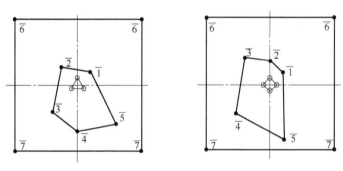

图 7-28　三空眼、四空眼螺旋形掏槽炮眼布置

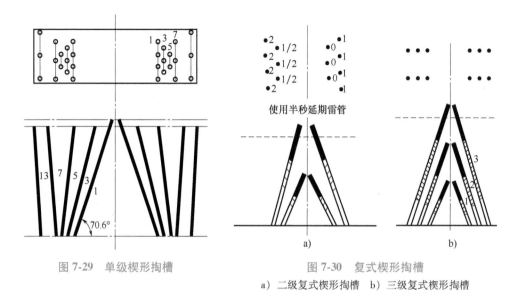

图 7-29　单级楔形掏槽　　　　图 7-30　复式楔形掏槽

使用半秒延期雷管

a）二级复式楔形掏槽　b）三级复式楔形掏槽

2）大直径中空孔直眼掏槽实际上是直眼掏槽的一种，通常采用大于 100mm 的炮眼作为掏槽眼的临空面，在大直径炮眼的周围配合一些小炮眼，以逐渐增大的距离布置掏槽炮眼进行掏槽。一般有菱形掏槽、螺旋形掏槽、对称掏槽等，如图 7-31 所示。

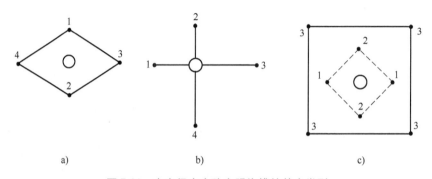

a）　　　　　　　　b）　　　　　　　　c）

图 7-31　大直径中空孔直眼掏槽的基本类型

a）菱形掏槽　b）螺旋形掏槽　c）对称掏槽

（3）大断面隧道掏槽技术　对于断面大于 $60m^2$ 的隧道，由于施工操作空间较大，在中硬岩全断面或台阶法施工时，一般在施工中采用大楔形掏槽技术，以取得较好的经济效益。早期也有部分隧道采用大直径中空孔直眼掏槽技术，目前已经日渐减少使用。

大楔形掏槽是普通单级楔形掏槽技术在隧道全断面开挖中的扩展应用，最大的区别在于主掏槽眼之间的眼口间距增大了（拉大至5m左右），掏槽高度则可达到4m，掏槽面积最大可达 $20m^2$。在大断面隧道爆破施工中，也常采用大锥形掏槽（是对大楔形掏槽的改进），其从左、右、上三个方向掏槽，掏槽面积可达 $20m^2$。

7.1.4　隧道钻爆设计

隧道钻爆设计是为了控制超欠挖和达到预期的循环进尺，并尽可能节省工料。钻爆设计的内容包括炮眼的数量和布置、深度和斜率、爆破器材、装药量和装药结构，起爆方法和起爆顺序，钻眼机具和钻眼的要求、主要技术指标及必要的说明等。

1. 炮眼的直径

炮眼直径对凿岩生产率、炮眼数目、单位耗药量和洞壁的平整程度均有影响。加大炮眼直径以及相应装药量可以使炸药能量相对集中，爆破效果得以改善。但炮眼直径过大将导致凿岩速度显著下降，并影响岩石破碎质量、洞壁平整程度和围岩稳定性。因此，必须根据岩性、凿岩设备和工具、炸药性能等综合分析，合理选用孔径。一般情况下，隧道的炮眼直径为 32~50mm，药卷与眼壁之间的间隙一般为炮眼直径的 10%~15%；大型液压钻机可打直径为 102mm、75mm、63mm 的炮眼，作为中空孔。

2. 炮眼的数量

炮眼数量应根据岩石的强度和地质构造、断面尺寸、炸药性质、炮眼直径、装药长度及装填结构等因素综合考虑决定。炮眼过少将导致断面不平整、欠挖或石渣块度过大；炮眼过多会增加钻眼工作量，浪费人力和爆破器材。

1）炮眼数量可按工程类比法选定，或根据工程爆破条件查表确定。炮眼数量参考值见表 7-1。

表 7-1　炮眼数量参考值

围岩级别	开挖面积/m^2				
	4~6	7~9	10~12	13~15	40~50
Ⅳ	10~13	15~16	17~19	20~24	—
Ⅲ	11~16	16~20	18~25	23~30	—
Ⅱ	12~18	17~24	21~30	27~35	75~90
Ⅰ	18~25	28~33	37~42	43~48	80~100

2）炮眼数量按能装入设计的炸药量计算。可以根据一次掘进进尺 L 爆破开挖的岩石体积所需要的炸药量，平均分配炸药量到各炮眼的原则来计算，即

$$N=\frac{qS}{\alpha\gamma} \tag{7-1}$$

式中　N——炮眼数量（个），不包括不装药的空孔眼数；

　　　q——炸药耗，即爆破单位岩石的炸药消耗量（kg/m^3），其值应通过现场试验资料或国家规定的指标确定，按工程经验一般可在 1.2~2.9 选取（硬岩取大值，软岩取

小值）；

S——开挖断面面积（m^2）；

α——装药系数，即装药长度与炮眼全长的比值，见表 7-2 中所列数据；

γ——每米药卷的炸药质量（kg/m），2 号岩石铵梯炸药的数据见表 7-3。

表 7-2　装药系数 α 的参考取值

炮眼名称	围岩级别			
	IV	III	II	I
掏槽眼	0.50	0.55	0.80	0.80~0.85
辅助眼	0.40	0.45	0.60	0.70~0.75
周边眼	0.40	0.45	0.50	0.60

表 7-3　2 号岩石铵梯炸药卷每米质量 γ 值

药卷直径/mm	32	35	38	40	44
$\gamma/(kg/m)$	0.78	0.96	1.10	1.25	1.52

3. 炮眼的布置

隧道掘进爆破时，掏槽眼的布置极为重要。在通常情况下，炮眼布置方案首先选定掏槽形式及掏槽眼数，再布置周边眼，最后在周边眼与掏槽眼之间匀称地布置辅助眼。

（1）炮眼布置的基本原则　隧道开挖炮眼布置的一些基本原则如下：

1）将炮眼均匀或大致均匀地分布到开挖面上，先布置掏槽眼，其次周边眼，最后辅助眼。

2）掏槽眼布置在导坑中央偏下方，比其他炮眼深 10~25cm，底眼与掏槽眼同深，其他炮眼底部应在同一铅垂面上。

3）周边眼应严格沿设计开挖轮廓线布置，应尽量均匀。通常在坚硬岩层中，边墙眼间距 70~80cm，拱部间距 100cm，隧底眼间距 80~100cm。在拐角处应布设炮眼。周边眼中的边墙眼和拱部眼的底部在坚硬岩层中应超出隧道边界 10cm 左右，在中硬岩层中应到达隧道的边界，在软岩中应在隧道边界以内 10cm。

4）辅助眼与掏槽眼之间的距离应由最小抵抗线来确定，约为炮眼间距的 60%~80%。

5）当岩层层理明显时，炮眼方向应垂直于层理面；若节理发育，则炮眼位置应避开节理，以防卡钻和影响爆破效果。

（2）炮眼布置形式　在上述原则的基础上，隧道开挖面炮眼布置有以下几种形式：

1）直线形布眼（图 7-32a、b）。将炮眼按垂直方向或水平方向围绕掏槽开口呈直线形逐层排列，这种布眼方式形式简单且易掌握，同排炮眼的最小抵抗线一致，间距一致，前排眼为后排眼创造临空面，爆破效果好。

2）多边形布眼（图 7-32c）。围绕掏槽部位由里向外逐层布置成正方形、长方形、多边形等。

3）弧形布眼（图 7-32d）。顺着拱部轮廓线逐圈布眼，此外，还可将上部布置成弧形，下部布置成直线形，以构成混合形布置。

4）圆形布眼。当开挖面为圆形时，炮眼围绕断面中心逐层布置成圆形。此布置形式多用在圆形隧道、泄水洞及圆形竖井的开挖中。

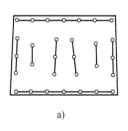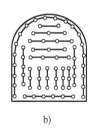

图 7-32　隧道开挖面炮眼布置形式

a)、b) 直线形　c) 多边形　d) 弧形

4. 炮眼的深度

炮眼深度 l 是指炮眼底至开挖面的垂直距离，而炮眼长度 l_d 则为顺着炮眼方向的钻孔长度（$l_d = l/\sin\theta$，θ 为炮眼方向与开挖面所成的角度）。炮眼深度划分及对应钻孔设备选择：浅孔（1~3m），手持风钻、液压钻机；深孔（3~5m），凿岩台车、液压钻机；超深孔（大于5m），凿岩台车、液压钻机。炮眼深度直接影响隧道的掘进速度，一般炮眼深度越大，则隧道每次循环进尺也大，总的作业循环次数减少，相应的辅助作业时间（如搬迁钻机设备、接线、接管、接轨等时间）总数也减少。但炮眼深度过大，钻眼时岩石对钻头的夹制作用会随眼深的加深而增大，反而会降低炮眼利用率，影响掘进速度。确定炮眼的深度 l，可以按如下的方法计算后综合考虑选定。

1）按导坑断面宽度决定。当采用楔形掏槽时，炮眼深度受开挖面大小的影响，炮眼过深则周边岩石的夹制作用较大，故炮眼深度不宜过大。每一循环炮眼深度 l（m）按导坑断面尺寸决定，按式（7-2）计算。一般情况下，为减少对围岩的扰动，炮眼深度一般不大于3.5m；在小断面导坑中，其平均深度为2.0m。

$$l = (0.5 \sim 0.7)B \tag{7-2}$$

式中　　B——导坑断面宽度（m）；

0.5~0.7——系数（与围岩条件有关，围岩条件好时采用小值）。

2）按每一掘进循环的进尺 L（m）及实际的炮眼利用率 η 来确定，即按式（7-3）计算。炮眼利用率 η 是指炮眼已爆炸部分长度与炮眼实际长度的比值，也可以以月平均炮眼利用率计算，其计算公式为式（7-4）。炮眼利用率 η 与导坑断面、掏槽形式、岩石的物理力学性质、钻机类型、临空面的数量以及掘进工人的技术水平和作业循环等有关，一般在80%~90%。

$$l = \frac{L}{\eta} \tag{7-3}$$

$$炮眼利用率\ \eta = \frac{月掘进总进尺}{月放炮次数×设计炮眼深度} \tag{7-4}$$

3）按每一掘进循环中钻眼所占时间确定。这个方法是基于每个掘进循环中考虑各项作业都能紧凑、顺利地完成的原则所制定的。比如事先规定每班时间（以8h为例）内完成一个或两个循环，则每个循环的时间 t 为8h或4h，其中包含钻眼时间 t_1、装药时间 t_2、起爆及通风时间 t_3、装渣时间 t_4、其他时间 t_5（清除危石等作业）、喷锚时间 t_6、位移量测时间 t_7。因此，钻眼作业所占的时间 t_1 还需要跟其他作业时间和机械作业能力相匹配，保证在一个循环时间 t 内能完成所有的作业流程，达到最高效率。当确定了钻眼时间 t_1（h）以后，可以得到在钻眼时间 t_1 内可完成的平均炮眼长度 l_d（m）的计算公式，即

$$l_d = \frac{m \cdot v \cdot t_1}{N} \tag{7-5}$$

式中　m——钻机数量；

　　　v——钻眼速度（m/h）；

　　　N——炮眼数目。

5. 装药量的计算及分配

炮眼装药量的多少是影响爆破开挖效果的重要因素。装药量不足，会出现炸不开现象，炮眼利用率低和石渣块度过大；装药量过多，则会破坏围岩稳定，崩坏支撑和机械设备，使抛渣过散，对装渣不利，且增加了洞内有害气体及排烟时间等。

（1）总装药量的计算　目前多采用先用体积公式计算出一个循环进尺 L 开挖的岩石体积（$V=SL$）的总装药量 Q，然后按各种类型炮眼的爆破特性进行分配，再在爆破实践中加以检验与修正，直到取到良好的爆破效果为止的方法。一个循环进尺的总装药量 Q 按式（7-6）计算，其中 q 为隧道爆破开挖的炸药单耗（kg/m³）。

$$Q=qSL \tag{7-6}$$

（2）炸药量的分配　根据计算得到的总装药量 Q，将其分配到各炮眼中。根据计算炮眼数目时所采用的炮眼装填系数 α 值，见表7-2，按每一循环进尺进行装药量分配。掏槽眼及底眼的装药量最多，辅助眼次之，周边眼最少。对于隧道爆破，掏槽眼用药量约占总装药量的30%~35%，辅助眼和周边眼约占65%~70%。

6. 装药结构及起爆方法

（1）装药结构的形式　炸药在炮孔（眼）内的安置方式称为装药结构。如图7-33所示，最常采用的装药结构形式有：耦合装药和不耦合装药、连续装药和间隔装药，见表7-4。在岩石和炸药确定的条件下，采用不耦合装药可以增加炸药用于破碎和抛掷岩石能量的比例，提高炸药能量的有效利用率，改善岩石破碎的均匀度，降低大块率，提高装岩效率；还能降低炸药消耗量，有效地保护围岩免遭破坏。因此，这种装药结构在光面爆破和预裂爆破中得到广泛应用。

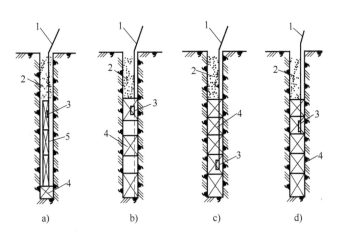

图7-33　炮眼装药结构示例

a）不耦合装药　b）间隔装药　c）反向起爆　d）正向起爆

1—引线　2—炮泥　3—雷管　4—药卷　5—小直径药卷

为使爆破后开挖断面能够形成设计要求的轮廓线并减少对围岩的扰动，隧道爆破开挖中常用的周边眼装药结构如图7-34~图7-37所示。宜选用小直径连续装药或间隔装药结构；岩石较软时，可采用导爆索装药结构；眼深不大于2m时，可采用空气柱状装药结构。开挖面其他炮眼应采用连续装药结构，并应采用反向起爆，提高炸药的能量和爆破效果；有瓦斯、煤层爆炸危险的开挖工作面应采用正向装药结构。

表 7-4 装药结构形式

分类依据	具体形式
药卷与炮眼的径向关系	耦合装药：药包直径与炮孔直径相同，药包与炮孔壁之间不留空隙
	不耦合装药：药包直径小于炮孔直径，药包与炮孔壁之间留有空隙
药卷与药卷在炮眼轴向的关系	连续装药：炸药在炮孔内连续装填，不留间隔
	间隔装药：炸药在炮孔内分段装填，装药之间由炮泥、木垫或空气柱隔开

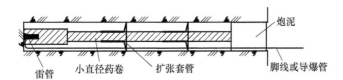

图 7-34 小直径药卷连续装药结构示意

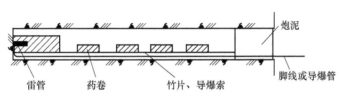

图 7-35 间隔装药结构示意

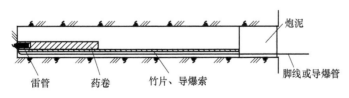

图 7-36 导爆索装药结构示意

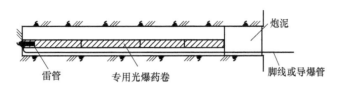

图 7-37 专用光爆药卷装药结构示意

（2）起爆方法　隧道爆破的起爆网路宜采用导爆管、导爆索系统和非电毫秒雷管，雷管的段位选择应便于操作及满足钻爆设计所需的段位数，必要时可以采用电子延时电雷管起爆。

按雷管所在的位置，又可以分为正向起爆和反向起爆两种方式（图 7-33）。反向起爆有利于克服岩石的夹制作用，能提高炮眼利用率，减少岩石破碎块度，爆破效果较正向起爆好。但反向起爆较早装入起爆药卷，会影响后续装药质量，在有水情况下起爆药卷易受潮拒爆，还易损伤起爆引线，机械化装药时易产生静电早爆。隧道开挖工作面掏槽眼首段采用正向装药起爆，其他眼采用反向装药起爆。当采用周边预裂爆破时，周边眼采用即发雷管正向起爆，其他与光面爆破相同。

7. 周边眼爆破参数

为了控制隧道爆破开挖的超挖、欠挖，以及减少对围岩的扰动，常采用光面爆破和预裂爆破进行周边眼的爆破，因此周边眼爆破参数的设计较关键。首先查阅工程图纸及资料，确定施工机具及爆破材料，而后根据现场条件、施工要求，综合考虑采用工程类比法、理论计算方法、半经验半试验法等进行设计，再通过试爆确定光爆参数，直至达到预期爆破效果。

（1）光面爆破参数 在不耦合装药的前提下，光面爆破应满足炮孔内静压力 F 小于爆破岩体的极限抗压强度，而大于岩体的极限抗拉强度的条件，如图 7-38 所示。根据工程经验总结，影响光面爆破效果的主要参数有：炮眼间距 E、周边眼密集系数 m、最小抵抗线 W、装药不耦合系数 D（D=炮眼直径 d/药卷直径 d_c）和装药集中度 q（整个炮孔的平均单位长度装药量）。

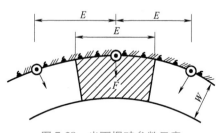

图 7-38 光面爆破参数示意

表 7-5 给出了光面爆破一般参考数值，该表参数适用于炮眼深度 $1.0 \sim 3.5$m，炮眼直径 $40 \sim 50$mm，药卷直径 $20 \sim 35$mm，在无试验条件时，相关参数可参照选用。

表 7-5 光面爆破参数

岩石类别	装药不耦合系数 D	周边眼间距 E/cm	周边眼抵抗线 W/cm	相对距离 E/W	装药集中度 q/（kg/m）
极硬岩	$1.25 \sim 1.50$	$50 \sim 60$	$55 \sim 75$	$0.8 \sim 0.85$	$0.25 \sim 0.40$
硬岩	$1.50 \sim 2.00$	$40 \sim 55$	$50 \sim 60$	$0.8 \sim 0.85$	$0.15 \sim 0.25$
软质岩	$2.00 \sim 2.50$	$30 \sim 45$	$45 \sim 60$	$0.75 \sim 0.8$	$0.04 \sim 0.15$

（2）预裂爆破 在炮眼的起爆顺序上，光面爆破是先引爆掏槽眼，再引爆辅助眼，最后引爆周边眼；而预裂爆破是首先引爆周边眼，沿周边眼的连心线炸出平顺的预裂面，之后依次引爆掏槽眼、辅助眼。预裂面对后爆炮眼的爆轰波能起到反射和缓冲作用，可以减轻爆轰波对围岩的破坏影响和扰动，因此预裂爆破适用于稳定性较差而又要求控制开挖轮廓的软弱围岩。

与光面爆破类似，影响预裂爆破效果的主要参数有：炮眼间距 E、装药不耦合系数 D 和装药集中度 q。理想的预裂效果应保证在炮眼连线上产生贯通裂缝，形成光滑的岩壁，但预裂爆破受到只有一个临空面条件的制约，因此，其爆破技术较光面爆破复杂。目前预裂爆破的理论研究还很欠缺，设计计算方法也很不完善，需要通过经验类比初步确定爆破参数，再由现场试验调整，才能获得满意的结果。表 7-6 给出了隧道预裂爆破的参考数值，可供选用。

表 7-6 预裂爆破参数

岩石类别	装药不耦合系数 D	周边眼间距 E/cm	至内排崩落眼间距/cm	装药集中度 q/（kg/m）
极硬岩	$1.2 \sim 1.3$	$40 \sim 50$	40	$0.35 \sim 0.40$
硬岩	$1.3 \sim 1.4$	$40 \sim 45$	40	$0.20 \sim 0.25$
软质岩	$1.4 \sim 2.0$	$35 \sim 40$	35	$0.07 \sim 0.12$

8. 起爆顺序

除预裂爆破的周边眼是最先起爆外，在隧道开挖工作面上，起爆顺序是由内向外逐层起爆，先爆破的炮眼减小岩石的夹制作用和增大临空面，创造更好的爆破条件。为了准确地按设计顺序起爆，应使用毫秒雷管和1/4秒级雷管起爆，这样爆破就能由里向外，一层一层准确剥离、破碎岩石，达到较高的炮眼利用率并平整的开挖轮廓。

7.1.5　隧道钻爆施工

隧道钻爆开挖包括钻眼、装药、炮眼堵塞、连接起爆网路、起爆和爆破后可能出现的问题处理等工序。

1. 钻眼

施钻前根据设计布孔图，现场采用激光指向仪和断面仪在开挖面上布眼，之后采用凿岩设备，按照炮眼的设计位置、深度、角度进行钻眼。目前在隧道钻眼作业中使用较为普遍的3种配套设备是手持风动凿岩机配作业台车、支腿式液压凿岩机组配作业台车、液压凿岩台车，其工作原理都是利用镶嵌在钻头体前端的凿刃反复冲击并转动破碎岩体而成孔，可调节冲击功和转动速度以适应不同硬度的石质，达最佳成孔效果。

炮眼经检查合格后方可装药，掏槽眼眼口间距和眼底间距的允许误差为±5cm，辅助眼眼口间距允许误差为±10cm，周边眼眼口位置允许误差为±5cm且眼底不得超出开挖轮廓线15cm。

2. 装药

在装药前应进行清孔，清除炮眼内的岩粉、积水，之后检查炮眼深度、角度、方向和炮眼内部情况，处理不符合要求的炮眼，炮眼缩孔、坍塌或有裂缝时不得装药。正向装药的起爆药卷最后装入，起爆药卷和所有的药卷的聚能穴朝向眼底；反向装药起爆药卷首先装入，起爆药卷和所有药卷的聚能穴朝向眼外。

3. 堵塞

所有装药的炮眼均应采用炮泥填实堵塞，其目的是：保证炸药充分反应，使之产生最大热量，防止炸药不完全爆轰；防止高温高压的爆生气体过早地从炮眼中逸出，使爆炸产生的能量更多地转换为破碎岩体的机械功，提高炸药能量的利用率。

炮泥宜采用黏土和砂子混合制作，其比例大致为砂子40%～50%，黏土50%～60%。堵塞长度视炮眼直径而定，当炮眼直径为25mm和50mm时，堵塞长度分别不能小于18cm和45cm，堵塞长度通常也不能小于最小抵抗线。光面爆破周边眼的堵塞长度不宜小于30cm；其他炮眼，深度小于1m时堵塞长度不宜小于炮眼的1/2，深度为1～2.5m时堵塞长度不宜小于0.5m，深度超过2.5m时堵塞长度不宜小于1m。

4. 起爆

起爆前所有人员应撤至不受有害气体、振动及飞石伤害的安全地点，在独头坑道内安全地点距离爆破工作面的距离不得小于200m。起爆人员必须最后离开爆破地点，并在有掩护的安全地点起爆。爆破前必须清点人数，确认无误后，方可下达起爆命令。起爆人员接到起爆命令后，必须发出爆破警报，并等待5s后方可起爆。

爆破后处理瞎炮（残炮）必须在爆破员直接指导下进行，并应在当班处理完毕；当班未能处理完毕，必须向接班爆破员现场交接。

5. 爆破质量检查

爆破后应达到如下效果：

1）硬岩无剥落，中硬岩基本无剥落，软弱围岩无大的剥落或坍塌。开挖轮廓符合设计要求，开挖面平整。

2）隧道两次爆破形成的接茬错台，采用凿岩机钻眼时，不应大于15cm；采用凿岩台车钻眼不应大于25cm。

3）爆破进尺达到钻爆设计要求，渣块块度满足装运要求。

4）隧道爆破周边眼痕迹保存率，硬岩不应小于80%，中硬岩不应小于60%，并应在开挖轮廓面上均匀分布。

6. 超欠挖控制

出现隧道开挖超欠挖的原因主要来自地质条件、钻孔设备、炸药品种及装药结构、爆破设计、施工操作等方面，在施工中应采取措施进行管理和控制。隧道开挖的允许超挖值应符合表7-7的要求（该表适用炮眼深度不大于3.0m的情况，当炮眼深度大于3.0m时可根据实际情况另做规定）。隧道不应欠挖，当围岩完整、岩石坚硬时，允许岩石个别突出部分（每1m² 不大于0.1m²）欠挖不应大于5cm。

表 7-7　隧道开挖的允许超挖值　　　　　　　　　（单位：cm）

开挖部位		围岩级别		
		I	II ~ IV	V、VI
拱部	平均线形超挖	10	15	10
	最大超挖	20	25	15
边墙平均线形超挖		10	10	10
仰拱、隧底	平均线形超挖	10		
	最大超挖	25		

注：1. 平均线形超挖值＝超挖横断面积/爆破设计开挖断面周长（不含隧底）。

　　2. 最大超挖值是指最大超挖处至设计开挖轮廓切线的垂直距离。

■ 7.2　出渣及运输

隧道内的运输工作包括爆破后的出渣作业（包括装渣、运渣、卸渣），以及从洞外运进大量的建筑材料，其中装渣运输工序通常占掘进循环时间的35%~50%。因此，需要尽量选择适合的、高效率的装渣运输机具，并进行合理组织，从而加快隧道施工进度。

7.2.1　机械设备

装运机具主要涉及装渣机械和运输设备两大类，需要根据装运作业线的运输方式采用配套的机械设备。

1. 运输方式

隧道施工的装运作业线可分为：有轨装渣-有轨运输、无轨装渣-有轨运输和无轨装渣-无轨运输，如图7-39~图7-41所示。以上3种模式应根据隧道开挖断面大小、隧道长度（运输距离）、设备尺寸、经济性比较等因素进行选用。此外还可采用带式输送机运输，将石渣铲装在带式输送机上，经由传送带运输到洞外，再以重型翻斗车运输至指定的卸渣场所（图7-42）。

2. 装渣机械

隧道用的装渣机械又称为装岩机，主要分类见表7-8。装渣机械的选择应充分考虑围岩及坑道的条件、工作宽度及其与运输车辆的匹配和组织，从而充分发挥各自的工作效能，缩短装渣时间。

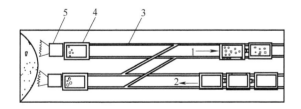

图 7-39 有轨装渣-有轨运输

1—重车道 2—空车道 3—轨道 4—斗车 5—装渣机

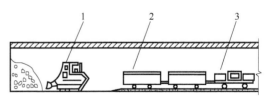

图 7-40 无轨装渣-有轨运输

1—装渣机 2—大型斗车 3—电动车

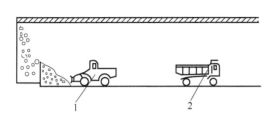

图 7-41 无轨装渣-无轨运输

1—装渣机 2—大型自卸汽车

图 7-42 带式输送机运输系统

表 7-8 装渣机械的分类

序号	分 类 方 式	形 式
1	工作机构形式	耙斗式、铲斗式、蟹爪式、立爪式、挖斗式等
2	走行方式	轮轨式、履带式、轮胎式
3	装载方式	前卸式、后卸式、侧卸式
4	驱动动力	电动、风动、液压、内燃
5	工作机构动作的连续性	间歇式、连续式

3. 有轨运输设施

有轨运输是铺设小型钢轨轨道，用小型机车牵引轨道式运输车出渣运料的运输方式，适用于各种隧道开挖方法，尤其适用于较长的隧道运输（2km 以上），适应性较强和较为经济。有轨运输设施由运输轨道、牵引机车和有轨运输车辆组成。

1）运输轨道的部件有钢轨、枕木、转辙器、鱼尾板、道钉和扣件，以及信号设施和警示标志等。隧道施工有轨运输设备目前大多采用 762mm 轨距，钢轨为 38kg/m 或 43kg/m。

2）牵引机车一般分为电瓶车和内燃机车两种。最常用的是电动车，优点是无废气污染，但电动车的蓄电池需充电，牵引能力有限，必要时可增加电动车台数，以保证行车速度和运输能力。

3）常见的有轨运输车辆有窄轨平板车、窄轨矿车（分为固定车厢式、翻转车厢式和侧卸式等形式）、梭式矿车等，目前隧道施工常用梭和侧卸式矿车（见表 7-9）。

表 7-9　隧道有轨运输矿车

种　类	结 构 特 点
侧卸式矿车	由一侧或两侧的活动侧门、拉杆、卸载曲轨、翻转车厢等组成，在行驶中借用卸载站的卸载曲轨打开一侧或两侧卸载门进行卸载
梭式矿车	车厢底板为一刮板输送机，装载时先装满矿车前端，输送机把所装物料逐渐移向后端，连续地把矿车装满，并由输送机卸载

4. 无轨运输车辆

无轨运输主要是指汽车运输，隧道施工常采用大吨位自卸汽车，额定载重量宜大于 15t。无轨运输不需要铺设复杂的运输轨道，具有运输速度快、管理工作简单、配套设备少等特点，可以充分发挥装运作业线的工作效率，加快施工速度。

7.2.2　装渣

为了及时迅速地将隧道内爆破开挖的石渣装运出洞外，要充分利用和发挥机械设备的作用和效率，根据隧道断面大小和渣量选择合适的装渣机、运输车辆和配备数量还需尽量缩短装渣作业线长度，并合理调车，保证作业安全，减少辅助作业时间，以实现快装、快运和快卸。

1. 出渣量计算

出渣量为一个爆破循环开挖（理论开挖体积为循环进尺 $L \times$ 开挖断面面积 S）出的虚渣体积 Z（m^3），计算公式为

$$Z = R\Delta LS \tag{7-7}$$

式中　R——岩体松胀系数，指开挖后体积增大的系数，取值见表 7-10；

Δ——超挖系数，一般取 1.15~1.25。

表 7-10　岩体松胀系数 R 值

围岩级别	Ⅵ		Ⅴ		Ⅳ	Ⅲ	Ⅱ	Ⅰ
土石种类	砂砾	黏性土	砂夹卵石	硬黏土	石质	石质	石质	石质
松胀系数	1.15	1.25	1.30	1.35	1.6	1.7	1.8	1.85

2. 装渣机配备数量

可根据出渣量 Z 和每一爆破循环所允许的装渣时间 t_4（h）计算确定装渣机配备数量，即

$$N_{\mathrm{n}} = \frac{Z}{A_{\mathrm{n}} t_4} + N'_{\mathrm{n}} \tag{7-8}$$

式中　N_{n}——配备装渣机数量（台）；

A_{n}——装渣机的实际生产率（m^3/h），各类装渣机均有可供参考的经验数值；

N'_{n}——备用量，一般为 1 台。

3. 运输车辆配备数量

运输设备的配套应首先考虑隧道施工环境的要求，根据技术条件与经济条件选择设备型号，同时应尽可能选择运输量大的运输设备；在数量确定上应保证装渣设备随时保持出渣作业，避免出现装渣设备等车现象。以自卸汽车为例，其配备数量 N_{c} 的计算公式为

$$2\left(\frac{L_1}{v_1} + \frac{L_2}{v_2}\right) = t_{\m装}(N_{\mathrm{c}} - 1) \tag{7-9}$$

式中　L_1——隧道开挖长度（m）；

　　　L_2——隧道洞口至弃渣场距离（m）；

　　　v_1——运输车辆隧道内行驶速度（m/min）；

　　　v_2——运输车辆车隧道外行驶速度（m/min）；

　　　$t_{装}$——装渣设备装满一台运输设备所用时间（min）。

7.2.3　运输

运输是指运出石渣、运进临时支护和衬砌材料等工作。本书简要介绍有轨运输和无轨运输相关的内容。

1. 有轨运输

（1）洞内轨道布置　洞内轨道布置应根据隧道长度、工期要求及地质条件等合理选择单车道（图7-43）或双车道（图7-44），有平行导坑时可结合平行导坑进行轨道布置（图7-45）。单车道运输能力较低，一般用在地质较差的短隧道中。双车道进出隧道的列车各行一股道，具有互不影响、车辆周转快的特点，是提高隧道运输效率的主要方法之一。当隧道采用平行导坑施工方案时，通常在平行导坑中设单车道加错车道，正洞为单车道加局部双车道，具有运输能力大、相互干扰少等特点，适用于施工速度要求快的隧道。

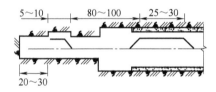

图 7-43　单车道（单位：m）

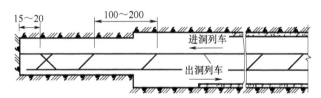

图 7-44　双车道（单位：m）

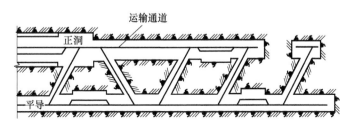

图 7-45　有平行导坑的轨道布置

（2）运输组织　隧道施工工序很多，每个工序之间关系非常密切，如运输工作组织不好，就会造成混乱，堵塞轨道、积压车辆，导致石渣运不出，材料运不进，直接影响正常施工。运输组织工作有两个重要环节：一个是编好列车运行图，示例如图7-46所示，以加强运输工作的组织计划性；另一个是要建立健全调度制度，以加强日常的运输管理。在列车运行图中，横坐标表示时间，纵坐标表示距离，列车的运行用斜线表示，装渣、卸渣、编组、解体、调车等用水平线表示。随着隧道施工的不断向前推进，运行图也要定期修正。

2. 无轨运输

无轨运输一般用铲斗为2~5m³的三向倾斜式装载机，将石渣铲装在后卸式自卸汽车内，运出洞外卸掉。无轨运输的主要优点是免除轨道铺设、减少装运设备、简化运输管理组织与调度、减少干扰、使用方便、进度快、效率高。其缺点为：一是无轨运输多为内燃机械，废气中含有一氧化碳及氮氧化合物，对人体有害；二是装载机和自卸汽车多采用轮胎式，轮胎磨损很严重，轮胎耗费占机械维修费比重很大；三是要特别注意洞内排水，否则易破坏隧道底面，并影响运输效率，且会给今后的隧道内路基及轨道构造的稳定性造成很大影响。

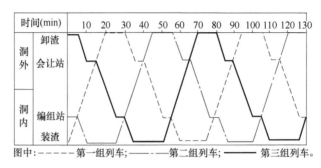

图 7-46　列车运行图

7.2.4　卸渣

洞内的石渣运至洞外渣场卸掉称为卸渣。无轨运输中采用自卸翻斗汽车卸渣较为简单，此处仅介绍有轨运输的洞外轨道布置和卸渣作业。

1. 洞外轨道布置

隧道洞外应布置卸渣线、错车线和各种用途的专用线。卸渣线应不少于两条，以便使重载列车尽快卸渣回空，避免因等待而延误时间；错车线是为解决洞外错车而设置，要求道岔设置合理，并有足够有效长度，以减少列车运行中的相互干扰；编组线是供混合列车编组之用，应选择在适当地点铺设；砂石场、水泥库、混凝土搅拌台、木料堆放场、木工房、机修房、充电房等均需设置专用线。

2. 卸渣

卸渣要根据地形特点并考虑弃渣的利用和处理，进行全面的规划，合理安排卸渣。根据洞口地形布置卸渣线路，堆渣场地势要低，并充分考虑卸渣场地的伸展。对于可利用洞内弃渣做路基及衬砌材料的卸渣场地，还要考虑到取用时的方便。卸渣码头的设置应不少于两个，码头要搭设牢固，并备有挂钩、栏杆、车挡等。卸渣方式可根据不同的地形条件、机具设备及材料情况选择，分为延伸轨道侧式卸渣、横移扩展侧式卸渣和换装码头卸渣。

■ 7.3　初期支护

初期支护的概念是一个总称，有不同的组合形式，包括喷射混凝土、锚杆、钢架、钢筋网等方法及它们的组合（通称为联合支护）。初期支护应在开挖后及时施作，以控制围岩变形，防止坍塌。

7.3.1　喷射混凝土

喷射混凝土是使用喷射机将掺有速凝剂的细石混凝土喷射到岩壁表面上，使之迅速固结成一层可变形的柔性支护结构。

1. 喷射混凝土的作用

喷射混凝土和围岩组成一个共同作用的整体，共同承担围岩压力。同时，喷射混凝土的细小颗粒将岩层缝隙填充黏结，使围岩的整体性提高，阻止了围岩向隧道的过度变形，围岩压力也大为减小，并封闭围岩壁面防止风化，避免坍方落石。其主要作用如下：

1）支承围岩。喷射混凝土能与围岩密贴和黏结，并使围岩处于三向应力状态，防止围岩强度劣化。喷射混凝土的抗力可阻止不稳定块体的滑塌或掉落（图7-47）。

2）"卸载"作用。喷射混凝土属于柔性结构，能有效控制围岩在不出现过大变形的前提下产生一定程度的变形，从而使围岩"卸载"，同时喷层中的弯曲应力减小，有利于混凝土承载力的发挥（图7-48）。

3）填平补强围岩。喷射混凝土可射入张开的围岩裂隙，填充开挖面凹穴，黏联裂隙，增大岩块间的咬合和镶嵌作用，提高其间的黏结力和摩阻力，避免或减小应力集中（图7-49）。

4）覆盖围岩表面。喷射混凝土粘贴岩面形成防风化和止水的保护层，并阻止节理裂隙中的充填物流失（图7-50）。

5）阻止围岩松动。喷射混凝土能紧临开挖面及时支护，早期强度较高，所以可及时向围岩提供抗力，阻止围岩的过度松动（图7-51）。

6）分配外力。通过喷层把外力传给锚杆、钢拱架，使支护结构受力均匀分担（图7-52）。

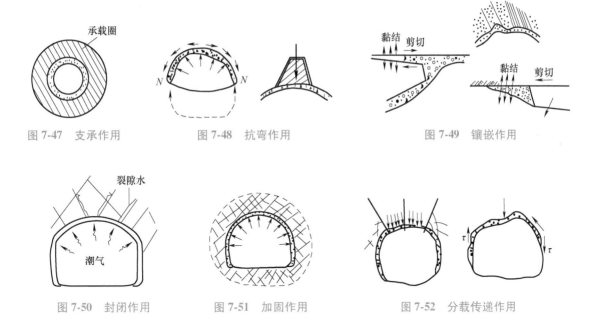

图 7-47　支承作用　　　　图 7-48　抗弯作用　　　　图 7-49　镶嵌作用

图 7-50　封闭作用　　　　图 7-51　加固作用　　　　图 7-52　分载传递作用

2. 喷射混凝土的特点及力学性能

（1）喷射混凝土的特点

1）具有强度增长快、黏结力强、密度大、抗渗性好的特点。它能较好地填充岩块间的裂隙的凹穴，增加围岩的整体性，防止自由面的风化和松动，并与围岩共同工作。

2）将输送、浇筑、捣固几道工序合而为一，且不需模板，因而施工快速、简捷。

3）能及早发挥承载作用。以 C25 的喷射混凝土为例，一般 10min 左右终凝，2h 后即具有强度，3h 后可达 1.5MPa，24h 后可达 10MPa，4d 达到 28d 强度的 70%左右。

（2）喷混凝土的力学性能　由于喷射混凝土是被高速喷到岩面上且反复冲击压密，故喷射混凝土一般具有良好的密实性和较高抗压强度。喷射混凝土力学性能指标见表7-11。

表 7-11　喷射混凝土力学性能指标　　　　　　　　　　　（单位：MPa）

强度等级	轴心抗压极限强度	弯曲抗压极限强度	抗拉极限强度	弹性模量	轴心抗压设计强度	弯曲抗压设计强度	抗拉设计强度
C25	17	18.5	2.0	2.3×10^4	12.5	13.5	1.3
C30	20	22	2.2	2.5×10^4	15	16.5	1.5

3. 喷射混凝土工艺

喷射混凝土的工艺主要有干喷、潮喷和湿喷，主要区别是投料程序不同，尤其是加水和速凝剂的时机不同。

（1）干喷和潮喷　干喷是将骨料、水泥和速凝剂按一定的比例干拌均匀，然后装入喷射机，用压缩空气使干集料在软管内呈悬浮状态送到喷枪，再在喷嘴处与高压水混合后喷射到岩面上。潮喷是将骨料预加少量水使之呈潮湿状，再加水泥拌和，从而降低上料、拌和和喷射时的粉尘，但大量的水仍在喷头处加入，其工艺流程（图 7-53）和使用机械与干喷工艺相同。由于干喷有粉尘量大、回弹量大、水胶比的控制程度与喷射机操作的熟练程度有关等缺点，喷射混凝土的质量难以得到保证，所以逐步被淘汰。

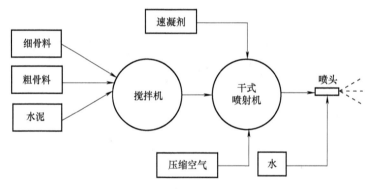

图 7-53　干喷、潮喷工艺流程

（2）湿喷　湿喷是将骨料、水泥和水按设计比例拌和均匀，用湿式喷射机压送到喷头处，再在喷头上添加速凝剂后喷出，其工艺流程如图 7-54 所示。其特点是质量容易控制，喷射过程中的粉尘和回弹量很少，因此成为当前发展应用的主要喷射工艺。但是湿喷对喷射机械要求较高，机械清洗和故障处理较复杂。

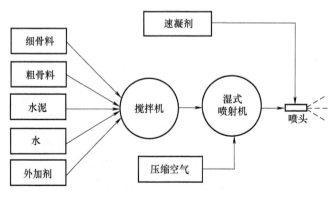

图 7-54　湿喷工艺流程

4. 喷射混凝土原材料及配合比

（1）原材料　喷射混凝土原材料主要包括水泥、砂石、水和外加剂等。

1）水泥。喷射混凝土应优先选用硅酸盐水泥或普通硅酸盐水泥，水泥强度等级不低于42.5级。

2）砂石。砂的性能和规格应符合普通混凝土用标准。以用坚固的中砂或粗、中混合砂较好，细度模数为2.4~2.7；石子应采用坚硬耐久的碎石或卵石，其粒径不宜大于15mm，最大粒径应不超过输送管直径的1/3。

3）水。为保证喷射混凝土的正常凝结和硬化，不得使用含有影响水泥正常凝结与硬化的有害物质的水。

4）外加剂。主要是速凝剂，掺入速凝剂的目的在于使喷射混凝土速凝快硬，初凝时间应不大于5min、终凝时间应不大于10min，防止喷层因重力作用而坍落，提高喷射混凝土在潮湿岩面或轻微含水岩层中使用的适用性能，增加一次喷射和缩短分层喷射的间隔时间。

（2）配合比　喷射混凝土的配合比应满足混凝土强度和其他物理力学性能（抗剪性、黏性、耐久性）的要求，同时还应满足施工工艺要求（减少回弹、不发生离析和分层、和易性好），并通过试喷确定。常见的喷射混凝土配合比为：水泥与砂的质量比为1:4.5~1:4；每立方米混凝土中水泥用量约为400kg；砂率一般为45%~55%；水胶比一般为0.4~0.5；速凝剂和其他外加剂的最佳掺量由试验确定，其中速凝剂掺量一般为2.5%~4%。

5. 喷射混凝土使用的机械设备

喷射混凝土施工中所使用的机械设备包括喷射机（喷射混凝土机械手）、强制式搅拌机、压力水泵、压风机、上料机等，其中喷射机是最主要的设备。

干式喷射机应用最广泛，常见种类包括双罐式、转体式和转盘式。湿式喷射机有挤压式、转体活塞式和螺杆泵式等种类。喷射混凝土机械手用于对喷嘴实现远距离控制，从而明显改善作业条件，并扩大喷射覆盖范围。

6. 喷射作业的基本要求

（1）施工准备　进行喷射作业前，应做好各项准备工作，主要包括净空（超欠挖）检查、受喷面表面浮石及墙脚的岩渣清理、围岩基面滴漏水处理、喷射厚度标志设置等，并根据喷射混凝土的施工部位，做好机械设备就位和场地布置，保证运输线路畅通。

（2）喷射作业　喷射作业是喷射混凝土施工最关键的工作，各施工环节如备料、拌和、运输、上料、风水供应、照明、喷射等应紧密配合，作业中需注意以下问题：

1）试运转。在未上料前，应先开启高压风、水，若喷嘴风压正常，则喷出的风水呈雾状；若喷嘴风压不足或不出风，则可能输料管被堵塞，应及时排除。

2）掌握好风压、水压及水胶比。风源风压应稳定在392~637kPa才能使喷嘴风压稳定在98~245kPa，以保证喷射质量（回弹量小、粉尘少、一次喷射厚度大）；喷嘴处水压应较风压至少高49~98kPa才能使水泥充分水化；水胶比应控制在0.4~0.5之间，水胶比正好时，喷层表面黏性好，表面平整，粗骨料分布均匀且回弹量减小。

3）喷嘴与岩面的距离和夹角。喷头上接直径100mm、长0.8~1.0m的塑料管可使水泥与水充分拌和，使喷射的混凝土料束集中且回弹石子不致伤及射手；喷嘴与岩面间的距离一般为0.6~1.2m，喷射方向应与岩面垂直或成不大于10°的倾斜角（图7-55），喷射拱部时应沿径向喷射。

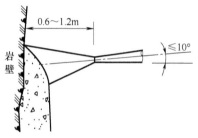

图7-55　喷射角度与喷射距离

4）一次喷射厚度及各层间隔时间。一次喷射厚度与喷射效率、回弹损失、颗粒间凝聚力及喷层与岩面的黏结力有关，一般应不小于最大骨料粒径的 1.5 倍（喷射厚度：拱部为 3～5cm，边墙为 8～10cm）；控制喷射混凝土厚度一般可采用标桩法、针探法及凿孔法、摄影法等。两层喷射层的间隔时间与水泥品种、施工温度和速凝剂有关，一般间隔时间为 15～30min。

5）喷射顺序。喷射顺序应遵循的原则为分段、分部、分块，由下而上，先边墙，后拱脚，最后喷拱顶（图 7-56）；喷头应缓慢呈螺旋形均匀移动，一圈压半圈，绕圈直径为 30cm 左右（图 7-57）。

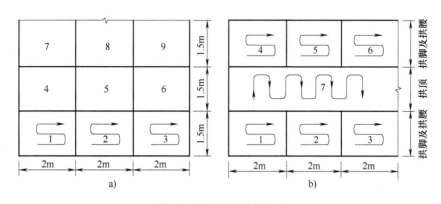

图 7-56　分区及喷射顺序

a）边墙喷射分区及喷射顺序　b）拱圈喷射分区及喷射顺序

6）堵管故障及排除。发生堵管应及时处理。处理堵管时，一定要关闭总进气阀。喷头或出料口处严禁站人，防止堵管突然通畅而发生事故。

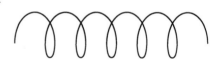

图 7-57　喷头螺旋形均匀移动

7）喷射混凝土的养护。喷混凝土终凝后 2h 开始浇水养护，特别是初期应加强浇水。

8）喷混凝土的质量检测项目。包括喷射混凝土的强度、喷射混凝土平均厚度、喷射混凝土的表面平整度等。其中，表面平整度应符合两凸出物之间的深长比 $D/L \leqslant 1/20$ 的规定，D 为初期支护基面相邻两凸面之间凹进去的深度，L 为相邻两凸面之间的距离（且不大于 1m）。

7. 钢纤维喷射混凝土

为了改善喷射混凝土的性能，提高混凝土的拉、压强度比和韧性，可以在喷射混凝土内添加各类纤维增强。常见的喷射混凝土增强纤维为钢纤维，近年来一些合成纤维如聚丙烯纤维、聚乙烯醇纤维等也开始被应用于喷射混凝土中。钢纤维如图 7-58 所示。

钢纤维混凝土喷射时，施工要点原则上与一般喷射混凝土相同。喷射机以湿喷机为宜，配以挤压软管式泵，输料管内径一般大于 50mm。钢纤维喷射混凝土表面宜再喷射一层厚度不小于 10mm 的同强度水泥砂浆。

图 7-58　钢纤维

7.3.2　锚杆

锚杆是用金属或其他高抗拉性能的材料制作的一种杆状构件，锚入地层后可对围岩起加固、稳定作用。

1. 锚杆的作用

锚杆利用围岩自身强度来支承围岩，属于内部支护，其主要作用一般包括以下几个方面：

1）支承围岩。锚杆能限制约束围岩变形，并向围岩施加压力，从而使处于二向应力状态的洞室内表面附近的围岩保持三向应力状态，能有效制止围岩强度的劣化（图7-59）。

2）加固围岩。系统锚杆使围岩（尤其是松动区）中的节理裂隙、破裂面得以连接，因而增大了锚固区围岩的强度（即 c、φ 值）。锚杆对节理发育岩体和围岩松动区加固效果十分明显，使得裂隙岩体和松动区形成整体，成为"加固带"（图7-60）。

3）"组合梁"作用。对于水平或缓倾斜的层状围岩，锚杆群能把数层岩层连在一起，增大层间摩阻力，从而形成"组合梁"（图7-61）。

4）"悬吊"作用。为防止个别危岩的掉落或滑落，用锚杆将其与稳定围岩联结起来，主要用于加固局部失稳的岩体（图7-62）。

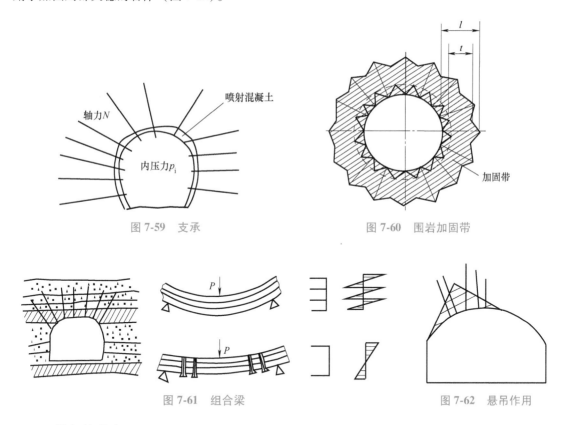

图7-59 支承

图7-60 围岩加固带

图7-61 组合梁

图7-62 悬吊作用

2. 锚杆的种类

按提供锚固力的方式可将锚杆分为机械型锚杆和胶结型锚杆，按分布方式可将其分为局部锚杆和系统锚杆，按特征又可以将其分为全长黏结型锚杆、端头锚固型锚杆、摩擦型锚杆、预应力锚杆和自钻式锚杆等。各类锚杆各有特点，分别适用于不同场合。本书简要介绍目前隧道工程中几种常用锚杆的构造形式。

（1）普通水泥砂浆锚杆（简称砂浆锚杆） 砂浆锚杆是以普通水泥砂浆作为黏结剂的全长黏结型锚杆，其构造如图7-63所示。砂浆锚杆是隧道工程中最常用的锚杆支护形式，常用做系统锚杆和超前锚杆。普通水泥砂浆锚杆的杆体采用 HRB400 级带肋钢筋，直径通常为 22~32mm。

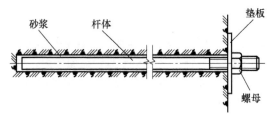

图 7-63　普通水泥砂浆锚杆

（2）药卷锚杆　药卷锚杆是以快硬水泥卷、早强砂浆卷或树脂药卷作为锚固剂的锚杆，其构造如图 7-64 所示。

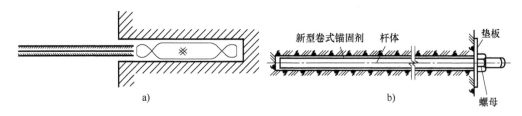

图 7-64　药卷锚杆
a）杆体和药卷　b）整体构造形式

（3）中空注浆锚杆　它是近年来在国内隧道施工中被广泛使用的锚杆支护形式，主要有普通中空注浆锚杆、自进式中空注浆锚杆和组合式中空注浆锚杆三种（图 7-65）。

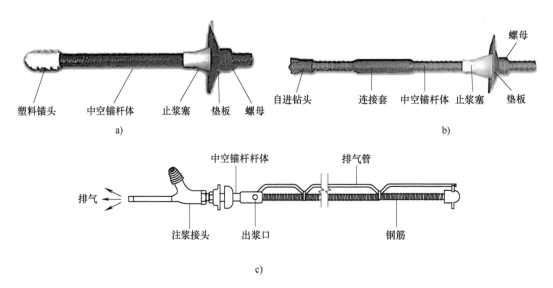

图 7-65　中空注浆锚杆
a）普通中空注浆锚杆　b）自进式中空注浆锚杆　c）组合式中空注浆锚杆

1）普通中空注浆锚杆采用中空锚杆体。当用于锚孔向下的部位时，锚孔灌浆从杆体中空通孔进浆，锚孔口排气；当用于隧道拱部时，锚孔灌浆采用锚孔口进浆、中空锚杆体的中空通孔作排气回浆管的工艺。

2）自进式中空注浆锚杆的高强中空杆体在头部安装带有出浆孔的钻头，它将钻孔、锚固、注浆加固集于一体。钻入前将锚杆装在钻机上，由钻机推入岩体，钻头不必取出。锚杆钻进至设计深度后，灌浆料由杆体中孔灌入。

3）组合式中空注浆锚杆通过连接套将中空锚杆体与普通钢筋相连，并配上排气管。它适用于拱部或锚孔上仰的部位。注浆时，砂浆经中空锚杆体的中空内孔从连接套上的出浆口进入锚孔壁与钢筋杆体间的空隙，锚孔内的砂浆由下向上充盈，锚孔内的空气从排气管排出直至回浆，注浆完成立即安装堵头。

（4）纤维锚杆　纤维锚杆是从锚杆杆体的材质上与传统的金属锚杆进行区分的，施工方法与普通锚杆相同。目前纤维锚杆在隧道施工中日渐增多，尤其是在开挖面加固或后续需要进行扩大开挖的导坑，由于纤维锚杆在开挖时容易切断，使用起来更方便。目前隧道中使用的纤维锚杆，以拉拔成形的工艺制造为主，原料主要有强化玻璃纤维和树脂等。

3. 锚杆的布置

（1）系统布置　此处主要是指系统锚杆的布置。系统锚杆是沿着隧道开挖周边纵环向有规则布置的锚杆。锚杆群系统地深入到岩层内部（锚杆长度通常为 2～3.5m），能改善围岩的力学性能，限制变形，增强其稳定性，从而能充分利用围岩本身的自承能力。系统锚杆布置方式有矩形和梅花形两种（图 7-66）。梅花形布置在围岩中形成的压缩带效果较好，目前多以梅花形布置为主。因岩层性质、裂隙情况等不同，系统锚杆的纵环向间距约为0.6～1.5m，其密度约为 0.6～3.6 根/m^2。

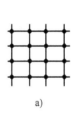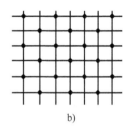

图 7-66　系统锚杆布置方式
a）矩形　b）梅花形

（2）局部布置　局部布置主要用在裂隙围岩，重点加固不稳定块体，其中，隧道拱部受拉破坏区为重点加固区域。局部加固的锚杆，必须保证不稳定块体与稳定岩体的有效连接。

4. 锚杆的施工

砂浆锚杆是隧道施工中最常用的锚杆，此处以砂浆锚杆为例介绍锚杆的施工技术要点。

（1）锚杆加工及砂浆制备　按设计选用螺纹钢筋，加工成规定的长度。选用 42.5 级普通硅酸盐水泥，粒度不大于 2.5mm 的中细砂。砂浆胶砂比为 1∶0.5～1∶1，水胶比为 0.38～0.45，氯化钙等早强剂掺入量占水泥质量的 2%～4%。

（2）钻眼及清孔　采用适宜的钻孔机具进行钻眼，钻眼孔径应大于锚杆直径 15～20mm，以保证锚杆与孔壁之间充填一定数量的砂浆。孔眼在注浆前必须用高压风或高压水冲洗干净。

（3）注浆　注浆时，将搅拌好的砂浆装入注浆机，并将注浆管插入孔眼中，使管口离眼底10cm 左右，在注浆的同时，将注浆管匀速缓慢向外退出，待注浆管口距钻眼孔口 20～30cm 时，停止注浆，由插入的钢筋锚杆将孔内砂浆挤满钻眼。

（4）安设锚杆　钢筋锚杆在插入前应充分除锈并用水湿润，以保证和砂浆紧密结合。插钢筋时，要沿孔轴线缓慢推入。在砂浆体的强度达到 10MPa 以后，安装垫板和紧固螺帽。

（5）锚杆质量检验　锚杆安装后对其进行质量检验，主控项目通常包括锚杆的种类、规格、长度、数量，胶结和锚固质量，锚固浆液的强度等级等。

7.3.3　钢筋网

在破碎岩体中施工喷射混凝土时往往用钢筋网以增强混凝土的整体性和承载能力，有时也用钢纤维取代钢筋网。

1. 钢筋网的作用

钢筋网的作用及效果（图 7-67）包括：防止收缩裂缝或减少裂缝数量和限制裂缝宽度；提高支护的抗震能力；使喷层应力得到均匀分布，改善变形性能，增强支护的整体性；增强喷层的柔性及提高承载力。

图 7-67　钢筋网的作用

2. 钢筋网的组成

钢筋网由环向和纵向钢筋组成：环向筋为受力筋，直径为 12mm 左右；纵向筋一般为构造筋，直径为 6~10mm；网格边长 15~30cm（如 20cm×20cm、20cm×25cm、25cm×25cm、30cm×30cm 等），当围岩松散破碎时，网格尺寸应适当减小。

3. 钢筋网的施工

1）按设计网格尺寸在加工场制作钢筋网片，钢筋网片尺寸的大小应方便运输和安装。

2）钢筋网在初喷混凝土后铺挂，并随受喷面起伏铺设，与受喷面间隙为 3~5cm。

3）采用双层钢筋网时，第二层钢筋网应在第一层钢筋网被混凝土覆盖后铺设，其覆盖层不应小于 3cm。

4）钢筋网的搭接长度应为 1~2 个网格，应与锚杆或其他固定装置连接牢固。

5）钢筋保护层厚度不得小于 2cm。

7.3.4　钢架

当围岩软弱破碎严重其自稳性差时，开挖后要求早期支护具有较大的刚度，因此要设置钢拱架以阻止围岩的过度变形并承受松弛荷载。

1. 钢架的作用

钢架通常与锚杆、钢筋网、喷射混凝土等共同组成受力体系，支撑围岩稳定、限制围岩变形（图 7-68）。钢架的刚度较大时，对围岩松弛变形的限制作用更显著，可及时阻止有害松动；钢架可作为超前支护的支点；钢架的强度较大时，可以承受已发生的松弛荷载；钢架可增强喷层的柔性和提高喷层承载力。

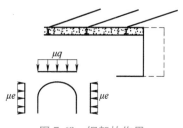

图 7-68　钢架的作用

2. 钢架种类

根据材料不同，可分为型钢钢架和格栅钢架：

（1）型钢钢架　型钢钢架通常由工字钢、U 形钢、V 形钢、槽钢、钢轨等材料加工而成。型钢钢架的刚度和强度大，在软弱破碎围岩施工中或处理坍方时使用较多，但与喷射混凝土的黏结不如格栅钢架，且其与围岩间的空隙难以用喷射混凝土紧密填充，易导致钢架附近的喷射混凝土层出现裂缝。

（2）格栅钢架　格栅钢架一般由普通钢筋经冷弯成形后，按隧道轮廓进行设计、焊接而成。格栅钢架的断面形式有三角形、矩形、四边形等。格栅钢架制作简单，重量小，便于安装成各种形式的断面，能节约材料，而且能够很好地与喷混凝土和其他支护手段结合，提高支护结构的承载能力，因此在我国的隧道现场得到广泛应用，特别是在较差的地层中施工时。

3. 钢架构造

（1）常见钢架构造　钢架通常选用钢筋、型钢等材料，按设计要求预先分节做成支撑构件，使用时焊接或栓接成整体，如图 7-69 所示。

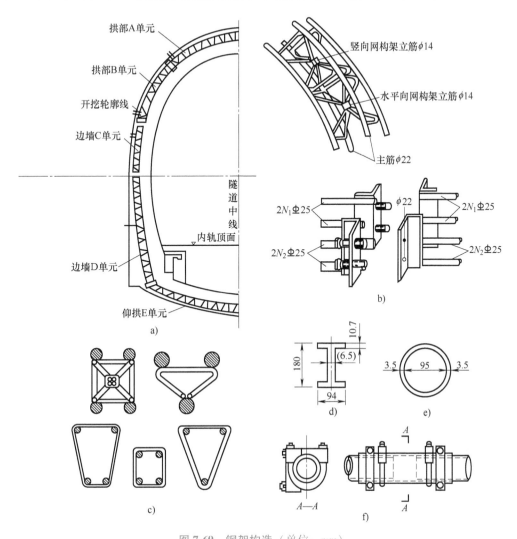

图 7-69 钢架构造（单位：mm）

a）格栅钢架组合示意图 b）接头示意图 c）格栅钢架断面 d）工字钢钢架
e）钢管钢架 f）钢管钢架可缩接头

（2）可缩接头结构 在一些膨胀性或地应力大的地层中，围岩压力和变形较大，若采用普通支护阻止围岩变形，将使支护结构承受过大的围岩压力而导致损坏。此时，需采用钢架接头能滑移的可缩式钢架，使支护结构能随围岩变形而缩小，允许围岩有较大的变形，并随之卸载，从而维持支护的稳定。可缩接头结构形式大致有钢管钢架可缩接头（图 7-69f）、U 形钢架可缩接头（图 7-70）。

（3）钢架纵向连接 两榀钢架之间，为使其互相牢固联系成整体，必需设置纵向连接。纵向钢拉杆（钢筋）与钢架连接方式如图 7-71 所示。同时，钢架应尽可能多地与锚杆露头及钢筋网焊接，以增强其联·

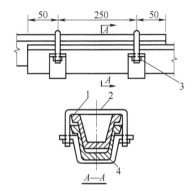

图 7-70 U 形钢架可缩接头（单位：mm）

1—U250 形钢架 2—U 形螺栓
3—螺母 4—U 形连接板

合支护效应。

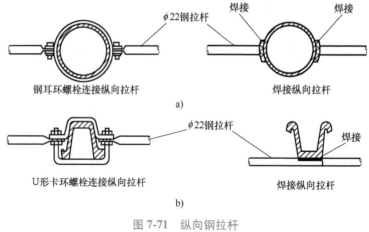

钢耳环螺栓连接纵向拉杆　　　　　　　　焊接纵向拉杆

a)

U形卡环螺栓连接纵向拉杆　　　　　　　焊接纵向拉杆

b)

图 7-71　纵向钢拉杆

a) 钢管钢架　b) U 形钢架

4. 钢架施工要点

1) 钢架一般在初喷混凝土后 2h 以内及时架设，安装前应清除虚渣和杂物。在施工机械配套较好、有条件时可采用钢架安装台车架设。

2) 各节钢架连接板间应以螺栓连接牢固、密贴，沿钢架外缘每隔 2m 应用钢楔或混凝土预制块与初喷混凝土楔紧。

3) 钢架的拱脚应有一定的埋置深度，以保证拱架脚的稳定，一般设有垫板、纵向托梁、锁脚锚杆（管）等。

4) 钢架应与锁脚锚杆（管）、纵向拉杆之间焊接牢固。

5) 钢架背后的间隙应用喷射混凝土充填密实。应先喷射钢架与壁面之间的混凝土，后喷射钢架之间的混凝土；除钢架可缩性节点部位外，钢架应全部被喷射混凝土覆盖。

6) 仰拱底设有钢架时，应一次全幅安装并喷混凝土覆盖，及早闭合成环。

7) 在软弱破碎围岩或黄土隧道分部开挖中，宜扩大钢架拱脚。

8) 钢架施工质量验收项目包括：钢架种类、规格、数量，安装是否侵入二次衬砌，连接部位（分节部位、纵向连接、与锁脚锚杆/管连接部位）牢固程度，钢架底脚的稳固程度，安装允许偏差、钢架保护层厚度等。

7.4　监控量测

监控量测已经成为钻爆法隧道施工作业中的重要环节，通过监控量测的实施，可以达到以下目的：通过监测围岩变形和应力的情况，验证支护结构的效果，保证围岩稳定和施工安全；提供判别围岩和支护系统基本稳定的依据，确定二次衬砌的施作时间；掌握围岩稳定性的变化规律，确定是否需要修改支护结构设计参数和施工方法；积累量测数据，为隧道的设计、施工与研究积累资料和提供依据。

7.4.1　监控量测设计要点

1. 监控量测项目

隧道施工监控量测项目分为必测项目和选测项目。

（1）必测项目　必测项目是在隧道施工过程中必须进行的常规量测项目（表7-12），是为了在设计、施工中确保围岩稳定，判断支护结构工作状态，指导设计施工的经常性量测。这类量测方法简单、费用少、可靠性高，但对监视围岩稳定、指导设计施工却有巨大的作用。

表7-12　监控量测的必测常规项目

序号	监控量测项目	常用量测仪器	备　注
1	洞内、外观察	现场观察、数码相机、罗盘	—
2	拱顶下沉	水准仪、钢挂尺或全站仪	—
3	净空变化	收敛计、全站仪	—
4	地表沉降	水准仪、钢钢尺或全站仪	隧道浅埋段
5	拱脚下沉	水准仪或全站仪	不良地质和特殊岩土隧道浅埋段
6	拱脚位移	水准仪或全站仪	不良地质和特殊岩土隧道浅埋段

（2）选测项目　选测项目是对一些有特殊意义和具有代表性的区段进行的补充测试，从而更深入地了解围岩的松动范围和稳定状态以及支护的效果，为未开挖区段的设计与施工积累现场资料。这类量测项目测试较为麻烦，量测项目较多，费用较高。在实际工作中，除了有特殊量测任务的地段外，一般根据需要选择其中一些必要的项目进行量测（表7-13）。

表7-13　监控量测的选测项目

序号	监控量测项目	常用量测仪器
1	围岩压力	压力盒
2	钢架内力	钢筋计、应变计
3	喷射混凝土内力	混凝土应变计
4	二次衬砌内力	混凝土应变计、钢筋计
5	初期支护与二次衬砌间接触压力	压力盒
6	锚杆轴力	钢筋计
7	围岩内部位移	多点位移计
8	隧底隆起	水准仪、钢钢尺或全站仪
9	爆破振动	振动传感器、记录仪
10	孔隙水压力	水压计
11	水量	三角堰、流量计
12	纵向位移	多点位移计、全站仪

2. 监控量测断面及测点布置

（1）地表沉降　在隧道浅埋段、下穿建筑物的地段，隧道开挖的影响极有可能波及地表，造成地表塌陷和建筑物沉降等问题，对周边环境和既有建筑物造成影响，因此需要在这些地段建立地表沉降观测点，并结合隧道洞内的监控量测工作，对隧道开挖的影响进行预测和预防。

地表沉降的量测范围、测点纵向间距及横向间距与隧道埋深 H_0 和开挖宽度 B 有着密切的关系，量测范围应覆盖隧道开挖的影响范围，并在开挖影响范围以外设置基点。地表沉降测点的基本布置要求如图7-72、图7-73所示。地表沉降观测点应在隧道开挖前布设，并应和隧道洞内观测点布置在同一断面里程。

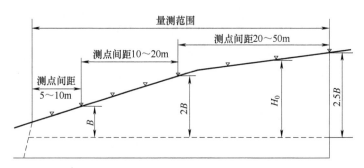

图 7-72　地表沉降纵向测点布置示意图

（2）拱顶下沉和净空变化　隧道施工过程中围岩的力学形态变化会直接反映在支护结构变形上，且变形量测相对来说具有结果直观、测试便捷、测试费用低廉的优点，因此，在隧道洞内初期支护表面需要设置测点对其变形进行量测，以评价和预测围岩的力学形态变化情况和支护结构的稳定性。

为减少对施工的干扰，隧道净空变化量测以水平基线为主，必要时设置斜基线（如隧道洞口附近、浅埋区段、有偏压或膨胀性土压的区

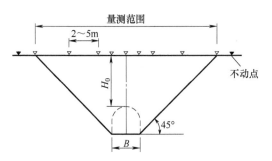

图 7-73　地表沉降横向测点布置示意图

段、拱顶下沉位移量最大的区段），以便了解隧道净空在垂直方向上的变化情况。拱顶下沉测点应布置在净空变化的断面上，并设置在拱顶轴线附近。净空变化和拱顶下沉测点、测线的布置形式如图 7-74 所示，量测断面间距的要求见表 7-14。

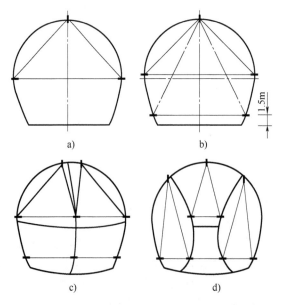

图 7-74　净空变化和拱顶下沉量测的测线布置示意图
a）全断面法测线示例　b）上下台阶法测线示例　c）中隔壁法测线示例　d）双侧壁导坑法示例

表 7-14 必测项目监控量测断面间距

围 岩 级 别	断面间距/m
V ~ VI	5~10
IV	10~30
III	30~50

（3）选测项目　选测项目应考虑围岩代表性、围岩变化、施工方法及支护参数的变化，视需要在有代表性的地段布置若干测试断面。在地质条件差、隧道开挖断面大、施工工序复杂的重要工程，布点适当加密。表 7-13 中所列的第 1~5 项选测项目测点布置位置如图 7-75 所示，每个断面一般设置 3~7 个测点，并应对称布置在拱顶、拱腰和边墙等部位。其他选测项目测点的布置根据测试的需要进行选择。

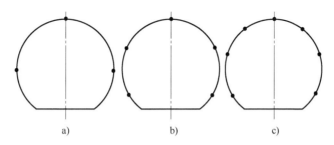

图 7-75　选测项目的测点布置示例

a）3 个测点（截面）　b）5 个测点（截面）　c）7 个测点（截面）

3. 监控量测频率

隧道开挖具有"时空效应"，隧道断面的支护结构变形和内力变化也与距离隧道开挖面的远近、开挖作业完成的时间等因素有紧密联系，因此在监控量测工作中也应根据测点距开挖面的距离和支护完成时间设置不同的量测频率。另外，测试数据的变化速度也能反映支护结构的稳定性如何。根据以上考虑，必测项目的监控量测频率应分别根据表 7-15、表 7-16 确定，然后取两者中较高者作为实际的量测频率。

表 7-15　按距开挖面距离确定的监控量测频率

监控量测断面距开挖面距离/m	监控量测频率
（0~1）B	2 次/d
（1~2）B	1 次/d
（2~5）B	1 次/（2d~3d）
>5B	1 次/（7d）

表 7-16　按位移速度确定的监控量测频率

位移速度/（mm/d）	监控量测频率
≥5	2 次/d
1~5	1 次/d
0.5~1	1 次/（2d~3d）
0.2~0.5	1 次/（3d）
<0.2	1 次/（7d）

选测项目监控量测的频率应根据设计和施工要求以及必测项目反馈信息结果确定。在没有特殊要求的情况下，选测项目可以采用和必测项目相同的量测频率。

4. 监控量测控制基准

监控量测的主要目的是确保隧道施工安全性和结构的长期稳定性，根据这一目的，同时考虑周围建（构）筑物特点和重要性，需要综合隧道所处的地质条件和施工方法等多方面因素，制定隧道内的位移、地表沉降、爆破振动等指标的监控量测基准。

其中，隧道初期支护极限相对位移值 U_0 可以按照《铁路隧道监控量测技术规程》（Q/CR 9218—2015）等规范的相关要求给出，或者根据隧道工程的实际情况合理确定。明确了 U_0 之后，就可以根据测点距隧道开挖面的距离，确定表7-17中的位移控制基准，并按表7-18划分为3个位移管理等级。在隧道施工中可根据实测位移值 U，进行工程安全性评价及采取对应的工程措施，实现隧道设计和施工的动态调整，保障施工安全。

表7-17 位移控制基准

类别	距开挖面 $1B$（U_{1B}）	距开挖面 $2B$（U_{2B}）	距开挖面 $3B$（U_{3B}）
允许值	65% U_0	90% U_0	100% U_0

表7-18 位移管理等级

管理等级	距开挖面 $1B$	距开挖面 $2B$
III	$U < U_{1B}/3$	$U < U_{2B}/3$
II	$U_{1B}/3 \leqslant U \leqslant 2U_{1B}/3$	$U_{2B}/3 \leqslant U \leqslant 2U_{2B}/3$
I	$U > 2U_{1B}/3$	$U > 2U_{2B}/3$

7.4.2 量测方法及数据分析

现场监控量测的方法和手段，一般尽量选择简单可靠、耐久、经济、稳定性好，被测量的物理量概念明确，有足够大的量程，便于进行分析和反馈的测试仪器。以下主要介绍监控量测必测项目的量测及数据处理分析方法，并简要介绍部分选测项目的量测方法。

1. 洞内、外观察

隧道开挖前的地质勘探工作很难提供准确的地质资料，所以有必要在隧道每次开挖后进行细致的观察，获得与围岩稳定和支护结构安全有关的直观信息。洞内观察主要是对开挖工作面和已施工地段进行观察和记录，洞外观察重点部位是洞口段和洞身浅埋段。

（1）洞内开挖工作面观察 应在每次开挖后进行洞内开挖工作面观察，及时填写开挖工作面地质状况记录表，绘制开挖工作面地质素描图，并保留数码影像资料。观察和记录的主要内容包括：节理裂隙发育程度和方向性，裂隙内填充物的性质和状态等；开挖面稳定状态，顶部有无剥落现象等；是否有涌水，水量大小、位置、压力等。

（2）洞内已施工地段观察 每天至少应进行一次洞内已施工地段观察，观察和记录的内容包括锚杆是否被拉断或垫板陷入围岩内部，喷混凝土是否产生裂隙或剥离，钢拱架有无被压屈现象，是否有底鼓现象，锚杆和喷混凝土施工质量是否达到施工规定的要求。

（3）洞外观察 当隧道开挖洞口和浅埋段，或者是下穿地表建筑物时，如果隧道开挖影响区波及地表，那就需要进行洞外观察，主要观察地表开裂、地表变形、边坡及仰坡稳定状态、地表水渗漏等情况，同时还应对地表建（构）筑物进行观察。

2. 拱顶下沉

隧道支护结构拱顶内壁的绝对下沉量称为拱顶下沉值，单位时间内拱顶下沉值称为拱顶下沉速度。

（1）量测方法 目前拱顶下沉量测大多采用精密水准仪和铟钢挂尺等，在拱顶的测点处吊挂铟钢挂尺，用精密水准仪量测隧道拱顶绝对下沉值，如图7-76所示。

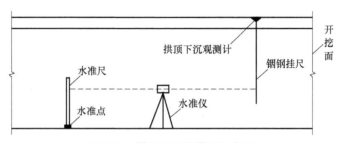

图7-76 拱顶下沉值量测示意图

（2）数据处理与分析 通过计算求出连续两次测量的拱顶高程，将前后两次高程相减得拱顶下沉值。根据量测数据并绘制拱顶下沉量随时间变化曲线、下沉速度随时间变化曲线、下沉量与开挖面距离关系曲线及各自的回归曲线。

3. 净空变化

净空变化是隧道周边相对方向两个固定点连线上的相对位移值，是判断围岩动态最直观和最重要的量测信息。

（1）量测方法 目前隧道净空变化一般采用收敛计或全站仪进行量测。

1）收敛计量测。目前国内使用的收敛计种类很多，收敛计（图7-77）的工作原理是采用一根在弹簧作用下被拉紧的有孔带状钢尺作为传递位移的媒介，通过测微器测读隧道周边两测点间的相对位移变化值，从而得两测点连线方向上的相对位移值。通过布置在隧道洞室周边上两固定测点，每次测出两点的净长，求出两次量测的增量（或减量），即为此条测线的净空变化值。读数时读3次，然后取其平均值。

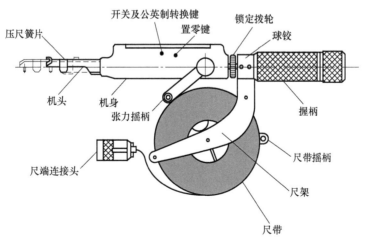

图7-77 SWJ-Ⅳ收敛计

2）全站仪量测。将反射膜片贴在测点处的预埋件上作为测点靶标，用高精度全站仪在洞内设站测得靶标的三维坐标（图7-78），通过对比不同时间测点的三维坐标，可获得该测点的三维位移变化量。该方法是一种非接触量测方法，能获取更全面的三维位移数据，有利于结合数值计算方法进行监控量测信息的反馈，同时具有快速、省力、数据处理自动化程度高等特点，但同时也具有对测点保护和洞内量测环境条件要求高等限制。

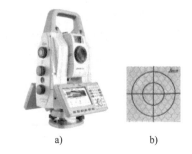

图 7-78　净空变化非接触量测仪器
a）全站仪　b）反射膜片

（2）数据处理与分析　与拱顶下沉量等位移量测数据的处理方法类似。

1）处理与分析流程。根据量测数据绘制时间-位移散点图、距离-位移散点图和时间-位移速度曲线，然后根据散点图的数据分布状况，选择合适的函数进行回归，对最大值（最终值）进行预测，并与控制基准值进行比较，结合施工工况综合分析围岩和支护结构的工作状态。

2）位移曲线形态分析。如图 7-79 所示，如果位移曲线正常，说明围岩处于稳定状态，支护系统是有效、可靠的；如果位移曲线出现反常的急骤增长现象（出现了反弯点），表明围岩和支护已呈现不稳定状态，需立即采取相应的工作措施。

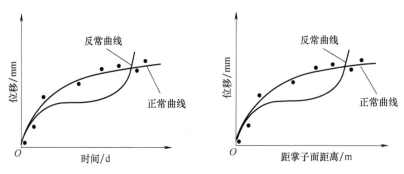

图 7-79　时间-位移曲线和距离-位移曲线

4. 地表沉降

浅埋隧道开挖后的位移变化会引起地表产生位移，即为地表沉降。根据地表沉降量测结果（扰动范围、最大沉陷量和地表沉降倾斜程度），可以判断围岩的稳定性和对地表的影响范围及影响程度，以便采取相应的措施。

（1）量测方法　在地表受影响范围用精密水准仪和铟钢尺对测点进行水准测量，可以得到地表沉降量。当采用常规水准测量手段出现困难时，可采用全站仪量测。

（2）数据处理与分析　与拱顶下沉、净空变化的位移量测数据处理方法类似。

5. 选测项目

（1）锚杆轴力　隧道开挖后随着围岩发生变形而产生锚杆轴力，在围岩变形稳定前锚杆的轴力不断增加，量测锚杆轴力的大小是为了弄清锚杆的负荷状态，为确定合理的锚杆参数提供依据。锚杆轴力量测主要采用钢筋应力计。

（2）钢架内力　量测钢架内力的目的是：了解钢架受力的大小，为钢架选型与设计提供依据；根据钢架的受力状态，为判断隧道空间的稳定性提供可靠的信息；了解钢架的工作状态，评价钢架的支护效果。钢架内力量测主要采用表面应变计。

（3）围岩内部位移　对围岩深部岩体位移进行量测的目的是：确定围岩位移随深度变化的

关系；找出围岩内的移动范围，深入研究支护与围岩相互作用的关系；判断开挖后围岩的松动区、强度下降区以及弹性区的范围；判断锚杆长度是否适宜，以便确定合理的锚杆长度。围岩内部位移主要是通过单点位移计或多点位移计来量测。单点位移计或多点位移计实际上是端部固定于钻孔底部的直杆加上孔口的测读装置。多点位移计根据量测仪器的不同有机械式和电测式两类，机械式多采用深度测微计、千分表或百分表，电测式则常采用电阻式、电感式、差动式和钢弦式等多种。

（4）压力量测　压力量测包括支护结构间压力的量测、围岩和支护结构间接触压力的量测，其目的主要是了解测试结构所承受的压力。主要采用压力盒测试围岩压力。压力盒安装时需分清正反面（受力面为光滑面），其背后必须与能提供反力而本身不变形的刚性物接触。

（5）混凝土应力　对混凝土应力状态进行检测，可以获取准确的混凝土应力状态资料，及时对隧道结构的稳定性进行判断。混凝土应力量测通常采用埋入式应变计。应变计埋设时将其绑扎于邻近钢架或钢筋上，根据需要测量的对象确定应变计的方向，元件埋设位置参照钢架内力或衬砌内钢筋的应力量测。

（6）衬砌内钢筋应力　测试衬砌内钢筋应力状态，评价衬砌结构的安全性。衬砌内钢筋应力量测常采用钢筋应力计。

7.4.3　监控量测信息反馈

监控量测数据反馈于设计、施工，其主要目的是：判定围岩是否稳定、支护措施是否安全，施工方法是否恰当；在保证安全的前提下，支护是否经济，必要时调整支护设计。因此，在隧道施工期间的监控量测工作及其信息反馈也是隧道信息化设计中的关键要素。

当前采用的量测数据反馈设计的方法主要是定性的，即依据经验和理论推理来建立一些准则，根据量测的数据和这些准则进行修正设计支护参数和调整施工措施。依据监控量测的数据处理和分析结果，可对施工情况进行工程安全性评价，指导后续施工。工程安全性评价应根据隧道工程的监控量测控制基准，尤其是位移控制基准，分3级进行，工程安全性评价流程如图7-80所示。根据工程安全性评价分级的结果，采取相应工程对策（表7-19），保证隧道施工安全。

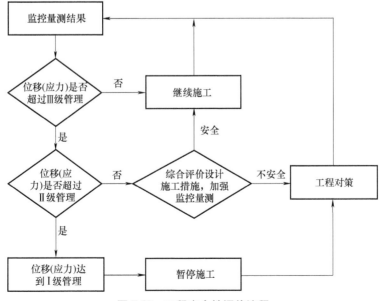

图7-80　工程安全性评价流程

表 7-19　工程安全性评价分级及应对措施

管 理 等 级	应 对 措 施
Ⅲ	正常施工
Ⅱ	综合评价设计施工措施，加强监控量测，必要时采取相应工程措施
Ⅰ	暂停施工，采取相应工程措施

■ 7.5　结构防排水

　　隧道结构防排水是以混凝土结构的自防水为主，结合在初期支护和二次衬砌之间铺设的防水板、土工布、排水管沟等设施，另外加上衬砌施工缝、变形缝部位的止水措施，形成了多道防线、多种方式的防水体系。从更大的范围来说，隧道的防排水系统还应包括围岩注浆堵水、地表截水等措施，以达到综合全面的地下水防治效果。

7.5.1　防排水系统

　　目前我国采用钻爆法修建的山岭隧道，根据是否允许地下水通过隧道内部的排水系统排放，可以大致分为排水型和防水型两大类。一般情况下，山岭隧道多为排水型隧道，其防排水系统如图 7-81、图 7-82 所示。其中，由高分子防水板或喷膜防水材料所形成的防水层是隧道防水的重要屏障，二次衬砌混凝土自防水能力是隧道防水的重要保证，但是也应重视排水设施的作用，使水能顺畅地排出洞外，从而保证隧道内的运营环境和衬砌结构安全。

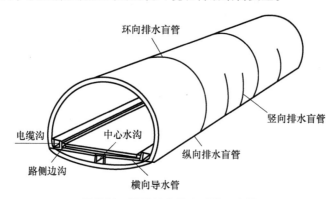

图 7-81　隧道衬砌排水系统示意图

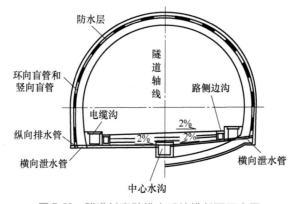

图 7-82　隧道衬砌防排水系统横断面示意图

7.5.2　排水管沟

隧道洞内排水系统的构成通常包括环向排水盲管、纵向排水盲管、横向排水盲管、侧沟和中心水沟等设施，本书简述其施工要点。

1. 排水盲管

排水盲管通常为弹簧软管（软式透水管）、PVC管道、HDPE管道等材质，铺设在初期支护和二次衬砌之间，将防水板后的渗水引排至洞内侧沟或中心水沟。纵环向盲管、泄水管、排水管应按设计连通，管体间采用变径三通连接，以组成完整有效的排水系统，如图7-83所示。

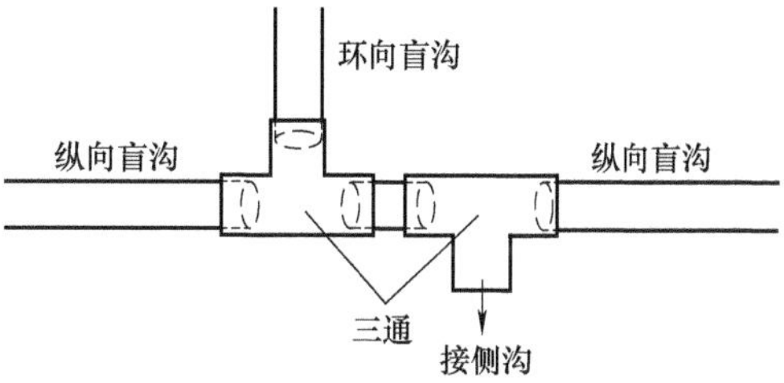

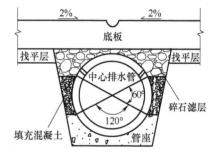

图 7-83　隧道排水管的三通接头构造

2. 侧沟（及电缆槽）

隧道洞内的侧沟主要用于汇集由排水管中引排过来的地下水，并将水引入中心水沟（管），同时起到沉淀和兼顾部分排水的作用。侧沟通常与电缆槽一并在现场通过立模板浇筑混凝土来施作，或者与电缆槽模板台车一体化浇筑成型，提高了施工效率和施工质量。

3. 中心排水管（沟）

中心排水管（沟）通常为暗埋预制混凝土管（带有上部透水孔），或带有盖板的现浇矩形水沟，用于收集侧沟中的积水并排出至洞外。中心排水沟的开挖与洞身开挖同步进行，有仰拱地段的中心排水管直接埋设于仰拱填充混凝土中，无仰拱地段的中心排水管设置在混凝土管座上（图7-84）。每隔一段距离及交叉、转弯、变坡处，应设置带有沉沙池的检查井（图7-85），井口应设活动盖板，便于后期清理维护。

图 7-84　无仰拱地段中心排水管设置示意图

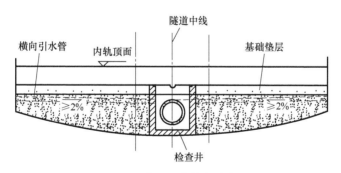

图 7-85　中心排水管与检查井

7.5.3　防水层

防水层包括防水板及其后的缓冲层材料。从目前隧道的渗漏情况来看，防水板在施工期间的施作质量不到位或遭到破损往往是导致隧道渗漏水的重要原因，因此需要重视防水板铺设施工环节的管理。

1. 初期支护基面处理

铺设排水管、防水板前，应对初期支护的表面及渗漏水情况检查，应符合下列要求：

1）初期支护表面应无空鼓、裂缝、松酥，且表面平整度应符合 $D/L \le 1/20$ 的要求，否则应用喷混凝土（或砂浆）对基面进行找平处理，如图 7-86 所示。

2）钢筋网、注浆管头、锚杆等凸出部分应先切断、遮盖或铆平后，用砂浆或喷射混凝土找平，如图 7-87 ~ 图 7-89 所示。

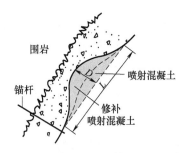

图 7-86　喷射混凝土基层处理示意

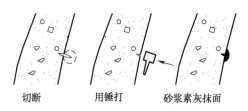

图 7-87　初期支护表面钢筋网处理

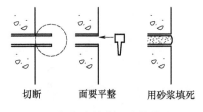

图 7-88　初期支护表面注浆管头处理

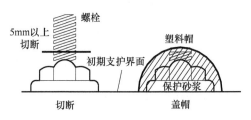

图 7-89　初期支护表面锚杆头处理

3）基面出现股状涌水时，宜采用局部注浆、围截注浆法进行封堵，封堵后的剩余水量可用排水盲管或排水板集中引入洞内排水沟排出。

2. 缓冲层铺设

隧道防水板目前多采用分离式，即缓冲层与防水板分开铺设，其中缓冲层多采用单位面积质量不低于 $300g/m^2$ 的土工布材料。

缓冲层铺设应满足以下要求：

1）用射钉或膨胀螺栓将热塑性垫圈和缓冲层固定在初期支护基面上（图 7-90），其固定点的间距可根据基面平整情况确定，拱部宜为 0.5 ~ 0.8m，边墙宜为 0.8 ~ 1.0m，隧底宜为 1.0 ~ 1.5m，呈梅花形布置。

2）基面局部凹凸较大时，应在凹处加密固定点，使缓冲层与基面密贴。

3）缓冲层接缝搭接宽度不应小于 50mm。

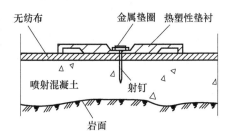

图 7-90　暗钉垫圈固定缓冲层示意图

3. 防水板铺设

防水板铺设在缓冲层铺设完毕后进行，并结合缓冲层固定垫圈，将防水板用电热焊或超声波焊焊接在缓冲层固定垫圈上，使防水板不穿透钉孔，实现无钉（暗钉）铺设，如图 7-91 所示。

具体来说，防水板铺设应满足以下要求：

1）防水板应采用作业台架铺设，从隧道拱部向两侧进行。随着隧道施工机械化程度的提高，采用防水板自动铺设台车进行铺设的情况也越来越多。

2）防水板环向铺设时，下部防水板应压在上部防水板上，防水板纵向搭接与环向搭接处应采用丁字形接头（图7-92），除去正常施工外，接头处应再覆盖一层同类材料的防水板材，用热熔焊接法焊接。

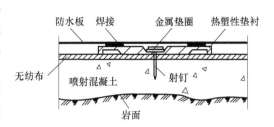

图7-91　无钉铺设防水板示意图

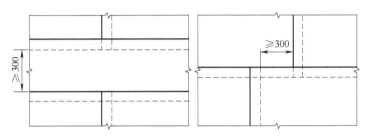

图7-92　防水板搭接示意图（单位：mm）

3）防水板搭接部位通常采用自动爬行热合机双焊缝焊接，搭接宽度不应小于15cm。单条焊缝的有效焊接宽度不应小于15mm（图7-93），不得焊焦焊穿。搭接缝焊接质量检查应按充气法检查，发现漏气及时修补。防水板搭接缝应与施工缝错开1.0~2.0m，分段铺设的防水板边缘部位应预留至少60cm搭接余量。

图7-93　防水板搭接示意图（单位：mm）

4）需要重视对防水层成品的保护，在后续的工序中应采取措施避免损坏防水板具体措施包括：衬砌钢筋绑扎时不得划伤或戳穿防水板，钢筋头采用塑料帽保护；焊接钢筋时，用非燃物（如石棉板）隔离；浇筑混凝土时，振动棒不得接触防水层。

7.5.4　施工缝和变形缝

二次衬砌的施工缝和变形缝，往往是隧道运营期间最容易出现渗漏水的薄弱部位，因此需要在设计阶段对这些部位进行防水措施的加强，并保证施工质量。

1. 防水构造形式

施工缝是二次衬砌混凝土浇筑过程中，由于工序的停顿必然会形成的结构纵向和环向接缝（二次衬砌模板台车的长度目前多为9~12m）。变形缝是由于考虑衬砌不均匀受力和衬砌胀缩而设置的允许变形的缝隙，设计缝宽为20~30mm，它是防水处理的难点，也是结构自防水中的关键环节。目前施工缝、变形缝多采用中埋式止水带与背贴式止水带、防水密封材料、遇水膨胀橡胶止水条等组合的形式进行防水，如图7-94和图7-95所示。

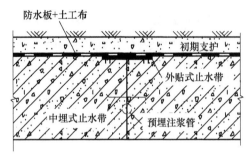

图 7-94　隧道二衬施工缝防水构造形式

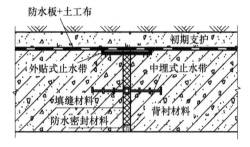

图 7-95　隧道二衬变形缝防水构造形式

2. 止水带施工

目前隧道二衬的施工缝、变形缝部位多采用背贴式止水带、中埋式止水带进行防水处理，这两种止水带均需要嵌入混凝土中，以形成一定的咬合作用，从而起到止水的效果。

1）背贴式止水带设置在衬砌施工缝、变形缝的外侧，施工时按设计要求先在需要安装止水带的位置放出安装线。如止水带材质与防水板相同，则采用热焊机将止水带固定在防水板上；如设计为橡胶止水带，则采用粘接法将其与防水板粘接。

2）中埋式止水带施工时，将加工的直径 10mm 钢筋卡由待模筑混凝土一侧向另一侧穿入，卡紧止水带一半，另一半止水带平贴在挡头板内，待模筑混凝土凝固后弯曲直径 10mm 钢筋卡套上止水带，模筑下一循环混凝土，如图 7-96 所示。

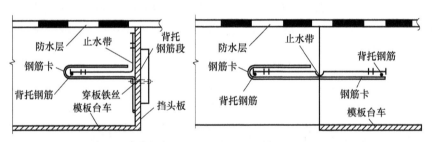

图 7-96　中埋式止水带施工方法示意图

3）止水带的长度应事先订制，尽量避免接头，如确需接头，应选在二次衬砌结构应力较小的部位采取搭接、复合连接、对接等形式。

4）浇筑振捣靠近止水带附近的混凝土时，不得破坏止水带，同时还应充分振捣，保证混凝土与止水带的紧密结合。

3. 止水条施工

目前多选用带有缓膨性能的遇水膨胀止水条，采用预留槽嵌入法施工。

1）止水条应嵌入已涂抹胶黏剂的预留槽内，并黏结牢固，用间距不宜大于 60cm 的水泥钉固定。

2）止水条定位后加涂缓膨剂，防止提前遇水膨胀。

3）止水条接头处应按图 7-97 所示的形式，重叠搭接后再黏结固定，搭接长度不应小于 50mm。

4）振捣混凝土时，振捣棒不得接触止水条。

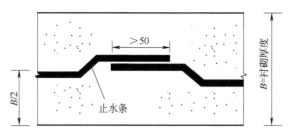

图 7-97 止水条搭接示意图（单位：mm）

7.6 二次衬砌

在复合式衬砌中，隧道开挖后及时施作初期支护，之后根据合适的时机沿隧道纵向分段施作二次衬砌，（目前分段长度一般为 9~12m）。二次衬砌施工的顺序是仰拱和填充超前（为拱墙衬砌台车轨道铺设提供条件），然后再浇筑拱墙混凝土。

7.6.1 仰拱（底板）和填充

隧底结构由初期支护仰拱、二次衬砌仰拱和仰拱填充组成。超前拱墙混凝土衬砌施作，作为隧道施工承前启后的一道工序，起到了闭合结构体，稳定初期支护的作用。若设计无仰拱，则底板通常是在拱墙修筑好后进行，从而避免与拱墙衬砌和开挖作业相互干扰。

由于仰拱部分紧跟隧道开挖进行，为减少对前方开挖和衬砌作业的出渣、进料的干扰，采用仰拱栈桥进行仰拱的全幅施工。自行式仰拱栈桥是在传统的栈桥基础上，增加了行走设施，安装液压系统以及电气系统等，加大栈桥跨度，增加栈桥转向和升降等功能，配合仰拱模板，可以进一步优化施工组织和工序分区，加快施工速度，因此近年来采用较多。

仰拱和填充的施工要点如下：

1）在围岩较为坚硬的地段采用光面爆破配合挖掘机开挖仰拱，较为松软的地段可以采用破碎锤或铣挖机开挖仰拱，出渣可采用仰拱栈桥和自卸车。

2）出渣结束以后，将基底虚渣、杂物、积水等清除干净，对基底进行检查。基底开挖应圆顺、平整，不得欠挖，超挖部分应用同级混凝土回填。

3）将上一循环仰拱混凝土接头进行凿毛处理，安装仰拱钢筋，并预留与边墙衬砌连接的钢筋，按设计要求做好施工缝、变形缝的防水处理。

4）立仰拱模板或采用仰拱模板台车，浇筑并振捣仰拱混凝土，仰拱施作应各段一次成型，不得分部浇筑。

5）仰拱填充应在仰拱混凝土达到终凝后施作，填充混凝土强度达到 5MPa 以后才允许行人通行，填充强度达到设计强度的 100% 后才可允许车辆通行。

7.6.2 拱墙衬砌

二次衬砌一般在围岩变形基本稳定后施作。通过监控量测的数据分析反馈，当隧道周边变形速率明显下降并趋于缓和，且累计位移值已经达到极限位移值的 80% 以上时，可以施作二次衬砌。在高地应力软弱围岩、膨胀岩等可能产生大变形，且变形长期不能趋于稳定的不良地质隧道，二次衬砌可以提前施作。

1. 施工机械设备

拱墙衬砌目前多采用整体钢模衬砌模板台车一次性浇筑，同时，生产中采用全自动计量的混凝土搅拌站拌和、搅拌输送车运输、混凝土泵送入模，形成一条机械化流水作业线。近年来又研制成功了二衬养护台车，进一步提高了作业的机械化程度。

模板台车主要由大块曲模板、机械或液压脱模装置、背附式振捣设备等组成，并在轨道上走行。模板台车的长度即一次模筑段长度，根据施工进度要求、混凝土生产能力和浇筑技术要求以及曲线隧道的曲线半径等条件来确定，一般直线隧道为9~12m，曲线隧道为6~9m。整体移动式模板台车的生产能力大，可配合混凝土输送泵联合作业，是较先进的模板设备，但其尺寸大小比较固定，可调范围较小，且一次性设备投资较大。

2. 施工前期工作

在浇筑衬砌混凝土之前，要进行隧道中线和水平的测量，检查开挖断面或放线定位，准备混凝土制备和运输等工作。

1）断面检查。根据隧道中线和水平量测，检查开挖断面是否符合设计要求，欠挖部分按规范要求进行修凿，并做好断面检查记录。墙脚地基挖至设计标高，在浇筑前清除虚渣，排除积水并找平支承面。

2）钢筋绑扎。如果衬砌设计有全环钢筋，还需在防水层铺挂之后、衬砌混凝土浇筑之前进行拱墙钢筋绑扎，并与仰拱部位预留的钢筋接头连接。在钢筋作业中，需要注意对防水层的保护。

3）放线定位。根据隧道中线和标高及断面设计尺寸，测量并确定衬砌模板台车立模位置，并放线定位。当采用整体移动式模板台车时，实际是确定轨道的铺设位置，轨道铺设应稳固。轨道铺设和台车就位后，需进行位置、尺寸检查，预留误差量和预留沉落量，并考虑曲线加宽。

4）模板台车就位立模。在洞外组装模板台车并调试好各机构的工作状态，检查好各部尺寸，保证进洞后投入正常使用。根据放线位置，模板台车就位，边模底部与边墙基础混凝土顶面接缝密贴，并做好挡头模板、止水带、钢筋保护层垫块和预埋件的安装。安装就位后，应做好各项检查，包括位置、尺寸、方向、标高、坡度、稳定性等。

5）混凝土制备与运输。混凝土集中在搅拌站拌和好后，用混凝土搅拌运输车运送到工作面再浇筑，应采取措施保证拌好的混凝土在运输过程中不发生漏浆、离析泌水、坍落度损失和初凝等现象。

3. 拱墙混凝土浇筑

拱墙衬砌混凝土浇筑过程中的要点如下：

1）混凝土自模板台车灌注窗口灌入，并由下而上、分层对称浇筑，最大下落高度不能超过2m，台车前后混凝土高度差不能超过0.6m，左右混凝土高度差不能超过0.5m，以防止未凝混凝土对台车模板产生偏压而使衬砌尺寸不合要求。

2）拱墙衬砌混凝土浇筑过程中，泵送混凝土要连续进行，如有中断，中断时间不宜超过20min或先浇混凝土的初凝时间，否则按施工缝处理。

3）混凝土应边浇筑边振捣，优先采用插入式振捣器进行混凝土振捣，其振捣密实后的分层厚度，不应超过振捣器作用部分长度的1.25倍，振捣过程中应避免碰撞钢筋、模板、预埋件和防水设施。当采用附着式振动时，振动时间尽量采用短时间、多次数左右对称的方法，防止台车因振动而产生微位移或弹性变形。

4）混凝土的入模温度应视洞内温度而调整，冬期施工时混凝土的入模温度不得低于5℃，夏期施工时候不宜高于洞内温度且不宜超过30℃。施工中应估计混凝土温度与拉应力变化，提出混凝土温度的控制值，并在养护过程中实际测定关键截面的中部点和离表层约5cm深处的表面温度，实行严格的温度控制。

4. 拱部混凝土封顶及回填注浆

在浇筑衬砌拱部混凝土时较易出现不密实、灌不满的情况，使得衬砌拱顶出现空洞、厚度不够等现象，造成质量缺陷。因此，对拱部混凝土浇筑时进行的封顶操作应引起重视，尽量减少后续的注浆补强、封堵回填作业。以下是一些拱部混凝土浇筑的要点：

1）通过调整配合比、砂率、粉煤灰掺量等措施，适当增大混凝土的坍落度，延长初凝时间，以利于封顶混凝土的连续灌满。

2）模板台车拱顶处混凝土灌注孔间距不应大于3m，混凝土浇筑时沿隧道上坡方向利用灌注孔由后向前进行浇筑。可在衬砌台车顶部设置一台方便纵向移动的浇筑平台车，方便纵向浇筑混凝土。

3）在模板台车顶部安装排气、注浆孔，布置位置如图7-98所示，在孔位处采用法兰式固定装置（图7-99）。封顶时应适当减缓泵送速度、减小泵送压力，密切观察挡头板排气孔的排气和浆液泄漏情况。浇筑混凝土时，当混凝土浆液从上坡挡头板拱顶排气孔处泄流且由稀变浓时，即可完成衬砌混凝土浇筑，浇筑完成后及时封孔。

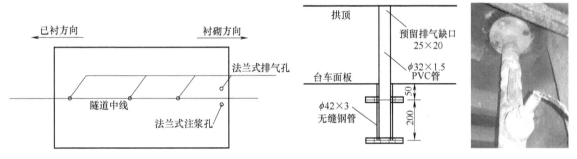

图 7-98　模板台车竖向注浆排气管位置布置示意图　　图 7-99　法兰式注浆排气管安装示意图（单位：mm）

4）采用纵向预贴注浆管道法对拱顶混凝土的空洞进行回填注浆。在安装台车拱顶排气管的同时，一并预先安装好注浆管（图7-100）。预贴注浆花管宜采用直径20~30mm的PVC管，并应在管身布设梅花形溢浆孔。根据排气需要安设排气管，排气管不布孔。在衬砌拆模、养护并达到设计强度后，开始回填注浆。注浆采用微膨胀性水泥砂浆，有特殊要求的地段可采用强度高、流动性好的自流平水泥浆。注浆压力达到0.2MPa或排气孔出浆时，即可结束注浆。

5. 拱墙衬砌拆模与养护

（1）拆模　二次衬砌的拆模时间，应根据混凝土强度增长情况来确定。有承载要求时，应根据具体受力条件来确定。应符合以下要求：

1）衬砌在初期支护变形稳定后施工的，拆模时的混凝土强度应达到8MPa；特殊情况下，衬砌在初期支护变形稳定前施工的，拆模时的混凝土强度应达到设计的100%。

2）衬砌拆模时，混凝土内部与表层、表层与环境之间的温差不得大于20℃，结构内外侧表面温差不得大于15℃；混凝土内部开始降温前不得拆模。

（2）养护　待混凝土终凝后应及时采用喷、洒水养护，并采取措施控制养护过程中的环境湿度和混凝土温度，保证衬砌混凝土的质量。目前采用雾炮养护的方式进行养护，也可采用具有升温、保温、保湿功能的养护台车进行养护。衬砌混凝土养护的要点如下：

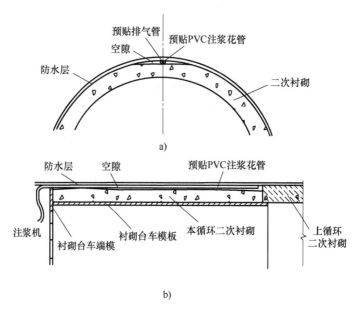

图 7-100　纵向预贴注浆管道法示意图

a）横断面　b）纵断面

1）由于模板台车和组合钢模板不能及时拆除，初期养护洒水至模板表面和挡头板进行降温。

2）待拆模后对混凝土表面及时进行洒水养护，保持混凝土表面湿润，以防硬化期间产生干裂形成渗水通道。在混凝土发热阶段，宜采用喷雾养护，避免混凝土表面温度产生骤然变化，形成温度裂缝。

■ 7.7　施工机械配置

近年来随着我国隧道工程建设的不断发展，隧道施工装备制造能力及机械化配套程度也得到了很大的提升和改观。本节以铁路隧道为例，针对我国近年来在钻爆法隧道施工机械配置技术方面所取得的一些进展做简要介绍。

1. 隧道施工机械配置简述

随着各种先进的施工机械设备被不断引入隧道工程中，当前隧道施工各工序均已经陆续实现了机械化改造，对有效加快施工进度、减少洞内作业人员、保障工期和施工安全、实现工厂化施工等方面都有着重要的作用。通过工程实践，对各工序独立的分步式机械化配套进行了一定的探索和总结之后，人们开始注意各工序之间机械化作业设备能力之间的匹配和协调，对保证各作业线生产能力的均衡和整体效率发挥有重要作用。近年来，随着隧道施工机械化配套的逐步铺开和经验的积累，铁路隧道又对施工机械配套进行了分级，以适应不同的工程条件和施工方法，取得更好的经济性。

在《铁路隧道工程施工机械配置技术规程》（Q/CR 9226—2015）中，提出了隧道施工机械配置的原则，即隧道工程施工机械应根据隧道长度、断面大小、辅助坑道设置、围岩地质条件、施工方法、工期要求、施工场地等综合因素进行配置。其中，具体隧道工程的施工机械配置应遵循以下几个方面：与施工方法相配套，与施工工期相适应；生产能力应大于均衡施工能力，均衡生产能力应大于施工进度指标要求，并注重科学发挥机械的总体效率；注意配置备用设备和修配条件，以保证机械的连续运转和使用。

2. 隧道施工作业线机械配置选型要求

隧道施工作业线通常按照从开挖工作面至后方成洞全过程的施工工序划分，包括开挖、喷锚、装运、衬砌这4条主要的作业线和其他一些配套作业线（超前预报、超前支护、防排水、通风等）。主要作业线的机械设备配置及选型要求简要介绍如下：

（1）开挖　隧道开挖设备应根据围岩地质条件、施工断面大小、施工方法等情况合理选择机械设备。爆破钻孔可采用液压凿岩台车或多功能台架配合风钻，当具备大段落全断面施工条件时，应采用液压凿岩台车并设置液压站，采用风钻钻孔时配置可移动式螺杆空压机。炮孔装药作业可采用自动装药设备，配置自动炮眼堵塞设备。土质隧道、不适宜爆破施工及需要减振开挖的隧道，可采用小型挖掘机、铣挖机等进行开挖。

（2）喷锚　喷射混凝土采用湿喷机，双线、多线隧道和长、特长隧道混凝土喷射作业用混凝土喷射机组（喷射手）。喷射料的拌制用全自动计量混凝土搅拌站，运送湿喷料应采用搅拌混凝土输送车。初期支护钢架加工应配置专用弯曲或成型加工设备，并应按工厂化组织加工生产，大断面架设钢架时宜采用钢架架设专用设备。

（3）装运　装渣与运输机械选型应遵循挖、装、运机械能力协调配套的原则，其中运输机械配置能力不应小于挖装能力的 1.2 倍。无轨运输的自卸汽车额定载重不应小于 15t。有轨运输的设备选型与配套数量应根据隧道长度和断面大小确定，牵引机车宜选用 20t 及以上电动机车；出渣运输车辆数量可根据隧道掘进长度进行合理配置，其中梭式、侧卸式矿车运渣的容量应分别大于 $16m^3$、$6m^3$。

（4）衬砌　隧道衬砌采用整体平移式全断面衬砌钢模板台车，同时配置满足混凝土配合比计量精度要求的自动计量混凝土搅拌站、混凝土搅拌输送车、混凝土输送泵、钢模板台车等配套机械设备。根据高峰时作业面数量、运距、混凝土供应量等因素确定搅拌站生产能力，并采用强制式搅拌。无轨和有轨运输均采用可搅拌式混凝土输送车，并根据搅拌站的生产能力、运输车的运送能力及浇筑结构的需求配置混凝土输送泵。隧道仰拱灌注时配置仰拱栈桥。

3. 隧道施工机械设备配套分级

在我国铁路隧道建设中，根据隧道类型（单、双线）、施工方法（全断面法、台阶法）及进度指标将隧道施工机械设备配套分为3级（Ⅰ、Ⅱ、Ⅲ），具体又可以分为12种施工机械配套方案。Ⅰ级配套，隧道施工进度要求最高，隧道长、难度大，往往是控制工期的工程，各工序均需要实现效率最大化；Ⅱ级配套，隧道规模一般，施工进度要求比Ⅰ级配套稍低，对部分工序和作业条件适宜的工作面进行大型机械的配套；Ⅲ级配套，通常是一般规模相对比较小的隧道，不控制工程工期，难度相对较小，采用常规机械即可满足施工作业要求。以上不同配套分级的方案，在我国近年的铁路隧道建设中得到了尝试和应用，取得了较好的效益。

综上，我国隧道机械化施工还在不断发展和进步，同步发展的有构件加工工厂化、隧道结构装配化、施工信息化等，隧道的施工质量和技术水平都将不断地提升。

 思考题与习题

1. 爆炸的 3 个要素是什么？工业炸药的起爆方法有哪 4 种？

2. 光面爆破的贯穿裂缝形成机理是什么？

3. 炮眼的种类包括哪些？在隧道光面爆破中，各类炮眼的起爆顺序是什么？

4. 隧道爆破开挖中掏槽的作用是什么？

5. 隧道爆破开挖中钻爆设计的主要内容包括哪些？

6. 隧道装渣和运输作业线有哪些类型？

7. 初期支护中喷射混凝土的主要作用是什么？

8. 喷射混凝土的工艺有哪几种？有什么区别？

9. 初期支护中锚杆的主要作用是什么？

10. 什么情况下需要在初期支护中采用钢架？

11. 隧道监控量测的目的是什么？必测项目包括哪些内容？

12. 复合式衬砌结构的防排水系统主要由哪些措施组成？

13. 复合式衬砌结构的施工缝和变形缝防水措施是什么？

14. 二次衬砌混凝土浇筑中，如何保证拱部混凝土的浇筑质量？

15. 隧道施工中通常有哪几条主要作业线？

 本章资源二维码

第7章资源

第8章　机械开挖法隧道施工技术

【学习目标】

1. 了解目前主要的机械开挖法施工技术的基本原理及各自的适用条件，并能区分几种机械开挖方法在工作原理上的异同。

2. 掌握盾构机类型（土压平衡盾构机、泥水平衡盾构机）、选型方法、衬砌形式、施工流程。

3. 熟悉 TBM 的类型、TBM 破岩机理和开敞式 TBM 隧道施工流程。

4. 了解顶管隧道施工的基本原理、顶管机类型、施工工艺及施工技术要点。

隧道施工是线路施工的关键环节之一，往往影响整个工程的进度。为加快工程建设，需要在隧道施工中提高机械化作业的比例和技术水平，并推进国产化装备的技术进步。在适宜的条件下，采用盾构机、TBM、顶管机等机械设备进行隧道掘进，以及利用配套的作业设备将预制的管片快速拼装形成隧道承载结构，能提高隧道施工作业的效率和隧道构件的预制化水平，也是近年来我国隧道工程技术的发展方向之一。

■ 8.1　机械开挖法概述

目前采用全断面掘进机械设备进行隧道开挖的施工方法主要包括盾构法、掘进机法（TBM法）、顶进法（常采用顶管法）。近年来在浅埋和软弱围岩地段利用悬臂掘进机或装配式铣挖机对隧道开挖面进行铣挖的施工方法也有一定应用，但这种方法还在继续发展中，因此，基于目前隧道工程中的实际应用情况，本章主要介绍盾构法、掘进机法、顶管法这 3 种机械开挖方法。

1. 盾构法

盾构机是目前世界最先进的隧道施工特种专用机械。从诞生至今的近 200 年间，盾构机得到了不断的发展和演变，历经了手掘式盾构机、机械式盾构机和气压式盾构机、闭胸式盾构机的发展阶段，目前已经进入了以大直径、大推力、大扭矩、高智能化、多样化为特色的第四代盾构机阶段。

盾构机（Shield）是在钢壳体的保护下完成隧道掘进、管片拼装及渣土排出作业，由主机和配套组成的机电一体化设备。盾构法是在盾构机的钢壳之内保持开挖面的稳定，同时安全向前掘进，在其尾部拼装管片（Segment）的衬砌构件，然后用千斤顶顶住已拼好的衬砌，利用其反力将盾构机推进，其施工示意如图 8-1 所示。

需要注意的是，由于隧道掘进中遇到的地层情况复杂性，近年来也出现了将不同形式盾构

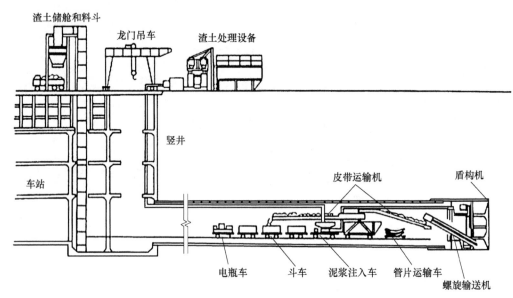

图 8-1　隧道盾构施工示意图

的功能部件集成在一台盾构机上，掘进过程中可根据地质情况进行功能或工作方式切换和调整的复合盾构机。复合盾构机主要用于既有软土又有硬岩的复杂地层施工，因此其刀盘上既安装切刀和刮刀等软土刀具，又安装滚刀等硬岩刀具，并装有相应模式的出渣系统（至少两套）。此外，按国际上的通行分类方法，盾构机也是属于隧道掘进机的一类，因此在阅读相关的文献尤其是外文文献时，应特别注意到这一点。

2. 掘进机法（TBM 法）

TBM 是隧道掘进机的英文"Tunnel Boring Machine"缩写。在我国和日本，习惯上将用于软土地层的全断面隧道掘进机称为盾构机，而将用于岩石地层的全断面隧道掘进机称为 TBM。本节所述的 TBM 是指全断面岩石隧道掘进机。第一个在实际意义上采用 TBM 法开挖的隧道是在 1882 年—1883 年用于英吉利海峡海底隧道的勘察隧道。

TBM 是一种依靠刀盘旋转破岩推进，隧道支护与出渣同时进行，并使隧道全断面一次成形的大型专用装备。它以岩石地层为掘进对象，不需要采用泥水压或土压来维护开挖面的稳定，这是 TBM 区别于盾构机的主要特征之一。现代的 TBM 采用了机械、电气和液压领域的高科技成果，运用计算机控制、闭路电视监视及工厂化作业，是集掘进、支护、出渣、运输于一体的成套设备。

我国修建西康铁路秦岭隧道（左线）时使用的 TBM 如图 8-2 所示。

图 8-2　修建西康铁路秦岭隧道（左线）时使用的 TBM

3. 顶管法

顶管法（Pipe Jacking）是继盾构施工之后发展起来的一种地下管道施工方法，它不需要开挖地面，并且能够穿越公路、铁路、河道、地面建筑物、地下构筑物以及各种地下管线等。顶管法最早始于1896年美国的北太平洋铁路铺设工程的施工，已经从最早的人工挖掘法，发展为挤压顶管、机械顶管、水射顶管等多种方式，可用于顶进的管道也包含了混凝土管、球墨铸铁管、树脂混凝土管、陶土管、聚氯乙烯管、钢管、强化塑料管等类型。目前顶管法主要是用于电力、热力等市政管线隧道的修建（断面小），有时也用于一些下穿既有道路的人行和车行通道的修建。

一般来说，顶管法是利用液压顶进设备，将预制管节从顶进井顶到接收井的非开挖管道施工方法。它是先在工作井内设置支座和安装液压千斤顶，借助主顶油缸及管道中继间等的推力，把工具管或顶管机从工作井内穿过土层一直推到接收坑内吊起，与此同时，紧随工具管或顶管机后面，将预制的管段顶入地层，因此是一种边顶进，边开挖地层，边将管段接长的管道埋设方法，顶管隧道施工如图8-3所示。

图8-3 顶管隧道施工示意图

■ 8.2 盾构法

8.2.1 盾构机种类及构造

1. 盾构机的种类

盾构机的分类方法有多种。根据断面形状分为圆形盾构机、椭圆形盾构机、类矩形盾构机、马蹄形盾构机、双圆及三圆搭接盾构机等，部分形式如图8-4所示。根据断面大小（直径 D）分为微型盾构机（$D<1m$）、小型盾构机（$1m \leqslant D<3.5m$）、中型盾构机（$3.5m \leqslant D<7m$）、大型盾构机（$7m \leqslant D<12m$）、特大型盾构机（$12m \leqslant D<16m$）和超大型盾构机（$D \geqslant 16m$）。此外，还可以按盾构施工的机械化程度、开挖面的敞开状态、开挖面的平衡方式等方法进行分类。软土盾构机按开挖面与作业室之间隔板构造的不同，采用如图8-5所示的综合分类方法较为全面。

全敞开式盾构机是指没有隔墙、大部分开挖面成敞露状态的盾构机（图8-6），根据开挖方式的不同又可以细分为手掘式、半机械式、机械式。这类盾构机适合于开挖面自稳性较好的围岩。在围岩条件不好时使用，需要结合使用压气施工法等辅助工法，以保证开挖面稳定。

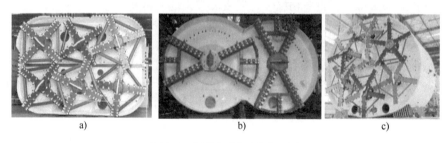

图 8-4　盾构机断面形状示例

a）类矩形盾构机　b）双圆盾构机　c）马蹄形盾构机

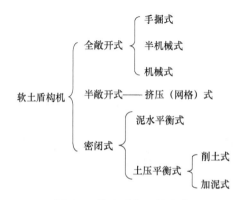

图 8-5　软土盾构机的分类

图 8-6　全敞开式盾构机

半敞开式盾构机的主要类型是挤压式盾构机，又称为网格盾构机（图 8-7）。挤压式盾构机是在开挖面的稍后方设置隔墙，在隔墙上设有孔口面积可调的排土口，盾构机正面贯入围岩向前推进，使贯入部位土砂流动，由孔口部位绞出，进行排土。挤压式盾构机的刀盘设计成网格状，同时配上可调的出土装置。施工时盾构机由后方油压千斤顶推进正面贯入围岩，使贯入部位土砂流动，由网格的开口处进入机器内部，再送达地面。开挖面的稳定是靠调节开口大小，使千斤顶推力和开挖面土压力达到平衡来

图 8-7　挤压式盾构机

实现的。

相对于全敞开式盾构机和半敞开式盾构机而言，密闭式（也称为闭胸式）盾构机的开挖面是不可见的。该类盾构机通过在机械开挖式盾构机的切口环与支撑环之间设置隔板，使得刀盘与隔板之间形成密闭舱室。掘进时，掘削渣土进入该舱室内，同时由填充该舱室的介质如泥水、掘削渣土等提供足以使开挖面保持稳定的平衡压力。根据压力平衡介质的不同，目前在工程实践中采用较多的密闭式盾构机主要可分为泥水平衡盾构机（Slurry Pressure Balance Shield）和土压平衡盾构机（Earth Pressure Balance Shield），如图8-8所示。

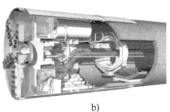

a)   b)

图8-8 密闭式盾构机
a）土压平衡盾构机 b）泥水平衡盾构机

2. 盾构机的构造

盾构设备主要包括盾构机的外壳、掘削机构、挡土机构、推进机构、搅拌机构、管片拼装机构、排土机构及附属机构等部件。

（1）外壳 盾构机外壳一般是由钢板制作的，并用环形梁加固支撑，其作用是保护掘削、排土、推进、做衬等所有作业设备和装置的安全。通常盾构机的外壳沿纵向从前到后分为前、中、后三段，也被称为切口环、支承环、盾尾三部分。

（2）掘削机构 主要包括掘削刀盘和刀具。

1）掘削刀盘。掘削刀盘按结构形式分为辐条型、面板型以及介于两者之间的辐板型等，如图8-9所示。辐条型刀盘由辐条及布置在辐条上的刀具构成，开口率大，提高了排出土体的量和颗粒大小，并将土舱内的土压力有效地传递给开挖面，多用于机械式盾构机和土压盾构机；缺点是对于地下水压大、易坍塌的土质而言，易喷水、喷泥。面板式刀盘由辐条、刀具、槽口及面板组成，采用面板防止开挖面过度坍塌，有利于开挖面稳定，并可以通过控制槽口的开度来调节土砂排出量和掘进进度；缺点是开口率较小，掘削黏土层时，易发生黏土黏附面板表面，妨碍刀盘旋转，进而影响掘削质量。辐板型刀盘兼有面板型和辐条型刀盘的特点，由较宽的辐条和小块辐板组成，刀盘开口率在20%~50%，其辐板结构可以保证在掘进时对前方土体有较好的支护能力，同时又能保证足够的开口使渣土流入，兼顾安全性和效率。

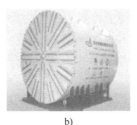

a)   b)   c)

图8-9 刀盘的正面形状
a）辐条型 b）面板型 c）辐板型

2）刀具。刀具布置方式及刀具形状是否适合所应用工程的地质条件，直接影响盾构机的切削效果、出土状况以及掘进速度。目前使用的刀具主要有两类：一是切削类刀具，二是滚动类刀具。切削刀具是指只随刀盘转动而没有自转的破岩刀具，其种类繁多，目前常用的切削刀具主要包括切刀、边刮刀、撕裂刀等。切刀又称为齿刀，主要用于软土地层的切削；边刮刀位于刀盘外轮廓上，用于切削断面的成形；撕裂刀、仿形刀为超前刀，多用于砂卵石地层的切削。滚动刀具是指不仅随刀盘转动，还同时做自转运动的破岩刀具。根据刀刃的形状，滚刀还可分为齿形滚刀（钢齿和球齿）、盘形滚刀（根据刀刃数量可以分为单刃滚刀、双刃滚刀等），其中盘形滚刀较为常见。部分常见的刀具形式如图 8-10 所示。

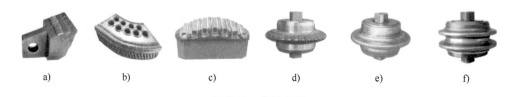

图 8-10　常见刀具
a）切刀　b）边刮刀　c）撕裂刀　d）齿形滚刀　e）单刃滚刀　f）双刃滚刀

（3）挡土机构　挡土机构的作用主要是防止掘削时开挖面地层的坍塌和变形，确保开挖面稳定的机构。对于全敞开式盾构机而言，其主要的挡土机构是挡土千斤顶；对于半敞开式网格盾构机而言，其挡土机构是网格状面板；对于泥水盾构机而言，其挡土机构是泥水舱内的加压泥水和刀盘面板；对于土压盾构机而言，其挡土机构是土舱内的掘削加压土和刀盘面板。

（4）搅拌机构　搅拌机构属于专用机构，主要是针对泥水盾构机和土压盾构机而言。在土压盾构机中，搅拌机构作用是搅拌注入添加剂后的舱内掘削土砂，提高其流塑性，防止堆积黏固，提高排土效果。而对于泥水盾构机，搅拌机构的作用是使掘削土砂在泥水中混合均匀，以利于排泥泵将混有掘削土砂的泥浆排出。

（5）排土机构　根据盾构机类型的不同，排土机构也有区别。

1）在全敞开式或半敞开式机械盾构机中，排土系统一般由铲斗、滑动导槽、漏土斗、带式输送机等构成。

2）在泥水盾构机中，排土机构由泥水循环系统实现。新鲜的泥水在泥水泵的作用下经进泥管进入泥水舱后，和刀盘掘削下来的渣土充分混合，然后由排泥管排出至地表的泥水处理系统，富含掘削渣土的泥水经过多级渣土分离和泥水处理后，重新开始新一轮循环。

3）在土压盾构机中，排土机构由螺旋输送机、排土控制器及盾构机以外的泥土运出设备构成。螺旋输送机的功能是把土舱内的掘削土运出，经排土控制器送给盾构机外的泥土运出设备。螺旋输送机分为带式和轴式两种（图 8-11）：对于高水压和砂土，一般选用轴式，保持压力效果较好；带式多用于砾石层，可以较方便地排出大砾石，且因为中心开口较大，保持压力效果不佳，故常在出口处设置滑动闸门等止水装置。

（6）管片拼装机构　管片拼装系统设置在盾构机的尾部，由管片拼装机械手和真圆保持器构成。管片拼装机械手是在盾尾内把管片按照所定形状安全、迅速地拼装成环的装置，包括搬运管片的钳夹系统和上举、旋转、拼装系统。当盾构机向前掘进时管片拼装环就从盾尾脱出。由于管片接头缝隙、自重力和土压的作用原因，管片环会产生横向变形，使横断面成为椭圆形，使得前面装好的管片环和现拼的管片环在连接时会出现高低不平（错台）的情况，给安装纵向螺栓带来困难，因此为了避免管片环的高低不平，需要采用真圆保持器。

图 8-11　螺旋输送机种类

a) 带式（无轴式）螺旋输送机　b) 轴式螺旋输送机

（7）其他机构　为了保证盾构机的顺利、安全施工，往往还需要在盾构机上配置其他的一些机构和设施系统，比如同步注浆系统、盾尾密封系统、导向系统、数据采集系统、通风系统、通信系统、视频监控系统等。

8.2.2　盾构机选型

盾构机选型及设备参数选择直接关系到隧道工程的成败，如果盾构机选型不合适或设备参数设计不当，轻则影响施工速度、拖延工期，而且有可能出现开挖面坍塌等问题，从而导致地表沉降和塌陷等，影响地面交通和环境，造成经济损失，重则引起重大工程事故，甚至隧道报废，出现人员伤亡。盾构法应用一百多年来，因盾构机选型不当而引起的工程事故屡见不鲜，严重时出现整条隧道报废停工，由此可见盾构机选型工作的重要性。

1. 盾构机选型依据和选型原则

在盾构机选型时，最为重要的是要保证开挖面的稳定。这一点是工程能否顺利开展的先决条件，尤其是地质条件更为复杂多变的水下隧道。盾构机选型的关键是如何基于勘察设计阶段所获取的有限信息，实现最终综合成本的最低，即如何确定最经济的盾构机类型，并且最大限度将工程建设风险降到最低。

盾构机选型及设计的依据主要是工程招标文件和岩土工程勘察报告，相关的盾构技术规范，以及参考国内外已有盾构工程实例，按照可靠性第一，技术先进性第二，经济性第三的原则进行，保证盾构施工的安全性、可靠性、适用性、先进性、经济性相统一。

盾构机选型时的目的是达到满足设计要求、安全可靠、造价低、工期短、对环境影响小，因此盾构机选型时应遵循以下几项原则：

1）结合工程的地层情况，选择与工程地质相适应的盾构机型，确保施工安全。

2）选择相应的辅助工法。

3）盾构机的性能应满足工程的掘进长度和线形的要求。

4）盾构机与后续设备、施工竖井等匹配。

5）盾构施工对周围环境的影响小。

6）工作环境要好，比如要考虑洞内的噪声、温度等。

其中以能保证开挖面稳定并确保施工安全最为重要。另外，为了选择合适的盾构机，除了要对地质条件和水文条件进行勘察外，还应对占地环境进行勘察。

2. 盾构机选型主要步骤

目前最常用的盾构机型为土压平衡盾构机和泥水平衡盾构机，对这两种机型的选型可按下列步骤进行：

1）盾构选型前应对工程所在区段工程地质和水文地质条件、周围环境、工期要求、经济性等进行详细调查和分析。

2）对土压平衡盾构机和泥水平衡盾构机进行技术经济比选，根据地层的渗透系数、颗粒级配、地下水压、环保、辅助施工方法、施工环境、安全等因素，确定盾构机型。

3）根据地质勘探资料，计算确定盾构机的主要技术参数（主要包括刀盘直径，刀盘开口率，刀盘转速，刀盘扭矩，刀盘驱动率，推力，掘进速度，螺旋输送机功率、直径、长度，送排泥管直径，送排泥泵功率、扬程等），选择和设计盾构机主要部件（包括刀盘驱动形式、开口率，刀具种类与配置，螺旋输送机的形式与尺寸，沉浸墙的结构设计与泥浆门的形式，破碎机的布置与形式，送泥管的直径等）。

4）根据地质条件，选择与盾构机掘进速度相匹配的后配套设备。

3. 盾构机选型的主要方法

盾构机选型可根据地层渗透系数、颗粒级配、地下水压力、环保标准、辅助工法、施工环境、安全等因素确定。对土压平衡盾构机或泥水平衡盾构机，通常可以根据地层的渗透系数、地层的颗粒级配和地下水水头压力来进行选型。

1）根据地层的渗透系数进行选型（图 8-12）。当地层的渗透系数小于 10^{-7} m/s 时，可以选用或者优先考虑使用土压平衡盾构机；当地层的渗透系数在 $10^{-7} \sim 10^{-4}$ m/s 时，两种盾构机均有应用的可能，要结合具体的工程情况和各种施工要素，进行合理的选择；当地层的渗透系数超过 10^{-4} m/s，宜优先使用泥水平衡盾构机。

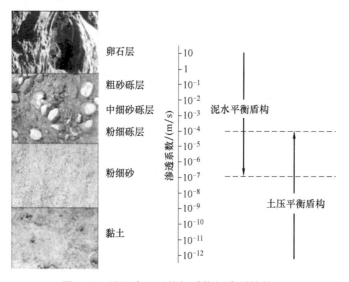

图 8-12　地层渗透系数与盾构机选型的关系

2）根据地层的颗粒级配进行选型（图 8-13）。地层颗粒级配以粉土、粉质黏土、淤泥等粒径小且小粒径比例高的黏稠地层为主时，宜选用土压平衡盾构机；以砾石、粗砂、细砂地层为主时，可选用泥水平衡盾构机或土压平衡盾构机。一般来说，当岩土中的粉粒和黏粒的总量达到40%以上时，通常宜选用土压平衡盾构机，反之则宜选择泥水平衡盾构机。

3）根据地下水压进行选型。当地下水压大于 0.3MPa 时，宜采用泥水平衡盾构机，如果采用土压平衡盾构机，则螺旋输送机难以形成有效的土塞效应，在螺旋输送机排土闸门处易发生渣土喷涌现象，引起土舱中土压力下降，导致开挖面坍塌。当地下水压大于 0.3MPa 时，如因地质原因需采用土压平衡盾构机，则需增大螺旋输送机的长度，或采用二级螺旋输送机，或增加保压泵。

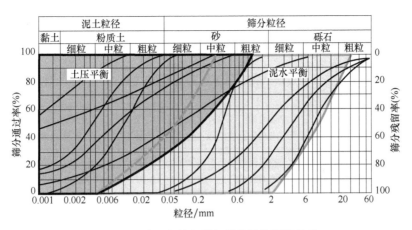

图 8-13 地层颗粒级配与盾构机选型的关系

8.2.3 管片构造及衬砌结构形式

盾构隧道的衬砌分为一次衬砌和二次衬砌。一次衬砌通常是将管片用螺栓等连接物拼装形成，二次衬砌是在一次衬砌的内侧现浇混凝土构成。盾构隧道一般无须设置二次衬砌，当需补强、防渗或外水压力较大时，可设计二次衬砌。

1. 管环的构成及分块

盾构隧道衬砌的主体是由管片组成的衬砌环。如图 8-14 所示，管片衬砌环通常由 A 型管片（标准块）、B 型管片（邻接块）和 K 型管片构成，管片之间一般采用螺栓连接。封顶块 K 型管片根据管片拼装方式的不同，有从隧道内侧向半径方向插入的径向插入型（图 8-15）和从隧道轴向插入的轴向插入型（图 8-16），以及两者并用的类型。

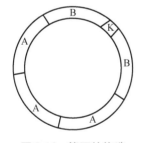

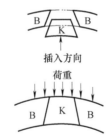

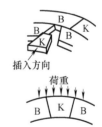

图 8-14 管环的构造　　　图 8-15 K 型管片径向插入型　　　图 8-16 K 型管片轴向插入型

管片衬砌环的分块数应根据隧道的直径大小，螺栓安装位置的互换性（错缝拼装时）而定。一般情况下，软土地层中小直径隧道管环以 4~6 块为宜，大直径以 8~10 块为多。地铁隧道常用的分块数为 6 块（3A+2B+K）和 7 块（4A+2B+K）。

管片衬砌环的拼接形式有错缝和通缝两种。错缝拼装可使接缝分布均匀，减少接缝及整个管环的变形，整体刚度大，是一种较为普遍采用的拼接形式。在某些场合，例如需要拆除管片修建联络通道处，则管环可以采用通缝拼装，便于结构处理。

2. 衬砌环的组合形式

国内盾构隧道通用的管片衬砌环组合形式有三种（表 8-1），每一种方式均可拟合线路平面曲线和纠偏设计。表 8-1 中前两种组合形式常用于地铁盾构隧道，后一种经常用于大直径盾构隧道，国内部分城市地铁也有采用。标准衬砌环是平面投影为等宽矩形的衬砌环，楔形衬砌环是平面投影不等宽的衬砌环（也称为转弯环），如图8-17所示。其中楔形衬砌环的楔形量Δ为衬砌环最大宽度与最小宽度之差，对应的角度β称为楔形角。

表8-1　盾构隧道衬砌环组合形式

方　　法	特　　点
标准衬砌环、左转弯衬砌环和右转弯衬砌环组合	直线地段除施工纠偏外，多采用标准衬砌环；曲线地段可通过标准衬砌环与左、右转弯衬砌环组合使用以拟合线路。该法施工方便，操作简单
左转弯衬砌环和右转弯衬砌环组合	通过左转弯衬砌环、右转弯衬砌环组合来拟合线路。由于每环均为楔形，拼装时施工操作相对麻烦一些
通用楔形管片（万能管片）	通过一种楔形管片拟合直线、曲线及施工纠偏。管片排版时，衬砌环需扭转多种角度，封顶块有时位于隧道下半部，管片拼装相对复杂

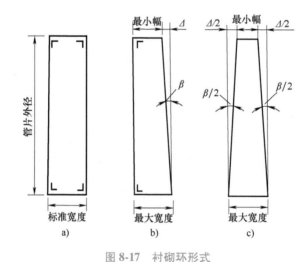

图8-17　衬砌环形式

a）普通环　b）单侧楔形环　c）两侧楔形环

3. 管片的种类

管片的分类方式主要包括以下几种：

1）按断面形式可以分为箱型（含中子型）、平板型等，如图8-18所示。箱形管片是具有主肋和接头板或纵向肋构成的凹形管片的总称，钢筋混凝土箱形管片又称为中子型管片。平板型管片是具有实心断面的平板管片，一般由钢筋混凝土制作，是目前盾构隧道中常用的管片形式。

2）按材质可以分为钢筋混凝土管片、铁制管片（铸铁管片、球墨铸铁管片）、钢管片、复合管片（几种材料组合而成）等类型，其中钢筋混凝土是目前最常见的管片材质。

4. 管片的宽度与厚度

管片的宽度从拼装性、弯道施工性方面讲，越小越好；而从降低管片的制作成本、提高施工速度、增强止水性能方面讲，则是越大越有利。目前国内地铁隧道常用的钢筋混凝土管片宽度为1000mm、1200mm、1500mm，近年来大直径11m级的钢筋混凝土管片宽度已扩大到了2000mm。

管片的厚度一般需根据计算或工程类比而定。根据工程实践，钢筋混凝土管片厚度可取为隧道外径的4%~6%，大直径隧道取小值，小直径隧道取大值。

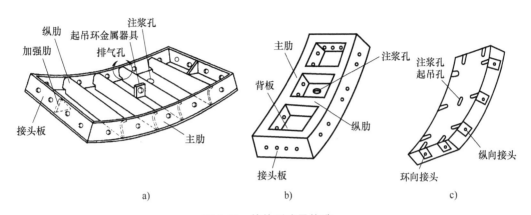

图 8-18 管片形式及构造

a) 箱形管片 b) 中子型管片 c) 平板型管片

5. 管片的接头形式

管片有环向接头和纵向接头，接头的结构形式有螺栓接头、铰接头、销插入式接头、楔接头、榫接头等。螺栓接头是目前管片纵向接头和环向接头上最常用的接头结构形式，是一种利用螺栓将管片环组装起来的抗拉连接结构。螺栓接头按螺栓形状和安装后位置分为直螺栓连接、斜螺栓连接和弯螺栓连接等形式，如图 8-19 所示。

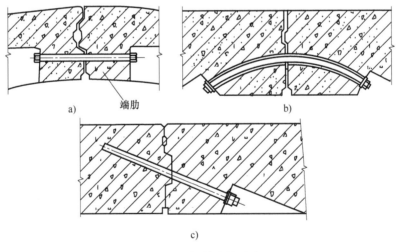

图 8-19 螺栓连接形式

a) 直螺栓连接 b) 弯螺栓连接 c) 斜螺栓连接

8.2.4 盾构机始发与接收

盾构机掘进施工在始发阶段和接收（也称为到达）阶段出现风险的概率很高，对整个工程的质量起决定性作用。随着过江、过海隧道项目逐渐增多，穿越地层地质条件越来越复杂，大直径、大深度下盾构机的始发与到达作已经成为盾构机掘进过程中最关键的一道工序。盾构机始发与到达施工会对开挖面稳定产生不同程度的不利影响，易引发地表变形，甚至坍塌、地表冒浆等事故，尤应值得重视。

1. 竖井

采用盾构法施工时，一般需在盾构机掘进的始端和终端设置工作井（竖井），有的竖井建成后也作为地铁车站、通风设施、排水设施等永久性结构使用。

（1）竖井分类　按使用目的可分为始发竖井、中间竖井、接收竖井（图 8-20）。始发井是用于组装、调试盾构机，隧道施工期间作为管片、其他施工材料、设备、出渣的垂直运输及作业人员出入的通道。接收竖井是用于接收在地层中已完成了某一阶段推进长

图 8-20　工作井类型

度的盾构机，盾构机进入接收竖井以后，或实施解体，或进行维修保养，为继续推进准备，或做折返施工。对长距离隧道来说，因盾构机检修、隧道通风、路线中途改变掘进方向等需要设置的竖井称为中间竖井。

（2）竖井形状　当隧道竖井的深度较大时，作用在井壁环上的土压、水压均较大，从构造物的刚性方面来看，显然圆形是最有利的，其次可以考虑多边形断面，其刚度也较高。对于深度相对较小的竖井也可采用矩形断面，增大了内空的利用率。

（3）竖井的构筑工法　盾构竖井的施工方法常采用沉井和挡土墙围护。沉井施工有排水下沉、不排水下沉和气压沉箱工法，挡土墙围护有钢板桩、柱列桩、地下连续墙等。

2. 盾构机始发

盾构机始发是指使用安装在竖井内的临时负环管片、反力架，将始发基座上的盾构机由始发井推入地层，开始沿设计线路掘进的一系列作业。盾构机始发的主要内容包括：始发前竖井端头的地层加固、安装盾构机始发基座、盾构机组装及试运转、安装反力架、凿除洞门临时墙和围护结构、安装洞门密封、盾构姿态复核、拼装负环管片、盾构机贯入作业面建立土压和试掘进等。盾构机始发流程如图 8-21 所示。

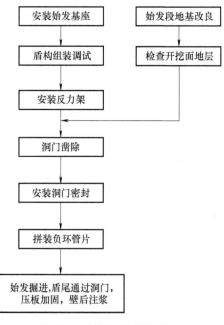

图 8-21　盾构机始发流程图

（1）始发设备　包括始发基座、反力架、负环管片、洞门及密封垫圈等（图8-22）。

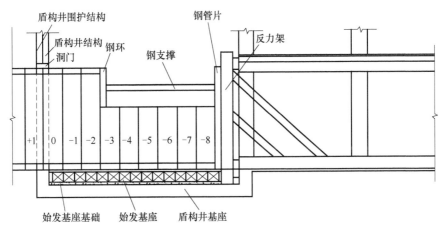

图 8-22　盾构机始发设备

1）始发基座（也称为始发架）。始发基座是组装盾构机的平台，并用于支撑盾构机，确保盾构机始发掘进处于理想的位置以及掘进过程的稳定。可以使用钢结构基座、钢筋混凝土结构基座、钢筋混凝土和钢结构组合基座。

2）反力架。反力架提供盾构机推进时所需的反力，一般采用钢反力架。

3）负环管片。负环管片是位于千斤顶与盾构机之间的临时管片，为盾构机始发掘进传递推力。在组装时应特别注意，因为其组装精度影响正式管片的真圆度。

4）洞门及密封垫圈。洞门是为了控制盾构机始发段轴线精度而在进发口处设置的一个内径略大于盾构机外径的筒状物。为了防止盾构机始发掘进时泥土、地下水及循环泥浆从筒体和洞门的间隙处流失，以及盾尾通过洞门后背衬注浆浆液的流失，在盾构机始发时需安装洞门临时密封装置（图8-23）。

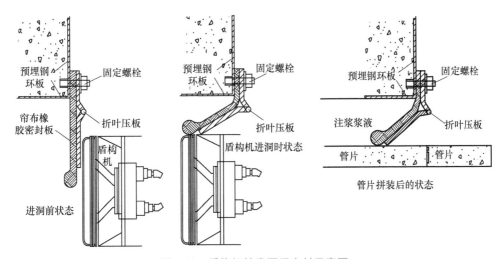

图 8-23　盾构机始发洞门密封示意图

（2）始发方法　盾构机始发过程中所遇到的主要问题：一是地层易出现涌砂涌水；二是如何在始发过程中保持开挖面稳定。为解决上述问题，目前工程中所采用的盾构机始发方法主要有开挖面自稳法、拔桩法和直接掘进井壁法等，如图 8-24 和图 8-25 所示。

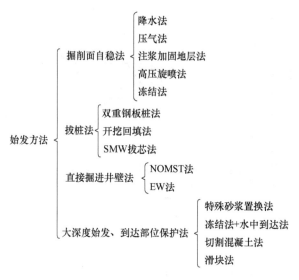

图 8-24　盾构机始发方法分类

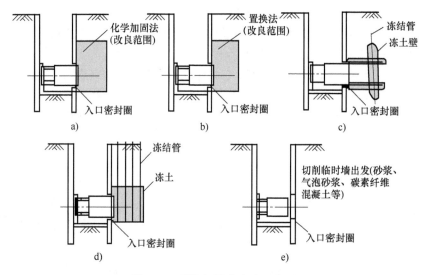

图 8-25　盾构机始发方法示意图

a）注浆加固地层法　b）特殊砂浆置换法　c）冻结法（水平钻孔）　d）冻结法（垂直钻孔）　e）切割临时墙

3. 盾构机接收

盾构机接收（到达）是指盾构机掘进到竖井的到达面位置，从事先准备好的洞门推进到接收井内。盾构机到达的施工作业内容主要包括洞门凿除、接收基座的安装与固定、洞门密封安装、到达段掘进、盾构机接收等，施工流程如图 8-26 所示。到达设备主要包括盾构机接收基座（也称为接收架）、洞门密封装置等。

盾构机接收最重要的是防止从洞门密封处发生涌水。盾构机接收端洞门密封通常很难抵抗很大的水压力，与始发一样完全靠洞门密封止水不是很可靠。为了确保盾构机安全到达，应根据工程实际条件确定盾构机到达方法。目前主要的盾构机接收方法如图 8-27 所示，如果采用地层改良的到达方法，必须确定合适的加固方法与加固范围。

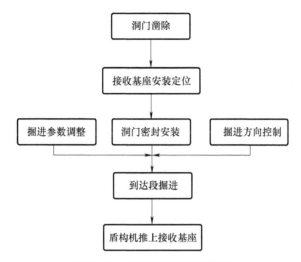

图 8-26　盾构机接收施工流程

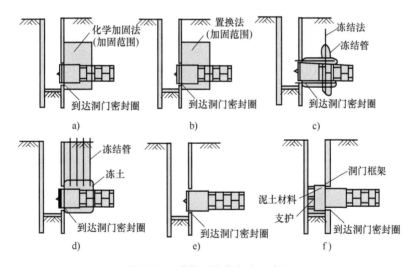

图 8-27　盾构机接收方法示意图

a）注浆加固法　b）置换法　c）冻结法（水平钻孔）　d）冻结法（垂直钻孔）
e）切削临时墙法　f）竖井内隔墙法

8.2.5　土压平衡盾构机掘进技术

1. 基本原理

如图 8-28 所示，土压平衡盾构机推进时其前端刀盘旋转掘削地层，掘削下来的土体涌入土舱（刀盘舱），当掘削土体充满土舱时，由于盾构机的推进作用，土舱内的掘削土体对开挖面形成加压压力，当该加压压力（削土土压）与掘削地层的土压+水压相等时，随后若能维持螺旋输送机的排土量与刀盘的掘土量相等，则能保持开挖面的稳定。

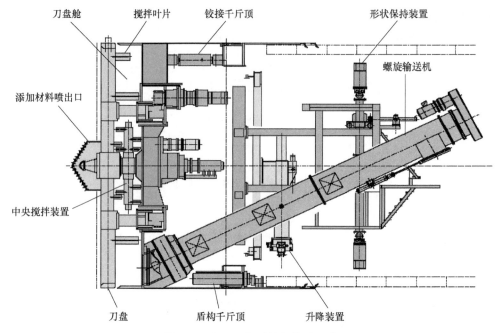

图 8-28 土压平衡盾构机构造示意

要想维持排土量与掘土量相等，掘削土必须具备一定的流塑性和抗渗性。有些地层的掘削土仅靠自身的流塑性和抗渗性，即可满足开挖面稳定的要求，这种利用掘削土稳定开挖面的盾构机称为削土盾构机。然而，多数地层土体的流塑性、抗渗性无法满足稳定开挖面的要求，为此须混入提高流塑性和抗渗性的添加剂，实现稳定开挖面的目的。通常把这种注入添加剂的掘削土盾构机称为泥土盾构机或加泥式土压平衡盾构机。削土盾构机和泥土盾构机统称为土压平衡盾构机，两者的区别是是否使用添加剂。土压平衡盾构机可用于冲积黏土、洪积黏土、砂质土、砂、砂砾、乱石等土层，以及这些土层的互层，适用的土质范围较广，竖井占地较少，所以近年来应用较多。

2. 渣土改良

土压平衡盾构机施工时应确保渣土应具有良好的流塑状态、良好的黏-软稠度、低内摩擦力和低透水性。一般地层岩土不具有这些特性，从而使刀盘摩擦增大，工作负荷增加。同时，土舱内渣土流塑状态差时，在压力和搅拌作用下易产生泥饼、压密固结等现象，从而无法形成有效的密封和良好的排土状态。如果渣土具有良好的透水性，那么渣土在螺旋输送机内排出时无法形成有效的压力递降，土舱内的土压力无法达到稳定的控制状态。当渣土满足不了这些要求时，需要通过向刀盘、混合舱内注入添加剂（膨润土、羧甲基纤维素钠、黏土、高吸水树脂、发泡剂等）对渣土进行改良（图8-29）。通过渣土改良从而改善开挖环境，能有效降低盾构机的扭矩和推力，减轻设备部件的磨损，提高效率。

图 8-29 渣土改良系统示意图

3. 土压平衡盾构施工

土压平衡盾构隧道施工基本上可以分为以下几个主要过程：

（1）开挖面稳定　土压平衡盾构机施工时，由刀盘旋转掘削下来的土体通过刀盘上的开口部分进入土仓，并由后方的螺旋输送机将土排出，即在挖土量和排土量之间达到一个动态的平衡。因为开挖面处的水土压力由土舱内的泥土压平衡，所以为了确保开挖面的稳定，必须保持土舱内压力适当。一般来说，压力不足易使开挖面坍塌；压力过大易出现地层隆起和发生地下水喷射。土压平衡盾构机中的泥土压的调节方法有以下几种：

1）调节螺旋输送机的转数，即控制排土量。

2）调节盾构千斤顶的推进速度，即控制挖土量。

3）两者组合控制。

（2）盾构机推进　盾构机依靠千斤顶的推力向前推进，推进过程中需克服的阻力有刀盘贯入地层时的阻力、开挖面的水土压力、盾构机壳体与周围土体之间的摩阻力、改变推进方向阻力以及后方台车牵引阻力等。除了牵引阻力外，盾构机的推力基本上消耗在周围土体上，因此它将对周围土体产生非常重要的影响，推力过大会使正面土体因挤压而前移，造成前方地表隆起；推力过小又影响掘进速度。因此在施工过程中，盾构机推力的准确控制也非常重要。

（3）管片拼装　一般情况下，管片拼装从隧道底部开始，先安装标准块，再依次安装相邻块，最后安装封顶块。管片每安装一片，先人工初步紧固连接螺栓；安装完一环后，用风动扳手对所有管片螺栓进行紧固；管片脱出盾尾后，重新用风动扳手进行紧固。管片的拼装是在盾尾的保护下进行的，它不与周围土体接触，因此拼装管片不会对周围土体造成直接影响。但拼装管片时，需收缩千斤顶，造成盾构机推力减小，严重时会引起盾构机后退，进而影响开挖面的稳定。

（4）盾尾脱环及壁后注浆　千斤顶推动盾构机前行时，使得本来位于盾壳内部的管片衬砌环从盾尾脱出，从而在衬砌环与周围土体之间形成建筑空隙，空隙厚度应等于盾尾厚度（一般为30~40mm）与盾尾间隙（管片拼装的富余空间，一般为25~40mm）之和，如图8-30所示。该建筑空隙使脱环后衬砌环外围的土体处于临时无支撑的掘削状态，致使土体变形或者局部崩塌，地层松散范围扩大，如不采取补救措施会引起很大的地层位移和地表沉降。盾构施工中壁后注浆的目的就是对该盾尾空隙进行填充。对于土压平衡盾构工法而言，地层变形的主要因素通常取决于壁后注浆的质量。壁后注浆通常有同步注浆和及时注浆两种方式（图8-31），其中同步注浆更有利于控制地表沉降。当一次注浆效果不理想时，还需进行二次或三次注浆。

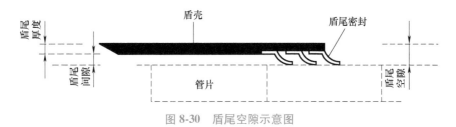

图8-30　盾尾空隙示意图

图8-31　盾尾注浆示意图

8.2.6 泥水平衡盾构机掘进技术

1. 基本原理

如图 8-32 所示，泥水平衡盾构机是在机械式盾构机的前部设置隔墙，装备刀盘面板、输送泥浆的送排泥管和推进盾构机的盾构千斤顶，在地面上还配有分离排出泥浆的泥浆处理设备。开挖面的稳定是将一定浓度的泥浆送入泥水室内并流入开挖舱中，在开挖面上形成难透水的泥膜，或通过泥水压在开挖面上形成渗透壁，用于平衡作用于开挖面的土压和水压，对开挖面进行稳定挖掘。

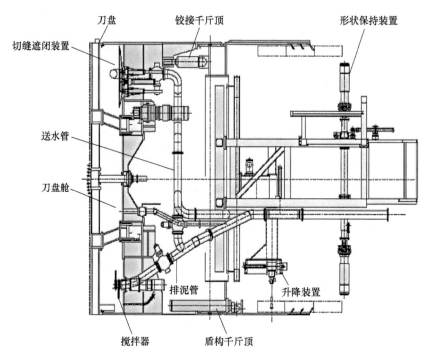

图 8-32　泥水平衡盾构机构造示意图

开挖的土砂以混合泥浆形式输送到地面，通过处理设备离析为土粒和泥水，分离后的泥水进行质量调整，再输送到开挖面。一般泥浆处理设备设在地面，比其他施工方法需要更大的用地面积，这是这种盾构机在城市里运用的不利因素。泥水式盾构机适用的地质范围很大，从软弱砂质土层到砂砾层都可以使用。直到数年前，采用泥水式盾构机的工程比用土压式盾构机要多，但由于难以确保竖井用地和泥水处理系统占地较多，近年来在城市地铁建设中的使用逐渐减少。但是，泥水盾构机由于具有较强的抵御外水压能力，在大型越江、越海等水下盾构隧道工程中被大量采用。

2. 泥浆循环与处理

泥水通过泥浆泵进行循环、加压、流体输送土砂、泥水分离后重新循环到开挖面，这一系统称为泥水循环系统。在掘进过程中，盾构机开挖下来的土砂进入土舱，经搅拌后的高密度泥水由泥水泵泵送至泥水处理系统，在泥水厂进行处理（图 8-33）。通过一次分离设备（一级旋流器）和二次分离设备（二级旋流器），土砂将从泥水中分离排除，必要时使用泥水分离压滤机或离心分离机。分离后的泥水经调整密度、黏度等指标后再泵回开挖面，如此循环以保证泥水平衡盾构机的正常运转。

图 8-33　泥水厂处理泥浆

3. 泥水平衡盾构施工

泥水平衡盾构隧道施工基本上可以分为以下几个主要过程：

1）开挖面稳定。在开挖面，刀盘在泥浆中旋转，挖掘下的渣土与泥浆混合。盾壳区域内，刀盘旋转进行开挖的部分称为开挖舱，压力舱板将它与盾壳分隔开来。开挖舱内的土压和水压被压力泥浆平衡，从而保证了开挖面的稳定。受到压力后的泥浆，其液位刚刚好达到机器轴线的位置。承压泥浆产生的支持压力传输到整个开挖舱，这时，整个开挖舱内完全充满承压的泥浆。掘进过程中精确控制开挖舱内的泥浆的波动，以保持开挖面的压力平衡状态。

2）盾构推进。盾构机在完成前 100m 的试掘进后，根据初始掘进段的施工参数的分析总结，确定正常掘进施工参数选取（主要包括切口水压、掘进速度、掘削量控制、泥水指标控制等）。当发现掘削量过大时，应立即检查泥水密度、黏度和切口水压。此外，也可以利用探查装置，调查土体坍塌情况，在查明原因后应及时调整有关参数，确保开挖面稳定。

3）管片拼装、盾尾脱环及壁后注浆与土压平衡盾构机相似。

■ 8.3　掘进机法（TBM 法）

8.3.1　TBM 种类与选型

1. TBM 种类

目前应用最广的机型为开敞式 TBM 和护盾式 TBM（单护盾、双护盾），分别适用于不同的地质条件。

（1）开敞式 TBM（Open Type Rock TBM）　又称为敞开式 TBM 或支撑式 TBM，是在稳定性较好的岩石中，利用撑靴撑紧洞壁以承受掘进反力及扭矩，不采用管片支护的岩石隧道掘进机，如图 8-34 所示。开敞式 TBM 适用于围岩整体较完整，有较好自稳能力的中硬~坚硬地层，采取有效支护手段后，也可适用于软岩隧道。掘进过程中如果遇到局部不稳定的围岩，可以利用 TBM 所附带的辅助设备，安装锚杆、喷射混凝土、架设钢拱架、加挂钢筋网等方式予以加固；当遇到局部洞段软弱围岩及破碎带，则 TBM 可由附带的超前钻机与注浆设备，预先加固前方围岩，待围岩达到可自稳状态后再掘进通过。掘进过程中可直接观察围岩变化，及时人工干预。

（2）护盾式 TBM（Shield Rock TBM）　护盾式 TBM 根据其原理不同可以分为单护盾 TBM 和双护盾 TBM。

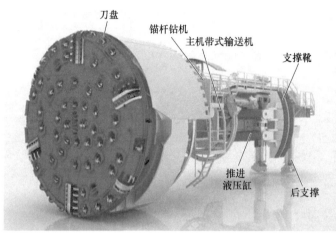

图 8-34　开敞式 TBM

　　单护盾 TBM 是具有护盾保护，仅依靠管片承受掘进反力的岩石隧道掘进机，如图 8-35 所示。单护盾 TBM 常用于软岩，推进时要利用管片作为支撑，其作业原理类似于盾构，掘进与安装管片两者不能同时进行，施工速度较慢。

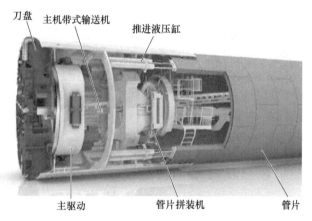

图 8-35　单护盾 TBM

　　双护盾 TBM 是具有护盾保护，依靠管片和/或撑靴撑紧洞壁以承受掘进反力和扭矩，掘进可与管片拼装同步的岩石隧道掘进机，如图 8-36 所示。双护盾 TBM 是在单护盾 TBM 和开敞式 TBM 的基础上发展而来，既有与开敞式 TBM 类似的撑靴，在较好围岩状态下撑紧洞壁为掘进提供反力，又利用了单护盾 TBM 的衬砌支护方式，且兼有单护盾 TBM 的所有功能。双护盾 TBM 对地质具有广泛的适应性，既能适应软岩，也能适应硬岩或软硬岩交互的地层。双护盾 TBM 具有两种掘进模式：在围岩稳定性较好的地层中采用双护盾掘进模式，由支撑盾的撑靴撑紧洞壁为刀盘掘进提供反力，主推进缸负责推进，辅助推进缸负责

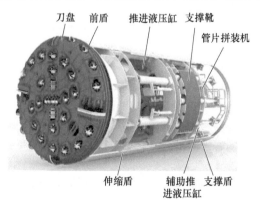

图 8-36　双护盾 TBM

拼装管片,掘进与安装管片同时进行;在稳定性较差的地层中采用单护盾掘进模式,洞壁不能提供足够的支撑反力,只能利用辅助推进缸支撑在管片上推进。

2. TBM选型

掘进机法与钻爆法相比,其施工作业是连续的,具有隧道施工"工厂化"、机械化程度高、快速、安全、劳动强度小、对地层扰动小、通风条件好、支护质量好、减少隧道开挖中辅助工程等优点。但它也存在对地质条件的依赖性大、设备的型号一经确定后开挖断面尺寸较难更改、一次性投资较大等劣势。掘进机施工单位成本随掘进速度的提高而降低,因此充分发挥掘进机在施工中的速度优势是使用掘进机的主要选型因素。

TBM选型一般按照下列步骤进行:

1)根据施工地质条件、施工环境、工期要求、经济性等因素确定TBM的类型,主要是在开敞式TBM与护盾式TBM之间选择。

2)根据隧道设计参数与地质条件进行同类TBM之间的结构、参数的比较选型,确定主机的主要技术参数。

3)根据生产能力与掘进速度相匹配的原则,确定后配套设备的技术参数与功能配置。

8.3.2 TBM系统与设备

TBM系统是由多个系统组成的大型高效隧道施工机械,主要由刀盘、主驱动、盾体、支护、桥架、台车、物料运输、液压、润滑、供配电、控制、数据采集及监控、压缩空气、冷却、排水、通风、除尘、导向、通信、照明等系统组成。由于TBM系统与盾构机系统有一定相似之处,以下仅以开敞式TBM为主,对TBM的部分系统与设备进行简要介绍。

1. 刀盘及刀具

由于TBM刀盘是大尺寸非标准部件,需要根据具体施工标段的岩石地质特点等影响因素进行刀盘的地质适应性设计。

(1)刀盘的盘面形式 TBM刀盘有锥面形、平面圆角形和球面形(图8-37):平面刀盘接触破岩的面积小,受到的阻力小,减小了对围岩的扰动,适合开挖围岩不太稳定的地层;球面刀盘可以增加设备的定向性和稳定性,对不良地质条件适应性差;锥形刀盘介于平面和球面之间。TBM一般采用焊接箱型结构的平面圆角形面板式刀盘,这种刀盘整体强度好、刚度大、刀具布置范围广,在掘进中抗冲击振动性能好。

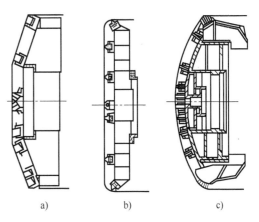

图8-37 TBM刀盘盘面形式

a)锥面形 b)平面圆角形 c)球面形

(2)刀盘的分块 随着隧道开挖直径的不断增加,给刀盘的制造和运输带来不便,因此在大直径刀盘设计时要考虑分块,尽量减小刀盘最大单块结构尺寸及质量,并便于现场组装。目前常见的分块形式有中心对分、偏心对分、中方五分、中六角七分等形式,如图8-38所示。

(3)刀盘的布局 主要包括盘面上滚刀的数量和布局设计、出渣槽以及刮刀的数量和布局、喷水孔和人孔的布置以及刀盘箱体内支撑筋的数量和布局设计等,如图8-39所示。

(4)盘形滚刀 盘形滚刀破岩技术是TBM的核心技术之一。如图8-39所示,根据盘形滚刀在刀盘上的位置,分别称为中心滚刀(布置在刀盘中心区)、正滚刀(布置在中心滚刀与过渡滚刀之间）、过渡滚刀（布置在刀盘外圆过渡曲面上）和边滚刀（布置于刀盘外缘区）。中心滚刀因受布置空间的限制常采用双刃滚刀，正滚刀、过渡滚刀和边滚刀则为单刃滚刀。

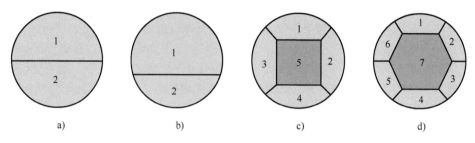

图 8-38　刀盘剖分形式

a）中心对分式　b）偏心对分式　c）中方五分式　d）中六角七分式

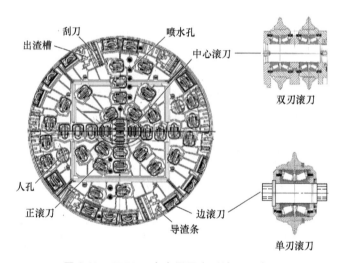

图 8-39　TBM 刀盘布局及盘形滚刀示意图

2. 支撑推进系统

支撑推进系统是影响 TBM 性能的主要构成部分，它决定了推进力和破岩过程。开敞式 TBM 前进所需的推力由撑靴撑在围岩上产生的摩擦力及推进液压缸产生的推力来提供，撑靴的结构目前应用较广的为罗宾斯公司的单水平支撑（主梁式 TBM）和维尔特公司的双 X 形支撑（凯式 TBM）这两种结构形式，如图 8-40 和图 8-41 所示。

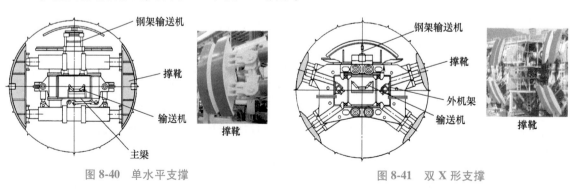

图 8-40　单水平支撑　　　　　图 8-41　双 X 形支撑

3. 支护系统

开敞式 TBM 的支护系统主要包括锚杆钻机、钢架安装器、混凝土喷射设备等，如图 8-42 和图 8-43 所示，它们属于 TBM 后配套系统中的辅助设备。

1）锚杆钻机位于刀盘护盾后方主机架的两侧，可以在掘进机掘进过程中钻孔并安装锚杆。大直径 TBM 锚杆钻机能覆盖到隧洞 270°，由于安装位置的限制，锚杆孔位为非法向方向，与钻爆法施工的隧道锚杆不同。

2）钢架安装器位于刀盘护盾后部，可以在顶护盾的保护下，将分成几段的环形钢拱片进行提起、旋转、就位、纵向移动和径向收缩运动，并安装成为一环的环形圈梁。

3）混凝土喷射设备安装在后配套台车中的喷锚作业桥上，喷浆机械手可以沿机架纵向进行移动，与此相匹配的还有混凝土泵、混凝土罐及吊运等设备。

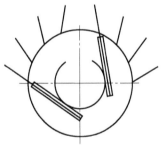

图 8-42　锚杆钻机及锚杆孔位示意图　　　　图 8-43　钢架支护安装效果

4. 其他系统与设备

1）超前钻机是用来对刀盘前方不良地质提前进行加固或处理的辅助设备，一般布置在主梁区域，可与隧洞轴线倾斜一定角度（一般为 7°～9°）进行超前钻孔、取芯、超前注浆作业，也可以在 TBM 停机状态下对刀盘正前方围岩进行超前钻孔作业。

2）出渣系统主要依靠 TBM 设备上布置的带式输送机（含主机带式输送机和后配套带式输送机两部分）及洞内连续带式输送机或矿车出渣，岩渣经过刀盘铲斗转运至主机带式输送机，再经过后配套带式输送机转至洞内连续带式输送机或渣车运往洞外（图 8-44）。

3）后配套台车主要由拖车首尾连接而成，主要用来放置主控室、液压动力站、供电及电气控制系统、空气压缩系统、供排水系统、通风系统、除尘系统等。

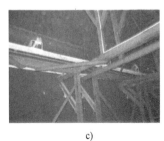

a)　　　　　　　　　　b)　　　　　　　　　　c)

图 8-44　出渣系统

a）主机带式输送机　b）后配套带式输送机　c）洞内连续带式输送机

8.3.3 TBM掘进准备与始发

1. 预备洞和始发洞施工

开敞式TBM开始掘进前，一般先用钻爆法施作预备洞和始发洞。

1）预备洞。隧道施工初期，洞口场地一般比较狭窄，很难提供TBM组装调试所需的场地。修建预备洞的目的，就是让先期已组装好的TBM前部进入预备洞，让出场地继续组装其中部和后部，整机组装完成后在步进到预备洞进行调试和试运转。预备洞可采用斜曲墙形式，为满足掘进机步进要求，底板应设计为平板。图8-45是TBM预备洞的示例（圆拱形斜墙式断面）示意图，开挖后先施作初期支护，待TBM通过以后再及时施作二次衬砌。

2）始发洞。TBM向前推进是依靠撑靴支撑在洞壁上，以其与洞壁的摩擦力来平衡掘进时的刀盘扭矩和推力。始发洞（也称为出发洞）的设置，就是为TBM开始掘进提供足够支撑能力的出发场所。始发洞要为TBM提供足够的支撑力，初期支护施作后要及时施作钢筋混凝土二衬。图8-46是TBM始发洞的实例示意图。

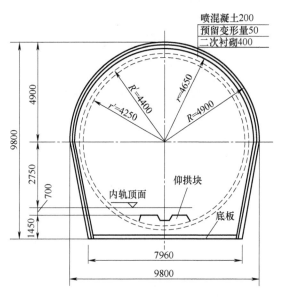

图8-45　TBM预备洞实例断面图（单位：mm）
R—开挖断面半径　r—初期支护内半径
R′—TBM半径　r′—二衬内半径

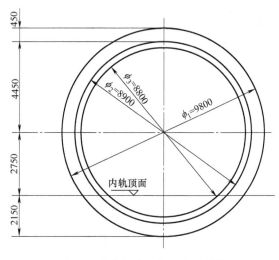

图8-46　TBM出发洞实例断面图（单位：mm）
ϕ_1—开挖直径　ϕ_2—二衬内径　ϕ_3—TBM直径

2. TBM步进

当TBM主机和连接桥组装完成后，利用步进机构步进到始发洞（示例如图8-47所示），准备开始试掘进。掘进机的步进方式大致有两种：一种是通过液压缸支撑在支座、马镫、管片上，使掘进机前移；另一种是通过掘进机的步进机构在地面直接向前移动。当撑靴全部进入始发洞后，即可拆除步进机构，而后利用撑靴步进到开挖面。

3. TBM始发与试掘进

抵达始发洞的开挖面以后，就可以开始TBM的始发与试掘进。TBM推进过程中，依据超前地质预报结果，根据不同地质、埋深判断围岩的稳定性、可掘进性，及时调整掘进参数。通过50~100m的试掘进，检验设备的协调情况，完成设备磨合，对设备系统做进一步调整，并掌

TBM掘进参数的调整方法和理顺整个施工组织。

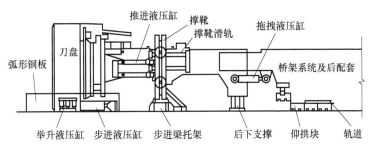

图 8-47　TBM 步进方案示例

8.3.4　TBM 掘进与支护

TBM 试掘进结束以后，就转入正常掘进状态，主要完成掘进和支护作业。本书主要介绍开敞式 TBM 的掘进与支护技术的相关要点。

1. 破岩和出渣

盘形滚刀是 TBM 破碎岩石的直接工具，其破岩机理如图 8-48 所示。在推力的作用下盘形滚刀将刀刃压入岩面，随着刀盘的旋转，盘形滚刀绕刀盘中心轴公转，并绕自身刀轴自转。在强大的推力、扭矩作用下，滚刀在岩面上滚动，当推力超过岩石的强度时，滚刀将岩石直接破碎，滚刀贯入岩石，岩面被滚刀挤压碎裂而形成同心圆沟槽（图 8-49）。随着沟槽深度的增加，岩体表面裂纹加深扩大，当超过岩石剪切和拉伸强度时，相邻同心圆沟槽间的岩石成片剥落，形成岩渣（图 8-50）。

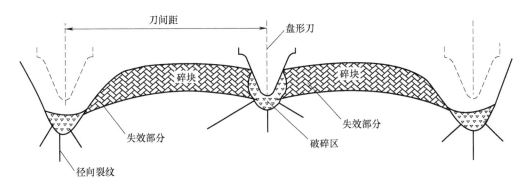

图 8-48　盘形滚刀作用下岩石破碎机理示意图

图 8-49　开挖面 TBM 滚刀破岩轨迹

图 8-50　TBM 破岩石渣

盘形滚刀的间距对破岩效果也有影响。如果刀间距太大，一把盘形滚刀产生的压力无法与相邻滚刀的影响范围相接，必定开挖不出片状岩渣；反之如果刀间距太小，则会使岩渣块太小。在滚刀最佳刀间距和滚刀推力作用下，滚刀侧向裂纹朝着相邻滚刀方向以大致直线的路径扩展，并在两滚刀之间形成平直的片状岩渣。

岩渣靠自重掉入底部，由刀盘上的铲斗旋转铲起岩渣，卸入带式输送机；或者经过刀盘的溜渣槽滑落到机器中心位置，然后经漏斗状的集渣环落到主机带式输送机上，在主机带式输送机的末端，岩渣转由后带式输送机或运输车辆，最终从隧道运出，以完成岩渣的转运。

2. 掘进参数选择与姿态控制

掘进参数是影响掘进速度的重要因素，它主要由推进速度、刀盘扭矩、刀盘转速和推力4个指标来表征。这些参数指标必须随围岩条件的变化而不断变化，而且相互之间必须匹配。在选定刀盘转速后，一般可通过扭矩、推力、刀盘振动、出渣情况，选择推进速度大小。掘进机从硬岩进入软弱破碎围岩时，相应的掘进主参数和带式输送机的渣量、渣粒会出现明显的变化，据此可以判断刀盘工作面围岩状况，及时调整掘进参数。

施工中，应不断对TBM的位置姿态进行监测，根据掘进中TBM的姿态决定是否对TBM进行调向。凯式TBM是后支撑装在内凯氏机架上，位于后外凯氏机架的后面，后支撑通过液压缸控制伸缩，还可用液压缸做横向调整。后支撑缩回时，内凯氏机架的位置能够在水平和垂直方向上调整，以调整TBM的隧道中线。主梁式TBM是借助撑靴区的液压缸，通过主梁进行竖向和横向移动，从而实现对掘进方向精确控制。

3. 掘进循环

开敞式TBM的掘进循环由掘进作业和换步作业交替组成。在掘进作业时，TBM刀盘进行沿隧道轴线的直线运动和绕轴线的单方向回转运动复合而成的螺旋运动，被破碎的岩石由刀盘的铲斗落入带式输送机向机后输出。开敞式TBM掘进时伸出水平支撑撑紧洞壁，收起前支撑和后支撑，起动带式输送机，然后刀盘回转开始掘进；掘进一个循环后，进行换步作业。换步作业利用支撑系统，掘进机掘进时，撑靴进行动作撑紧洞壁，推进液压缸推动刀盘掘进破岩，被破碎的岩石由刀盘的铲斗落入出渣系统后输至洞外。

开敞式TBM的掘进循环步骤如图8-51所示。

4. 支护与衬砌

用TBM施工的隧道，根据地层条件、TBM机型、行业习惯等情况，我国目前TBM隧道所采用的支护与衬砌方式也有一定差异，见表8-2。

表8-2 我国水利和铁路行业TBM隧道常见支护与衬砌形式

行业	开敞式TBM	单护盾TBM	双护盾TBM
水利	初支+全圆二衬	管片	管片
铁路	初支+预制仰拱块+二衬	管片+二衬	初支+预制仰拱块+二衬；管片+二衬

对我国铁路行业来说，开敞式TBM隧道在通过破碎地带等不良地层时需要对刀盘之后的围岩实施临时支护，主要利用锚杆、钢筋网和钢拱架实现围岩临时支护，在后配套区使用喷射混凝土对已开挖隧道内壁进行支护，之后及时施作预制仰拱（图8-52）。TBM隧道衬砌的施工技术，一方面，衬砌目前是采用模筑混凝土施作；另一方面，目前也实现了在不影响TBM掘进下的同步施作模筑衬砌的技术。

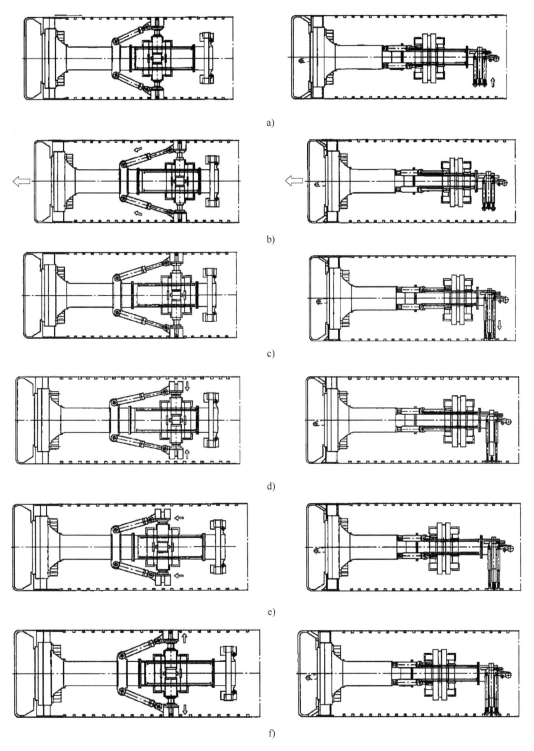

图 8-51   开敞式 TBM 的掘进循环步骤

a）第 1 步：撑靴撑紧洞壁，降低刀盘护盾撑紧力，后支撑收回   b）第 2 步：推进液压缸伸出，推动刀盘掘进
c）第 3 步：停止掘进，撑紧护盾固定刀盘，放下后支撑   d）第 4 步：撑靴液压缸收回，缩回撑靴
e）第 5 步：推进液压缸收回，撑靴跟进，拖动后配套前移   f）第 6 步：撑靴撑紧洞壁，准备下一行程掘进

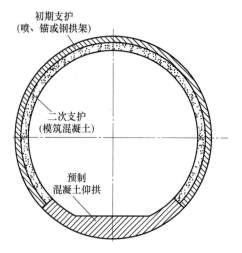

图 8-52　开敞式 TBM 隧道支护与衬砌结构形式

8.3.5　TBM 到达与拆卸

TBM 拆机有洞内拆卸和洞外拆卸两种方式，其中洞内拆卸受场地、机具等限制，其难度高于洞外拆机。当掘进机需要在洞内拆卸时，需设置拆卸洞，拆卸洞应尽量设置在地质情况较好的地段。拆卸洞断面大小应根据掘进机直径和起吊设备尺寸确定，其长度根据主机及其配套设施确定，宽度根据掘进机直径每侧适当留出一定富余量确定，高度根据起吊设备布置及顶部拱形结构确定。图 8-53 所示为 TBM 拆卸洞室示例。

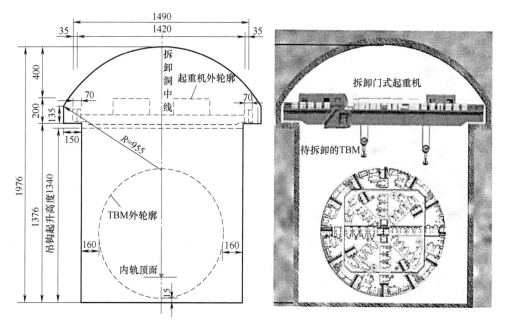

图 8-53　TBM 拆卸洞室示例（单位：cm）

TBM 顺利掘进到拆卸洞以后，利用安装在拆卸洞内的起重机等设备，分系统、分部位、分时段地完成 TBM 的拆卸，并运出洞外。

■ 8.4　顶管法

8.4.1　顶管法分类与选型

1. 顶管法分类

顶管施工可按管子口径大小、一次顶进的长度、管材、顶进管子轨迹及顶管机的类型进行分类，具体如下：

1）按所顶进的管子口径大小分为大口径、中口径、小口径和微型顶管。大口径多指直径 2m 以上的顶管，人可以在其中直立行走。中口径顶管的直径多为 1.2~1.8m，人在其中需弯腰行走，大多数顶管为中口径顶管。小口径顶管直径为 500~1000mm，人只能在其中爬行，有时甚至爬行都比较困难。微型顶管的直径通常在 400mm 以下，最小的只有 75mm。

2）按一次顶进的长度（指顶进井和接收井之间的距离）分为短距离、长距离和超长距离顶管。普通距离多指顶进长度约为 100m 的顶管，不需要中继间。长距离顶管是指顶进长度大于 400m 的顶管，开始考虑设置通风、变电和中继间。超长距离顶管是指顶进长度在 1000m 以上的顶管。

3）按管道材料分为钢筋混凝土顶管、钢管顶管、玻璃钢管顶管以及其他管材的顶管。

4）按顶进管子轨迹的曲直分为直线顶管和曲线顶管。

5）按顶管机的类型分为工具管（如手掘式、挤压式）、半机械式顶管机（如网格水冲式、反铲式、气压式）和机械式顶管机（如泥水式、泥浆式、土压式、岩石式）。手掘式顶管的推进管前只是一个钢制的带刃口的管子（称为工具管），人在工具管内挖土。顶管机是安装在顶进管道的最前端并设有挖土装置的特殊管节，根据挖土装置的类型又有半机械式和机械式之分。

2. 顶管机类型

目前阶段常见的顶管机有手掘式顶管机、土压平衡式顶管机及泥水平衡式顶管机等，工作原理具体如下：

（1）手掘式顶管机　手掘式顶管施工是最早发展起来的一种顶管施工方式。由于它在特定的土质条件下和采用一定的辅助施工措施后，具有施工操作简便、设备少、施工成本低、施工进度快等优点，所以至今仍被采用。工人可以直接进入工作面挖掘，施工人员可随时观察土层与工作面的稳定状态，造价低、便于掌握，但效率低，必须将水位降低至管基以下 0.5m 后方可施工。在土质比较稳定的情况下，首节管可以不带前面的管帽，直接由首节管作为工具管进行顶管施工。

（2）土压平衡式顶管机　土压平衡顶管机由土压平衡盾构机移植而来，其平衡原理与盾构相同。与泥水顶管施工相比，最大的特点是排出的土或泥浆一般不需再进行二次处理，具有刀盘切削土体、开挖面土压平衡、对土体扰动小、地面和建筑的沉降较小等特点。土压平衡顶管机按泥土舱中所充的泥土类型分类，有泥土式、泥浆式和混合式；按刀盘形式分类，有带面板刀盘式和无面板刀盘式；按有无加泥功能分类，有普通式和加泥式；从刀盘的机械传动方式分类，有中心传动式、中间传动式和周边传动式；按刀盘的多少分类，有单刀盘式和多刀盘式。

（3）泥水平衡式顶管机　泥水平衡顶管机是指采用机械切削泥土，利用压力来平衡地下水压力和土压力，采用水力输送弃土的泥水式顶管机，是目前比较先进的一种顶管机。泥水平衡工具管正面设刀盘，并在其后设密封舱，在密封舱内注入稳定正面土体的泥浆，刀盘切下的泥土，沉在密封舱下部的泥水中而被水力运输管道运至地面泥水处理装置。泥水平衡式工具管主要由大刀盘装置、纠偏装置、泥水装置、进排泥装置等组成。在前、后壳体之间有纠偏千斤顶，在掘进机上下部安装进、排泥管。泥水平衡式顶管机按平衡对象分类有两种，一种是泥水仅起平衡地下水的作用，土压力则由机械方式来平衡；另一种是同时具有平衡地下水压力和土压力的作用。泥水平衡式顶管机的结构形式有多种，如刀盘可伸缩的顶管机、具有破碎功能的顶管机、气压式顶管机等。

土压平衡式顶管机、泥水平衡式顶管机的部分机型如图 8-54 所示。

 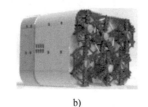 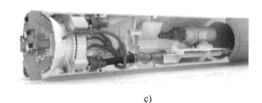

a)　　　　　　　　　　　b)　　　　　　　　　　　c)

图 8-54　机械式顶管机

a）单刀盘式土压平衡式顶管机　b）多刀盘式土压平衡式顶管机　c）泥水平衡式顶管机

3. 顶管机选型

顶管设备选型应根据顶管穿越土层的地质水文情况、地下障碍物、施工条件和施工环境等因素，在保证施工安全、工程质量的前提下，经技术、经济比较后确定。针对目前常用的土压平衡式、泥水平衡式以及半机械化的气压平衡式顶管机，其选型可参考表 8-3。

表 8-3　顶管机选型

地层类型		土压平衡式	泥水平衡式	气压平衡式
无地下水	胶结土层、强风化岩	★	★	—
	稳定土层	★★	★★	—
	松散土层	★★	★★	—
有地下水	淤泥	★★	★★	★
	黏性土	★★	★	★
	粉性土	★★	★★	★
	砂土 $k^{①} < 10^{-4}$ cm/s	★	★★	★
	砂土 $k = (10^{-4} \sim 10^{-3})$ cm/s	★	★★	—
	砂砾	★	★	—
	卵石、岩石	—	—	★
	含可排除障碍物	—	—	★★

注："★★"为宜用，"★"为可用，"—"为不宜用。

① k—渗透系数。

8.4.2　顶管施工技术要点

完整的顶管施工技术大体包括工作井、推进系统、注浆系统、定位纠偏系统及辅助系统五个部分，如图 8-55 所示。以下对其中的部分技术要点进行简要介绍。

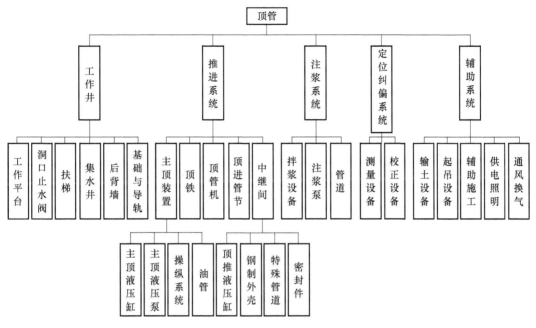

图 8-55　顶管施工技术构成

1. 顶管施工工艺

顶管施工的示意图如图 8-56。顶管施工需要在管线的始发端建造一个工作井（顶进井），在井内布置一组行程较长且对称布置的主顶液压缸（千斤顶）。管道放在主顶液压缸前面的导轨上，管道的最前端安装顶管机。主顶液压缸顶进时，以顶管机开路，推动管道穿过工作井井壁上预埋的穿墙管（孔）把管道顶入土中，被挖掘进入顶管机的泥土则不断被管道内设置的排土装置外排。当主顶液压缸达到最大行程后缩回，放入顶铁填充缩回行程，主顶液压缸继续顶进。如此不断加入顶铁，管道不断向土中延伸。当井内导轨上的管道几乎全部顶入土中后，缩回主顶液压缸，吊除全部顶铁，将下一节管段吊下工作井，安装在前节管道的后面接着继续顶进。如此循环施工，直至顶完全程到达接收井。为进行较长距离的顶管施工，可在管道中间设置一至几个中继间作为接力顶进，并在管道外周压注润滑泥浆。

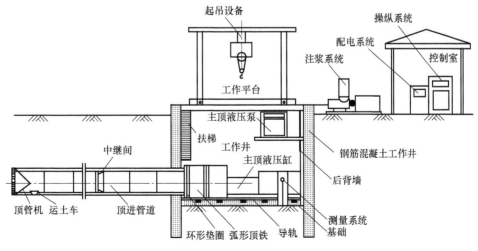

图 8-56　顶管施工示意图

顶管施工工艺流程如图8-57所示。

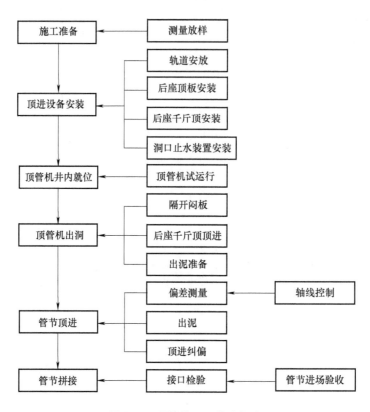

图 8-57　顶管施工工艺流程图

2. 顶管接头构造

顶管工程中常用的管材有钢顶管、钢筋混凝土顶管等类型，隧道超前管幕工法中通常使用钢顶管，而行人、行车通道及管线隧道的施工中常使用钢筋混凝土顶管。

钢管对接的焊缝形状分为 V 形缝和 K 形缝两种，通常管壁厚度小于或等于 20mm 可选用 V 形焊缝，当管壁厚度大于 20mm 时选用 K 形焊缝。

钢筋混凝土管接头有多种形式，如企口式、平接口式、双插口式和钢承口式等。企口式、平接口式构造简单，但密封性能差，现在已经基本不使用。双插口接头（图8-58）适用范围较广，直径为 200~3500mm 的混凝土管都可以使用，但是在砂性土中不太适用。钢承口接头（图8-59）是对双插口接头的改进，是目前最常用的接头形式，它克服了双插口接头的缺点，密封性能好。混凝土管道制作时接头一般都不平整，所以顶管施工时，在每个接头处都要设置木垫圈防止应力集中，避免接头处局部压碎。

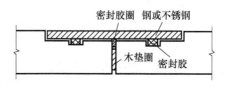

图 8-58　双插口接头

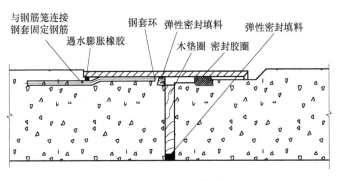

图 8-59 钢承口接头

3. 长距离顶管施工与中继间

目前在发展长距离顶管技术的过程中，减摩和设置中继间两项措施已得到较多研究，并已成为成熟的技术。长距离管道的主要困难是，设置在顶进井内的主千斤顶的推顶力有限，不足以克服管道长距离顶进时遇到的总阻力。当顶进阻力超过主千斤顶的允许总顶力、管节允许的极限压力和工作井承压壁后靠土体极限反推力三者中之一时，采用中继接力顶进技术，管道沿全长分成若干段，在段与段之间设置中继间（也称中继环）分别进行顶进，如图 8-60 和图 8-61 所示。

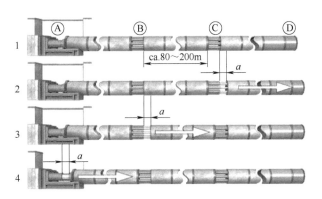

图 8-60 增设中继间的长距离顶管推进过程示意图
ca.—中继间安放距离 *a*—顶进行程

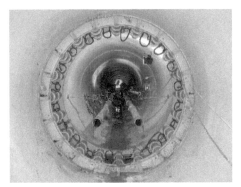

图 8-61 顶管中继间实例

中继间是一个由钢材制成的圆环，内壁上设置有一定数量的短行程千斤顶，产生的推顶力可用于推进中继间前方的管道。顶管顶进时，每次都应先启用最前面的中继间，将其前方的管道连同工具管一起向前顶进，后面的中继间和主千斤顶保持不动，直至达到该中继间的一个顶程为止，接着后面的中继间开始推顶作业，将两个中继间之间的管道向前推进。与此同时，前面的一个中继间的千斤顶排放液压，活塞杆缩进套筒，此时被推进的只是该中继间和前面一个中继间之间的管段。在顶进作业中，主顶液压缸在每个循环中都最后推进。借助中继间的逐级接力过程，可将顶管的顶推距离延长，以适应长距离顶管施工的需要。管子顶通后，把中继间液压缸拆卸下来，管子可直接合拢。

 思考题与习题

1. 请说明盾构法、TBM 法、顶管法的工作原理和主要异同点。

2. 盾构机的种类有哪些？如何进行盾构机的选型？

3. 盾构机始发过程中遇到的主要问题是什么？始发工法有哪些？

4. 土压平衡盾构机和泥水平衡盾构机在施工技术上的区别是什么？

5. TBM 的种类有哪几种？如何进行 TBM 的选型？

6. 请说明 TBM 的破岩机理。

7. 请说明开敞式 TBM 的掘进循环步骤。

8. 常用的顶管机有哪些类型？

 本章资源二维码

第 8 章资源

第 9 章　明挖法隧道及洞口工程施工技术

【学习目标】

1. 熟悉基坑开挖法中的围护结构类型及适用范围，掌握基坑开挖法的施工流程和技术要点，了解主体结构不同修建方式的区别。

2. 熟悉沉管法的基本施工工序及技术要点，熟悉沉管管节的制作和安装方法，掌握管节接头的构造形式和管节水力压接法基本原理。

3. 熟悉隧道洞口工程的范围及特点，了解隧道洞口段、明洞及洞门的施工方法。

明挖法是修建地下工程的常用施工方法，一般来说，明挖法是指在地面挖开的基坑或基槽中修筑结构的施工方法。根据基坑的开挖方法，又可以分为放坡开挖法、支挡开挖法和盖挖法；此外，用于水下隧道修建的沉管法也是明挖法中的一种施工方法。明挖法具有施工作业面多、进度快、工期短、工程造价相对其他施工方法低的特点，一般适用于拆迁量不大和允许降水的环境、比较开阔的场地和稳定性较好的地层。由于技术成熟且可以很好地保证工程质量，目前明挖法已经被广泛应用于铁路、公路、城市综合管廊等基础设施隧道的建设。

■ 9.1　基坑开挖法

在基坑开挖前，通常需要施作基坑的围护结构以及采取地下水控制措施，以保证基坑开挖过程中基坑侧壁的稳定性，之后进行基坑土体的开挖并修筑隧道的主体结构，最后回填并恢复路面或地面。放坡开挖法、支挡开挖法是目前明挖法隧道运用最多的修建方法，在城市区域中修建明挖法隧道、地铁车站，出于对环境控制及交通影响的要求，有时也采用盖挖法进行修建。

9.1.1　基坑围护结构选型与施工

在基坑工程实践中形成了多种成熟的围护结构类型（也称为基坑的支护结构），每种类型在使用条件、工程经济性等方面各有特点，因此对围护结构类型合理选型往往也是基坑工程施工的重要内容。目前基坑的支护结构主要包括自立式支护结构和支挡式结构两大类；自立式支护结构类型包括重力式水泥土墙、各类土钉墙等；支挡式结构则包括挡土构件与锚杆或支撑的不同组合形式，形成锚拉式结构、支撑式结构、悬臂式结构、双排桩等类型。

1. 自立式支护结构

自立式支护结构主要是对基坑边坡土体进行土质改良或加固，使其具有自稳的能力。

（1）土钉墙　土钉墙由土钉、面层、被加固的原位土体及必要的防排水系统组成，是具有自稳能力的原位挡土墙（图9-1）。土钉即放置于原位土体中的细长杆件（钢筋、钢管等），是土钉墙支护结构中的主要受力构件，按其施作方式可以分为钻孔注浆型、直接打入型、打入注浆型。土钉墙与各种隔水帷幕、微型桩及预应力锚杆（索）等构件结合起来，又可形成复合土钉墙（图9-2）。土钉墙适用于地下水位以上或经人工降水以后的人工填土、黏性土和弱胶结砂土地层中的基坑支护，一般用于开挖深度不大于12m、周边环境保护要求不高的基坑工程。

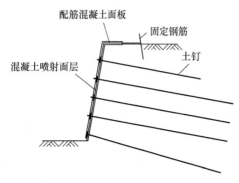

图 9-1　土钉墙基本形式示意图

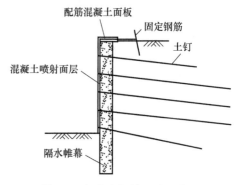

图 9-2　复合土钉墙形式示意图

（2）重力式水泥挡土墙　重力式水泥挡土墙是以水泥系材料为固化剂，通过搅拌机械采用喷浆施工将固化剂和地基土强行搅拌，形成具有一定厚度连续搭接的水泥土柱状加固体挡墙（图9-3）。重力式水泥挡土墙一般适用于软土地层中开挖深度不超过7.0m、周边环境保护要求不高的基坑工程；当周边环境有保护要求时，基坑开挖深度不宜超过5.0m；当基坑周边1~2倍开挖深度范围内存在对沉降和变形敏感的建构筑物时，应慎重选用。

2. 挡土构件

挡土构件往往与锚杆和支撑联合形成基坑的支护结构，也可以独立使用。常见的支挡式结构有地下连续墙、灌注桩排桩围护墙、型钢水泥土搅拌墙和钢板桩等几种类型。

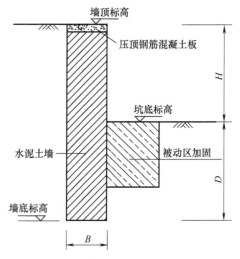

图 9-3　重力式水泥挡土墙形式示意图

（1）地下连续墙　地下连续墙可以分为现浇地下连续墙和预制地下连续墙两大类，目前工程中常用现浇地下连续墙的形式。现浇地下连续墙是指采用专用机械设备现场成槽、现场制作钢筋笼并浇筑混凝土的现浇混凝土或钢筋混凝土地下连续墙，其施工流程示意图如图9-4所示。在工程中应用的现浇地下连续墙的槽段形式主要有一字形、L形、T形和Ⅱ形等，如图9-5所示。地下连续墙墙体刚度大、整体性好、抗渗能力强，基坑开挖过程中安全性高，一般应用如下：用于深度较大（>10m）的基坑工程，场地空间狭小、邻近存在保护要求较高的建（构）筑物、对基坑本身的变形和防水要求较高的基坑工程；采用逆作法施工、地上和地下同步施工时，一般采用地下连续墙作为围护墙；在超深基坑中，采用其他类型围护结构无法满足要求时，常采用地下连续墙。

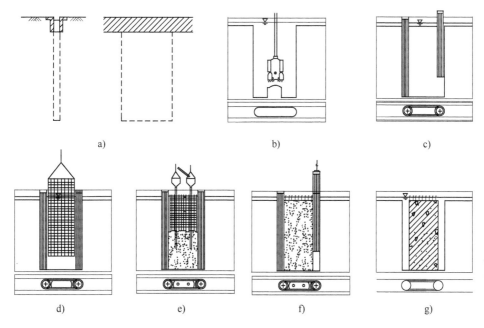

图 9-4　现浇地下连续墙施工流程示意图

a）准备开挖的地下连续墙沟槽　b）用液压成槽机进行沟槽开挖　c）安放锁口管
d）吊放钢筋笼　e）水下混凝土浇筑　f）拔除锁口管　g）已完工的槽段

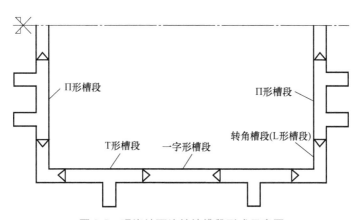

图 9-5　现浇地下连续墙槽段形式示意图

（2）灌注桩排桩围护墙　灌注桩排桩围护墙是采用连续的柱列式排列的灌注桩形成的围护结构，工程中常用的灌注桩排桩的形式有分离式、咬合式、双排式、相切式、交错式、格栅式等多种形式，部分形式如图 9-6 所示。灌注桩常用旋挖钻机在现场成孔，之后放入钢筋笼和浇筑混凝土成桩，并在桩顶设置混凝土冠梁将排桩连成整体（图 9-7），以及采取防护措施防止桩间水土流失（图 9-8）。分离式排桩是工程中灌注桩排桩围护墙最常用的围护结构形式，也是最简单的围护结构形式，其外侧可结合工程的地下水控制要求设置相应的隔水帷幕。分离式排桩对于从软黏土到粉砂性土、卵砾石、岩层中的基坑均适用，但软土地层中一般适用于开挖深度不大于

20m 的深基坑工程。有时因场地狭窄等原因，无法同时设置排桩和隔水帷幕时，可采用桩与桩之间咬合的形式，形成可起到隔水作用的咬合式排桩围护墙。咬合式排桩一般适用于淤泥、流沙、地下水富集的软土地区，以及邻近建（构）筑物对降水、地面沉降较敏感等环境保护要求较高的基坑工程。为增大排桩的整体抗弯刚度和抗侧移能力，可将桩设置为前后双排，将前后排桩桩顶的冠梁用横向连梁连接，形成双排门架式挡土结构。双排式排桩适用于场地空间充足、开挖深度较深、变形控制要求较高且无法设置内支撑体系的基坑工程。

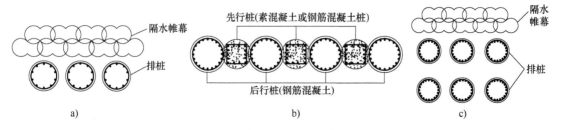

图 9-6　灌注桩排桩围护墙形式
a）分离式　b）咬合式　c）双排式

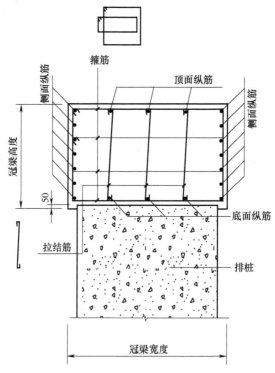

图 9-7　冠梁典型配筋节点（单位：mm）

（3）型钢水泥土搅拌墙　型钢水泥土搅拌墙是在连续套接形成的水泥土墙体内插入型钢形成的复合挡土、隔水结构，按施工方式可以分为原位搅拌法和置换法两大类。SWM 工法是目前国内应用最多的型钢水泥土搅拌墙施作方法，它利用三轴型长螺旋钻孔机钻孔掘削土体，边钻进边从钻头端部注入水泥浆液，达到预定深度后，边提钻边从钻头端部再次注入水泥浆液，与土体原位搅拌，形成一幅水泥土墙（图 9-9）；然后再依次套接施工其余墙段；其间根据需要插入

H 型钢（图 9-10），形成具有一定强度和刚度、连续完整的地下墙体。型钢水泥土搅拌墙适用性较宽，从黏性土到砂性土，从软弱的淤泥和淤泥质土到较硬、较密实的砂性土，甚至含有砂卵石的地层经过适当的处理都能采用；但是其刚度相对较小，变形较大，在对周边环境保护要求较高的工程中应慎重选用。

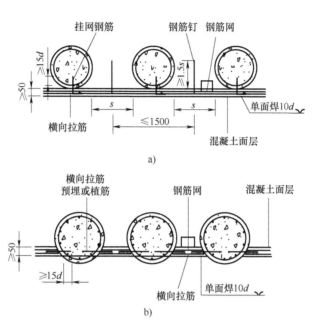

图 9-8 桩间水土防护措施（单位：mm）

a）连续防护 b）间隔防护

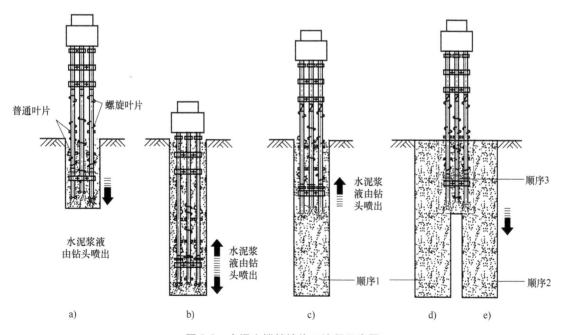

图 9-9 水泥土搅拌墙施工流程示意图

a）钻进搅拌下沉 b）桩底重复搅拌 c）钻杆搅拌提升 d）完成一幅墙体搅拌 e）下一循环开始

图 9-10　型钢水泥土搅拌墙平面布置图

a）型钢密插型　b）型钢插二跳一　c）型钢插一跳一

（4）钢板桩围护墙　钢板桩是一种带锁口或钳口的热轧（或冷弯）型钢，钢板桩打入后靠锁口或钳口相互连接咬合，形成连续的钢板桩围护墙，用来挡土和隔水。钢板桩断面形式很多，常用的截面形式有 U 型、Z 型、直线型及 CAZ 组合型等，如图 9-11 所示。钢板桩沉桩机械设备及工艺受钢板桩特性、工程地质条件、场地条件、桩锤能力、是否需要拔桩等因素影响，有冲击式打桩机械、振动打桩机械等设备和工艺。为了减少打桩施工中的振动和噪声，近年来也开发了压桩机械，其工作原理如图 9-12 所示。钢板桩抗侧弯刚度相对较小，一般变形较大，钢板桩打入和拔除对土体扰动较大，一般适用于开挖深度不大于 7m、周边环境保护要求不高的基坑工程，邻近有对变形敏感的建（构）筑物时不宜采用。

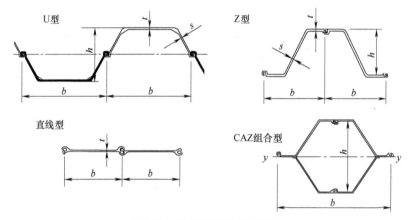

图 9-11　常用钢板桩截面形式

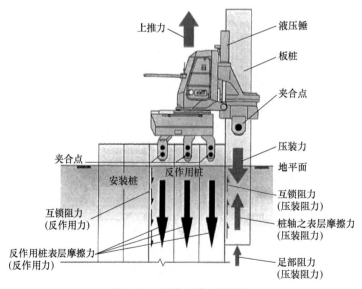

图 9-12　压桩机械工作原理

3. 支撑与锚杆系统

作用在挡土构件上的水、土压力可以由内支撑进行平衡，也可以设置锚杆进行平衡。内支撑具有支撑刚度大、控制基坑变形能力强、不侵入周围地下空间形成障碍物等优点，但相对于锚杆系统其工程造价较高，而且支撑的设置对地下结构的回筑施工将造成一定的影响。锚杆系统由于设置在围护墙的外侧，为土方开挖、结构施工创造了空间，有利于提高效率和工程质量，但由于锚杆设置在坑外，对将来地下空间的开发利用将形成一定的障碍。

（1）内支撑系统 采用内支撑系统的深基坑工程，一般由围护体（挡土构件）、内支撑以及竖向支承三部分组成，其中内支撑与竖向支承合称为内支撑系统，典型内支撑系统剖面图如图 9-13 所示。内支撑形式按材料分类，有钢筋混凝土支撑、钢支撑以及钢筋混凝土与钢组合支撑等形式；按竖向布置可分为单层或多层平面布置形式和竖向斜撑形式。对于隧道或地铁车站等狭长形基坑一般可采用水平对撑，当基坑的短边也较长时则内支撑可做成十字形正交布置形式（图 9-14）。竖向支承一般由钢立柱（包括角钢格构柱、H 型钢柱以及钢管混凝土柱等）和立柱桩（常为灌注桩）一体化施工构成（图 9-15），其主要功能是作为内支撑的竖向承重结构，保证内支撑的纵向稳定，加强内支撑体系的空间刚度。无论何种支撑，其总体施工原则都是相同的，即支撑的施工、土方的开挖顺序和方法必须与设计工况一致，并遵循"先撑后挖、限时支撑、分层开挖、严禁超挖"的原则进行施工，尽量减少基坑无支护暴露的时间和空间。支撑的拆除过程中，必须遵循"先换撑、后拆除"的原则进行施工。内支撑系统的施工实例如图 9-16 所示。

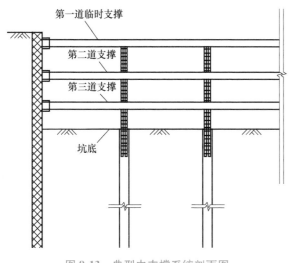

图 9-13 典型内支撑系统剖面图

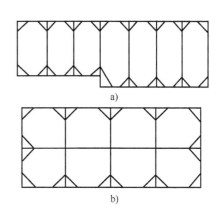

图 9-14 长条形基坑内支撑布置形式示意图
a）水平对撑布置 b）十字正交布置

（2）锚杆系统 锚杆的一端与围护墙连接，另一端锚固在稳定地层中，使作用在围护结构上的水土压力通过锚杆传递到稳定土层中去。锚杆支护技术在基坑工程领域经过多年的应用和发展，已经形成多种成熟的、可供选择的形式，常见的有预应力锚杆与非预应力锚杆两种，构造形式如图 9-17 所示。预应力锚杆由自由段和锚固段组成，一般采用钢绞线作为锚杆杆体，适用于对周围环境保护要求较高、开挖深度较深的深基坑工程中；非预应力锚杆没有自由段，其通长均为锚固段，采用普通的钢筋作为锚杆杆体，一般适用于周围环境无特殊保护要求、开挖深度一般的基坑工程。

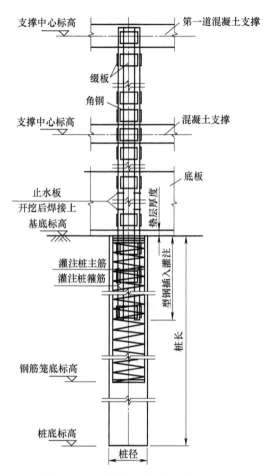

图 9-15 钢立柱与立柱桩连接示意图

a)

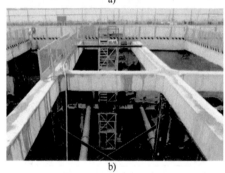

b)

图 9-16 内支撑系统施工实例
a) 钢筋混凝土撑浇筑 b) 内支撑系统

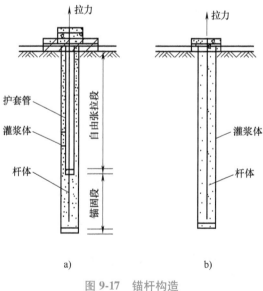

图 9-17 锚杆构造
a) 预应力锚杆 b) 非预应力锚杆

9.1.2　基坑加固与地下水控制

在软土地区的基坑工程中,为了增强基坑支护体系的稳定性、控制基坑的变形,需要进行基坑土体的加固;此外,在地下水位较高的地区,基坑开挖需要保持地下水位在基底0.5m以下,出于对环境保护、施工安全的需要,通常会采取隔水、排水和降水等地下水控制措施。

1. 基坑加固

基坑土体加固主要是指在基坑开挖施工期间发挥作用的临时性地基处理,意在改善土体的物理力学性能、提高被动区土体抗力、减小基坑支护结构的变形或增强基坑的稳定性。

(1) 基坑土体加固方法与适用性　常用的基坑土体加固的方法包括水泥土搅拌桩、高压旋喷桩、注浆、降水等(图9-18),适用范围见表9-1。

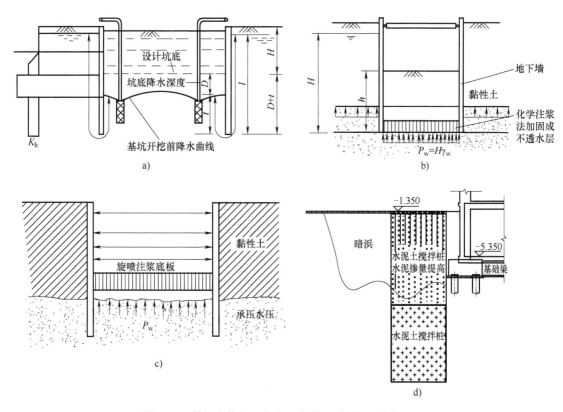

图 9-18　基坑土体加固方法示意图(示例)(单位:m)

a) 降水预固结　b) 注浆加固　c) 高压旋喷桩加固　d) 水泥土搅拌桩加固

表 9-1　各种土体加固方法的使用范围表

加固方法	对各类地基土的适用情况			
	人工填土	淤泥质土、黏性土	粉性土	砂性土
注浆法	慎用	慎用	可用	可用
双轴水泥土搅拌法	慎用	可用	可用	慎用
三轴水泥土搅拌法	慎用	可用	可用	可用
高压旋喷法	可用	可用	可用	可用
降水法	—	慎用	可用	可用

（2）基坑加固体的布置形式 基坑土体加固的平面布置包括加固体宽度、顺围护边线方向的长度、间距，平面加固孔位布置原则、土体置换率要求等。常见的土体加固平面布置形式包括满膛式、格栅式、裙边式、抽条式、墩式等，如图9-19所示。基坑土体加固竖向布置形式包括坑底平板式、回掺式、分层式、阶梯式等，如图9-20所示。

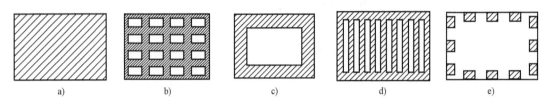

图 9-19　基坑土体加固平面布置形式
a）满膛式　b）格栅式　c）裙边式　d）抽条式　e）墩式

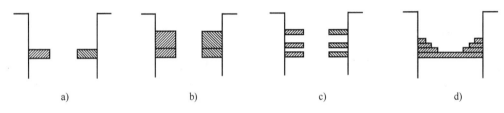

图 9-20　基坑土体加固竖向布置形式
a）坑底加固　b）坑底面上下不同掺量　c）分层式　d）阶梯式

2. 地下水控制

地下水控制与基坑安全及周边环境的保护都密切相关。地下水的控制主要有三种方式：降水、隔水和排水（图9-21～图9-23），这三种地下水处理方式作用不同，在基坑工程中常常需要组合使用，才能保证合理、可行、有效地实施地下水处理。

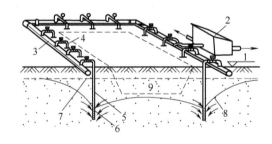

图 9-21　轻型井点降水示意图
1—地面　2—水泵房　3—总管　4—弯联管　5—井点管　6—滤管
7—初始地下水位　8—水位降落曲线　9—基坑

1）降水。降水是基坑开挖过程中最为常见的地下水处理方式，目的在于降低地下水位、增加边坡稳定性、给基坑开挖创造便利条件。当基坑开挖到基底标高时，承压含水层上覆土的重量不足以抵抗承压水头的顶托力时，需要降压防止坑底突涌。

2）隔水。为了避免降、排水造成地面沉降，影响周边建筑物、市政管线等的正常使用，需要设置隔水体系，切断基坑内外必要的水力联系和补给，既避免坑外的水位下降，也能够有效减少坑内降水的水量。

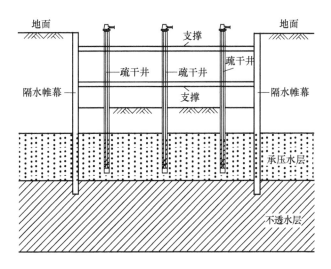

图 9-22　承压水隔水帷幕示意图

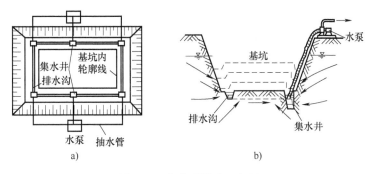

图 9-23　集水明排法示意图

a）平面布置图　b）剖面图

3）排水。降水系统的有效工作需要通畅的排水系统，但除了将坑内抽降的地下水及时排出外，排水系统还包括地表明水、开挖期间的大气降水等的及时排除。

9.1.3　基坑土体开挖方法

基坑开挖是明挖法隧道施工的重要部分。基坑开挖一般分为放坡开挖和有围护开挖（支挡开挖）两种基本方式，并视场地的工程地质、水文地质情况以及开挖深度和环境条件等因素而有如图 9-24 所示的不同具体方式。在城市繁忙地带修建明挖隧道时，为了减少对交通和环境的影响，在有围护结构时可采用盖挖法进行基坑开挖。

1. 基坑开挖的原则

基坑开挖前应根据工程地质与水文地质资料、结构和支护设计文件、环境保护要求、施工场地条件、基坑平面形状、基坑开挖深度等，遵循"分层、分段、分块、对称、平衡、限时"和"先撑后挖、限时支撑、严禁超挖"的原则编制基坑开挖施工方案。

在大面积深基坑开挖中，基坑开挖过程的时空效应十分明显，因此缩短基坑暴露的空间和时间对于控制围护墙位移都格外重要。对大面积深基坑工程，应采取分区、分块、抽条开挖和分段安装支撑的施工方法。按基坑分块开挖顺序的不同，基坑开挖的方式可以分为分段（块）退挖、岛式开挖和盆式开挖等几种。

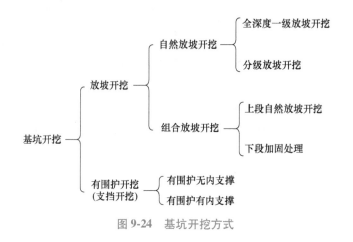

图 9-24　基坑开挖方式

2. 基坑开挖方法

（1）放坡开挖法　为了防止坍塌保证施工安全，在基坑开挖深度超过一定限度（即自稳垂直深度）时，将基坑边壁开挖成斜坡以保证土坡的稳定，工程上称为放坡开挖。放坡开挖主要包括一级放坡开挖和多级放坡开挖（图 9-25），适用于坑壁土层自稳性较好、地下水位较深、基坑四周有足够的放坡条件、周边建（构）筑物或地下管线均有足够安全距离的明挖法基坑。

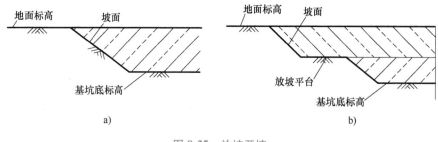

图 9-25　放坡开挖

a）一级放坡开挖　b）多级放坡开挖

（2）支挡开挖法　在开挖地层不能自稳或周边环境特殊的情况下，如城市中的基坑工程，由于场地邻近周边已有建筑或街道，场地受限无法放坡，就需要修建支护结构以保证土方开挖过程中基坑边壁的稳定。在此类基坑的土方开挖中，通常采用先做支护结构，再按分层、分块的方法进行开挖，如图 9-26 所示。在有内支撑的基坑中，土方的开挖还需要兼顾支撑的及时施作，尽量减少基坑无支撑暴露时间。

（3）盖挖法　盖挖法是先盖后挖，以临时路面或结构顶板维持地面畅通再进行下部结构施工的方法。根据一些观点，盖挖法也被视为是一种暗挖的施工方法，它是由地面向下开挖至一定深度以后，将顶部封闭，其余的下部工程在封闭的顶盖下进行施工，路面交通在土方开挖期间不受到影响。根据隧道结构的修筑方式，盖挖法又可以分为盖挖顺作法、盖挖逆作法、盖挖半逆作法等。盖挖逆作法如图 9-27 所示，在施工过程中采用结构的楼板替代临时支撑。盖挖顺作法基坑的流程和土方开挖顺序则与支挡开挖类似，开挖过程中通常要施作临时支撑，开挖到基坑底标高以后，再从下往上修筑主体结构及拆除临时支撑。

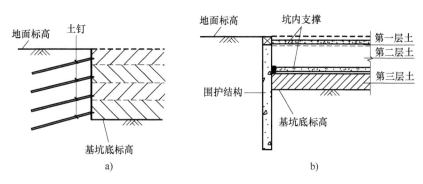

图 9-26　支挡开挖

a）有围护无支撑的基坑土方开挖　b）有围护有支撑的基坑土方开挖

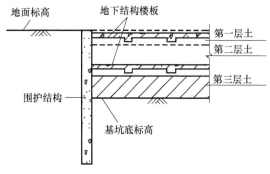

图 9-27　盖挖法（逆作）

3. 狭长基坑开挖

对城市隧道、地铁车站等狭长形基坑，在平面上可采取从一端向另一端开挖的方式。也可采取从中间向两端开挖的方式，从中间向两端开挖方式一般适用于长度较长的基坑，或为加快施工速度而增加挖土工作面的基坑。分层分段开挖方法可根据支撑形式合理确定，以第一道为钢筋混凝土支撑，其余各道为钢支撑的狭长形基坑为例，基坑边界面斜面分层分段开挖方法如图 9-28 所示。

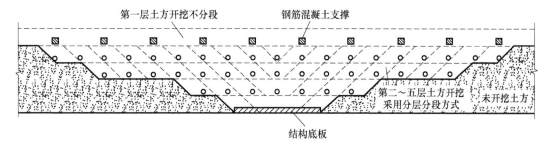

图 9-28　从中间向两端开挖的狭长形基坑边界面斜面分层分段开挖方法

9.1.4　主体结构修建方式

明挖法隧道主体结构的修建方式，通常也需要结合土方开挖的方法进行综合考虑和选取，主要包括顺作、逆作、半逆作等方式。当基坑土方开挖采用盖挖法时，与隧道结构的不同修筑方式进行结合，又可以分为盖挖顺作、盖挖逆作和盖挖半逆作等方式。

1. 顺作法

顺作法是浅埋隧道和地下工程中典型的施工方法，具体做法是当基坑开挖完成以后，在基坑中从下向上进行主体结构的建造。采用放坡开挖并顺作主体结构的施工示意如图 9-29 所示。这种方式与地面结构的建造基本一样，不同点是结构建造完成后要回填土方，恢复路面。

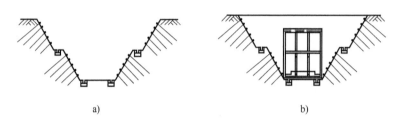

图 9-29 顺作法

a）基坑开挖 b）修筑主体结构（自下往上）

2. 逆作法

逆作法多用于地层软弱、变形大、修建地区地面建筑物密集、地下工程埋置较深的场合，其做法主要是在基坑开挖过程中先浇筑结构顶板，利用顶板作为一道强有力的支撑，随后自上而下逐层开挖并逐层建造主体结构直至底板。盖挖逆作法的施工步骤如图 9-30 所示。

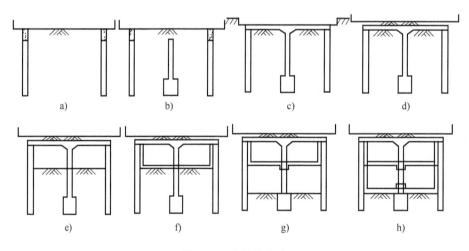

图 9-30 盖挖逆作法

a）构筑围护结构 b）构筑主体结构中间立柱 c）构筑顶板 d）回填土、恢复路面 e）开挖中层土
f）构筑上层主体结构 g）开挖下层土 h）构筑下层主体结构

3. 半逆作法

半逆作法与逆作法的区别仅在于，半逆作法在结构的第一层或第二层顺作完成后，再采用逆作法施工下部结构。该方法可以上部下部同时施工，效率较高。在半逆作法施工中，上部开挖基坑顺作时与支挡开挖相同，一般也需要设置临时横撑等支护结构。盖挖半逆作法的施工步骤示例如图 9-31 所示。

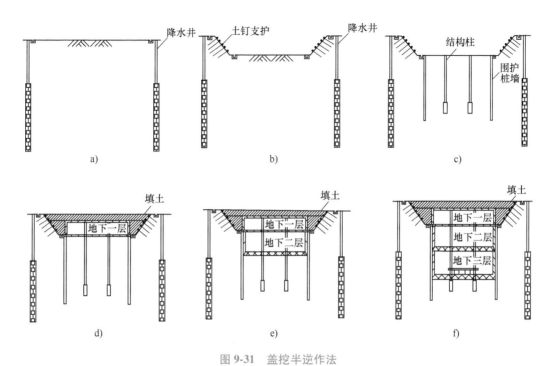

图 9-31　盖挖半逆作法

a) 降水施工　b) 地下一层基坑开挖　c) 围护结构和中间柱施工　d) 地下一层主体结构施工及回填
e) 地下二层主体结构施工　f) 地下三层主体结构施工

■ 9.2　沉管法

对于饱和软土地层中的水底隧道施工，目前在工程实践中常采用盾构法和沉管法施工。沉管法是指将预制好的管节通过浮运、沉放、水下对接成一个整体的隧道修建方法。20 世纪 50 年代后期以来，随着水力压接法（水下连接）和压浆法（基础处理）两项关键技术取得突破性进展，沉管法在世界各国水底隧道建设中的应用正日益广泛。

9.2.1　沉管法概述

沉管隧道在跨越江河及海湾（峡）交通方面有着其他方法不可替代的优越性。我国港珠澳大桥沉管隧道海底段全长 5.6km，是目前世界最长的公路沉管隧道和唯一的深埋沉管隧道，也是我国第一条外海沉管隧道，为沉管隧道的修建积累了宝贵的经验。

1. 沉管隧道的优越性

在跨越江河及海湾（峡）方案的比选中，沉管法通常与桥梁、盾构法进行比选，如图 9-32 所示。

（1）与桥梁比较　从发挥河道航运效益角度看，隧道方案具有明显的优势。桥梁由于净空高度受限制，对航运效益的发挥影响较大，而要抬高净空高度则难度较大，同时费用也较高。其次，从船舶航行和大桥安全角度看，船舶有可能碰撞桥墩，导致安全事故。从气象条件看，大风机起雾对船舶过桥影响较大，而水下隧道则不会因为气象条件而影响船舶的航行。从环境角度讲，大桥有时候也会破坏周围环境的景观。

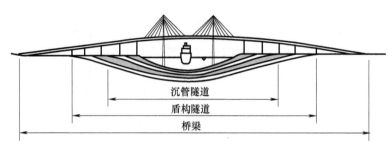

图 9-32　桥隧方案比选

（2）与盾构法比较　沉管隧道对地层条件要求不高，它不怕地层松软，对地基允许承载力的要求也低，因而基本上不受地质条件的限制，这一点明显优于盾构法；其次，沉管一般埋设很浅，管节顶部的覆盖厚度达到1m即可，而盾构法一般要求覆盖厚度在10m左右；再者，沉管隧道断面形式灵活，盾构法隧道通常只能是圆形；此外，沉管法工序如基槽开挖、管节预制、浮运沉放等可平行作业，利于缩短工期；同时，沉管法采用整体预制管节，其接缝长度远远少于其他方法施工的隧道，其防水性能也大大优于管片衬砌的盾构隧道。

2. 沉管隧道的断面与结构形式

目前，通常按照沉管隧道的断面与结构形式将其分为两种基本类型：钢筋混凝土矩形沉管隧道和钢壳圆形沉管隧道。其中，钢壳圆形隧道又分为单层钢壳和双层钢壳两种。

（1）矩形横断面　矩形沉管隧道通常由钢筋混凝土预制管节制成，这类预制管节通常在干坞中制作，后在干坞内灌水使其浮起后托运至预定地点沉放。一般来说，矩形横断面可以同时容纳4~8个车道，选用矩形横断面比圆形横断面经济，且适合于多车道隧道，故成为目前最常用的断面形式（图9-33）。

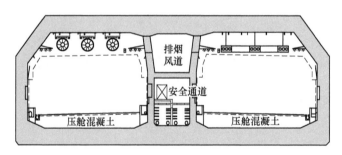

图 9-33　矩形沉管隧道横断面（折拱式）

（2）圆形横断面　圆形管节横断面的内轮廓为圆形，外轮廓有圆形、八角形和花篮形，如图9-34所示。通常圆形沉管隧道是钢壳与混凝土的组合结构，钢壳既是防水层又是结构，但混凝土结构承担主要的荷载。圆形沉管隧道又分为单层钢壳和双层钢壳两种形式。这种管节制造时先在船台上预制钢壳，制成后沿船台滑道滑行下水，系泊于码头边上，在漂浮状态下进行管节钢筋混凝土浇筑作业。这种圆形管节内一般只能设两个车道，在建造4车道时就需要制作两管并列的管节（图9-35）。圆形横断面在早期沉管隧道中应用较多。

3. 沉管隧道施工流程

沉管隧道的施工，大体上分为管节制作、基槽开挖与航道疏浚、管节浮运与沉放、管节水下连接、地基及基础处理、回填覆盖等施工工序，其施工流程如图9-36所示。

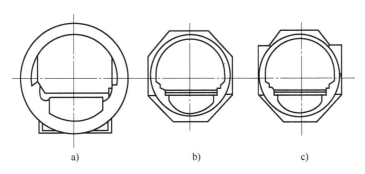

图 9-34　圆形管节沉管隧道横断面

a）圆形　b）八角形　c）花篮形

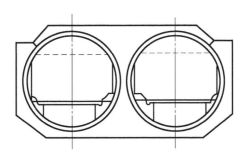

图 9-35　两管并列管节沉管隧道横断面

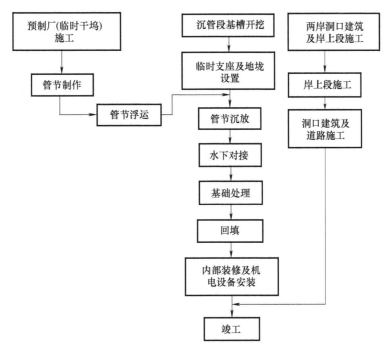

图 9-36　沉管隧道施工流程图

9.2.2 管节制作

随着钢筋混凝土矩形沉管隧道应用越来越多，目前沉管的管节通常在干坞中预制，因此此处主要介绍干坞工程及钢筋混凝土矩形沉管的管节制作。

1. 干坞的类型

干坞是用于沉管管节预制的场地，可兼用于沉管管节的舾装、起浮、系泊。干坞按照是否移动分为固定干坞和移动干坞；固定干坞按照是否利用隧道轴线暗埋段基坑又分为轴线干坞与独立干坞。可进行标准化、流水线作业式管节生产的固定干坞称为工厂化干坞。

（1）独立干坞　独立干坞是在隧道轴线以外选择合适的位置建造的干坞（图9-37）。其优点是岸上段结构、管节制作以及基槽开挖等关键性的工序都可以实现并行作业，从而可以最大限度地节省工期。其缺点是因独立选址来进行深大基坑开挖支护，且施工坞口岸壁保护结构，导致工程造价高。

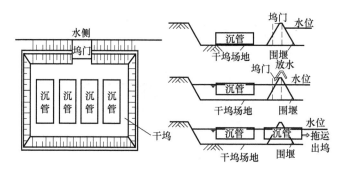

图9-37　独立干坞示意图

（2）轴线干坞　轴线干坞是将干坞布置在隧道轴线岸上段主体结构位置，如图9-38所示。其具有以下优点：将干坞与隧道岸上段相结合，减少了施工场地的占用，同时岸上段和干坞共用了一部分基坑开挖和支护，可以减少部分工程费用；管节从坞内拖出后，直接沿隧道纵向浮运，减少了航道疏浚费用。但是这种类型的干坞也具有以下缺点：由于干坞和岸上段主体结构位置相重合，管节与岸上段无法并行作业，会导致工期增加；管节沉放只能从一端往另外一端进行，与两端往中间对

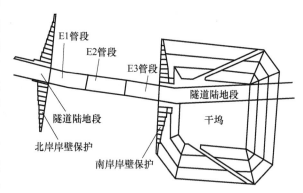

图9-38　轴线干坞平面布置图（某沉管法隧道）

称沉放方案相比，将增加管节的沉放工期；采用水下接头时，轴线干坞需要修建管节寄放区系泊预制管节，增加浮运航道疏浚及寄放区建设费用。

（3）工厂化干坞　工厂化干坞可进行标准化、流水作业式管节生产，适用于管节数量多、连续性要求高的管节预制（图9-39）。其主要具有以下优点：可实现管节连续快速流水线预制，有利于提高生产效率；少占用土地；缩短管节浇筑工期、降低综合造价；浇筑施工不受天气与气候的干扰和影响；有利于控制温度环境，可降低管节浇筑的初期裂缝风险。

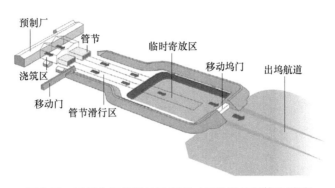

图 9-39　工厂化干坞场地示意图（厄勒海峡沉管法隧道）

（4）移动干坞　移动干坞是采用大吨位半潜驳来替代固定干坞，以其作为管节预制、运输及出运平台（图 9-40）。其优点是节省固定干坞的建造时间，有利于节约工期；节省岸上施工场地；可以节省航道疏浚费用，降低工程造价。其缺点为：当沉管管节规模较大、节数较多时，其造价优势不复存在；移动干坞下潜点自然水深应满足能够注水下潜使船面下潜卸除管节要求，必要时需专门浚挖一个下潜港池。

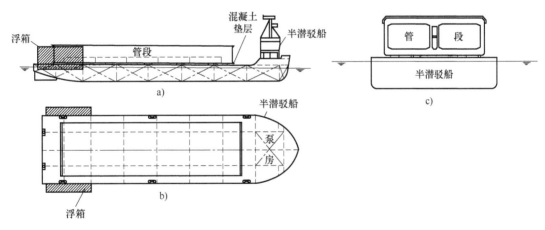

图 9-40　移动干坞示意图
a）正面图　b）平面图　c）侧面图

2. 管节预制

截止到 2020 年，中国已建的沉管法隧道均采用钢筋混凝土矩形结构，管节长度一般为 100~160m，其长度的确定需结合隧道的纵坡、沉管段长度、地基基础条件等因素综合考虑。钢筋混凝土矩形管节目前采用整体式管节和节段式管节两种预制方法。

（1）管节横断面浇筑方式　整体式管节横断面宜采用分层浇筑，节段式管节横断面宜全断面一次性浇筑。常见的管节横断面浇筑方式如图 9-41 所示。

（2）管节纵向浇筑方式　沉管管节应纵向分段浇筑。整体式管节纵向分段长度宜为 15~20m，分段之间采用后浇带连接（图 9-42）；节段式管节分段不宜大于 23m，分段之间采用节段接头连接。港珠澳大桥沉管隧道采用了节段式管节，沿纵向划分为 33 段管节，标准管节长 180m，每 22.5m 为 1 个节段（图 9-43），在管节浮运沉放期间采用纵向预应力索将各节段拉结成一个管节整体。

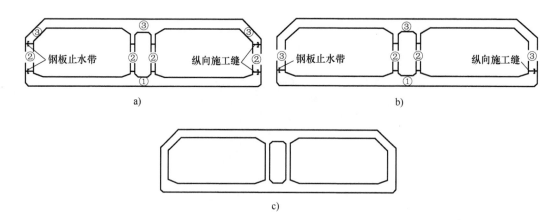

图 9-41　管节横断面浇筑方式

a）分层浇筑方式一　b）分层浇筑方式二　c）全断面浇筑

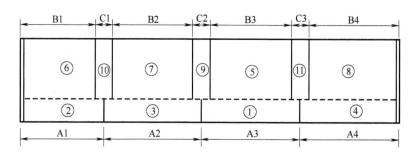

图 9-42　管节浇筑顺序示意图（示例）

注：A1~A4 为管节底层分段编号，B1~B4 为顶层分段编号，C1~C3 为后浇带编号；带圆圈数字为混凝土浇筑顺序。

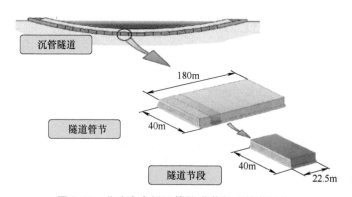

图 9-43　港珠澳大桥沉管隧道节段式管节结构

9.2.3　接头处理

钢筋混凝土沉管的接头主要包括管节接头和最终接头两种，此外节段式管节中还存在节段接头。各类接头构造设计应满足接头的水密性、耐久性、抗震性和可施工性的要求。接头形式可分为刚性接头、半刚半柔性接头、半刚性接头和柔性接头。

1. 管节接头

管节接头宜选用柔性接头，结构构造包括防水构造、剪力键及附加纵向抗震限位措施，如图 9-44 和图 9-45 所示。防水构造目前主要采用 GINA 和 OMEGA 橡胶止水带或波形止水带双道密封止水；限位装置通常采用竖向和水平剪力键，分别承受运营阶段竖向剪力和地震工况下水平剪力；附加纵向抗震限位措施可选用钢索型或钢板型限位装置。

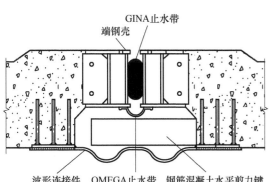

图 9-44 沉管隧道管节柔性接头构造示例一

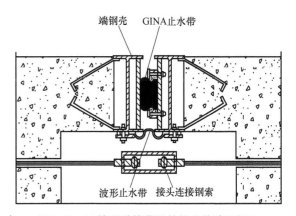

图 9-45 沉管隧道管节柔性接头构造示例二

2. 节段接头

节段接头设置在管节内各节段之间，主要包括防水构造、剪力键、预应力束等构造（图 9-46~图 9-48），可适应允许张开量或允许扭转角。节段接头防水构造采用双道密封防水，可选用中埋式止水带与 OMEGA 橡胶止水带。节段接头剪力键通常采用混凝土剪力键。

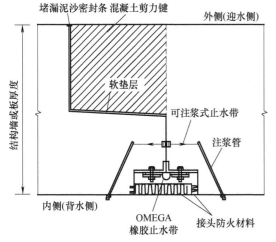

图 9-46 沉管隧道节段接头构造示例一

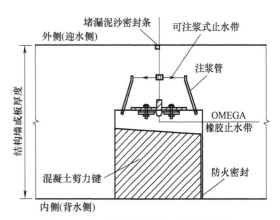

图 9-47 沉管隧道节段接头构造示例二

3. 最终接头

当沉管隧道最后一节管节沉放后，在最后沉放管节与先前沉放管节或已建岸坡结构物间还留下 1~3m 的间隙需要封闭，这最后一小段结构就成为最终接头。最终接头根据位置分为水中最终接头和岸上最终接头两种，其施工的关键在于止退和防水。

水中接头施工方法分为止水板工法、接头箱体工法、V 形箱体工法等。岸上最终接头可采用干式施工工艺，常采用围堰和竖井等方式施作。常见最终接头形式的示意如图 9-49 所示。

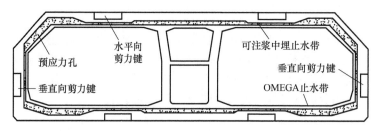

图 9-48　沉管隧道节段接头横断面布置示意图

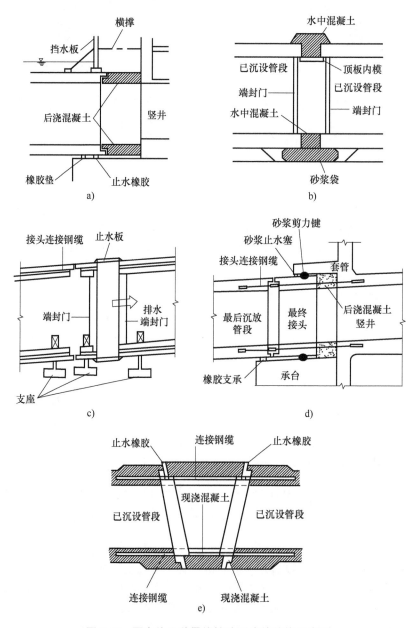

图 9-49　国内外几种最终接头形式的结构示意图

a）干围堰方式　b）水下混凝土方式　c）止水板方式　d）接头箱体方式　e）V形箱体方式

9.2.4　基槽开挖与回填覆盖

1. 沉管基槽开挖

在沉管隧道施工中，在隧址处的水底管节沉埋范围需开挖沉管基槽，典型的基槽开挖横断面如图9-50所示。基槽开挖方法主要有挖泥、爆破、凿岩等。

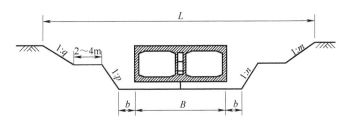

图9-50　典型的沉管隧道基槽开挖横断面

1) 挖泥适用于开挖土层或强风化岩层，主要采用各类挖泥船开挖，施工工序主要包括表面清理、基槽切滩、基槽粗挖、基槽精挖等。

2) 水下爆破一般用于清除水下硬质岩层，是通过水上钻爆船（驳）或工作平台，配以套管穿过水层对水下岩石进行钻孔，在船上或平台上进行装药、堵塞、连线、起爆等作业，进行水下爆破开挖。

3) 凿岩适用于强风化至中风化页岩或砂岩的地质状况。该方法是在挖泥船的抓斗吊机上装铸钢制造的凿岩棒（图9-51），将其提升到一定高度后自由落下，依靠重力作用冲击河床，以纵向撞击力破碎岩石。

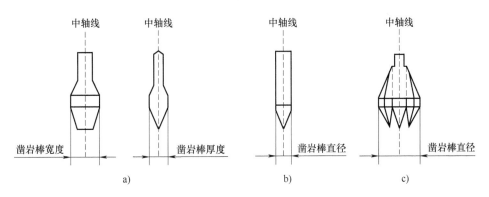

图9-51　凿岩棒
a) 斧头形　b) 铅笔形　c) 多齿形

2. 航道疏浚与基槽清淤

在垫层施工及管节沉放之前，应检查浮运航道及基槽回淤的情况，必要时需要对航道进行疏浚、对基槽进行清淤，防止管节搁浅和沉放不到位。常用的方法有吸砂（泥）船舶清淤、气升式清淤。其中，气升式吸泥管除泥是利用吸泥管中形成的水、气、泥的混合体比水轻的原理吸砂清淤。

3. 回填及覆盖

基槽回填工作是沉管隧道施工的最终工序，它是对已就位的管节两侧及顶部采用适当的回填材料进行分层回填覆盖，以保护沉管隧道管段，使其具有较好的防冲刷、防锚及防沉船等重物冲击作用，并防止基础外侧形成抗震液化薄弱区域。如图 9-52 所示是基槽回填覆盖示例。

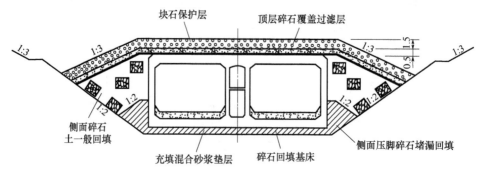

图 9-52　基槽回填及覆盖示例（单位：m）

9.2.5　地基及基础处理

沉管隧道的地基及基础处理是沉管隧道修建的关键技术之一，主要是解决开挖引起的槽底不平整、地基土软硬不均和基槽回淤与流沙管涌问题。主要采取的措施包括地基处理、预制桩基础、施作基础垫层等，其中基础垫层处理方法又可分为先铺法和后填法。

1. 地基处理方法

根据国内外沉管隧道的修建经验，可采用的沉管隧道地基处理施工方法包括排水固结法、换填法、砂桩及碎石桩复合地基等。

1）排水固结法是对天然地基，或已设置砂井（袋装砂井或塑料排水带）等竖向排水体的地基，在场地上加载预压，使土体中的孔隙水排出从而土体逐渐固结，地基发生沉降，同时地基强度得到逐步提高的方法。排水固结法主要适用于加固黏土、淤泥质黏土、粉质黏土、粉土等软弱地基处理。

2）换填法是将基础下一定范围的土层挖去，然后回填以强度较大的砂、砂石或灰土等，并分层夯实至设计要求的密实程度，作为地基的持力层，以提高基础的承载力，增加地基强度，减少基础沉降。换填法用于浅层地基处理，处理深度可达 2~3m，适用于淤泥、淤泥质土等浅层软弱地基及不均匀地基的处理。

3）碎石桩和砂桩又称为粗颗粒土桩，是指通过振动、冲击或水冲等方式在软弱地基中成孔后，再将碎石或砂挤压入已成的孔中形成大直径的碎石或砂所构成的密实桩体。碎石桩和砂桩适用于砂性土、黏性土、粉质黏土等地基的处理。沉管隧道中主要用砂桩，近年来也开始用碎石桩。

2. 预制桩基础

若沉管管节底面以下的地基土特别软弱，或在隧道轴线方向上基底土层软硬度不均，管节会产生不均匀沉降，或列车通过时的振动会使砂性基础液化，此时基础仅做"垫平"处理是不够的。一般的解决方法是在水下做桩基，即沿着沉管隧道纵向每隔一定距离打入若干排钢筋混凝土桩或钢桩。在含砂量高、地质条件很差的江河、海底开挖沟槽时，存在水底土体稳定性差、淤积浮泥或底沙回淤等问题，采用桩基础处理比较理想。

在沉管隧道基础中采用桩基时，首先要考虑如何使桩的水平标高一致，使桩顶吻合在沉管管节的底面，以便各桩均匀受力。为达到这个目的，通常采用的方法有水下混凝土传力法、砂浆囊袋传力法和可调桩顶法。

1）水下混凝土传力法。基桩打好后，先浇一、二层水下混凝土将桩顶裹住，然后在其上铺一层砂石垫层，使沉管荷载经砂石垫层和水下混凝土层传到桩基上，如图9-53所示。

2）砂浆囊袋传力法。在管段底部与桩顶之间，用大型化纤囊袋灌注水泥砂浆加以垫实，使所有桩基能同时受力，如图9-54所示。

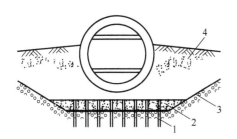

图9-53 水下混凝土传力法

1—桩 2—水下混凝土 3—碎石 4—砂石垫层

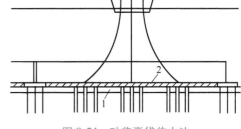

图9-54 砂浆囊袋传力法

1—砂石垫层 2—砂浆囊袋

3）可调桩顶法。可调桩顶法是在所有桩顶端设一小段预制混凝土活动桩顶，在管段沉放完后，向活动桩顶与桩身之间的空腔中灌注水泥砂浆，将活动桩顶升到与管底密贴接触为止（图9-55）。在基础顶部与活动桩顶之间，用软垫层垫实，垫层厚度按预计沉降来决定。在管段沉放完后，管段底与活动桩顶之间，灌注砂浆加以填实。

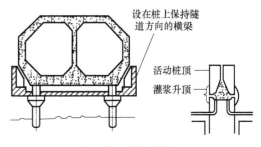

图9-55 可调桩顶法

3. 后填法基础垫层

后填法是将沉管管节先沉放并支承于钢筋混凝土临时支座上，再通过预留孔向管底压（灌）注砂水混合料，以填满管底空隙。后填法克服了刮铺法在管节底宽较大时施工困难的缺点，因此适用于基础面积较宽的大型沉管隧道垫层施工。目前后填法主要包括灌砂法、喷砂法、砂流法（压砂法）、灌囊法、压浆法等。

1）灌砂法。该法是在管节沉放完毕后，从工程船舶上通过导管沿着管节侧面向管节底部灌填粗砂，构成纵向垫层（图9-56）。这种方法不需专用设备，施工方便，是最早的一种后填法基础处理方式，适用于底宽较小的圆形、八角形或花篮形钢壳管节。

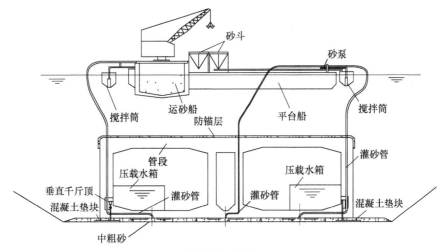

图9-56 灌砂法

2）喷砂法。该法主要是在水面上用砂泵将砂、水混合料通过伸入管节底面的喷管向管节底部喷注，以填满其空隙，如图9-57所示。在喷砂管的两侧设有回吸管，使水在管节底部形成一个规则的流动场，从而使砂有规则地沉淀。

3）砂流法。该法又称为压砂法，是在管节底板上预先设置压砂孔，管节沉放后通过压砂孔向基础压注砂水混合料，填满管节与基底间的间隙形成基础垫层（图9-58）。

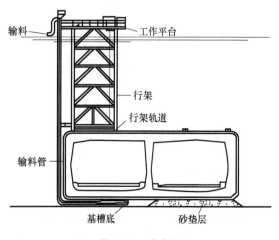

图9-57　喷砂法

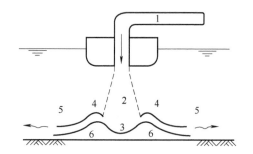

图9-58　砂流法

1—砂的输入　2—混合流的形成　3—形成砂积盘
4—混合物在水下斜坡上溢出　5—砂的流失
6—砂的沉积和斜坡形成

4）灌囊法。该法是对由刮铺法施作的砂、石垫层，采用注入由黏土、水泥和砂配制成的混合砂浆的囊袋充填剩余空隙的基槽垫层施作方法，如图9-59所示。管节沉放前，在管节底面下事先系扣空囊袋一并下沉，先铺垫层与管节底面之间需预留15~20cm的空间，管节沉放后，从工程船舶上向囊袋内灌注混合砂浆，直至管节底面以下的空隙全部充填满为止。

5）压浆法。该法是从管节内部，经预埋在管节底板上带单向阀的压浆孔，向管底空隙压注由水泥、膨润土、砂和缓凝剂配成的混合砂浆，如图9-60所示。压浆法是在灌囊法基础上发展起来的一种基础处理方法，它省去了较贵的囊袋、繁复的安装工艺、水上作业和潜水作业，除具有不干扰航道通行的优点外，还有不受水深、流速和潮汐等水文条件影响等优点。

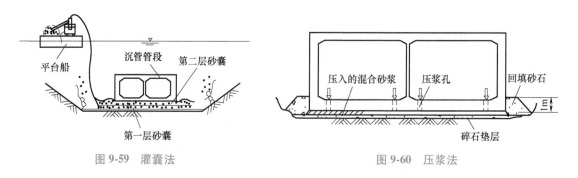

图9-59　灌囊法

图9-60　压浆法

4. 先铺法基础垫层

先铺法，也称为刮铺法，是在管节沉放前用刮铺船或整平架上的刮板在基槽底整平铺垫材料（如粗砂、碎石或砂砾石）作为管节基础。先铺法是沉管隧道修建早期采用的基础垫层施工方法，包括刮砂法和刮石法，近年来又在刮石法基础上发展出了带有垄沟的碎石整平法。为了优化节段式沉管管节在沉放时的受力状态、控制沉管总体沉降和不均匀沉降，港珠澳大桥沉管隧道工程研制开发了按拟定纵坡均匀铺设的高精度碎石整平船，代替了传统的刮铺法处理工艺，实现了整平船的准确定位、平台升降锁紧控制、下料管升降及整平台车纵向和横向移动的控制、抛石管整平刮刀的高程调节、基床整平的同步质量检测等自动化控制，攻克了在深水中的基础垫层施工技术难题（图9-61）。

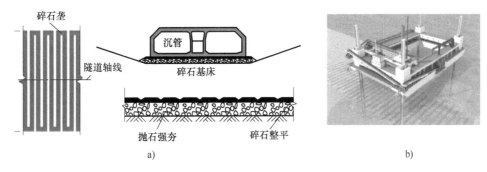

图 9-61　港珠澳大桥沉管隧道基础垫层施工
a）带垄沟的碎石垫层　b）碎石铺设整平船

9.2.6　管节安装

在沉管隧道的施工中，在干坞内预制的混凝土管节必须历经干坞注水、管节起浮、浮运和沉放，以及水下对接等工序，形成沉埋于水底基槽中的隧道。相关的工序主要包括舾装、浮运、沉放与对接。

1. 管节舾装

沉管舾装源于船舶制造的舾装，但内容完全不同。沉管舾装从空间上分为管内舾装和管外舾装，从工序上分为一次舾装和二次舾装。

1）一次舾装为管节下水（试漏、起浮）前做的舾装工作，包括端封墙及水密门、GINA 止水带及保护装置、鼻托、压载系统和系缆柱及管节的各种舾装的预埋件等的安装，如图9-62所示。一次舾装完成后，在坞内进行水密性检漏（试漏）和试浮。

图 9-62　沉管管节一次舾装
a）钢封门安装　b）压载水箱安装　c）GINA 止水带安装

2）二次舾装为管节起浮后、沉放前做的舾装工作，主要包括测量塔、人孔井、水平拉合座、吊点、纵横向调节系统和浮箱等的安装，如图 9-63 所示。二次舾装可以在坞内深水坞位置完成，也可以在坞外寄放锚地、管节沉放区或专用码头处完成。

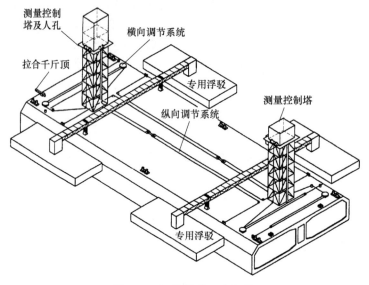

图 9-63　沉管管节二次舾装

2. 管节浮运

管节浮运时先打开坞门（或破除坞堤），接着使管节出坞，然后将管节浮运至沉放地点。浮运一般采用拖轮浮运，也有采用拖轮拖运移动干坞、绞车拖运与拖轮顶推、岸控绞车和驳船绞车拖运等。

1）拖轮浮运方案即采用 A 拖轮对管节提供浮运主动力，另用四艘拖轮提供顶潮力和控制管节运动方向，如图 9-64 所示。该方案的优点是易于操作控制，长距离浮运不受风力影响。但是拖轮和管节占用航道水域较宽，管节拖运速度较慢，拖航受水流因素影响大。拖轮浮运方案也可采用三拖轮浮运和四拖轮浮运方案，根据浮运距离和水流力等因素合理选用。

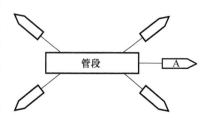

图 9-64　拖轮浮运管节示意图

2）拖轮拖运移动干坞方案即管节预制完成后仍然装载在移动干坞上，采用 A 拖轮对移动干坞提供浮运主动力，另用两艘拖轮分别在移动干坞两侧与移动干坞连接在一起提供转向动力及前进助力，再用一艘尾拖作为备用拖轮并调节管节运动方向（图 9-65）。该方案的优点是移动干坞在航行过程中吃水深度小于管节吃水深，对航道深度的要求低；浮运过程中水流不会对管节产生影响；浮速度快，航道占用时间短；但该方案操作复杂，受风力影响较大。

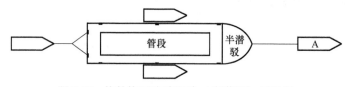

图 9-65　拖轮拖运移动干坞（半潜驳）示意图

3）绞车拖运与拖轮顶推方案即在管节前方下锚一艘方驳，其上安装一艘液压绞车作为管节前进的主动力，管节尾部两艘方驳安装绞车作为管节的制动力，管节两侧在浮运时用三艘拖轮顶潮协助施工（图9-66）。该方案对于短距离浮运施工速度快，占用航道时间短，施工中淤泥不会卷入基槽，工序交替简单；若用于长距离作业，方驳和管节下锚次数多，管节浮运速度慢，占用航道时间长。

4）岸控绞车和驳船绞车拖运方案即对于轴线干坞等邻近基槽预制管节的情况，可直接采用岸控绞车和水中工作驳船绞车拖运管节（图9-67）。

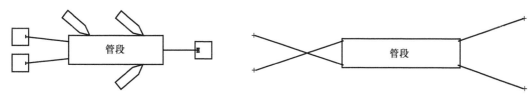

图 9-66　绞车拖运与拖轮顶推管节示意图　　　　　图 9-67　岸控绞车浮运管节示意图

3. 管节沉放

管节沉放是沉管隧道施工中技术难度最大的工序，不仅受到气候、河流（或洋流）等自然条件的直接影响，而且还受到航道、设备条件的制约。

（1）沉放方法　管节沉放方法可分为吊沉法和拉沉法。拉沉法利用预先设在沟槽的地垄，通过架设在管节上面的卷扬机牵拉扣在地垄上的钢丝绳，将管节缓缓拉入水中。拉沉法水底桩墩设置费用较高，尤其是施工水深较大、管节数量较多时很不经济，因此现在沉管隧道施工时已经极少采用。吊沉法包括浮箱吊沉法、起重船吊沉法、船组杠沉法和自升式平台吊沉法等。

1）浮箱吊沉法是在管节顶板上方设置多组浮箱，在浮箱上设置起吊卷扬机，利用管节上的定位索控制坐标，通过逐渐向管节内压载，使管节逐渐下沉到预定位置的方法，如图9-68所示。

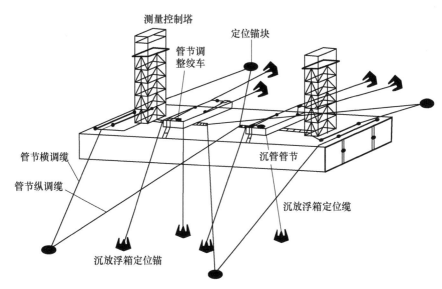

图 9-68　浮箱吊沉法示意图

2）起重船吊沉法（浮吊法）是在管节浮运到位后，利用2~4艘起重船提吊管节顶面预设的吊点起吊管节，同时通过逐渐向管节内压载，使管节逐渐下沉到预定位置的方法，如图9-69所示。起重船吊沉法常用在规模较小、管节较轻的沉管隧道。

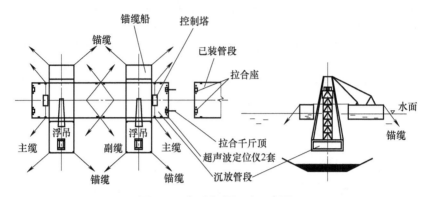

图 9-69　起重船吊沉法示意图

3）船组杠沉法（又称为抬吊法或扛吊法）是将一组钢梁（杠棒）的两端担在两只船体上构成一个船组，沿管节设置一个或多个船组，起吊卷扬机安装在杠棒上，船组和管节定位卷扬机安装在船体上，利用定位索控制坐标，通过逐渐向管节内压载，使管节逐渐下沉到预定位置的方法。船组杠沉法按照船组数可分为四方驳抬吊法和双驳抬吊法：四方驳抬吊法多用于规模较小的沉管隧道；双驳抬吊法又分为杠沉法（图 9-70）和骑吊法（图 9-71），其稳定性较好，适合规模较大、管节数量较多、施工水深较大、水文环境恶劣的沉管隧道。

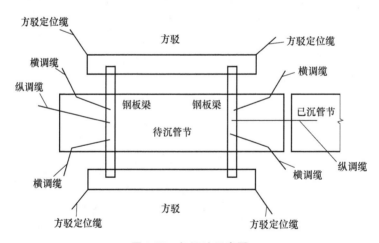

图 9-70　杠沉法示意图

4）自升式平台吊沉法的自升式平台由平台（船体）和 4 根柱脚组成，是依靠平台浮移到位后，柱脚依靠千斤顶下压至河床以下，平台沿柱脚升出水面，通过逐渐向管节内压载，利用平台上的起吊设备使管节逐渐下沉到预定位置的方法（图 9-72）。施工完成后，落下平台到水面，利用平台的浮力拔出柱脚。由于升降平台法沉放管节稳定性好，受风浪等的影响较小，且不需要管节锚定系统，占用的作业水域也较小，因此在交通繁忙的水域得到了广泛的应用，但是由于设备成本高，因此该方法适用于水深大、施工水域小且水文条件恶劣的沉管隧道。

（2）管节沉放步骤　管节沉放过程可以分为以下 3 个基本步骤，如图 9-73 所示。

1）初步下沉。逐步调节压载水，管节初步下沉，并进行初步定位，管节缓慢浮近已沉管节或接口段结构。

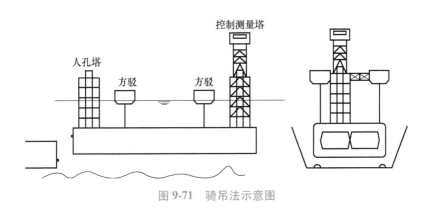

图 9-71　骑吊法示意图

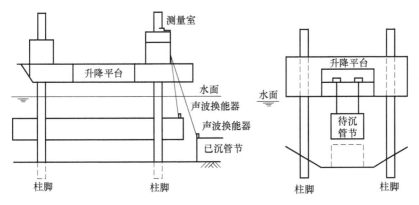

图 9-72　自升式平台吊沉法示意图

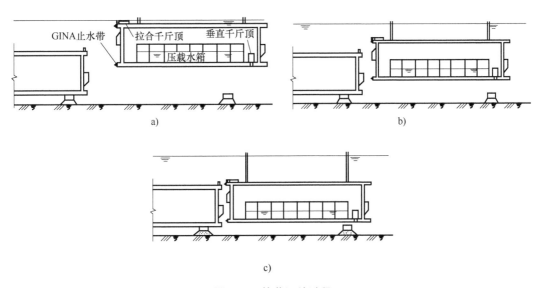

图 9-73　管节沉放过程

a）初步下沉　b）靠拢下沉　c）着地下沉

2）靠拢下沉。稳定压载水，精确定位，管节靠拢已沉管节或接口段结构，再次校正管节位置。

3）着地下沉。当管节相互靠拢，并确认位置无误后，先将管节前端搁置在已沉管节的鼻托上，通过鼻托上的导向装置使管节自然对中，然后将管节后端搁置在临时支座上或基础垫层上。待管节位置校正稳定后，即可卸去全部吊力。

4. 管节水下对接

管节的水下连接常用的有水下混凝土法和水力压接法。水下混凝土法由于形成刚性接头，且工艺复杂、潜水工作量大，现已较少应用。水力压接法即利用作用在管节后端（也称为自由端）端面上的巨大水压力，使安装在管段前端（即靠近既设管段或风井的一端）端面周边上的 GINA 止水带发生压缩变形，并构成一个水密性良好且相当可靠的管节间接头。

管节的水下对接主要包括以下三个基本步骤，如图 9-74 所示。

1）初步对接。潜水员进一步检查对接区，清洁杂物，并通过拉合千斤顶将刚沉放的管节拉向已沉放管节接头主体结构，实现端头的初步止水。

2）水压对接、机械拉合。初步止水结果检查并经认可后，打开管节端封墙上的进气阀和排水阀，将端封墙之间的水排除，利用管节自由端产生的巨大压力使 GINA 止水带进一步压缩，在水压与 PC 拉索共同作用下使 GINA 止水带压缩量达到设计要求。

3）稳定压载。测量与检查压接结果，调节竖向千斤顶，使管节上升预留沉降量，锁死竖向千斤顶，拆除拉合千斤顶，此时便完成了管节沉放和对接。管节内压载水箱内增加压载水量至满足抗浮要求。

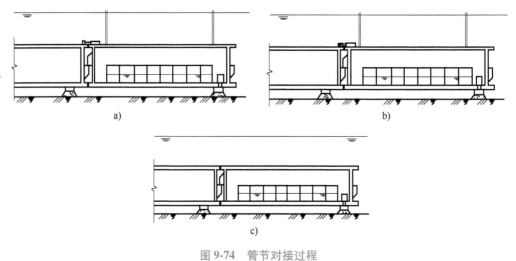

图 9-74　管节对接过程

a）初步对接　b）水压对接　c）稳定压载

压接完毕后，即可拆除前后两节管节间的端封墙，拆除端封墙后的各节既设管节全部与岸上相通。因为没有像盾构施工时那样的出土和管片运输的频繁行车，所以铺设压载混凝土、路面，安装平顶、灯具等工作都可立即开始，沉管隧道工期相对较短。

9.2.7　衔接段

沉管隧道一般包括沉管段和两岸上衔接段（或人工岛）。沉管隧道从横断面看，常成 V 形或 W 形，一般从江河/海湾的一岸沿斜坡（岸上衔接段）进入水下，再从水底沿斜坡至对岸（岸上衔接段）。岸上衔接段与沉管段由竖井连接，形成沉管段的两岸上段各有一竖井，与隧道内的通风系统连接，作为隧道通风口。港珠澳大桥沉管隧道的纵断面如图 9-75 所示。

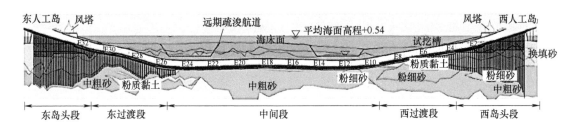

图 9-75 港珠澳大桥沉管隧道纵断面图

岸上衔接段隧道的结构外形、尺寸与水中沉管管节基本相同，一般可分为暗埋段和敞开段，通常采用明挖法施工。

9.3 隧道洞口工程

隧道洞口工程是指隧道工程进、出口部分的建筑物，主要包括边、仰坡土石方开挖，端墙、翼墙、挡墙等洞门和边仰坡支挡结构，洞口段洞身衬砌，洞口排水系统，引道等。隧道洞口工程往往涉及大量的明挖施工，本节对隧道洞口工程的技术要点进行综合介绍。

9.3.1 洞口段范围及特点

隧道施工中的洞口段，通常是指在洞口一定范围内，隧道开挖可能对洞顶地表和仰坡制造不良影响的暗挖地段。由于每座隧道的具体地形、地质及线路条件不同，每座隧道应根据各自的地形和围岩条件来确定洞口段范围，也可参考图 9-76 确定。

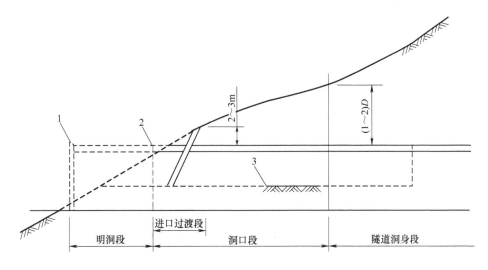

图 9-76 隧道洞口段的一般范围示意图
1—洞门位置 2—洞口位置 3—上下部开挖分界线 D—最大洞跨

洞口段是隧道的咽喉，该地段的地形地质一般对隧道施工不利。其特点为：洞口地段地层一般较破碎，多属堆积、坡积、严重风化或节理裂隙发育的松软岩层，稳定性较差；当岩层与坡面倾向一致时，容易产生顺层滑动力，有支挡结构时则对其产生推滑力；洞口附近山体覆盖层较薄，一旦塌方容易波及地表面；当隧道处于沟谷一侧或傍山时，通常会产生侧向压力。因此，隧道洞口段施工时宜特别谨慎小心，随挖随支，并尽快做好支护和衬砌。

洞口工程中的洞门施工，一般可在进洞后施作，并应做好边、仰坡防护，以减少洞口施工对洞身施工的干扰。为了有效地防止洞口地段边仰坡失稳，保证进出隧道的道路畅通，应及早修好隧道洞口开始一段的衬砌和洞门。

9.3.2 隧道洞口段施工

隧道洞口段的施工技术涉及内容很多，此处主要介绍洞口地质和自然灾害治理方法、进洞方案、开挖方案等主要技术要点。

1. 洞口地质和自然灾害治理方法

洞口段通常地质条件不良，围岩稳定性较差，开挖施工时地表易塌陷，并由此引发滑坡、崩塌落石、偏压、泥石流以及雪崩等地质和自然灾害，因此往往需要进行地表处理及洞内处理后才可安全施工。常见的洞口地质和自然灾害治理方法见表9-2。

表 9-2　洞口地质和自然灾害治理方法

灾 害 类 型	主 要 措 施
滑坡	地表锚杆、注浆、深基桩、挡墙、土袋等
崩塌落石	喷射混凝土、地表锚杆、锚索、防落石棚、注浆
偏压	平衡压重填土、护坡挡墙、挖切土体，减轻偏压力
泥石流	沿沟谷设梯级防沙坝
雪崩	沿沟谷设梯级坝，洞口顶部设防护棚

2. 进洞方案

隧道洞口的进洞方案与隧道洞口的地形、地质条件有关，一般工程中主要根据经验进行合理选择，贯彻"早进晚出"的技术原则。常用的进洞方案包括：贴壁进洞法、套管加短管棚进洞法、套管加长管棚进洞法、地表锚杆（或小导管注浆）预加固进洞法、回填暗挖进洞法、半明半暗进洞法、斜交进洞法等。部分进洞方案如图9-77所示。

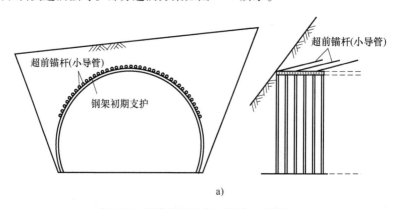

a)

图 9-77　隧道进洞方案（部分）示意图
a）贴壁进洞法

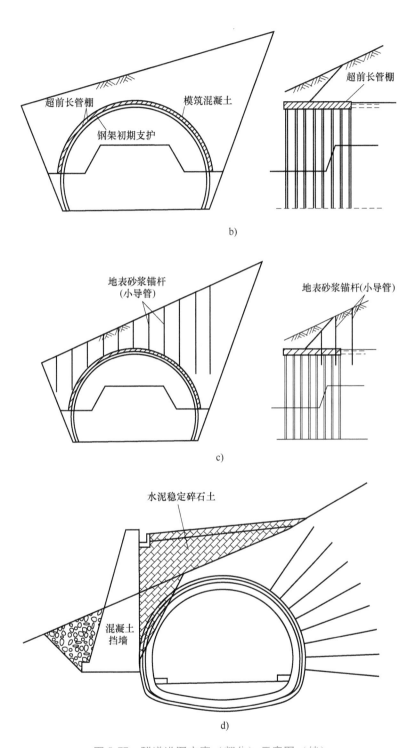

图 9-77　隧道进洞方案（部分）示意图（续）

b）套管加长管棚进洞法　c）地表锚杆（或小导管注浆）预加固进洞法

d）回填暗挖进洞法

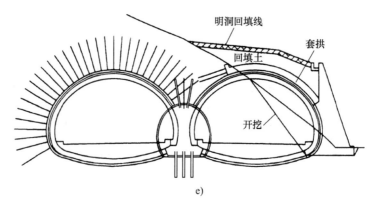

图 9-77　隧道进洞方案（部分）示意图（续）

e）半明半暗进洞法

3. 洞口边仰坡施工

隧道进洞前应对边仰坡进行妥善防护或加固，做好排水系统。洞口边、仰坡的施工一般首先开挖并施作洞口天沟、截水沟，以截排地表水；然后采用机械开挖的方式对洞口土方及表层风化石方进行自上而下的分层开挖；再采用分层弱爆破的方式对硬岩进行自上而下的控制开挖，并进行坡面的修整，及时施作喷射混凝土对坡面进行封闭，避免因长时间暴露而出现坡面坍塌的情况；最后根据设计要求施作洞口边、仰坡的支挡结构。

4. 洞口段开挖方法

根据地质情况，洞口段开挖可分为以下几种施工方法：

1）洞口段围岩为Ⅲ级及以下，地质条件良好时，一般可采用全断面开挖进洞。初始 10～20m 区段的开挖，爆破进尺应控制在 2～3m。拱部可施作局部锚杆，墙、拱采用素喷混凝土支护。洞口 3～5m 区段可以挂网喷混凝土及设钢拱架予以加强。

2）洞口段围岩为Ⅲ～Ⅳ级，地质条件较好时，宜采用正台阶法进洞（不短于 20m 区段），爆破进尺控制在 1.5～2.5m，或在开挖面加固情况下，采用全断面法施工。施工支护可采用拱、墙系统锚杆和网喷射混凝土。必要时设钢拱架加强施工支护。

3）洞口段围岩为Ⅲ～Ⅴ级，地质条件较差时，宜采用上半断面长台阶法进洞施工，或在开挖面加固确保洞口坡体稳定的情况下采用全断面法施工。上半断面先进 50m 左右后，拉中槽落底，在保证岩体稳定的条件下，再进行边墙扩大及底部开挖。上部开挖进尺一般控制在 1.5m 以下，并严格控制爆破药量。施工支护采用超前锚杆与系统锚杆相结合，挂网喷射混凝土及间距为 0.5～1.0m 的钢拱架支护，及早施作混凝土衬砌，确保稳定和安全。

4）洞口段围岩为Ⅴ级以上，地层条件差时，可采用分部开挖法和其他特殊方法进洞施工。具体方法有：开挖前应对围岩进行预加固措施，如先采用超前预注浆锚杆或采用管棚注浆法加固岩层，然后用钢架紧贴洞口开挖面进行支护，再采用短台阶或预留核心土环形开挖法等进行开挖作业。在洞身开挖中，支撑应紧跟开挖工序，随挖随支。施工支护采用网喷混凝土、系统锚杆支护；架立钢拱架间距为 0.5m，必要时可在开挖底面施作临时仰拱。开挖完毕后及早施作混凝土内层衬砌。

9.3.3　明洞及洞门施工

隧道洞口段通常会修建一段接长式明洞，与洞门和洞口段衬砌连接。

1. 隧道明洞施工

　　山岭隧道洞口明洞一般采用放坡开挖法进行施工，待施工开挖至明暗分界线后，先施作导向墙和超前大管棚，及时做好明洞衬砌，然后进入暗洞施工，待明洞混凝土达到设计规定的强度后及时进行明洞洞顶的回填施工。一般情况下，明洞衬砌施工顺序应仰拱先行，并将拱墙整体浇筑。在某些特殊情况下，明洞施工方法还可以采用先墙后拱法、先拱后墙法、墙拱交替法，如图9-78所示。

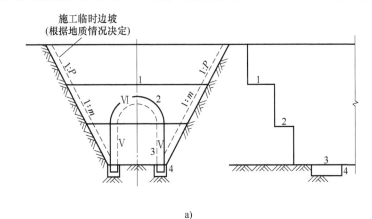

a)

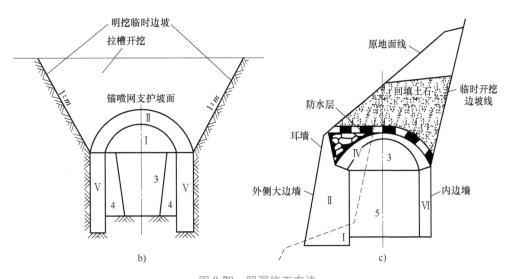

b)　　　　　　　　　　　　　　　　　c)

图 9-78　明洞施工方法

a）先墙后拱法　b）先拱后墙法　c）墙拱交替法（先做外侧边墙）

1~5—开挖顺序　Ⅰ、Ⅱ、Ⅳ、Ⅴ、Ⅵ—结构修筑顺序

2. 隧道洞门及缓冲结构施工

　　隧道洞门应及早施作，以增强洞口稳定，保障洞内正常施工。隧道洞门拱墙应与洞内相邻的拱墙衬砌同时施工，连成整体。当隧道洞门连接有缓冲结构时，缓冲结构的施工工艺流程与明洞工程相同，基坑宜与洞门基础同时开挖。

 思考题与习题

　　1. 基坑围护结构有哪些类型？各自的适用条件是什么？

2. 基坑土体的开挖方法有哪几种？

3. 隧道主体结构的修建方式有哪几种？有什么区别？

4. 沉管隧道的主要施工工序包括哪些？

5. 沉管隧道的干坞有哪几种？有什么区别？

6. 钢筋混凝土沉管隧道的接头有哪几种形式？各种接头的构造有什么区别？

7. 沉管隧道的地基及基础处理处理方法有哪些？

8. 沉管隧道的管节浮运和沉放方法有哪些？

9. 简述沉管隧道管节的水力压接法基本原理和水下对接步骤。

10. 隧道洞口段的一般范围和特点是什么？

 本章资源二维码

第 9 章资源

第 10 章　隧道辅助施工方法

【学习目标】
1. 掌握隧道辅助施工方法的类型及适用条件。
2. 掌握超前支护、超前加固、注浆加固与堵水的作用机理。
3. 掌握超前核心土对隧道开挖面稳定性的作用及干预措施。
4. 熟悉超前支护、超前加固、注浆的具体措施及适用条件。
5. 了解施工排水与降水、地层加固、临时封闭和临时支撑施工方法的基本要求。

在浅埋地段、自稳定性差的软弱破碎地层、严重偏压地段、岩溶发育地段、砂土层、砂卵（砾）石层、断层破碎带以及大面积淋水或涌水地段进行隧道开挖时，为了安全、快速施工，限制结构沉降，防止渗水所采取的各种施工方法统称为辅助施工方法。辅助施工方法已作为隧道及地下工程，尤其是浅埋暗挖施工的一个重要分支进行研究，并在隧道工程中得到广泛应用。

■ 10.1　辅助施工方法概述

隧道设计和施工主要需要处理好围岩和地下水两大问题，若围岩自稳性差、地下水丰富，就需要采用各种辅助施工方法进行处理。自稳性差的地段是指采用锚杆、喷射混凝土、钢支撑等难以保证围岩稳定，容易发生开挖面失稳、隧道坍塌、冒顶等地段，对这类地层可采取围岩稳定措施以增强围岩的稳定性。在围岩涌水突泥地段、地下水丰富需要治理的地段，可采取涌水处理措施以减少地下水对隧道施工和运营危害，或减少地下水流失。对应的，隧道常用的辅助施工方法根据其功能和效果，总体上可分为围岩稳定措施和涌水处理措施两类，在此基础上又可以具体分为各种辅助施工方法，见表10-1。

围岩稳定措施可以分为围岩支护措施和围岩加固措施，涌水处理措施可以分为排水措施与止水措施，根据各种施工方法所采用的施工材料、施工机械、施工工艺、施作部位等，还可以将这些措施进一步细分，因此辅助施工方法的种类较为繁多。此外，随着隧道修建技术的不断进步，一些新的辅助施工方法也在发展和完善，逐渐被应用到隧道工程中。

表 10-1　隧道主要辅助施工方法分类

措施分类			示意图	主要施工方法
围岩稳定措施	围岩支护措施	超前支护		超前锚杆、超前小导管、超前管棚、超前管幕、机械预切槽、超前水平旋喷桩
		临时封闭和临时支撑		预留核心土、喷射混凝土封闭开挖面
				临时仰拱封闭、临时构件支撑、锁脚锚杆
	围岩加固措施	超前加固		全断面预注浆、超前帷幕注浆、超前周边注浆、超前局部注浆、超前玻璃纤维锚杆加固、地层冻结
		周边加固		径向注浆
		地表加固		地表砂浆锚杆、地表注浆
涌水处理措施	排水措施	超前排水		超前钻孔排水、超前导坑排水、泄水洞排水
		井点降水		地表井点降水、洞内井点降水
	止水措施	注浆堵水		全断面预注浆、超前帷幕注浆、超前周边注浆、超前局部注浆
				径向注浆
		冻结止水		地层冻结

需要说明的是，在表 10-1 所示的各种辅助施工方法中，有些施工方法能达到的目的和效果并不是单一的，比如超前注浆往往既能达到止水的效果又能起到加固的作用，故在其他一些辅助施工方法中被联合使用（如超前小导管注浆）。在工程实践中，有时针对特殊和不良地质条件的隧道施工问题，也需要综合采用几种辅助施工方法。因此，在隧道工程实践中进行辅助施工方法的选用时，应根据围岩条件、施工方法、进度要求、机械配套和工程所处环境等情况，对辅助施工方法进行综合比较和研究，选择简单、实用、经济的辅助施工方法，来综合解决工程问题，这对隧道工程技术人员的技术能力、实践经验也提出了较高的要求。

■ 10.2　超前支护

超前支护是指预先设于隧道开挖轮廓线外一定范围的支护，通过其自身强度或与已完成的后方支架共同作用组成的支护系统，其作用是在隧道开挖后至初期支护结构完成前的时段内，承载临空段的岩体，维持隧道开挖面的稳定，保证施工安全和周围环境安全。超前支护有多种施工方法，常用的有超前锚杆、超前小导管、超前管棚、机械预切槽、超前水平旋喷桩等。

10.2.1　作用机理及适用范围

1. 超前支护作用机理

超前支护种类繁多，作用模式也存在一定差异。总体来说，超前支护有以下 3 个效应：

1）梁效应。超前支护因前端嵌入围岩内，沿隧道工作面推进方向布置的一端与初期支护结构体相联结或与径向锚杆出露端焊接，从而形成纵向支撑梁，有效提供竖向支撑力。

2）拱效应。通过合适的环向间距或注浆措施，各超前支护单元体可以形成一个小拱，且所形成的各个小拱相互交叉，并连接形成一个覆盖隧道开挖轮廓的连续壳体，发挥拱形结构的作用支撑隧道上部围岩，如图 10-1 所示。

3）强化围岩效应。在部分超前支护措施中，通过注浆，浆液挤入围岩裂隙或缝隙中加固围岩，可提高岩体的整体性和物理力学性能，有效防止围岩的松弛。

2. 超前支护受力模式

本书以超前管棚为例介绍超前支护的受力模式，超前锚杆、超前小导管等其余超前支护类型可以参考超前管棚的受力模型进行受力分析。

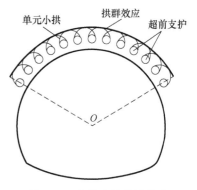

图 10-1　超前支护的拱效应

选取位于隧道开挖面附近的一段超前管棚进行分析，在隧道开挖一个进尺且未支护的条件下，超前管棚的受力最为不利，此时管棚的受力简图如图 10-2 所示。

在图 10-2 中所示的几个区段中：未支护段（BC 段）的管棚承受围岩压力（上覆土重）$q(x)$；在开挖面前方松弛区范围 CD 段，管棚既受围岩压力 $q(x)$，同时还受到弹性抗力 $p(x)$；在破裂面前方围岩未收到扰动的范围 DE 段，管棚仅受变形引起的地基弹性抗力 $p(x)$。由此，以 B 点位坐标原点，选取单根钢管作为研究对象，可以采用双参数弹性地基梁模拟管棚的受力模型进行分析，如图 10-3 所示。其中在开挖面附近较短范围内可将围岩压力视为均布荷载 q_0，因此认为 $q(x)=q_0$。通过该受力模型，引入弹性地基梁理论可以推导出钢管的挠曲微分方程，从而得到钢管各区段的控制方程，对其受力进行分析。

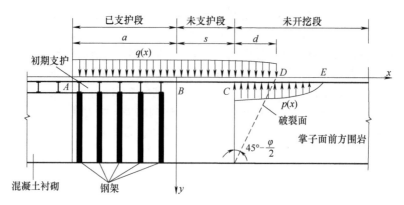

图 10-2　隧道开挖过程中超前支护受力简图

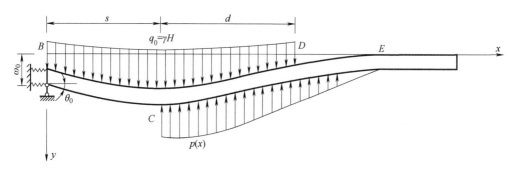

图 10-3　超前支护受力模型

3. 超前支护适用范围

各类常见超前支护的适用范围见表 10-2，还需根据具体工点的地质条件、隧道跨度、开挖方法等情况经研究决定。需要注意的是，超前锚杆、超前小导管、超前管棚、超前管幕等支护措施，一般以钢架作为尾部支点，与钢架组成联合受力结构。

表 10-2　超前支护措施适用范围

项　　目		超前锚杆	超前小导管	超前管棚	超前水平旋喷桩	超前管幕	机械预切槽
按围岩级别分	Ⅲ级	○	○	×	×	×	×
	Ⅳ级	○	○	○	×	×	×
	Ⅴ级	×	○	○	○	○	○
按地层性质分	较软岩地层	○	○	○	×	○	○
	软岩地层	○	○	○	○	○	○
	土质地层	×	○	○	○	○	○
	砂质地层	×	○	○	○	○	×

注：表中"×"代表不适用，"○"代表适用。

10.2.2　超前锚杆

超前锚杆也称为斜锚杆，它是在开挖面周边将锚杆顺开挖方向小角度打设，将节理发育的岩体串联在一起阻止岩块沿裂隙面滑移，从而在隧道周边形成一定厚度的承载环，防止周边围岩变形过大而坍塌。由于超前锚杆支护的柔性较大，整体刚度较小，主要适用于地下水较少的破碎、软弱围岩的隧道工程。

1. 设计参数与布置形式

超前锚杆一般采用螺纹钢全长黏结砂浆锚杆，在不易成孔且钢管难以直接顶入的松散碎石地段通常采用自进式注浆锚杆。在设置钢架的地段，超前锚杆从钢架腹部穿过，尾端以钢架为支点；在未设置钢架的地段，为防止局部掉块而设置的超前锚杆，其尾端也要求与系统锚杆尾端或初期支护钢筋网焊接，以形成较为稳定的支点。超前锚杆的设计与布置形式示例如图10-4所示，常用的设计参数见表10-3。

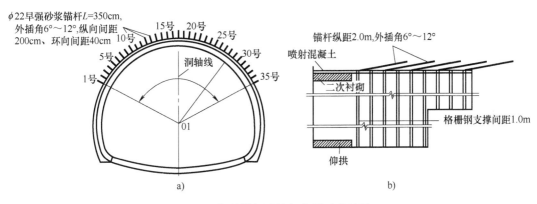

图 10-4　超前锚杆设计与布置形式示例

a）超前锚杆设计图　b）超前锚杆布置图

表 10-3　超前锚杆常用设计参数

序号	设 计 参 数	一般性要求	
		砂浆锚杆	自进式锚杆
1	设置范围	一般为衬砌中线两侧 15°～45°	
2	杆体直径	宜为 22～28mm	可取 28～76mm
3	杆体长度	宜为 3～5m	宜为 5～10m
4	纵向搭接长度	一般不小于 1m	
5	环向间距	一般为 0.4～0.5m	
6	外插角	宜为 5°～15°	
7	注浆材料	宜采用早强砂浆，强度等级不低于 M20	应注水泥浆，强度等级不低于 M20

2. 施工技术要点

超前锚杆的施工工艺与隧道系统锚杆类似，包括锚杆杆体制备、钻孔、注浆、安设锚杆等工序，施工要点可参考本书第7章的相关内容。

10.2.3　超前小导管

超前小导管是利用钢花管对隧道开挖面前方的拱部软弱围岩进行注浆加固的一种辅助施工

方法。与超前锚杆类似，超前小导管一般也是沿隧道纵向在拱部开挖轮廓线外一定范围向前上方倾斜一定角度设置的密排注浆钢花管。在软弱地质条件下，通过超前小导管对围岩进行注浆，使地层得到固结和加密，不仅能提高围岩整体强度，还能阻止地下水的流入，起到超前支护和防水的作用，能有效防止隧道坍塌，减小地表沉降。超前小导管比较适用于地下水量较小的砂石土、砂卵（砾）石层、断层破碎带、软弱围岩及浅埋地段。

1. 设计参数与布置形式

超前小导管目前在国内隧道中应用较为广泛，其作用原理与超前锚杆类似，也是利用杆体与前方围岩和已施作的钢架形成的两端支撑梁结构对开挖面围岩保护，为初期支护施工提供必要的作业时间。超前小导管的布置形式如图 10-5 所示，杆体构造形式如图 10-6 所示，超前小导管常用设计参数见表 10-4。

表 10-4　超前小导管常用设计参数

序号	设 计 参 数		一般性要求
1	杆体	杆体直径	宜为 42～50mm 的无缝钢管，前端呈锥形
2		杆体长度	宜为 3.0～5.0m
3		管壁注浆孔	孔径宜为 6～8mm，间距宜为 150～250mm，呈梅花形布置，尾端应有不小于 500mm 长不钻孔的止浆段
4	布置形式	设置范围	一般为衬砌中线两侧 60°～75°
5		纵向搭接长度	不应小于 1m
6		环向间距	宜为 0.3～0.5m
7		外插角	宜为 5°～12°
8	注浆设计	注浆材料	以水泥浆为主，当围岩破碎、岩体止浆效果不好时，亦可采用水泥-水玻璃双液注浆
9		注浆压力	一般采用 0.5～1.0MPa

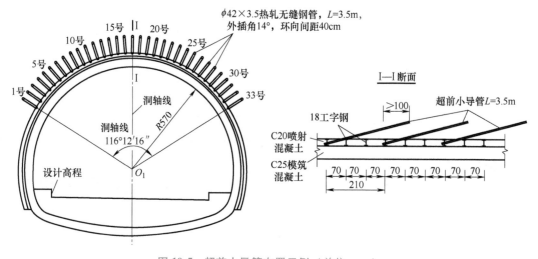

图 10-5　超前小导管布置示例（单位：cm）

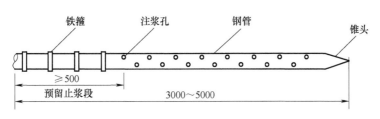

图 10-6 小导管杆体构造（单位：mm）

2. 施工技术要点

超前小导管的主要施工要求包括：

（1）小导管的钻孔、安设要求 小导管的安设应采用引孔顶入法，钻孔采用吹孔法清孔；小导管口应安设孔口阀门，外露长度不宜小于 30cm。

（2）小导管注浆要求 应采用注浆泵注浆，配置好的浆液应在规定时间内注完，随配随用；注浆顺序为由下至上，浆液先稀后浓；注浆浆液应充满钢管及其周围的空隙。

10.2.4 超前管棚

超前管棚是在隧道开挖前，将一系列钢管（导管）顺隧道轴线方向沿隧道开挖轮廓线外排列布置形成的钢管棚，与钢架连接形成纵横向的支护体系，对开挖面前方拱顶围岩形成纵向支护，阻止围岩下沉、防止开挖面拱顶塌方和维护开挖面稳定。超前管棚具有很强的超前支撑能力和控制沉降能力，在松散破碎地层、地面沉降有严格控制的浅埋段、塌方地段都可以采用。

1. 管棚分类

根据我国近年来的隧道工程建设实际，管棚可做以下分类：

1）根据钢管直径大小，可分为大管棚、中管棚、小管棚。直径大于或等于 300mm 时为大管棚，直径在 129～299mm 时为中管棚，当直径小于 129mm 时为小管棚。我国通常选用直径为 108mm 钢管作为管棚预支护结构，地质条件极差时一般采用 159mm 直径的钢管。

2）根据管棚结构单次循环支护中所选取钢管长度，可将管棚分为短管棚和长管棚。长度小于 6m 时为短管棚；长度大于 6m 时，为长管棚。

3）根据管棚钢管布置层数，可将管棚分为单层管棚和双层管棚。单层管棚是指在隧道开挖轮廓线外沿环向布置一层钢管，在大量工程中以单层管棚为主；双层管棚是指在开挖轮廓线外沿环向，在受力较大区域设置两层钢管，适用于对地表沉降有严格限制的地段。

4）根据钢管中是否注浆，可将管棚分为注浆管棚和不注浆管棚。注浆管棚根据注浆与打设钢管先后顺序可分为先管后注法和先注后管法两种。先管后注法是指先在开挖轮廓线外环向打设钢管，然后利用钢管预留注浆孔向围岩注浆。而先注后管法是指先进行围岩注浆，然后再打设钢管。

5）根据管棚是否有搭接接头，可以分为搭接管棚和不搭接管棚。当管棚中钢管之间采用搭接接头时，称为搭接管棚。当钢管一次施作时即一次打入围岩时，称为不搭接管棚。

6）按管棚施工是否带有工作室，可以分为带工作室和不带工作室的管棚施工两类。在每一循环需要施作较长距离的管棚支护时，为了避免外插角过大引起的管棚朝向围岩方向的偏移过大问题，保证尾端的支护效果，通常采用带工作室的管棚支护（图 10-7），后期采用混凝土回填工作室的扩挖空间。在一个循环支护距离较短时，可不设管棚工作室，但管棚支护循环数将会增大。

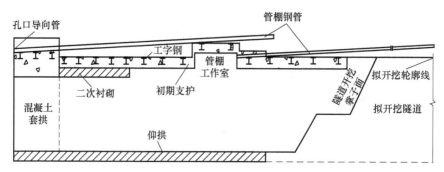

图 10-7 带有工作室的管棚纵向设置形式

2. 布置形式

超前管棚一般是沿隧道断面周边的一部分或全部，以一定的间距环向布设，沿纵向搭接，以形成管棚群（图 10-8）。超前管棚的环向布置形式主要取决于地形、地层、地中或地面及周围建（构）筑的状况，通常采用以下几种形状（图 10-9）：

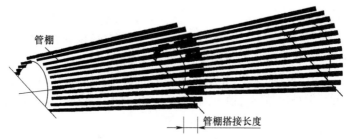

图 10-8 超前管棚设置形式

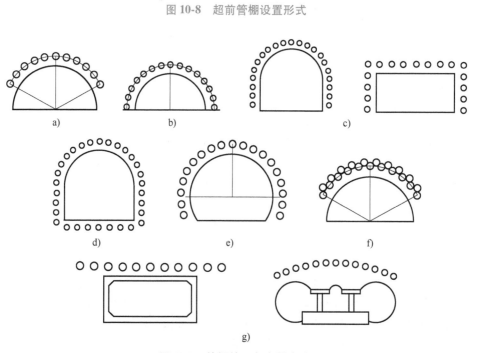

图 10-9 管棚的环向布置方式

a）扇形布置 b）半圆形布置 c）门形布置 d）全周布置 e）拱墙布置 f）双层布置 g）一字形布置

（1）扇形布置　用于隧道断面内地层比较稳定，但拱部附近的地层不稳定的场合。

（2）半圆形布置　用于隧道下半部地层稳定，但起拱线以上的地层不稳定的场合。此外，即使地层比较稳定，但地表周围有结构物、埋深很小时，也多采用此种布设。

（3）门形布置　隧道除了底部外，布置成半圆-侧壁的门形。适用于隧道基础稳定，但断面内地层和上部地层不稳定时采用。

（4）全周布置　适用于软弱地层或膨胀性、挤出性围岩等极差的场合。但不提倡采用全周布设，用垂直底部和边墙的锚杆注浆取代，效果更好。

（5）拱墙布置　在隧道的一侧有公路、铁路、重要结构物、需防护或斜坡地形都可能造成偏压时采用。

（6）双层布置　用于隧道上部有重要设施，拱部地层是崩塌性的、不稳定的，或地铁车站等大断面施工，或突破河海底段施工时采用。

（7）一字形布置　隧道在铁路、公路或某些结构物下方开挖时，管棚可以布置成一字形。

3. 构造形式及设计参数

1）杆体构造。超前管棚通常采用大直径的热轧无缝钢管加工制成，前端呈尖锥状、管壁四周钻梅花形布置的注浆孔，尾部为 3~4m 不钻孔的止浆段。管棚钢管的管节分段安装，各节之间用长 15cm 的丝扣或"V"形对焊进行连接，以达到设计的支护钢管长度。在地质条件较差时，为了增强管棚的刚度，可灌入水泥砂浆，必要时还可以放入钢筋笼，从而增强管棚的抗拉强度与抗弯强度。管棚钢管杆体构造如图 10-10 所示。

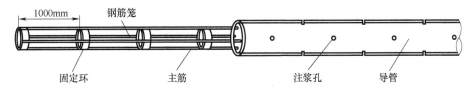

图 10-10　管棚钢管杆体构造

2）钢管导向设施。为了保证长管棚整体稳定以及钻孔施工的方向，通常会在管棚的起点设置钢筋混凝土套拱或导向墙对钢管的钻孔进行导向，如图 10-11 所示。同时，在洞口设置的套拱也是洞口开挖面稳定的重要措施。在套拱内需安放直径稍大于管棚钢管的孔口管（导向钢管），以保证管棚的导向精度。

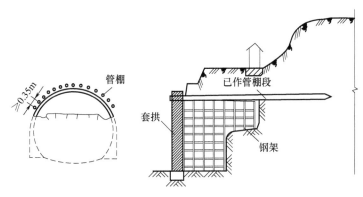

图 10-11　超前管棚支护

3）超前管棚的常用设计参数见表 10-5。

表 10-5　超前管棚常用设计参数

序号	设计参数		一般性要求
1	杆体	杆体直径	外径宜为 80~180mm 的热轧无缝钢管，前端呈锥形
2		杆体长度	钢管节段长度宜为 1.6~4.0m，一次支护的钢管长度宜为 10~45m
3		管壁注浆孔	孔径宜为 6~10mm，间距宜为 200~300mm，呈梅花形布置，尾端应有不小于 3m 长不钻孔的止浆段
4		钢筋笼	应插入钢筋笼或钢筋束
5	布置形式	设置范围	沿隧道开挖轮廓线 100~200mm 外布设，布设范围根据需要加固和支撑的范围而定
6		纵向搭接长度	不应小于 3m
7		环向间距	宜为 0.35~0.5m
8		外插角	应根据管棚钻机工作室空间大小及钻杆长度等情况综合考虑后合理确定，保证管棚钢管不侵入隧道开挖轮廓线内；通常长管棚外插角为 1°~3°，无管棚工作室施工时外插角不宜大于 10°
9	注浆设计	注浆材料	水泥砂浆，强度等级不低于 M20
10		注浆压力	一般注浆初压采用 0.5~1.0MPa

4. 施工技术要点

超前管棚的施工工艺主要有引孔顶入法、跟管钻进法、夯管施工法等。

（1）引孔顶入法　一般情况下，当钻进地层易于成孔时宜采用此施工方法，施工效率高。采用普通的地质钻机、液压钻孔台车、锚杆钻机等钻进设备进行钻孔，钻孔结束后，顶入钢管并封堵管口，之后喷射混凝土封闭工作面，再注浆将钢管及其周围的空隙充填密实。

（2）跟管钻进法　当地质状况复杂不易成孔时，可采用该施工方法，其施工原理是用棚管代替钻杆，利用水平定向钻机将棚管直接打入土体中。在棚管前段安设导向钻头，在钻进过程中可以适时调节钻进角度，按设计角度施作管棚。该方法施工精度高，一次性可施作大于 100m 长管棚，对邻近土体扰动小，施工效率高，但是也存在造价昂贵的问题。

（3）夯管施工法　夯管施工法多用于处理塌方和通过松散软弱地层的山岭隧道，且要求精度不高的地段。其工作原理是利用夯管锤在压缩空气产生的强大冲击力作用下，将敞口钢管直接打入围岩中。钢管打入围岩过程中，利用气压清除管内土体。夯管施工法对地层的适应性较强，其优点为铺管直径范围大，设备简单，造价低，施工精度高，误差可控制在±2%范围内；缺点为施工噪声大、污染大、效率不太高，当钢管长度较长时，其精度控制较难。

10.2.5　超前管幕

超前管幕是利用较大直径的钢管在地下密排并相互咬合预先形成钢管帷幕，然后在此钢管帷幕的保护下进行隧道开挖，如图 10-12 所示。超前管幕主要用于隧道或地下管道穿越铁路、道路、河流或建筑物等各种障碍物的地下工程，特别是对于地质

图 10-12　超前管幕支护

情况复杂、地面沉降要求高、超浅埋等地下空间的建设，管幕是较好的超前支护方案。超前管幕通常采用小型顶管设备进行施工，因此也是一种顶进施工方法。

1. 技术特点

超前管幕支护技术具有以下主要特点：

1）对不同地质条件适应性较强，能较好地控制地下结构物沉降，提高结构物的稳定性。

2）采用钻孔、顶管施工，噪声及振动较小，能避免噪声污染，降低对环境不利影响。

3）可形成隔土止水帷幕，大大减小后续施工中水土的流失。

4）可采用小型顶管机进行施工，施工空间要求小，精度高，速度快。

2. 设计参数

超前管幕参数可根据不同的围岩地层条件灵活选用，主要包括以下几个方面：

（1）管幕材料与直径　通常采用热轧钢管，直径通常为200~2500mm。

（2）管幕连接形式　管幕纵向采用螺栓或焊接进行连接。环向采用锁口进行连接，锁口采用角钢焊接在钢管幕的外表面（图10-13）。常见的锁口类型如图10-14所示。

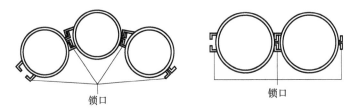

图 10-13　钢管幕环向锁口连接

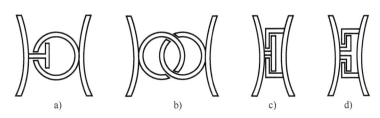

图 10-14　常见的锁口类型

a）P-T 型　b）P-P 型　c）L-T 型　d）L-L 型

（3）管节长度　根据施工工艺、钢板规格等因素确定，通常情况管节长度取4m。

（4）管幕壁厚　与其埋深及推进长度有关，通常不低于10mm。

（5）管幕间距　结合钢管幕锁口形式，环向净距通常不小于2cm。

（6）混凝土填充　为增强管幕支护强度、减小变形挠度，在钢管内采用C25或C30细石混凝土进行填充，并添加微膨胀剂增强密实度。

10.2.6　机械预切槽

机械预切槽是指采用预切槽机沿隧道轮廓线周边预先切割出一条具有一定深度和宽度的沟槽，如图10-15所示。在硬岩中，预切槽可以作为爆破的临空面，显著降低钻爆法施工的爆破扰动；在软岩中，切槽后随即向槽内喷入或灌入混凝土，在开挖面前方形成一个预衬砌（因此也被称为预衬砌法），可以有效减少因隧道开挖而产生的围岩变形与地表沉降，并能在预衬砌的保护下安全高效地进行后续施工作业。

1. 技术特点

机械预切槽的技术特点及优势主要如下：

1）采用预切槽机械施工，可以有效降低对围岩的扰动，减少了地层的应力释放，有效控制拱顶以及地表沉降。

2）隧道横向、纵向可形成连续的空间拱形结构，在连续拱壳保护下再进行开挖等后续作业，可以有效地保证隧道施工人员及设备的安全。

3）在拱壳保护下一般采用全断面或台阶法施工，施工空间满足大型机械化施工要求，同

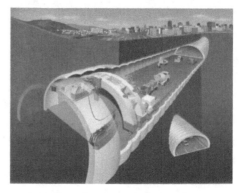

图 10-15　隧道机械预切槽施工示意图

时减少了临时支护、打设锚杆、架立钢架等作业内容，施工效率和施工进度显著提高。

4）预切槽和灌注混凝土采用机械同步施工，避免了隧道的超挖、欠挖现象，施工质量易于控制。

5）预衬砌兼具超前支护、施工支护及永久支护的功能，可以全部或部分替代了超前小导管、锚杆、钢架、喷混凝土等支护措施，工程造价相对较低。

2. 设计参数

该支护技术的设计参数主要包括以下几个方面：

1）预切槽深度：取决于围岩的物理力学特性，通常为 3~5m；在围岩地质条件较好时，可以增大一次切槽的深度，最大不超过 12m。

2）预切槽宽度：取决于围岩的物理力学特性，通常为 15~50cm。随着机械设备的发展，目前切槽深度和宽度都在增加。

3）预衬砌混凝土特性：一般采用早强强度较高的混凝土，通常要求 4h 内达到较高的强度（8MPa），可采用钢纤维混凝土提高后期强度和抗变形能力。

4）搭接长度：每段切槽沿隧道轮廓线呈喇叭状，以便相邻两段预衬砌之间具有一定的搭接长度，搭接长度通常不小于 0.5m。

10.2.7　超前水平旋喷桩

超前水平旋喷桩是以高压泵为动力源，将配置好的水泥浆液喷射到土体内，将一定范围的土体切削、搅拌、混合，待浆液凝固后形成的水平圆柱形的水泥土固结体（桩）。水平旋喷桩相互咬合后可在隧道开挖轮廓线外形成连续的旋喷帷幕体（图 10-16），起到防流砂、抗滑移、防渗透的稳定拱壳作用，保护隧道施工开挖安全。超前水平旋喷桩既可以用于拱部水平旋喷形成超前支护，也可以用于开挖面旋喷起到超前加固的作用。该方法主要适用于处理淤泥、淤泥质土、黏性土、粉土、黄土、砂土、人工填土和碎石土等地段，对于地下水流速大、浆液无法在注浆管周围凝固的软土地层，则不宜采用超前水平旋喷桩。

1. 技术特点

超前水平旋喷桩具有以下的特点：

1）成桩性：高压浆液切割破坏地层，并置换或混合地层，形成水泥和岩土组成的流塑体，最终固结成水平桩。

2）成拱性：在隧道开挖轮廓线之外及附近，固结的水平桩相互咬合搭接，规则排布成类似

水平放置的地下连续墙，形成近似圆（弧）形拱壳。

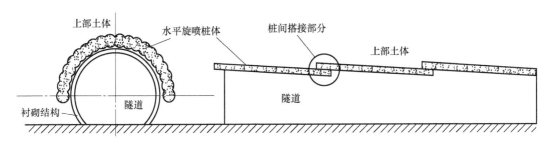

图 10-16　超前水平旋喷桩

2. 设计参数

超前水平旋喷桩根据需要可采用周边加固或全断面加固，常用以下设计参数：

1）旋喷桩直径：单管法宜为 0.3~1.0m，二重管法宜为 0.6~1.4m，三重管法宜为 0.7~2.0m。

2）周边加固时，旋喷桩孔外倾角宜为 3°~10°，环向间距应以相邻孔浆液能互相搭接形成拱形结构为原则。

3）一次施作长度宜为 10~20m，每一循环搭接长度应不小于 2.0m。

4）可在旋喷桩内插入型钢、钢筋笼、钢筋束或钢管，增加旋喷桩的抗拉、抗弯强度。

■ 10.3　超前加固

超前加固的主要目的是为了稳定开挖面，为顺利施工提供条件。超前加固范围通常包括开挖面前方及其周边围岩，可采取的施工措施包括超前加固注浆、超前玻璃纤维锚杆加固等。此外，在地下水丰富的地段，采用超前排水、止水等措施也具有一定的提高开挖面前方围岩性质与稳定性的作用。近年来冻结法在地下水丰富的城市区域修建隧道中也时有采用，用于加固地层和同时起到堵水的作用，该方法在地铁区间隧道的联络通道开挖中应用的案例已经逐渐增多。由于超前加固注浆往往还具有堵水的作用，本章将在 10.4 节中统一介绍注浆的技术内容，本节主要介绍超前玻璃纤维锚杆加固技术和地层冻结法。

10.3.1　作用机理及措施分类

如本书第 6 章所述，随着岩土控制变形分析法（简称新意法）在隧道工程实践中被不断总结和完善，目前人们已经认识到了开挖面稳定性对隧道施工安全的重要性。

1. 开挖面失稳机理

隧道开挖是围岩荷载释放的过程，开挖形成的临空面会使得开挖面失去原本的约束，三向应力转变为平面应力状态（图 10-17）。隧道因开挖引起的开挖面上方松散土体荷载 q 将全部作用在开挖面上，将可能造成开挖面的滑动乃至坍塌，如图 10-18 所示。因此，开挖面前方超前核心土的滑动与隧道塌方之间存在着紧密联系，隧道塌方总是发生在核心土体滑动之后，超前核心土的强度、稳定性，以及对变形的敏感性在隧道施工中起到决定性作用。根据以上分析，新意法总结出隧道掘进过程中整个应力-应变过程（挤出变形、预收敛和收敛）的真正决定性因素是超前核心土的变形。

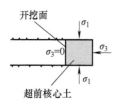

图 10-17　隧道开挖面应力状态

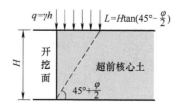

图 10-18　隧道开挖面失稳机理

2. 开挖面稳定性干预措施

为完全控制开挖面围岩的变形，必须采取以下两类措施（图 10-19）：

1）保护性干预措施：在超前核心土周围施作支护（超前支护措施），通过对围岩应力的正确转移，使围岩保持其原有强度和变形特性。

2）加固性干预措施：将适当加固技术直接作用于超前核心土（超前核心土加固措施），提高其自然强度并改善其变形特性。

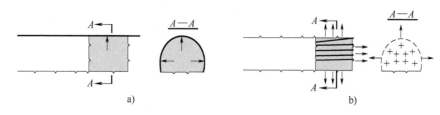

图 10-19　隧道开挖面稳定性干预措施

a）保护性干预措施　b）加固性干预措施

超前玻璃纤维锚杆加固核心土、超前水平旋喷桩、机械预切槽等超前加固和超前支护措施（各种超前支护措施已经在 10.2 节中进行了介绍）及其组合，已经在隧道开挖面的稳定中取得了良好的效果。通过提高开挖面的稳定性，还可以实现全断面开挖，提高隧道开挖和支护的效率，减少隧道的收敛变形，在软弱围岩和不良地质条件下具有明显的优势。

地层冻结法是通过人工制冷技术，把隧道开挖面前方地层中不稳定的自由水冻结成冰，以改良土体结构，提高土体自身的强度和稳定性，因此也是一种隧道开挖面稳定性的干预措施。其工作机理与超前注浆类似，最大的区别在于隧道开挖完成以后撤掉冻结设施，冻结法对土体的加固效果随即失效。

10.3.2　超前玻璃纤维锚杆加固

在软弱地层采用大断面或全断面开挖、浅埋地段严格控制地面沉降的隧道，可采用超前玻璃纤维锚杆（构件）对开挖面前方的超前核心土进行加固。

1. 技术特点

玻璃纤维锚杆是一种以合成树脂为黏结剂，合成纤维为主要增强材料制成的复合材料。其主要特点是：强度高和质量轻，抗拉强度可以达到钢质锚杆的 1.5 倍，质量为同种规格钢质锚杆的 1/5~1/4；安全性好，防静电、阻燃、高度耐腐蚀、耐酸碱、耐低温；抗剪强度较低，施工机械在开挖时可以直接挖除，适合用于开挖面超前加固（图 10-20）。

玻璃纤维锚杆（构件）杆体构造有实心、管形、Y 形等多种形式（图 10-21），其杆体主要包括注浆管、夹板、定位件，可以实现全长黏结锚固，锚注结合。

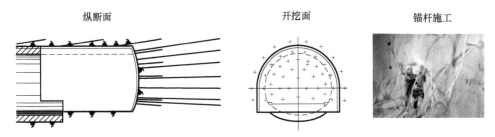

图 10-20　玻璃纤维锚杆（构件）加固超前核心土实例

图 10-21　玻璃纤维锚杆（构件）杆体构造形式

2. 设计参数

超前玻璃纤维锚杆（构件）加固设计的主要参数如下：

1）已采用超前管棚或超前小导管支护时，加固范围宜在开挖面范围内。

2）在开挖面区域，锚杆间距宜为 1.0~3.0m；在隧道周边围岩区域，锚杆间距宜为 300~600mm；可根据围岩稳定性进行调整。

3）加固纵向长度宜为 10~30m，每一循环搭接长度不小于 6.0m。

4）全螺纹实心锚杆直径宜为 18~32mm，全螺纹中空锚杆直径宜为 18~60mm。

5）地质条件较差时宜选用中空注浆锚杆，注浆材料采用水泥浆或水泥砂浆。

6）应做好开挖面排水措施，并监测开挖面纵向挤出位移。

10.3.3　地层冻结加固

我国首次应用冻结法的是 1955 年的开滦煤矿西风井工程，之后在 20 世纪 70 年代在北京地铁工程中得到应用，2000 年以后逐步在上海、广州、南京、杭州等多个城市的地铁中（尤其是联络通道开挖）得到了应用。近年在珠海拱北隧道的修建中，也运用了曲线管幕法+人工地层冻结法相结合的措施，实现了浅埋暗挖段的成功开挖，如图 10-22 所示。

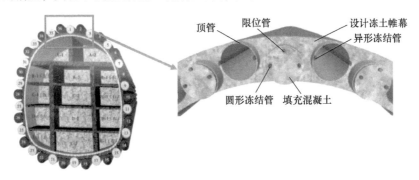

图 10-22　拱北隧道管幕支护体系及冻结方案示意图

1. 技术原理及特点

冻结法的基本原理是利用人工制冷技术，使制冷剂（或冷媒剂）通过冻结管使土体降温，土层的水冷却降温冻结成冰，原始土层转化为冻土层，以达到增强土体强度、隔绝地下水的效果。用于冻结法的制冷系统包括氨-盐水制冷系统、液氮制冷系统、液化天然气制冷系统、干冰制冷系统等类型。后3种常用于局部冻结工程或抢险工程，是直接将制冷剂导入冻结管，在管系统中循环，气化吸热，从而将地层中的热量带出，完成制冷任务。而氨-盐水制冷系统是通过氨循环系统相变循环实现制冷，再通过盐水循环系统运用冷媒剂将地层中的热量带出，最后通过冷水循环系统将热量释放给大气。

冻结法可以有效加固土体并隔绝地下水，不污染周围环境，不影响周围建筑的基础结构，是一种相对环保的技术。但是冻结法也具有施工相对昂贵、施工周期也较长、对施工经验要求高，需要专职人员对设备进行管理，有些时候施工过程导致的冻胀融沉对地下管线、地表建筑物等均有很大影响等缺点。

2. 适用范围

冻结法经常被用于一些极其困难地层的地下工程施工，往往是其他一些工法无法使用时的最后一种工法选择。冻结法适用的主要地层条件如下：

1）不允许使用水泥浆或其他化学浆液的地方，避免造成地下水质污染。

2）注浆加固效果不理想或注浆会失效的地层。

3）降水会导致上方以及邻近建筑物发生沉降或损坏等不适合采用降水措施的地方。

4）降水效果不理想地层。

5）受空间限制无法采用其他加固措施的区域。

在粉细砂、淤泥、流塑状不稳定地层，采用一般注浆不能满足施工要求时，也可考虑采用注浆-冷冻法治理地下水，即先进行注浆加固地层，形成浆脉骨架，防止冻融过程中地表沉降，再实施地层冻结。这种方法能降低冻结造价，加快施工速度，减少融冻时的大量沉降。

3. 设计参数

冻结法的主要设计参数包括：

1）冻结方式：在隧道施工中可采用的冻结方式如图 10-23 所示。

2）冻结体平均温度：一般情况下浅埋隧道为-10～-6℃，深埋隧道为-15～-5℃。

3）冻结体厚度：其厚度取决于地压大小和冻土强度，也与开挖方法有关，因此需要采用有限元数值分析方法，以及结合工程类比的方法来选定合理的冻结体厚度。

4）冻结孔间距：应结合隧道结构、冻结体平均温度、工期以及工程地质及水文地质资料确定。当隧道水平冻结时，冻结孔开孔间距一般以 0.5～1.2m 为宜。

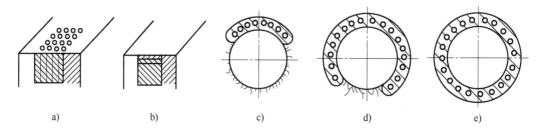

图 10-23　隧道施工中的典型冻结方式

a）垂直冷冻孔　b）水平冷冻孔　c）顶部冷冻　d）环形冷冻　e）封闭式冷冻法

■ 10.4　注浆加固与堵水

注浆是利用压力泵送设备，采取合理的注浆工艺，将适宜的注浆材料注入工程对象（通常是岩土体）内并固化，达到填充、加固、堵水、抬升、纠偏等目的。目前隧道工程中注浆技术的应用范围很广泛，它能有效地进行围岩加固和堵水处治，避免隧道开挖后发生涌水涌砂、开挖面坍塌、隧道变形、支护构件失效等现象，并保护地下水环境。

10.4.1　注浆扩散机理

注浆浆液在地层中的扩散机理主要表现为：渗透扩散、劈裂扩散、裂隙填充、挤压填充，如图 10-24 所示。浆液在地层中扩散并固结后，可以起到固结围岩和堵水的作用。

1）渗透扩散是指浆液在压力条件下，在不改变土体结构和颗粒排列的原则下，挤走颗粒间的游离水和空气，填充土体孔隙。

2）劈裂扩散是当注浆压力超过软弱地层的极限抗剪力，软弱地层被劈裂，浆液沿此劈裂面渗入和挤密地层，形成网状劈裂脉。

3）裂隙填充是指在裂隙或孔隙发育的地层中（如残积层、断层破碎带、富水溶槽溶隙等），浆液在低压下填充裂隙。

4）挤压填充是指浆液在地层中难以扩散或劈裂进入地层的空隙中，在注浆压力条件下，地层被浆液挤密。

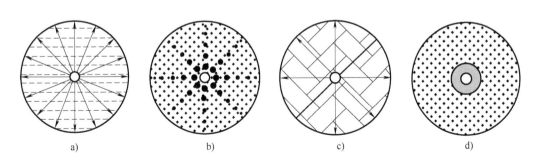

图 10-24　浆液在地层中的扩散模式
a）渗透扩散　b）劈裂扩散　c）裂隙填充　d）挤压填充

10.4.2　注浆方案

在隧道开挖前进行的注浆通常被称为预注浆（或超前注浆）。在隧道开挖面开展的预注浆根据注浆范围可分为全断面预注浆、超前帷幕注浆、超前周边注浆、超前局部注浆等类型。在隧道开挖、支护乃至衬砌以后，在隧道内开展的注浆包括径向注浆、回填注浆，以及治理衬砌混凝土缺陷的衬砌内注浆。此外，还有地表注浆结合超前支护措施所开展的注浆作业，如超前管棚注浆、超前小导管注浆等。

（1）全断面预注浆　有时也被称为超前全断面帷幕注浆。在富水地段或软弱地层，即水压和涌水量较大，且围岩自稳能力差的地层，可采用该方案进行加固和堵水，主要加固隧道开挖轮廓线以外的一定范围以及隧道开挖面前方（图 10-25）。

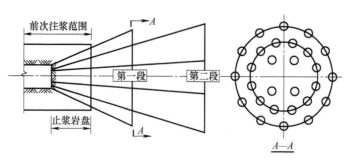

图 10-25　全断面预注浆示意图

（2）超前帷幕注浆　在富水地段，即涌水量较大，但水压不大，且围岩有一定自稳能力的地层，可采用该方案进行加固和堵水，主要加固隧道开挖轮廓线以外的一定范围。与全断面预注浆相比，两者主要的区别在于是否对开挖面前方岩土体进行注浆加固和堵水，因此分别适用于不同的地层和地下水条件。

（3）超前周边注浆　在水压和水量较小、围岩有一定自稳能力的地层中使用，或作为全断面预注浆和超前帷幕注浆后的补充注浆，主要加固隧道开挖轮廓线周边一定范围围岩，通常与超前小导管联合使用（也被称为周边小导管预注浆）。

（4）超前局部注浆　针对隧道开挖面前方个别出水点、局部软弱岩土体进行堵水或加固，在隧道开挖前使某一特定范围形成注浆固结体。注浆范围可以是一侧、拱部或其他局部区域，如图 10-26 所示。

（5）径向注浆　隧道开挖后，当初期支护出现大面积渗漏水或支护结构变形较大时，为了控制涌水量和防止固体物质流失，进一步加固岩体，而垂直于初期支护表面进行的注浆，如图 10-27 所示。

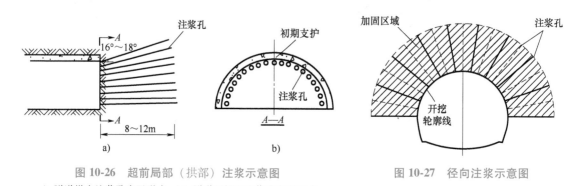

图 10-26　超前局部（拱部）注浆示意图　　　　图 10-27　径向注浆示意图
a）隧道纵向注浆孔布置形式　b）隧道开挖面注浆孔布置形式

10.4.3　注浆设计

在调查收集了相关的工程资料如地勘报告、地下水勘察报告、工程设计图纸等以后，初步拟定注浆设计方案，并通过试验进行效果分析，再优化注浆设计，最终明确注浆设计方案。

1. 注浆设计要求

需要先根据具体工程的需求，确定注浆的目的、范围和标准，并根据工程经验选择合适的注浆方案，再进行详细的注浆设计。

1）以加固为主要目的的注浆，一般应符合以下规定：

① 注浆范围宜控制在开挖轮廓线外 3.0m 以内。

② 一次注浆加固段纵向长度可取 30~50m。

2）以堵水为主要目的的注浆（往往同时也具有加固的功能），一般应符合以下规定：

① 超前帷幕注浆、超前周边注浆的注浆圈厚度宜为隧道开挖轮廓线以外 3~6m，一次性注浆段长度可按 10~30m 控制。

② 注浆孔底中心距宜为 1.5~3.0m，或取浆液扩散半径的 1.5~1.7 倍。

2. 注浆材料选择

可用于注浆的材料种类较多，必须根据工程地质和水文地质情况、注浆目的、注浆工艺、成本和设备等因素综合考虑，合理选用。注浆工程中可按以下原则进行注浆材料的选用：

1）以堵水为目的的超前帷幕注浆或超前周边注浆宜采用水泥浆液，超细水泥浆、水泥-水玻璃浆液，必要时可用化学浆液（如聚氨酯）。

2）以堵水为主要目的，并兼有加固围岩的超前局部注浆和径向注浆宜采用水泥浆液或超细水泥浆。

3）以填充空隙为目的的回填注浆宜选用水泥砂浆、水泥浆液或掺有石灰、黏土、粉煤灰的水泥浆液。

3. 注浆孔位布置

注浆孔布孔需要结合浆液的扩散半径 R、设计注浆孔间距 a（尤其是注浆终孔）进行考虑，保证孔与孔之间浆液的相互搭接，如图 10-28 所示。浆液在地层中的扩散半径 R 是指浆液能符合设计要求的扩散距离，可以根据类似工程经验进行选择，再通过试验段验证优化确定。一般情况下，现场施工常用的浆液扩散半径经验值：中细砂、粉质黏性土中取 0.5~0.8m；中粗砂、砂卵石层中取 0.8~1.2m；断层破碎带取 1.5~2.0m。

在隧道开挖面进行注浆孔的布孔时，可以采用极坐标法、绝对坐标法、相对坐标法三种模式进行计算，确定钻孔长度和角度。图 10-29 展示的是绝对坐标法的钻孔布设模式，可以通过几个关键点位的几何关系，计算得到钻孔的长度 l、钻孔偏角 α 和钻孔立角 β。在注浆段落长度、注浆范围（帷幕厚度）已经明确的情况下，就可以按照均匀布孔、梅花形布孔、两圈孔（外圈）等原则，在隧道开挖面上布设注浆孔。

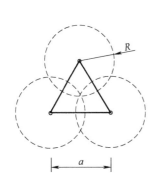

图 10-28　注浆孔布置示意图

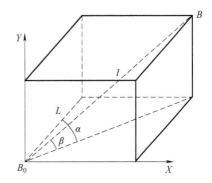

图 10-29　绝对坐标法钻孔布设模式

以重庆双碑隧道为例，该隧道在通过岩溶富水区段时采用的全断面预注浆孔位布置方案如图 10-30 和图 10-31 所示。

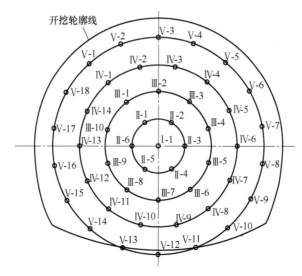

图 10-30 双碑隧道预注浆孔位布置示意图

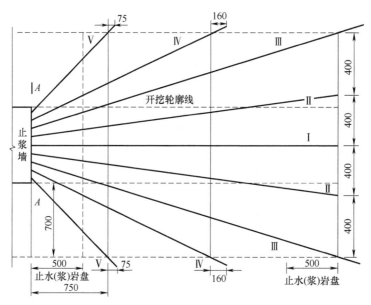

图 10-31 双碑隧道预注浆孔位纵剖面示意图（单位：cm）

4. 注浆压力

通过选取适当的注浆压力 P_z，以保证浆液在地层中的有效扩散。由于注浆压力 P_z 与静水压力 P_j、土层渗透性能、浆液的黏度和凝胶时间也有直接关系，一般需要通过现场注浆试验确定。在隧道开挖面进行的预注浆中，通常可以以静水压力为依据初步确定 P_z：

1）P_z 宜比静水压力 P_j 大 0.5~1.5MPa。

2）当静水压力 P_j 较大时，P_z 宜为静水压力的 2~3 倍。

10.4.4 注浆施工

注浆施工的程序一般如图 10-32 进行。其中单孔注浆方式有：全孔一次性注浆、分段前进式

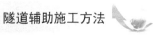

注浆和分段后退式注浆（图 10-33～图 10-35）。

1）全孔一次性注浆　是指按设计深度将完成钻孔，在钻孔内安装注浆管或孔口管后一次性完成注浆。在孔深小于 6m 或地层裂隙较均匀的地层中采用。

2）分段前进式注浆　是指在施工中采用钻、注交替作业的注浆方式（每次钻孔注浆长度 3～5m），完成整个孔位的注浆。在裂隙发育或破碎难以成孔的岩层，深孔注浆中可采用。

3）分段后退式注浆　是指按设计深度完成钻孔，然后从钻孔底部分段开始注浆，依次后退，直到完成整个孔位的注浆。在围岩局部破碎但可以成孔的岩层中采用。

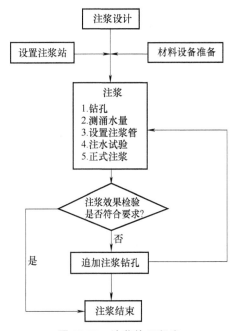

图 10-32　注浆施工程序

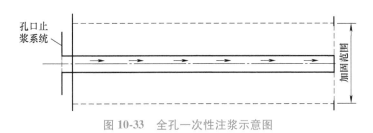

图 10-33　全孔一次性注浆示意图

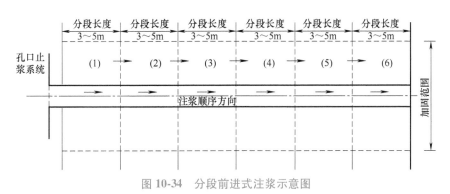

图 10-34　分段前进式注浆示意图

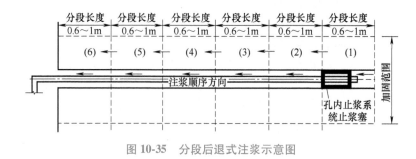

图 10-35　分段后退式注浆示意图

■ 10.5　施工排水与降水

隧道开挖过程中，当地下水水位较高且地下水水量丰富时，地下水的渗流可能危及隧道施工安全，应采用排水和降水措施排除地下水，使隧道施工在无水或少水的环境下安全地进行作业。常用的隧道施工排水与降水方法有超前钻孔排水、超前导坑排水及井点降水，在一些情况下如岩溶地段也可以采用泄水洞排水或者利用辅助导坑作为排水通道。

10.5.1　超前排水

超前钻孔排水与超前导坑排水适用于地下水来源于隧道前方或位于设计高程以上的情况，自土质为粉砂到砂砾层，渗透系数在 $10^{-1} \sim 10^{-4}$ cm/s 的范围内的土层可用该方法。超前钻孔和超前导坑一般设置在隧道主洞两侧，位置略低于隧道开挖底面的高程。

1. 超前钻孔排水

超前钻孔排水的设置应符合以下原则：

1）钻孔的孔底应低于开挖底面高程，且超前开挖面 10~15m。

2）采用适当的排水措施，以便排水孔内的渗水可迅速排出洞外。

3）钻孔方向可以向上倾斜，采用自排方式排水，也可向下倾斜，采用水泵排水。

4）当水量较小时，排水孔可仅在开挖面下部两侧布置；当水量较大时，也可以在开挖面上多点布置。

2. 超前导洞排水

超前导洞排水的设置应符合以下原则：

1）排水导洞一般应设置在正洞开挖轮廓线内，确有需要时也可以在洞外一侧或两侧另外设置排水导洞。

2）导洞应和正洞平行或接近平行。

3）当导洞设置于正洞内时，导洞底面高程可略低于正洞底面高程；当导洞设置于正洞之外时，导洞底面高程可以比正洞底面高程低 1.0~2.0m。

4）导洞至少应超前正洞开挖面 10~20m，必要时排水导洞可贯通含水层。

10.5.2　井点降水

井点降水一般是隧道施工期间在地表靠近隧道两侧或洞内埋设一定数量的滤水管（井），利用抽水设备抽水，降低地下水位的一种方法。在地下水位丰富的地区进行基坑开挖时，井点降水也往往是一个有效的降水施工措施。

1. 井点类型

井点的类型有轻型井点、深井（管井）、喷射井点、电渗井点、井点等，各自的适用条件见表 10-6。

表 10-6　各类井点降水方法适用条件

序号	降 水 方 法	适用地层	土的渗透系数/(cm/s)	降低水位深度/m
1	单层轻型井点	粉砂、粉土	$10^{-5} \sim 10^{-2}$	3~6
2	多层轻型井点	粉砂、粉土	$10^{-5} \sim 10^{-2}$	6~12（由井点层数而定）
3	深井井点	砂土、碎石土	$\geqslant 10^{-5}$	>10
4	喷射井点	粉质黏土、粉砂	$10^{-6} \sim 10^{-3}$	8~20
5	电渗井点	黏性土	$<10^{-6}$	宜配合其他形式降水使用

2. 地表井点降水

通常在地下水位高于隧道开挖底面高程 3.0m 以上、补给源明确的砂土、碎石土及亚黏土地层的浅埋隧道，施工期间可采用地表井点降水。基坑开挖中也较常用该方法进行降水。轻型井点降水如图 10-36 所示。

井点降水设计应符合以下规定：

1）应根据地层渗透系数、降水范围及地下水量等因素确定井点位置、深度和数量。

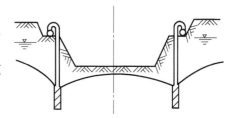

图 10-36　轻型井点降水示意图

2）应在地表沿隧道两侧布置井点降水钻孔，地下水补给源一侧可多布。

3）降水后水位线应低于隧底开挖线 0.5~1.0m。

3. 洞内井点降水

洞内轻型井点降水是将一系列井点管埋设于洞内开挖底面以下的地层中，并将这些井点都连接到抽水总管，用真空泵（射流泵）和水泵将地下水抽出，以降低地下水位，使开挖面处保持干燥和少水状态。井点系统主要由井点（包括滤管、喷嘴及井点管）、抽水总站和泵站等设备组成。此种方法降水效率高，适应性强，但是对洞内施工有一定的干扰，如图 10-37 所示。

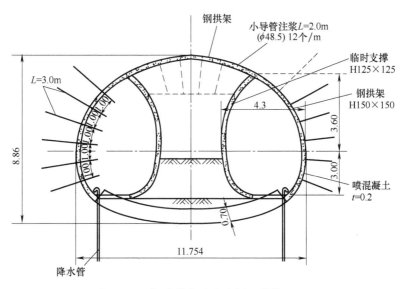

图 10-37　洞内井点降水实例（单位：m）

■ 10.6 其他辅助施工方法

10.6.1 临时封闭和临时支撑

隧道常用的临时封闭或支撑措施主要包括开挖面临时封闭、临时仰拱封闭、临时构件支撑等，一般用于地质条件很差、断面较大，需进行工序转换的隧道，也用于控制开挖面失稳、支护结构开裂、控制变形继续发展、隧道塌方后的处理等。但需要说明的是，在完成开挖或主体结构支护封闭后，临时封闭或支撑措施必须拆除。隧道临时封闭和临时支撑如图 10-38 和图 10-39 所示。

图 10-38　大变形隧道拱顶临时支撑

图 10-39　开挖面喷射混凝土临时封闭

各种临时封闭和临时支撑措施的适用条件如下：

1）隧道开挖面发生挤出、涌泥的地段，或塌方体，采用锚喷支护、袋装土封闭开挖面。

2）围岩大变形的地段，或对塌方体开挖，设型钢临时仰拱或型钢、方木斜撑。

3）初期支护开裂严重、需拆除拱墙衬砌的地段，采用拱形钢架支撑、扇形钢架支撑。

4）拱部沉降明显或地表沉陷要求严格时，采用井形桁架支撑、木垛支撑。

5）需要对开挖面前方进行高压注浆时，采用现浇混凝土挡墙或砂袋土封闭。

6）采用拱形钢架、拱部扇形支撑、井形桁架支撑、木垛支撑对塌方进行锁口。

7）在设有钢架支护的地段，宜设锁脚锚杆（管），控制初期支护的沉降变形。

在隧道工程实践中，分部开挖法中的环形开挖预留核心土法、喷射混凝土封闭在浅埋暗挖条件下应用也较多（两种措施往往联合使用），如图 10-40 所示。

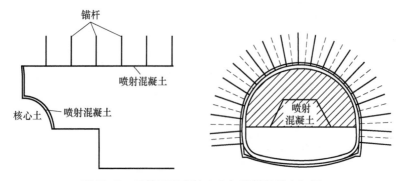

图 10-40　开挖面预留核心土与喷射混凝土加固

（1）预留核心土法 预留核心土法是指在开挖面不能自稳的围岩中，开挖时把开挖面中央部留下，核心土以填土的形态促使开挖面稳定的施工方法。预留核心土常与开挖面喷射混凝土组合使用，以保证开挖面稳定。通过预留核心土，使其对开挖面形成约束，通过保持一定的水平作用力，使超前核心围岩更接近于三向受力，提高开挖面的稳定性。

（2）喷混凝土封闭开挖面 在留核心土仍不能满足工作面的要求时，可及时喷射混凝土封闭开挖工作面。在开挖过后应尽快喷射 3~10cm 的混凝土覆盖开挖面，防止正面围岩松弛，以提高开挖面的稳定性。这种方法适用于易产生崩落和掉块的裂隙围岩、膨胀性围岩、断层破碎带、埋深小的风化围岩和未固结围岩等。在停止作业的场合，为防止开挖面劣化也采用该方法对开挖面进行临时封闭，此时喷射混凝土厚度一般采用 10~20cm（图 10-39）。

10.6.2 地表加固

在隧道不能形成"拱效应"的洞口或洞身的浅埋、偏压地段，常采用地表加固措施，如地表砂浆锚杆、地表注浆加固、墙式遮挡等，防止发生过大的地面沉降和土体的水平滑移。

1. 地表砂浆锚杆

地表砂浆锚杆是从地面沿隧道开挖方向向拱顶部位布置竖向锚杆，防止隧道开挖时地面沿其滑移面沉降的一种预支护方法。地表砂浆锚杆可通过对拱顶围岩进行约束，承担隧道开挖后土体变形时产生的拉应力，以达到控制地面沉降和滑移、防止开挖工作面坍塌的目的。

地表砂浆锚杆一般采用全长黏结的普通水泥砂浆锚杆，按矩形或梅花形布置于隧道待开挖面上方，在隧道上方形成一个保护区。地表砂浆锚杆的布置示意图如图 10-41 所示。

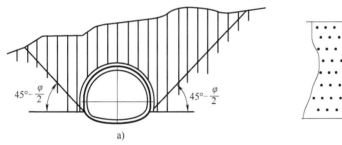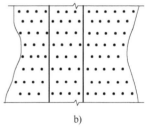

$$45°-\frac{\varphi}{2} \qquad 45°-\frac{\varphi}{2}$$

a) b)

图 10-41 地表砂浆锚杆布置示意图
a）断面图 b）平面图

2. 地表注浆加固

地表注浆的目的是为了对洞口或洞身浅埋段土体进行改良，防止隧道开挖引起地表大量沉降及开裂引起塌方，同时在隧道修建后，能防止地表水沿沉降裂缝大量灌入隧道结构范围附近，造成结构防水的困难。

在黏土地层和全、强风化地层及断层带注浆，其作用机理主要表现为裂隙填充和劈裂，达到岩体固结的目的。注浆的范围包括隧道开挖土体及周围土体，如图 10-42 所示。

3. 墙式遮挡

墙式遮挡一般用于浅埋隧道，且隧道上方两侧（或一侧）地表有建筑物。此时可在隧道两侧（或一侧）从地表向下打入板桩，形成遮挡壁，以限制因隧道开挖造成围岩松弛的范围传到遮挡壁以外，从而保证地表建筑物的安全。这种方法常用的有混凝土连续壁、H 型钢、钢板桩等措施。

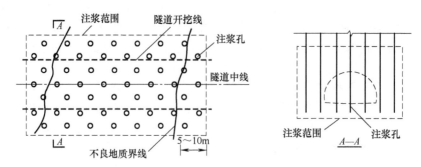

图 10-42　隧道地表加固孔布置及加固范围示意

 思考题与习题

1. 隧道辅助施工方法有哪些？各类辅助工法的适用范围是什么？
2. 超前支护的作用机理有哪些？
3. 各类超前支护的适用范围是什么？
4. 超前加固的作用机理是什么？
5. 冻结法的原理是什么？
6. 注浆扩散机理包括哪几种？注浆有什么作用？
7. 超前注浆有几种类型？区别是什么？
8. 降水井点类型有哪些？各自适用范围是什么？

 本章资源二维码

第 10 章资源

第 11 章　隧道施工辅助作业

【学习目标】

1. 掌握隧道施工通风方式及其特性，能进行隧道施工通风的风量和风压计算。

2. 了解隧道施工防尘的基本方法。

3. 熟悉隧道空压机站供风量计算及压风管道管径确定方法。

4. 熟悉隧道施工供水内容、供水要求、供水设备及供水量估算。

5. 熟悉隧道施工供电内容及供电量计算。

6. 熟悉隧道施工照明要求及照明亮度计算。

修建隧道时，为了配合开挖、装运、支护与衬砌等基本作业而进行的其他作业，称为隧道施工辅助作业，主要包括施工通风与防尘、压缩空气供应、施工供水、施工供电和照明。

■ 11.1　施工通风与防尘

隧道施工中，由于钻眼作业、炸药爆炸、出渣粉尘、喷射混凝土、内燃机械使用、地层中释放的有害气体，以及施工人员呼出的二氧化碳等，洞内空气十分污浊，不利于施工人员的身体健康。针对此情况，必须采取隧道施工通风和防尘措施进行辅助施工，从而保证隧道内施工环境与施工安全。

11.1.1　施工通风方式

隧道施工通风方式有自然通风和机械通风两大类。其中自然通风是利用洞内外的温差或气压差来实现通风的一种方式，它受到洞外气候条件的影响极大，难以保证通风效果，因而目前仅在隧道施工独头掘进长度小于 150m 时使用，否则要采用机械通风。机械通风可分为管道通风和巷道通风，其中管道通风按照隧道内空气流向，可以分为送风式（压入式）、排风式（抽出式）和混合式。这些方式，根据通风风机的台数及其设置位置、风管的连接方法，又分为集中供风和串联供风；根据风管内的压力，还可分为正压型和负压型。巷道通风方式是利用隧道本身（包括成洞、导坑及扩大地段）和辅助坑道（如平行导坑）组成主风流和局部风流两个系统，两者互相配合而达到通风目的的一种通风方式。

1. 送风式（压入式）

送风式通风是利用通风机械将具有一定风速和风压的新鲜空气，经过柔性风管输送至隧道工作面的方式。该通风方式布置形式如图 11-1 所示。

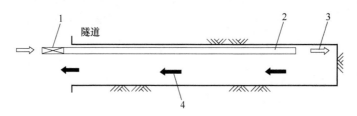

图 11-1　送风式通风示意图
1—送风机　2—送风风管　3—新鲜空气　4—污浊空气

该通风方式将通风机械设置于隧道洞口外，风管末端设置于隧道工作面附近，为隧道工作面提供新鲜空气，同时通过风压将污浊空气排出隧道。通过新鲜空气的送入与污浊空气的排出，达到稀释排除有害气体和降低粉尘浓度的目的。

当风管末端至隧道工作面距离布设合理时，能有效改善通风排烟效果，其理论计算值公式为

$$L_p = (4 \sim 5)\sqrt{S} \tag{11-1}$$

式中　L_p——风管末端至隧道工作面距离（m）；

S——隧道横断面面积（m²）。

送风式通风的特点如下：

1）安装方便且成本低廉。通风设备包括布设于洞口外的风机与通风风管，风管采用柔性风管，成本低廉、便于运输安装。

2）应用范围广。在 3km 掘进隧道内，送风式通风依然可以保证隧道内工作面的施工环境。

3）排烟效率低。由于未设置排风系统，隧道内回风风量小，不能迅速排出污染物；尤其是在长大隧道内，污染物在隧道内弥散蔓延范围大、时间长、排烟效率低。

2. 排风式（抽出式）

排风式通风方向与送风式相反，通过排风机吸抽形成负压将隧道内污浊空气卷吸入内，并通过风管将其排出隧道。排风式通风分为负压排风式和正压排风式两种，其布置方式如图 11-2 和图 11-3 所示。

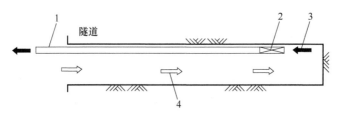

图 11-2　正压排风式通风示意图
1—排风风管　2—排风机　3—污浊空气　4—新鲜空气

该通风方式下，风管进风口布设于工作面附近，出风口布设于隧道洞口外。其中风机布设位置又有两种方式：将风机布设于隧道工作面风管进风口前段，形成了正压排风式通风方式；将风机布设于隧道洞口外风管排风口后端，则形成了负压排风式通风方式。

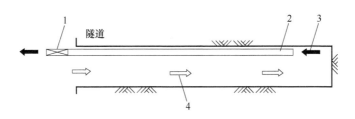

图 11-3　负压排风式通风示意图

1—排风机　2—排风风管　3—污浊空气　4—新鲜空气

当排风系统进风口至隧道工作面距离布设合理时，将大大改善通风排烟效果，其理论计算值为

$$L_e = 1.5\sqrt{S} \qquad (11\text{-}2)$$

式中　L_e——风管末端至隧道工作面距离（m）；

S——隧道横断面面积（m²）。

排风式通风特点如下：

1）排烟效率高。风机形成的负压直接作用于工作面，对隧道内产出污染物及时控制与排除，减少了有害气体与粉尘的扩散，改善了隧道内施工环境。

2）新风送入量少。由于未布设送风系统，新鲜空气输送至工作面速率缓慢，将难以快速提供隧道施工新鲜空气的所需风量。

3）通风效率较送风式低。排风式通风有效吸程小，难以保证排风口到工作面的距离在有效吸程内，且其抽出风量小，因此通风效率低。

4）成本较送风式高且安装不便。抽出式通风的风管承受着负压作用，需使用刚性或带刚性骨架的风管，成本高且运输安装不便。

3. 混合式

混合式通风由送风式和排风式两种通风方式配合。按照送排风风管的布设长度，混合式通风可以分为长压短抽、长抽短压和长抽长压三种形式；同时根据排风机布设位置，又可以分为正压式与负压式两类。

长压短抽混合式通风以送风式通风为主，以排风式通风为辅，其布设形式如图 11-4 所示。其中送风系统呈全程式送风，送风机布设于隧道洞口外，送风风管沿全程布设，直至隧道工作面前数十米处。排风系统呈局部式排风，排风系统进风口布设于隧道工作面附近，出风口布设于距离工作面一定距离的位置，未延伸至洞口外。

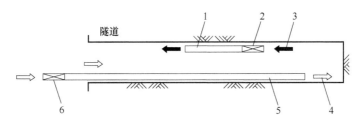

图 11-4　长压短抽混合式通风示意图

1—排风风管　2—排风机　3—污浊空气　4—新鲜空气　5—送风风管　6—送风机

长抽短压混合式通风以排风式通风为主，以送风式通风为辅，其布设形式如图11-5所示。送风系统呈局部式送风，送风机布设于隧道内距离工作面一定距离的位置，风管出风口布设于工作面附近。排风系统呈全程式排风，排风系统进风口布设于隧道工作面附近，出风口布设于隧道洞口外。

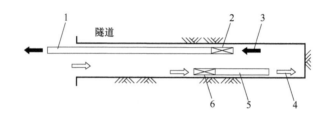

图 11-5　长抽短压混合式通风示意图

1—排风风管　2—排风机　3—污浊空气　4—新鲜空气　5—送风风管　6—送风机

长抽长压混合式通风中，送风系统呈全程式送风，排风系统呈全程式排风，其布设形式如图11-6所示。

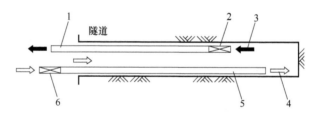

图 11-6　长抽长压混合式通风示意图

1—排风机风管　2—排风机　3—污浊空气　4—新鲜空气　5—送风风管　6—送风机

在混合式通风中，新鲜空气在送风机的作用下从洞外进入送风系统，经由送风风管输送至工作面。与此同时，污浊空气在排风机的作用下，从工作面经由排风风管的进风口进入排风风管，最终排除出隧道。混合式通风兼备了送风式与排风式通风的优点，在两种通风方式的合理配合下，将新鲜空气高效输送至隧道工作面，同时高效地稀释排除了污浊空气。

混合式通风特点如下：

1）通风效果好。在送排风风管位置与风量的配比合理的情况下，通风效果显著，尤其是对排出爆破、喷浆工况产出的污染物更为有利。

2）成本高且维护工作量大。由于设备数量的增加，成本提高，同时增大了维护工作量。

3）适用于大断面长距离隧道施工。

4. 巷道式

巷道式通风适用于双正洞隧道或设有辅助坑道的长大隧道，一条隧洞作为送风道，另一条隧洞作为排风道，通过横通道将送风道与排风道连接并组成一个完整的通风系统。巷道式通风利用整个隧洞作为风道，断面大、阻力小，可供应较大的风量。辅助坑道可以是斜井、竖井和平导洞。巷道式通风又可以分为射流巷道式和主扇巷道式。

竖井（或斜井）巷道式通风将隧道正洞作为送风道，通过送风式通风为隧道工作面提供新鲜空气，并将竖井（或斜井）作为排风道，通过竖井（或斜井）自然风产生风压将隧道内污浊空气排出，进而形成气流循环。当隧道与地面的高差较大或竖井（或斜井）井口与隧道口的高差较大时，可以利用自然风压通风，不用安设抽出式风机，如图 11-7 所示。但由于自然风压随季节和地面气候变化较大，此方式要慎重采用，多数情况下必须安设抽出式风机，且风量应大于压入式风机的风量。

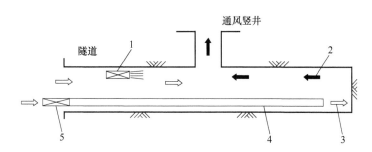

图 11-7　竖井巷道式通风示意图

1—射流风机　2—污浊空气　3—新鲜空气　4—送风风管　5—送风机

射流巷道式通风利用了射流风机的升压原理，为风流提供风压，并通过轴流风机分别为两个隧道工作面提供新鲜空气。在新鲜空气抵达工作面后，弥漫于空气中的污染物得到稀释，同时在风压作用下，污染物随着空气流向而远离工作面，最终从排风道排出隧道。射流巷道式通风示意如图 11-8 所示。

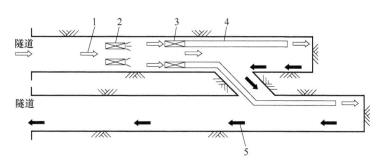

图 11-8　射流巷道式通风示意图

1—新鲜空气　2—射流风机　3—送风机　4—送风风管　5—污浊空气

主扇巷道式通风在排风隧道洞口处设置了风门，并安装了主扇风机。隧道内气流在主扇的吸附负压作用下快速地向外流动，此时污染物随着气流扩散。主扇巷道式通风示意如图 11-9 所示。

巷道式通风特点如下：

1）经济效益明显。该通风方式充分利用坑洞进行施工通风，缩短了通风距离并降低了风机功率，因而成本投入将显著降低。

2）避免了全隧道污染。新鲜空气由送风道输入，在流向工作面过程中形成正压，并迫使污浊空气向排风道聚集，进而由排风道抽出。在整个通风系统中，污浊空气仅扩散在排风道内，避免了全隧道污染。

3）风机移动次数多。随着隧道的施工掘进与横通道的顺利通行，需要风机往前移动，以保证供风量满足要求。

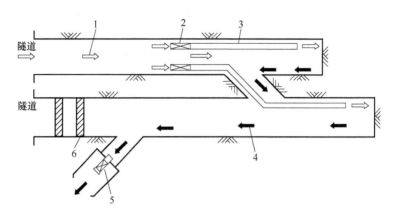

图 11-9　主扇巷道式通风示意图

1—新鲜空气　2—送风机　3—送风风管　4—污浊空气　5—主扇　6—风门

11.1.2　施工通风设计

隧道施工的通风设计，是为了提供洞内所需的新鲜空气，选择合适的通风机功率、通风管道大小和合理选择通风方式，从而满足施工作业环境的要求。当隧道独头掘进长度超过 1000m 时及高瓦斯、瓦斯突出隧道，需进行专项施工通风设计。

1. 需风量计算

隧道掘进工作面所需的风量与施工方法、施工作业的机械配套条件关系很大，且在一个作业循环中，不同作业工序对风量的要求也有较大差别。进行风量计算的目的，是为正确选择通风设备和设计通风系统提供依据。一般情况下按以下几个方面计算需风量 Q 并取其中最大的数值 $Q_{\max}$，再根据漏风因素、海拔高度进行调整，加备用系数后作为选择风机的依据。此处介绍《高速铁路隧道工程施工技术规程》（Q/CR 9604—2015）中的计算方法。

（1）按排出炮烟需风量计算　作业面爆破产生的炮烟主要包括一氧化碳、二氧化碳和氮氧化物等有害气体和粉尘。爆破后排出炮烟的需风量计算公式和方法很多，此处给出参考计算公式为

$$Q = \frac{2.25}{t}\sqrt[3]{AbS^2L^2K/P^2}\ (\mathrm{m^3/min}) \tag{11-3}$$

式中　t——通风时间（min）；

$\quad\ \ A$——爆破耗药量（kg）；

$\quad\ \ b$——1kg 炸药有害气体生成量（L），煤层中取 100L、岩层中取 40L；

$\quad\ \ S$——巷道断面面积（m²）；

$\quad\ \ L$——巷道长度或临界长度 $L_{\max}$（m）；

$\quad\ \ K$——考虑淋水使炮烟浓度降低的系数，根据隧道渗水的情况，干燥岩层可取 0.80、潮湿巷道可取 0.60、岩层含水或使用水幕可取 0.30；

$\quad\ \ P$——巷道计算长度范围内漏风系数。

在式（11-3）中，考虑临界长度的原因是当隧道较长时，炮烟还未排出洞口，但有害气体浓度可能已经稀释到允许范围，因此存在临界长度。临界长度 $L_{\max}$ 为

$$L_{\max} = 41.7 \times \frac{Ab\beta}{SP^2} \tag{11-4}$$

式中 β——紊流扩散系数，可参考表 11-1 取用。

表 11-1 紊流扩散系数（β 值）

$l/2d$	6.35	7.72	9.60	12.10	15.80	21.85
β	0.40	0.46	0.53	0.60	0.67	0.74

注：l—出风口至开挖面距离（m），$l=(4\sim5)\sqrt{S}$；d—风管直径（m）。

（2）按洞内最大工作人数需风量计算 隧道内作业人员呼出的二氧化碳，对隧道作业环境来说，同样是一种污染。当洞内作业人员较多时，这种污染是不可忽视的。给作业人员呼吸所需的最低通风量为

$$Q = qkm \quad (\text{m}^3/\text{min}) \tag{11-5}$$

式中 q——每人需要的新鲜空气标准（m^3/min），隧道施工为 $3\text{m}^3/\text{min}$；
$\quad\quad k$——风量备用系数；
$\quad\quad m$——同一时间洞内工作最多人数。

（3）按最低风速要求计算 隧道施工的洞内最低风速，是根据不同的施工条件、开挖工况需要所确定的，目的是排出粉尘、防止瓦斯积聚、设备散热等。根据最低风速要求，所需风量为

$$Q = v_{\min} S \times 60 \quad (\text{m}^3/\text{min}) \tag{11-6}$$

式中 $v_{\min}$——洞内允许最小风速（m/s）。

在钻爆法施工的隧道中，洞内施工通风的风速应满足以下要求：

1）全断面开挖时，不应小于 $0.15\text{m}/\text{s}$；分部开挖时，不应小于 $0.25\text{m}/\text{s}$。

2）瓦斯隧道的微瓦斯、低瓦斯工区，不应小于 $0.25\text{m}/\text{s}$；高瓦斯工区、瓦斯突出工区，最低风速宜适当加大。

3）瓦斯易于积聚处应实施局部通风，消除瓦斯积聚的风速不应小于 $1\text{m}/\text{s}$。

掘进机隧道施工通风，工作面的风量应满足排尘风速要求及掘进机组设备散热、冷却、人员舒适度要求，并不低于掘进机后配套设计风量，设计最低风速不低于 $0.5\text{m}/\text{s}$。

（4）按稀释和排出内燃机械废气需风量计算 使用内燃机动力设备时，隧道的通风量应足够将设备所排出的废气全部稀释和排出，使隧道内各主要作业地点空气中有害气体的浓度降至允许值以下。该情况下隧道的通风量为

$$Q = k \times \sum N_i T_i \quad (\text{m}^3/\text{min}) \tag{11-7}$$

式中 k——单位功率供风量 $[\text{m}^3/(\text{min}\cdot\text{kW})]$；
$\quad\quad N_i$——各内燃机功率（kW）；
$\quad\quad T_i$——同时工作柴油机设备利用率系数。

隧道洞内的内燃机械设备基本为柴油机，柴油机设备工作时的利用率系数取值可参考如下：挖掘机、装载机取 0.65，运渣车取 0.65，凿岩台车取 0.1，人员运输车取 0.1。隧道内采用内燃机械作业时，单位功率供风量 k 不宜小于 $3\text{m}^3/(\text{min}\cdot\text{kW})$。

（5）按瓦斯涌出量计算需风量 若工作面有瓦斯面涌出，必须供给工作面充足的风量，冲淡、排出瓦斯，保证瓦斯浓度在允许浓度以下。该情况下隧道的通风量为

$$Q = \frac{Q_{\text{CH}_4}}{B_{\text{允}} - B_0} K \quad (\text{m}^3/\text{min}) \tag{11-8}$$

式中 Q_{CH_4}——工作面瓦斯涌出量（m^3/min）；
$\quad\quad B_{\text{允}}$——工作面瓦斯允许浓度，取 1%；

B_0——送入工作面风流的瓦斯浓度；

K——瓦斯涌出不均匀系数，可取 $1.5\sim2.0$。

2. 需风量修正

在需风量的计算中，均未考虑漏风、高原地区海拔高度而造成损失的风量，故洞内实际所需的总风量还需要进行修正。

1）考虑管道漏风影响的供风量 $Q_供$ 为

$$Q_供 = PQ_{max} \tag{11-9}$$

式中 P——漏风系数，按式（11-10）计算或查相应类型的通风管道参考数据；

Q_{max}——需风量计算得到的最大值。

$$P = \cfrac{1}{1-P_{100}\times\cfrac{L_管}{100}} \tag{11-10}$$

式中 $L_管$——风管全长（m）；

P_{100}——风管每百米平均漏风率（%），按式（11-11）计算。

$$P_{100} = \cfrac{Q_f - Q_0}{Q_f \cdot \cfrac{L_管}{100}} \times 100\% \tag{11-11}$$

式中 Q_f——风机供风量（m^3/min），应等于 $Q_供$；

Q_0——风管末端风量（m^3/min），应等于 Q_{max}。

通风管宜采用高频热塑焊接工艺加工的高强、低阻、阻燃的软质风管，并应采用加长的风管节，尽量减少接头数量，接头应严密，此时，P_{100} 不宜大于 1%。

2）考虑海拔高度影响时，供风量 $Q_高$ 为

$$Q_高 = 760/P_高 \times Q_供 \tag{11-12}$$

式中 $P_高$——高原地区大气压力（mmHg），可参考表 11-2 取值。

表 11-2　海拔高度与大气压力关系

海拔高度/m	500	1000	1600	2000	2600	3000	3200	3400	3600	3800	4000
大气压力/mmHg	716	674	620	592	550	523	510	497	484	471	459

注：1mmHg = 133Pa。

3. 风压计算

在通风过程中，要克服风流沿途所受阻力保证将所需风量送到洞内，并达到规定的风速，就要求风机必须要有一定的风压，因此，风压的计算目的是要确定风机应选用多大的功率。通风气流所受到的总阻力 Δh 包括摩擦阻力 $h_摩$、局部阻力 $h_局$ 和其他阻力 $h_{其他}$，故风机的风压 $h_机$ 应大于 Δh 与漏风系数 P 的乘积，即

$$h_机 \geqslant P \cdot \Delta h = P \cdot (\sum h_摩 + \sum h_局 + \sum h_{其他}) \tag{11-13}$$

（1）摩擦阻力计算　摩擦阻力是指管道周壁与风流互相摩擦以及风流中空气分子间的扰动和摩擦而产生的阻力，也称沿程阻力。可按达西公式导出摩擦阻力 $h_摩$（Pa）的计算式，即

$$h_摩 = \lambda \cdot \cfrac{L_管}{d} \cdot \cfrac{v^2}{2} \cdot \rho \tag{11-14}$$

式中 λ——沿程摩阻系数；

d——风管直径（m）；

v——管内风流速度（m/s）；

ρ——空气密度（kg/m³）。

（2）局部阻力计算　风流经过风管的某些局部地点时，如断面扩大、断面缩小、拐弯、交叉等部位，由于流速或方向发生突然变化而导致风流本身产生剧烈的冲击，由此产生的风流阻力称为局部阻力。局部阻力 $h_{局}$ 的一般计算公式为

$$h_{局} = \xi \cdot \frac{v^2}{2} \cdot \rho \qquad (11\text{-}15)$$

式中　ξ——局部阻力系数，可根据局部形式查阅有关手册确定取值。

（3）其他阻力　其他阻力的来源包括隧道通风时受运输车辆阻塞而产生的阻力、隧道长度较大时风流在隧道壁面摩擦所产生的阻力等。

4. 通风设备选型

通风机是风机的一种，习惯简称为风机。隧道施工用通风机大部分为轴流风机（图 11-10），因其风压低、风量大、串联方便。隧道施工通风中常用的风管主要是拉链软风管，如图 11-11 所示。

图 11-10　隧道施工通风机

图 11-11　隧道施工通风软风管

一般情况下，隧道施工通风设备的选型流程是：确定通风方式→计算需风量→选择风管→计算通风阻力→选择通风机。通常是在隧道施工方案确定以后，根据隧道施工供风量和送风距离，选择风管类型和直径（同时即可确定风管的漏风系数和摩擦系数）；然后根据需风量、风压计算等结果，计算出需要的风机功率，并考虑一定的工作能力储备；最后根据风机的特性曲线，确定风机选型。根据工程的需要还可以选用具有吸尘、防爆和低噪声等特性的风机。

11.1.3　施工防尘措施

隧道施工中，由于钻眼、爆破、装渣、喷射混凝土等作业，造成洞内大量粉尘浮游在空气中。这些粉尘对施工人员的身体健康危害极大，因此，需要重视施工中的防尘工作。目前隧道中主要采取湿式凿岩、降尘除尘、机械通风、个人防护等综合措施进行防尘。

1）湿式凿岩。湿式凿岩就是在钻眼过程中将压力水输入炮眼底冲洗、湿润孔内岩粉再排出孔外，使粉尘不能飞扬在空气中。根据现场测定，这种方法可减少80%的粉尘量。

2）降尘除尘。施工中采取喷雾、洒水等方式，防止爆破、装渣、运输等过程中产生粉尘，降低粉尘量。

3）机械通风。施工通风可以稀释隧道内的有害气体浓度，给施工人员提供足够的新鲜空气，同时也是防尘的基本方法。

4）个人防护。主要是指施工人员佩戴防尘口罩，在凿岩、喷射混凝土等作业时还要求佩戴防噪声的耳塞及防护眼镜等，做好个人防护措施。

■ 11.2 压缩空气供应

在隧道施工中，以压缩空气为动力的风动机具已得到广泛的使用，常用的有凿岩机、喷射混凝土机、压浆机等。这些风动机具有所需的压缩空气由空气压缩机（简称空压机）生产，并通过高压风管输送给风动机具。风动机具进行正常工作需要一定的条件：风压和风量。因此，压缩空气的供应主要应考虑供应足够的风量以及必需的工作风压，同时还应尽量减少压缩空气在管路输送过程中的风量损失和风压损失。

11.2.1 空压机站设置

压缩空气由空压机生产供应，空压机一般集中设置在洞口附近的空压机站内。

1. 空压机站的供风能力与安装容量

空压机站的生产能力取决于耗风量的大小，并考虑一定的备用参数。耗风量应包括隧道内同时间工作的各种风动机具的生产耗风量和由储气筒到风动机具沿途的损失。因而空压机站的生产能力（或供风能力）Q 可表示为

$$Q = (1+K_备)(\sum qK + q_漏)k_m \qquad (11\text{-}16)$$

式中　Q——空压机站的供风能力（m^3/min）；

　　　$K_备$——空压机的备用系数，一般采用 $75\% \sim 90\%$；

　　　$\sum q$——风动机具所需风量（m^3/min），可查阅风动机具产品性能表；

　　　K——风动机具同时工作系数，可参考表 11-3 取值；

　　　k_m——空压机所处海拔高度对空压机生产能力的影响系数，见表 11-4；

　　　$q_漏$——管路及附件的漏耗损失（m^3/min），按式（11-17）计算。

$$q_漏 = \alpha \sum L \qquad (11\text{-}17)$$

式中　α——单位漏风量 $[m^3/(min \cdot km)]$，平均为 $1.5 \sim 2.0 m^3/(min \cdot km)$；

　　　$\sum L$——管路总长（km），包括主、支管路的实际铺设长度和配件折合成管路的当量长度见表 11-5。

表 11-3　同时工作系数 K

机具类型	凿岩机		装渣机		锻钎机	
同时工作机具数（台）	1~10	11~30	1~2	3~4	1~2	3~4
K	1.00~0.85	0.85~0.75	1.00~0.75	0.70~0.50	1.00~0.75	0.65~0.50

表 11-4　海拔高度影响系数 k_m

海拔高度/m	0	305	610	914	1219	1524	1829	2134	2438	2743	3048	3658	4572
k_m	1.00	1.03	1.07	1.10	1.14	1.17	1.20	1.23	1.26	1.29	1.32	1.37	1.43

表11-5 配件折合成管路的当量长度 （单位：m）

配件名称	钢管内径/mm						
	25	50	75	100	150	200	300
球阀	6.0	15.0	25.0	35.0	60.0	85.0	—
闸门阀	0.3	0.7	1.1	1.5	2.5	3.5	6.0
丁字管	2.0	4.0	7.0	10.0	17.0	24.0	40.0
异径管	0.5	1.0	1.7	2.5	4.0	6.0	10.0
45°弯头	0.2	0.4	0.7	1.0	1.7	2.4	4.0
90°弯头	0.9	1.8	3.2	4.5	7.7	10.8	18.0
135°弯头	1.4	2.8	4.9	7.0	12.0	16.8	28.0
逆止阀	—	3.2	—	7.5	12.5	18.0	30.0

2. 空压机的种类与空压机房的布置

根据计算确定了空压机站的生产能力后，可选择合适的空压机和适当容量的储风筒。当一台空压机的排气量不满足供风需要时，可选择多台空压机组成空压机组。此时，为便于操作和维修，宜采用同类型的空压机。考虑到施工风量负荷的不均匀性，为避免空压机的回风空转，可选择一台较小排气量（一般为其他空压机容量的一半）的空压机进行组合。

空压机站主要由空压机、配电设备、储风罐（俗称风包）、送风管及配件、循环水池（用于冷却空压机）等组成。空压机一般分为电力和内燃两类，短隧道可采用移动式内燃空压机，长隧道可采用固定式大型电动空压机。当施工初期电力缺乏时，一般采用内燃空压机过渡。空压机站应设在空气洁净，通风良好，地基稳固且便于设备搬运之处，并尽量靠近洞口，以缩短管路，减少管道漏风损耗，此外，还应考虑空压机出入、调换、加油、加水等方便。当有多个洞口需集中供风时，应选择在适当位置，使管路损耗尽量减少。

11.2.2 压风管道设置

1. 管径选择

压风管道的选择应满足隧道工作面的风压不小于0.5MPa的要求。空压机生产的压缩空气压力一般为0.7~0.8MPa，钢管终端的风压不得小于0.6MPa，通过胶皮管输送至风动机具的工作风压不小于0.5MPa。

根据达西公式，钢管的风压 ΔP 损失为

$$\Delta P = \lambda \frac{L}{d} \cdot \frac{v^2}{2g} \gamma \times 10^{-6} \tag{11-18}$$

式中 ΔP——风压损失（MPa）；

λ——风管摩阻系数，见表11-6；

L——送风管路长度（m），包括配件折合成管路的当量长度；

d——送风管内径（m）；

g——重力加速度（m/s²），取9.81m/s²；

v——压缩空气在风管中的速度（m/s），根据风量和风管面积计算；

γ——压缩空气的重度（N/m³）。一个标准大气压下，温度为0℃时，空气重度为12.9N/m³，温度为 T℃时，其重度则为 $\gamma_t = 12.9 \times 273/(273+T)$ N/m³，此时，压力

为 P 的压缩空气的重度 $\gamma = \gamma_t (P+0.1)/0.1 \text{N}/\text{m}^3$，$P$ 为空压机生产的压缩空气的压力（MPa）。

表 11-6　风管摩阻系数 λ 值

风管内径/mm	λ	风管内径/mm	λ
50	0.0371	150	0.0264
75	0.0324	200	0.0245
100	0.0298	250	0.0234
125	0.0282	300	0.0221

计算的压力损失值若过大，则需选用较大管径的风管，从而减少压力损失值，保证钢管末端风压不小于 0.6MPa。胶皮风管是连接钢管与风动机具的，由于其压力损失较大，一般应尽量缩短其使用的长度，从而保证压缩空气的工作压力不小于 0.5MPa。胶皮风管的压力损失值见表 11-7。

表 11-7　压缩空气通过胶皮风管的压力损失　　　　（单位：MPa）

通过风量/（m³/min）	胶管内径/mm	胶管长度/m					
		5	10	15	20	25	30
2.5	19	0.008	0.018	0.020	0.035	0.040	0.055
	25	0.004	0.008	0.013	0.017	0.021	0.030
3	19	0.010	0.020	0.030	0.050	0.060	0.075
	25	0.006	0.012	0.018	0.024	0.040	0.045
4	19	0.020	0.040	0.055	0.080	0.100	0.110
	25	0.010	0.025	0.040	0.050	0.060	0.075
10	50	0.002	0.004	0.006	0.007	0.010	0.015
20		0.010	0.020	0.035	0.050	0.055	0.065

2. 管道安装

高压供风管道的安装和使用应满足以下基本要求：

1）管道敷设要求平顺，接头密封，防止漏风。

2）在洞外段，风管长度超过 100m、温度变化较大时，宜安装伸缩器；靠近空压机 150m 以内，风管的法兰盘接头宜用耐热材料制成的垫片，如石棉衬垫等。

3）压风管道在主输出管道上，必须安装总闸阀以便控制和维修管道；主管上每隔 300～500m 应安装闸阀；按施工要求，在适当地段（一般每隔 60m）加设一个三通接头备用；管道前端至开挖面距离宜保持在 30m 左右，并用高压软管接分风器；分部开挖法通往各工作面的软管长度不宜大于 50m，与分风器联结的胶皮软管长度不宜大于 10m。

4）主管长度大于 1000m 时，应在管道最低处设置油水分离器，定期放出管中聚积的油水，以保持管内清洁和干燥。

5）管道安装前应进行检查，凡有裂纹、创伤、凹陷等现象的不得使用，管内不得留有残余物或其他污物；各种闸阀在安装前应拆开清洗，并进行水压强度试验，合格者方能使用。

6）管道在洞内应敷设在电缆、电线的另一侧，并与运输轨道有一定距离，管道高度一般不应超过运输轨道的轨面。若管径较大而超过轨面时，应适当增大距离。当与水沟同侧时，不应影响水沟排水。

　　7）管道使用时，应有专人负责检查和养护。

■ 11.3　施工供水

　　由于凿岩、防尘、灌注衬砌及混凝土养护、洞外空压机冷却等工作都需要大量用水，施工人员的生活也需要用水，因此要设置相应的供水设施。施工供水主要应考虑水质要求、水量大小、水压及供水设施等方面的问题。

11.3.1　水质要求

　　凡无臭味、不含有害矿物质的洁净天然水，都可以作为施工用水，饮用水的水质则要求更为新鲜清洁。无论生活用水还是施工用水，均应做好水质化验工作。其中施工用水的 pH 值、氯化物含量、硫酸盐含量、碱含量等指标应满足混凝土拌和用水要求。

11.3.2　用水量估算

　　总用水量包括施工、生活、消防所需的水量。

1. 施工用水

　　施工用水与工程规模、机械化程度、施工进度、人员数量和气候条件等有关，因而用水量的变化幅度较大，很难精确估计，一般根据以往经验估计。可参考表 11-8 估算一昼夜的总用水量。

表 11-8　各工序用水量参考值

用途	单位	耗水量	说　明
凿岩机用水	t/(h·台)	0.20	
喷雾用水	t/(min·台)	0.03	每次放炮后喷雾 30min
出渣洒水	—	—	与凿岩、喷雾时间错开，不另计算
衬砌用水	t/h	1.50	包括混凝土拌和、养护、洗石等用水
机械用水	t/(d·台)	5.00	—
浴池用水	t/次	15.00	—
生活用水	t/(d·人)	0.02	—

2. 生活用水

　　随着隧道施工工地卫生要求的提高，生活设施（如洗衣机等）配置增多，耗水量也就相应增多。因而生活用水量也有一定的变化，但幅度不大，一般可按下列参考指标估算：生产工人平均 $(0.1 \sim 0.15) \mathrm{m}^3/\mathrm{d}$；非生产工人平均 $(0.08 \sim 0.12) \mathrm{m}^3/\mathrm{d}$。

3. 消防用水

　　由于施工工地住房均为临时住房，相应标准较低，除按消防要求在设计、施工及布置等方面做好防火工作外，还应按临时建筑房屋 $3000\mathrm{m}^2$ 消防耗水量 $(15 \sim 20)\mathrm{L/s}$，灭火时间为 $(0.5 \sim 1.0)\mathrm{h}$ 计算消防用水储备量，以防不测。

11.3.3　供水设施

1. 选择水源

　　隧道施工常用的水源有高山自然水、山上泉水、河水、钻井抽水、洞内地下水源等。应根据

工程的实际情况选用水源,按以下原则选择:

1) 当生活、生产用水位置高差很大,系统供水有困难时,可分别选择水源。

2) 施工生产用水,应尽量利用自然水头,引用高处的水源;枯水季度,可考虑设机具抽水。

3) 不同季节分别采用两个水源供水,如洪水季节采用河水,枯水季节采用浅井或管井取地下水。

2. 确定供水方式

供水方式主要根据水源实际情况选定。将水源的水自流引导或采用机械提升到贮水池贮存,并通过水管送达使用地点。在高寒山区及缺水地区,则可采用汽车安装水箱运水,或分级抽水长距离管路供水。

3. 修筑供水设施

(1) 贮水池位置 贮水池一般修建在洞口附近上方,但应避免设在隧道顶上或其他可危及隧道安全的部位,其高差应能保证最高用水点的水压要求。当采用机械或部分机械提升时,应备有抽水机。水池结构应尽量简单,确保不漏水,一般采用石砌,根据地形条件用埋置式或半埋置式。当地形条件受限制,不能埋置时,也可采用修建水塔或用钢板焊接水箱等方式。

水池位置至配水点的高差 H 为

$$H \geq 1.2h + \alpha h_f \tag{11-19}$$

式中 H——水池位置至配水点的高差(m);

h——配水点要求水头高度(m),如湿式凿岩需要水压为 0.3MPa,则 $h=30$m;

α——水头损失系数(按管道水头损失 5%~10% 计算),$\alpha=1.05~1.10$;

h_f——管道内水头损失(m),确定用水量后(一般按 m^3/h 计)选用钢管内径,按钢管水力计算而得。

(2) 贮水池容积 贮水池的容积大小应与抽水设备、集中用水量相配合,并应有一定的储备量。利用高山自流水供水,水源流量大于用水高峰流量时,贮水池容积一般为 20~30m^3;如水源流量小于用水量,则需要根据每班最大用水量并考虑必要贮备来计算水池容积,即

$$V = 24\beta C(Q_c + Q_s) \tag{11-20}$$

式中 V——贮水池容积(m^3);

β——调节系数,一般用 1.10~1.20;

C——贮水系数(为水池容量/昼夜用水量),昼夜用水量小于 1000m^3 时采用 1/6~1/4;昼夜用水量在 1000~2000m^3 时,用 1/8~1/6;

Q_c——生产用水量(m^3/h);

Q_s——生活用水量(m^3/h)。

(3) 水泵 水泵扬程的计算公式为

$$H = h' + \alpha h_f \tag{11-21}$$

式中 H——水泵扬程(m);

h'——贮水池与水源之间的高差(m);

α 及 h_f 意义同式(11-19)。

根据扬程及选用的钢管直径可选择合适的水泵。常用水泵有单级悬臂式离心水泵和分段式多级离心水泵,其规格、性能可查阅有关手册。

(4) 泵房 临时抽水泵房的要求可按临时房屋的有关规定办理。水泵在安装前,应按图纸检查基础的位置和预留管道孔洞等各部分尺寸是否符合要求。水泵底座位置经校核后,方能灌

注水泥砂浆并固定地脚螺栓。

11.3.4　供水管道

供水管道的管径计算公式为

$$D = \sqrt{\frac{4Q}{\pi V}} \approx 1.13\sqrt{\frac{Q}{V}} \tag{11-22}$$

式中　D——供水管道直径（m）；

　　　Q——用水点总用水量（m^3/s）；

　　　V——水在管道内的流速（m/s），一般不大于 3m/s 且不小于 0.5m/s。

供水管道的布置应符合以下要求：

1）管道敷设要求平顺、短直且弯头少，干路管径尽可能一致，接头严密不漏水。

2）管道沿山顺坡敷设悬空跨距大时，应根据计算来设立支柱承托，支撑点与水管之间加木垫；严寒地区应采用埋置或包扎等防冻措施，以防水管冻裂。

3）水池的输出管应设总闸阀，干路管道每隔 300~500m 应安装闸阀一个，以便维修和控制管道。管道闸阀布置还应考虑一旦发生管道故障（如断管）能够暂时由水池或水泵房供水的布置方案。

4）给水管道应安设在电线路的异侧，不应妨碍运输和行人，并设专人负责检查养护（可与压风管道共同组织一个维修、养护工班）。

5）管道前端至开挖面，一般保持的距离为 30m，用直径 50mm 高压软管接分水器，中间预留的异径三通，至其他工作面供水使用软管连接，其长度不宜超过 50m。

6）如利用高山水池，其自然压头超过所需水压时，应进行减压，一般是在管路中段设中间水池作为过渡站，也可直接利用减压阀来降低管道中水流的压力。

■ 11.4　施工供电和照明

11.4.1　施工供电

1. 施工总用电量估算

根据现场各个阶段的施工用电特点，用电负荷计算以主体结构阶段（最大负荷）时施工用电为依据，按隧道施工机具及照明确定用电量。在确定用电量时考虑电路能力损失以及同时用电量系数（≤1），则用电量计算公式为

$$P = K \times \left(\frac{\sum P_a K_1 K_2}{a\eta} + \sum P_b K_1 \right) \tag{11-23}$$

式中　P——施工用电量（$kV \cdot A$）；

　　　a——各类用电设备的功率因数，见表 11-9；

　　　$\sum P_a$——同一类型用电设备总额定功率（$kV \cdot A$）；

　　　$\sum P_b$——照明用电总量（$kV \cdot A$）；

　　　η——电动机及其他动力用户的效率（取值 0.83~0.88）；

　　　K_1——同时用电系数，不同的用电设备有不同的同时用电系数，取值见表 11-9；

　　　K_2——动力用户之负载系数（取值 0.6~1.0）。

常用的电动工具主要包括拌和机、空压机、风镐、焊接机械、手持式电动工具及其他电动机

械。这些机械的接地要求、漏电保护要求、负荷线材料和截面、开关箱内的电器等都要符合现行的国家标准。

表 11-9　各类用电设备的同时用电系数及功率因数

用电设备类型	同时用电系数 K_1	功率因数 a
移动式空压机	0.7	0.75
固定式空压机	0.85	0.75
卷扬机	0.6	0.8
水泵	0.8	0.8
通风机	0.8	0.8
局部风机	0.7	0.75
电动车充电器	0.75	0.92
装渣机	0.5	0.65
带式运输机	0.6	0.6
喷射混凝土机	0.6	0.75
搅拌机	0.6	0.75
电焊机	0.5	0.55
修理间动力设备	0.4	0.65
碎石机	0.75	0.8
洞内照明	1	1
洞外照明	0.8	1
广场照明	0.8	0.95

2. 供电方式

电源尽量利用当地电源，当地用电量不足时，应建立发电站。施工用电和生活区用电应遵循分开布置的原则，按就近配电顺序进行布线。

3. 供电线路布置

对于小隧道（隧道长度在 2km 以下）可用 400/230V 三相四线系统两端送电，选用的导线断面应使末端电压降不超过 10%；对于长隧道，如洞内用电设备不多，在选用经济合理的导线断面后，末端电压降未超过允许范围时，仍可按上述规定，否则应采 6~16kV 高压送电，在洞内或平行导坑适当位置设高压变电站，将高压电变为低压电送到工作面。高压电进洞必须做好安全管理工作，一般应采用高强度电力电缆，电缆与架空线连接处有避雷装置，电缆终端应有密封的接线盒。

洞内设置的 6~16kV 高压变电站应符合下述要求：无瓦斯隧道可采用中性接地系统的普通变压器；开关设备应用井下高压配电箱或油开关柜，不允许用一般跌落式保险丝具代替油开关；变电站应安设在不漏水的区段，同时要按有关要求设置安全防护措施，非工作人员不得进入变电站内。

11.4.2　施工照明

为了改善隧道内的作业环境、确保施工安全和提高作业效率，必须重视隧道内的照明问题。

确保有足够亮度的设备与良好视线，是防止劳动灾害的发生的重要保障，因此照明与通风一样是不可缺少的施工条件。

1. 所需亮度

隧道施工作业地段应有足够的照明，照明有对直接作业地点的暂时的局部的照明和对不进行作业的通道等地方的长期的大范围的照明两种。当采用普通光源照明时，其照度应符合表 11-10 的要求。在不安全因素较大的地段和作业人员经常作业的地点应加大光照度，其要求见表 11-11。

表 11-10　隧道施工照明要求

施工作业地段	最小光照度/lx
开挖工作面	50
其他作业地段	30
运输通道	15
成洞地段	10

表 11-11　施工作业照度要求

作　业　内　容	照度/lx	作　业　内　容	照度/lx
精密作业	>300	粗放作业	>70
普通作业	>150	—	—

2. 照明计算

在规划照明时，要充分考虑隧道内的条件选定合适的照明率、维修率，并用式（11-24）进行照明计算，式中的亮度是照明面积内的平均值。照明计算是为了确定保持所需亮度的灯的数量，在作业地点及通道处，根据计算所求出的灯数进行照明设计。在计算中要研究照明灯具的规格，并根据现场条件决定照明率或利用率。

$$N = \frac{EA}{FUM} \tag{11-24}$$

式中　N——灯数（个）；

E——所需亮度（lx），$E = \dfrac{FUNM}{A}$；

A——照明面积（m^2），$A =$ 隧道宽度×灯间距；

F——灯光束或射光束（探照灯）（m）；

U——照明率或利用率；

M——维修率。

通道照明利用率 U 表示到达地面的有效光束的比例，决定于光源、灯具、安装位置和顶板、壁面、路面的反射率。一般来说，在衬砌地段，$U = 0.5 \sim 0.3$，未衬砌地段取 $U = 0.3 \sim 0.2$。采用探照灯时，利用率 U 为射光束范围内的照明面积的比值，可按表 11-12 确定。

表 11-12　照明面积的比值和利用率的关系

照明面积的比值	利用率	照明面积的比值	利用率
>1/2	0.75~0.95	<1/4	0.40~0.60
1/2~1/4	0.60~0.75	—	—

维修率 M 是反映长时间使用后光束减小和灯具污染、反射板污染等使亮度降低的修正系数，可按表 11-13 取值。

表 11-13　照明灯具的维修率

维修程度	维修率	维修程度	维修率
>1/2	0.75	维修困难	0.50
1/2~1/4	0.65	—	—

3. 照明灯具

照明灯具有白炽灯、探照灯、日光灯、水银灯及钠灯等，应视环境条件、施工方法等选定合适的灯具。

选定隧道内的照明灯具时，要注意以下各点：

1）要获得作业安全所需的亮度，即不妨碍通道正常通行的照明，保证轨道维护、车辆调车、摘挂作业所需的照明。

2）采用明暗对比不显著，而且不会晃眼的安装方法。

3）设置、移动要方便。

4）维修管理要容易。

5）选用破损少而且灯泡破损或放热不会使可燃物燃烧的灯具。

照明灯具和光源易受粉尘等污染，维持长时期的照明很困难。照明灯具污染会使光束损失，在隧道内这种光束损失会大大加大，因此要充分了解现场状态，在适当时期内对光源、灯具加以更换或清扫。

在维修、管理照明灯具时，要注意以下几点，力求保障照明：

1）发现破损或不适合的照明时，要及时更换。

2）照明灯具、光源要定期清扫。

3）作业地点要保持适宜的高度，配置时不要产生阴影、晃眼等。

4. 粉尘对视线的影响

光照射到粉尘层后，折射光的一部分向四周散射，一部分被吸收，剩余的则透射过，穿过粉尘层的光强减少是因散射及吸收所致。一般来说，隧道施工的粉尘粒径在 $1\mu m$ 前后居多。粉尘的减光系数 τ 为

$$\tau = \frac{C_w}{PK} \tag{11-25}$$

式中　C_w——粉尘浓度（g/m^3）；

$\quad\quad P$——粉尘真密度（g/m^3）；

$\quad\quad K$——系数（cm^3/m^2），K 值会因粉尘的曲折率、光波长的不同而不同，但最主要的影响因素是粒径大小。

影响视线的主要因素有：粉尘浓度、粒径分布、颗粒的曲折率和光波长等造成的减光系数，粉尘散放辉度，视对象的大小和背景的辉度对比，背景辉度等。粉尘浓度升高，视线则成反比减小，所以用通风方法降低粉尘浓度对视线的改善有很大效果。一般来说，因产生的粉尘不同（如排烟、爆破后气体、烟雾、雾等），处置措施也不同，需要在通风设备和集尘设备的选择、消灭烟雾的方法及对有害性小的粉尘加强照明效果上展开进一步的研究和应用。

思考题与习题

1. 简述隧道施工通风方式及其特点。

2. 隧道施工通风设计有哪些步骤和流程？通风设备如何进行选型？

3. 简述空压机站供风量确定方法及压风管道管径选择方法。

4. 如何估算施工用水量？在用水量确定后，如何选择供水方式和供水设备？

5. 简述施工供电量和照明亮度的计算流程。

本章资源二维码

第 11 章资源

第12章 隧道运营与养护

【学习目标】

1. 熟悉隧道运营通风的主要方式、特点及隧道运营通风方式选择因素。
2. 熟悉隧道照明灯具布置方式及隧道照明区段划分。
3. 了解隧道火灾烟流特性及隧道火灾通风临界风速。
4. 了解隧道火灾防灾救援体系及人员疏散设施的设置。
5. 了解隧道结构的养护工作内容及流程。

在隧道运营阶段，为保证洞内的运营环境、提供良好的维修养护条件，以及减少灾害事故（主要是火灾）对人员安全的影响，隧道内需要设置完善的通风、照明、防灾救援设施；此外，为了维持隧道结构良好的服役状态，也需要定期对隧道结构开展检测和维修工作。

12.1 运营通风

车辆通过隧道时，会排出大量的废气，同时还会散发出许多的热量。对于长隧道来说，自然风和交通风对隧道内空气的置换作用相对较小，当隧道内有害气体浓度积累到一定程度时就会使人感到不适甚至窒息或者能见度降低。因此，在隧道运营阶段，必须采取适当的通风方式，将新鲜空气随风流一起送入隧道，稀释淡化有害气体，保障隧道运营环境条件。

12.1.1 通风方式介绍

与施工通风相同，运营通风也分为自然通风和机械通风两大类。根据风流在行车空间的流动方向（纵向式、横向式、半横向式和组合式），通风机的工作方式（如送风式、排风式、混合式），机械通风可以分为不同的通风方式。

1. 自然通风

自然通风方式不设置通风设备，是利用洞口间的自然风压或车辆行驶的活塞作用产生的交通通风力来实现隧道的通风换气。一般较短的隧道有可能采用自然通风方式。对铁路隧道来说，是否可以采用自然通风，应根据牵引种类、隧道长度、线路平纵断面、道床类型、行车速度和密度、气象条件及两端洞口地形条件等因素考虑确定。对公路隧道来说，可按式（12-1）和式（12-2）初步判定是否需采用机械通风。

$$LN \geqslant 6 \times 10^5 （双向交通隧道） \tag{12-1}$$

$$LN \geqslant 2 \times 10^6 （单向交通隧道）\tag{12-2}$$

式中　L——隧道长度（m）；

　　　N——设计小时交通量（veh/h）。

2. 纵向式通风

纵向通风是一种最简单的通风方式，只需在隧道的适当位置安装通风机，靠风机产生的通风压力迫使隧道内空气沿隧道轴线方向流动，就能达到通风的目的。目前常见的纵向式通风包括以下几种方式：

（1）全射流式纵向通风　利用射流风机产生高速气流，推动前方空气在隧道内形成纵向流动，使新鲜空气从一侧洞口流入，污染空气从另一侧洞口流出的一种通风方式，如图12-1所示。此种通风方式通风设施简单，工程造价低，设备费用少，较为常用。

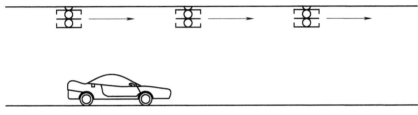

图 12-1　全射流式纵向通风示意图

（2）通风井排出式纵向通风　通风设施由竖井、风道和风机组成。当隧道为单向交通隧道时（图12-2），竖井宜设置在隧道出口侧位置。当隧道为双向交通隧道时（图12-3），竖井宜设置在隧道纵向长度中部位置。风机的工作方式为排风式，新鲜空气经由两侧洞口进入隧道，污染空气经由竖井排出隧道。采用通风井排出的纵向式通风，隧道有害气体浓度最大的地方是竖井。通风井排出式可以变为通风井送入式，只要将风机的工作方式由排风式改变为送风式即可。

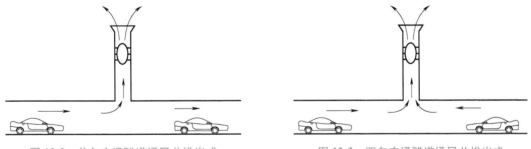

图 12-2　单向交通隧道通风井排出式　　　　图 12-3　双向交通隧道通风井排出式
　　　　纵向通风示意图　　　　　　　　　　　　　纵向通风示意图

（3）通风井送排式纵向通风　通风井送排式纵向通风方式设置有送风井和排风井，隧道内的污染空气从排风井排出，新鲜空气从送风井进入隧道，如图12-4所示。此通风方式能有效利用交通通风压力，适用于单向交通的长大公路隧道。对于近期为双向交通、远期为单向交通的隧道，也可采用这种通风方式。

3. 横向式通风

横向式通风方式是在隧道内设置送入新鲜空气的送风道和排出污染空气的排风道，隧道内只有横方向的风流动，基本不产生纵向流动的风，如图12-5所示。在双向交通时，车道的纵向风速大致为零，污染物浓度的分布沿隧道全长大体上均匀。然而在单向交通时，因为车辆行驶产生交通风的影响，在纵向能产生一定风速，污染物浓度由入口至出口有逐渐增加的趋势，但大部分的污染空气仍是由排风道排出。横向式通风方式的气流是在隧道横断面上产生循环，进行换风，其车道内风速较低，排烟效果良好，特别适用于双向交通特长隧道。

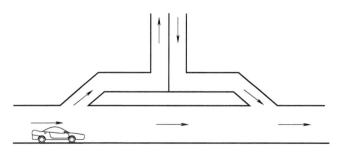

图 12-4　通风井送排式纵向通风示意图

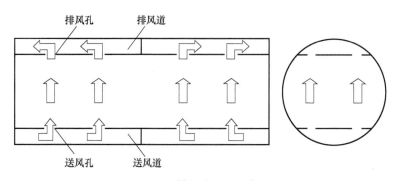

图 12-5　横向式通风示意图

4. 半横向式通风

半横向式通风方式是在隧道内设置送入新鲜空气的送风道，在行车道内与污染空气混合后沿隧道纵向流动至隧道两端洞口排出，如图12-6所示。此通风方式由横向均匀直接进风，对汽车排气直接稀释，对后续车有利；如果有行人，行人可直接吸到新鲜空气。在一些长大隧道中，因采用横向式通风费用高，可考虑采用半横向式通风方式。

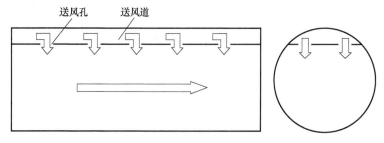

图 12-6　半横向式通风示意图

12.1.2　通风方式选择

1. 公路隧道

通风方式很多，各种通风方式均有其优缺点，应使所选择的通风方式与隧道的具体工

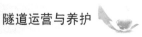

程条件相匹配。表12-1和表12-2列出了单向交通和双向交通隧道中各类通风方式的基本特点，可在通风方式选择中作为参考，其中表中各通风方式的适用长度是指一般情况下的参考值。

表 12-1　单向交通隧道各类通风方式的特点

通风方式		纵向式			
基本特征		通风风流沿隧道纵向流动			
代表形式		全射流式	洞口集中送入式	通风井排出式	通风井送排式
形式特征		由射流风机群升压	由喷流送风升压	洞口两端进风、中部集中排风	由喷流送风升压
通风系统略图					
隧道内压					
隧道风速					
浓度分布					
一般特征	非火灾工况的适用长度	5000m 以内	3000m 左右	5000m 左右	不受限制
	火灾排烟	不便	不便	较方便	较方便

通风方式		半横向式		横向式
基本特征		由隧道风道送或排风，由洞口沿隧道纵向排、抽风		分别设送、排风道，通风风流在隧道内做横向流动
代表形式		送风半横向式	排风半横向式	
形式特征		由送风道送风	由排风道排风	
通风系统略图				
隧道内压				
隧道风速				
浓度分布				
一般特征	非火灾工况的适用长度	3000~5000m	3000m 左右	不受限制
	火灾排烟	方便	方便	效果好

表 12-2 双向交通隧道各类通风方式的特点

通风方式		纵向式	
基本特征		通风风流沿隧道纵向流动	
代表形式	全射流式	洞口集中送入式	通风井排出式
形式特征	由射流风机群升压	由喷流送风升压	洞口两端进风、中部集中排风
通风系统略图	射流风机组	送入	排出
隧道内压			
隧道风速			
浓度分布			
一般特征 — 非火灾工况的适用长度	1500~3000m	1500m 左右	4000m 左右
一般特征 — 火灾排烟	不便	不便	较方便

通风方式		半横向式	横向式
基本特征		由隧道风道送或排风,由洞口沿隧道纵向排、抽风	分别设送排、风道,通风风流在隧道内做横向流动
代表形式	送风半横向式	排风半横向式	
形式特征	由送风道送风	由排风道排风	
通风系统略图	送入　送入	排出　排出	排出　排出　送入　送入
隧道内压	中性点	中性点	
隧道风速			
浓度分布			
一般特征 — 非火灾工况的适用长度	3000~5000m	3000m 左右	不受限制
一般特征 — 火灾排烟	较方便	较方便	方便

选择公路隧道通风方式应考虑的主要因素如下:

(1) 隧道长度 在交通量一定时,隧道越长,隧道内的废气积累越多,设计需风量也越大。同时,隧道越长,隧道发生事故及灾害造成的损失越大,对通风安全性和可靠性要求也越高。目

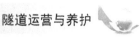

前我国已经建成的长度大于5km的高速公路隧道普遍采用"通风井送排式+射流风机"组合通风方式，其中以秦岭终南山公路隧道为典型代表。

（2）隧道交通条件 隧道交通条件指隧道为单向行车或双向行车及隧道交通量。单向行车隧道可以充分利用自然风及活塞风，适合采用纵向式或半横向式通风。交通量大的隧道有害气体浓度较大，适合采用横向通风或半横向通风。

（3）地质条件 若隧道所处位置地质条件较好，施工造价就较低，那么就可以选择造价较高的横向或半横向通风方式。反之，若隧道所处位置地质条件较差，施工造价就较高，那么横向或半横向通风方式的选择就会受影响。

（4）地形和气象条件 隧道所处位置的地形和气象条件影响着隧道自然风的流向和流量。当自然风流比较大，流向相对稳定时，对于较短隧道，可直接利用其通风。若自然风流变化较大，对纵向通风效果影响较大，则可选择横向或者半横向通风方式。

（5）其他因素 包括火灾时的通风控制、环境保护要求、通风设施维护与管理水平、分期实施的可能性、工程造价、营运电力费、维护管理费等。

2. 铁路隧道

铁路隧道中行驶的列车主要是电力机车和内燃机车。电力机车运行速度快，运行过程产生污染小，因此大多数电气化铁路隧道依靠列车在隧道中行驶所产生的活塞风及自然风的作用即可满足通风换气和空气卫生标准。内燃机车牵引的隧道中的一氧化碳、二氧化氮及烟雾浓度较高，采取机械通风方式较多。因此，当利用列车活塞风与自然风的共同作用可完成隧道通风时，应选择自然通风；对于某些特长铁路隧道及某些洞身存在瓦斯等有害物质的隧道，利用列车活塞风与自然风的共同作用无法完成隧道通风，则应选择机械通风。

《铁路隧道运营通风设计规范》（TB 10068—2010）中规定：电力机车牵引，长度大于20km的高速铁路、客运专线铁路隧道及长度大于15km的货运专线、客货共线铁路隧道应设置机械通风。对于内燃机车牵引的隧道，隧道长度在2km以上，宜设置机械通风。

铁路隧道常用的机械通风方式可分为纵向式、半横向式、全横向式及组合通风方式，选择原则为：正常运营通常采用纵向式通风；当隧道特长或有特殊要求时，可采用分段式通风；维护作业时可采用固定通风与移动通风相结合的方式。

12.1.3 通风设计流程

由于隧道通风方式较多，计算方法也有一定差异，此处仅简要介绍隧道运营通风设计的流程，隧道运营通风的具体计算方法及公式可以参见《公路隧道通风设计细则》（JTG/T D70/2-02—2014）、《铁路隧道运营通风设计规范》（TB 10068—2010）等相关规范。

以公路隧道为例，运营通风设计一般流程如图12-7所示包括下列步骤：

1）收集隧道所在路段平面、纵断面，隧道地形、地物、地质等路线资料。

2）收集隧道所在路段的公路等级、隧道断面、交通量，

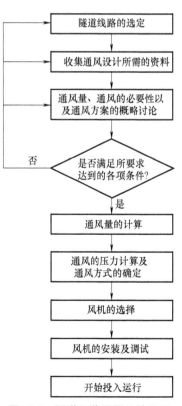

图 12-7 隧道运营通风设计流程

所在区域的气象和环境条件，以及隧址区域的环保要求等技术资料。

3）根据收集的资料进行隧道需风量的初步计算及通风方案比选。当因线路方案使各通风方案均不满足运营安全、经济、环保要求时，则应重新论证路线方案、隧道长度、纵坡等。

4）根据比选确定的通风方案详细计算需风量，确定设计风量，并计算通风系统阻力。

5）根据通风系统阻力详细计算风机风压、风量、功率等，进行风机选型及配置。

6）通风设备安装前，针对隧道土建施工、通风设备参数变更情况复核通风系统是否满足隧道运营需求。

12.2 运营照明

为保障隧道内驾驶员视觉需求和维修养护工作人员的作业环境条件，公路隧道内需要设置照明灯具，并具备照明调光的能力，与实时车流量和实时洞外亮度的变化相适应。

12.2.1 照明灯具及其布置

1. 隧道照明灯具

随着光源自身的发展，可供隧道照明应用的光源越来越多，通常从光源的光通量、发光效率、光衰减、光源寿命、光谱特性和成本等方面来选择隧道照明光源类型。除此之外，还应该满足在汽车排放尾气形成的烟雾中具有良好能见度的要求。隧道照明中一般选用的光源是荧光灯、高压钠灯、荧光高压汞灯以及 LED 灯等隧道专用灯具，灯具多为吸顶式或嵌入式。

2. 照明灯具的布置方式

隧道照明灯具的布置排列有如图 12-8 所示的基本形式，即中线布置、中线侧偏布置、两侧交错布置、两侧对称布置。中线布置、中线侧偏布置是将灯具安装在隧道天顶的轴线处或者轴线附近，照明系统的效率比较高，但也可能存在维修比较困难的情况，尤其是对隧道通行造成影响。两侧交错布置和两侧对称布置一般是将灯具安装在墙面和天顶轴线之间的某一部位，而不是安装在侧面，其原因是提供良好的视觉环境，使隧道墙壁底部到 2m 高处范围内的平均亮度不小于路面的平均亮度。

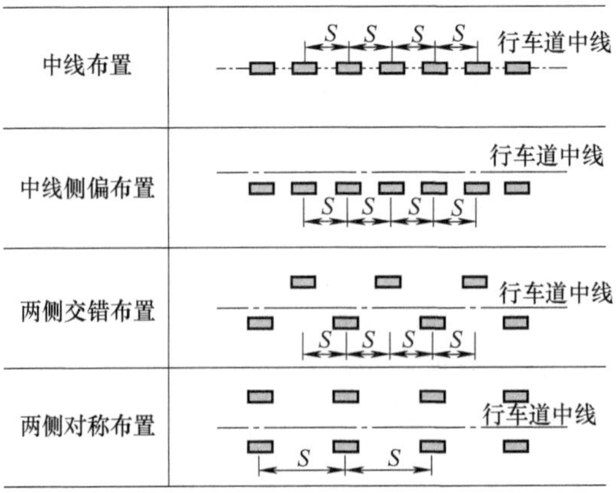

图 12-8 隧道照明灯具布置形式

在隧道灯具的布置中还应该注意频闪现象。频闪是指在较长的隧道中，由于灯具排列得不连续，使驾驶员不断地受到明暗光线的刺激而产生的不适。频闪与明暗光线的亮度变化、明暗光线的变化频率、频闪的总时间有关系。这三者与所使用灯具的光学特性、车辆的行进速度、灯具安装间距、隧道长度有关。一般而言，频闪的频率小于 2.5 Hz 和大于 15 Hz 时所带来的频闪现象可以忽略。研究还发现，如果频闪的总时间越短，即隧道长度越短，频闪的干扰频率范围就越小。

12.2.2　照明区段及亮度要求

根据亮度变化适应曲线，隧道照明可主要划分为 5 个照明区段：接近段、入口段、过渡段、中间段和出口段。车辆沿道路轴线由入口洞外的接近段经入口段、过渡段、中间段直到出口段，驾驶员在白天所需要的路面亮度变化线称为亮度曲线。以单向交通隧道为例，各照明区段划分及亮度曲线的形式如图 12-9 所示。

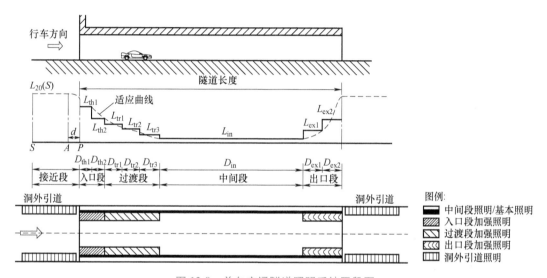

图 12-9　单向交通隧道照明系统区段图

P—洞口　S—接近段起点　A—适应点　d—适应距离　$L_{20}(S)$—洞外亮度

L_{th1}、L_{th2}—入口段亮度　L_{tr1}、L_{tr2}、L_{tr3}—过渡段亮度　L_{in}—中间段亮度

L_{ex1}、L_{ex2}—出口段亮度　D_{th1}、D_{th2}—入口段 th_1、th_2 分段长度　D_{tr1}、D_{tr2}、D_{tr3}—过渡段 tr_1、tr_2、tr_3 分段长度

D_{in}—中间段长度　D_{ex1}、D_{ex2}—出口段 ex_1、ex_2 分段长度

1. 接近段

在公路隧道各照明区段中，在洞口（设有光过渡建筑时，则为其入口）前，从驾驶员的精力被完全吸引到隧道的那一点到适应点之间的一段道路，在照明上称为接近段。关于这一段的起点，目前没有明确的定义，一般是按停车视距 L 计算，其理由还是出于保证安全这一根本目的。确定这一点的实际意义是为了测定洞外亮度 $L_{20}(S)$。

洞外亮度 $L_{20}(S)$ 是指在接近段起点 S 处，距地面 1.5m 高正对洞口方向 20°视场实测得到的平均亮度，如图 12-10 所示。洞外亮度是照明系统的设计基准参数之一，对于工程投资和运营电费均有极大影响。同时，过高的洞外亮度会使得隧道内、外亮度差别加大，也会加剧隧道洞口的"黑洞效应"（图 12-11）或"黑框效应"，导致照明能耗的浪费或造成行车安全隐患。洞外亮度的合理确定需要待隧道洞口工程完工后进行现场实测获得，在照明设计阶段可按规范的建议值取值。

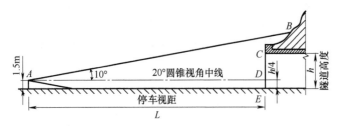

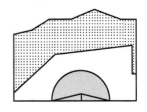

图 12-10　洞外亮度 $L_{20}(S)$ 测试示意图　　　　图 12-11　隧道"黑洞效应"示意图

2. 入口段

在隧道照明区段中，进入洞口的第一段即为入口段。由于汽车从明亮的外部进入隧道以后，驾驶员的眼睛要经过一段时间才能看清隧道内部的情况，为了避免"黑洞效应"的出现，隧道入口段的照明水平应基于洞外亮度，从洞口向洞内逐步下降。一般各段的照明不可能是均匀下降的，可以使用阶跃式下降的方式，只要相邻阶跃的亮度比不超过 3∶1，就不会影响人的视觉。洞外亮度到入口段亮度的减小速率不应过快，宜将入口段划分为 $\mathrm{th_1}$、$\mathrm{th_2}$ 两个照明段，其长度为

$$D_{\mathrm{th1}} = D_{\mathrm{th2}} = \left(1.154 D_s \frac{h-1.5}{\tan 10°}\right) \times \frac{1}{2} \tag{12-3}$$

式中　D_{th1}，D_{th2}——入口段 $\mathrm{th_1}$、$\mathrm{th_2}$ 长度（m）；

　　　　D_s——照明停车视距（m），与隧道内设计行车速度、路面纵坡有关；

　　　　h——隧道内净空高度（m）。

入口段亮度包括自然光在路面反射引起的亮度和人工照明在路面反射引起的照度，是综合的亮度。前者有可以利用的亮度和需要限制的亮度两部分；后者是因自然光不足或根本无影响而需用人工照明加以补偿的亮度（人工亮度）。由于自然光的影响范围小，一般仅为 2 倍隧道入口高度（约 10m）的范围，除洞外散射光较强时可以考虑不进行人工照明外，在 10m 范围以外不再考虑自然光的影响，只按人工亮度计算，这样能使设计得到简化。隧道入口段亮度为

$$L_{\mathrm{th1}} = k L_{20}(S) \tag{12-4}$$
$$L_{\mathrm{th2}} = 0.5 k L_{20}(S) \tag{12-5}$$

式中　L_{th1}，L_{th2}——入口段 $\mathrm{th_1}$、$\mathrm{th_2}$ 的亮度（cd/m²）；

　　　　k——入口段亮度折减系数，可按表 12-3 取值；

　　　　$L_{20}(S)$——洞外亮度（cd/m²）。

表 12-3　入口段亮度折减系数 k

设计交通量 $N/[\mathrm{veh/(h \cdot ln)}]$		计算行车速度 $v_1/(\mathrm{km/h})$				
单向交通	双向交通	120	100	80	60	20~40
≥1200	≥650	0.070	0.045	0.035	0.022	0.012
≤350	≤180	0.050	0.035	0.025	0.015	0.010

3. 过渡段

隧道入口段和中间段之间应设必要的照明过渡段。过渡段的适宜亮度，国际照明委员会没有规定具体的值，只是以接近段的亮度为基础间接做了规定。理论上，过渡段的亮度呈曲线形式的下降。但是在实际运用中，为了便于计算设计，采用一组 n 个台阶状的折线取代，经过测试，三个过渡台阶基本上符合要求（图 12-9）。因此，目前我国公路隧道的过渡段按渐变递减原则划

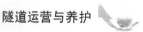

分为 $\mathrm{tr_1}$、$\mathrm{tr_2}$、$\mathrm{tr_3}$ 三个照明段，过渡区段的长度 D_{tr1}、D_{tr2} 和 D_{tr3} 分别为

$$D_{\mathrm{tr1}} = \frac{D_{\mathrm{th1}} + D_{\mathrm{th2}}}{3} + \frac{v_{\mathrm{t}}}{1.8} \tag{12-6}$$

$$D_{\mathrm{tr2}} = \frac{2v_{\mathrm{t}}}{1.8} \tag{12-7}$$

$$D_{\mathrm{tr3}} = \frac{3v_{\mathrm{t}}}{1.8} \tag{12-8}$$

式中 v_{t}——设计速度（km/h）；

$v_{\mathrm{t}}/1.8$——2s 内的行驶距离。

与之对应的各过渡区段亮度为

$$L_{\mathrm{tr1}} = 0.15 \times L_{\mathrm{th1}} \tag{12-9}$$

$$L_{\mathrm{tr2}} = 0.05 \times L_{\mathrm{th1}} \tag{12-10}$$

$$L_{\mathrm{tr3}} = 0.02 \times L_{\mathrm{th1}} \tag{12-11}$$

4. 中间段

隧道照明中间段是过渡段与出口段之间的区段。中间段照明主要是为了保证车辆的安全行驶，其所需要的亮度是由行车速度和路面的反射条件决定的。

目前我国公路隧道的中间段照明亮度借鉴了欧盟隧道照明标准和日本隧道照明指针等标准的有关规定，并充分考虑了我国公路隧道运营实情和基于小目标物体发现距离的人体生物效应照明效果测试结果，给出了表 12-4 所列的中间段照明亮度建议值。

表 12-4   隧道照明中间段亮度 L_{in} （单位：$\mathrm{cd/m^2}$）

设计速度 v_{t} /（km/h）	单向交通		
	$N \geqslant 1200\mathrm{veh}/(\mathrm{h \cdot ln})$	$350\mathrm{veh}/(\mathrm{h \cdot ln}) < N < 1200\mathrm{veh}/(\mathrm{h \cdot ln})$	$N \leqslant 350\mathrm{veh}/(\mathrm{h \cdot ln})$
	双向交通		
	$N \geqslant 650\mathrm{veh}/(\mathrm{h \cdot ln})$	$180\mathrm{veh}/(\mathrm{h \cdot ln}) < N < 650\mathrm{veh}/(\mathrm{h \cdot ln})$	$N \leqslant 180\mathrm{veh}/(\mathrm{h \cdot ln})$
120	10.0	6.0	4.5
100	6.5	4.5	3.0
80	3.5	2.5	1.5
60	2.0	1.5	1.0
20~40	1.0	1.0	1.0

当中间段位于曲线路段时，照明灯具的布置应符合下列要求：应为驾驶员提供良好的诱导性；平曲线半径不小于 1000m 的曲线段，其照明灯具可参照直线路段布置；平曲线半径小于 1000m 的曲线段采用侧偏单光带布灯方式时，灯具应沿曲线外侧布置，并应减小灯距，其间距宜为直线路段灯具间距的 50%~70%，半径越小则间距应越小；平曲线半径小于 1000m 的曲线段采用两侧布灯方式时，宜采用对称布置。在反曲线路段上，宜在固定的一侧设置灯具，发生视线障碍时可在曲线段外侧增设灯具。

此外，在隧道内分岔口、交叉口等交通复杂路段的照明应适当加强（不宜低于中间段亮度的 3 倍），并应为驾驶员提供良好的诱导性；由于紧急停车带上经常进行车辆检修，故紧急停车带照明宜采用显色指数高的光源，其照明亮度不应低于 $4.0\mathrm{cd/m^2}$；横通道亮度不应低于 $1.0\mathrm{cd/m^2}$。

5. 出口段

白天车辆穿过较长的隧道而接近出口时，由于出口外部亮度较高，出口看上去是个亮洞，驾驶员的视觉出现较强的眩光，因而视觉产生不舒服的感受；夜间与白天正好相反，隧道出口看上去是黑洞而不是亮洞，造成分辨外部道路的线形及障碍物困难。同时，在隧道出口附近，前车背后的小型车辆常难以发现、视认，容易发生车祸。设置出口加强照明后，有助于消除这类视觉困难（图12-12）。

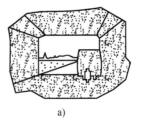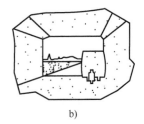

图 12-12　隧道出口加强照明的效果
a）未设加强照明　b）设加强照明

在双向交通隧道，隧道两端均设置有入口段、过渡段，因此能较好地解决视觉上的问题，可不考虑出口段照明。在单向交通隧道，则应设置出口段照明。出口段长度宜划分为 $\mathrm{ex_1}$、$\mathrm{ex_2}$ 两个照明段，每段长度宜取 30m，$\mathrm{ex_1}$ 段亮度宜取为中间段亮度 L_{in} 的 3 倍、$\mathrm{ex_2}$ 段亮度宜取为中间段亮度 L_{in} 的 5 倍。

从出口段眩光问题上看，阳光可能直接贯入隧道，形成强烈的直接眩光。为了避免这种现象的发生，出口段应做适当处理。其方法主要有两个：在洞内出口段设置曲线，或在洞外设置曲线段并做遮挡。

6. 应急照明与洞外引道照明

当日常的照明电源出现故障或停电时，应利用不间断应急电源为照明系统的应急灯具供电，保证提供最低的亮度水平。应急照明灯具在隧道正常运营时兼作基本照明灯具，是基本照明的一部分，处于长期开启状态。相关规范要求长度大于 500m 的高速公路隧道应设置不间断照明供电系统；长度大于 1000m 的其他等级公路隧道应设置应急照明系统，并保证中断时间不超过 0.3s，维持时间不短于 30min。为配合启用应急照明，应在洞外一定距离处设置信号灯或可变信息板显示警告信息。启用应急照明时，洞内路面亮度应不小于中间段亮度的 10%，且不低于 $0.2\mathrm{cd/m^2}$。高速公路长隧道和长度大于 2000m 的其他等级公路隧道应设置疏散照明。横通道照明应作为应急照明考虑，平时处于关闭状态，仅在紧急状态下或使用横通道时开启。

当隧道处于无照明路段时，容易出现因洞外亮度反差引起的视觉偏差，因此应在洞外引道段设置照明，以利于驾驶员提前察觉隧道状况或洞外道路状况。洞外引导设置照明亮度与长度不宜低于表12-5中的值。

表 12-5　隧道洞外引道设置照明亮度与长度

设计速度 v_t/(km/h)	照明亮度/(cd/m²)	长度/m
120	2.0	240
100	2.0	180
80	1.0	130
60	0.5	95
20~40	0.5	60

12.2.3　运营隧道照明计算

隧道照明计算包括：路面任一点的照度和平均照度计算，任一点的亮度、平均亮度、亮度均匀度的计算。

1. 照度计算

表面上一点的照度，是入射在包含该点的面元上的光通量与该面元面积之比。隧道路面照度计算方法有多种，可利用灯具的光强分布表、系数曲线图、等光强（曲线）图、亮度产生曲线图等光度数据计算；还可利用计算机进行数值计算。这里介绍利用光强分布表的数值计算方法。

1）某一灯具 i 在洞内路面某一计算点 p 产生的水平照度为

$$E_{pi} = \frac{I_{c\gamma}}{H^2}\cos^3\gamma\,\frac{\phi}{1000}M \tag{12-12}$$

式中　E_{pi}——灯具在洞内路面计算点 p 产生的水平照度（lx）；

γ——p 点对应的灯具光线入射角（°）；

$I_{c\gamma}$——灯具在计算点 p 的光强值（cd）；

M——灯具的养护系数，无资料时，取 0.6~0.7；

ϕ——灯具的额定光通量（lm）；

H——灯具光源中心至路面的高度（m）。

2）数个灯具在计算点 p 所产生的照度为

$$E_p = \sum_{i=1}^{n} E_{pi} \tag{12-13}$$

式中　E_p——p 点的水平照度（lx）；

n——灯具数量，计算时可取计算区域前后各一组。

3）路面平均水平照度为

$$E_{av} = \sum_{i=1}^{m} E_p/m \tag{12-14}$$

式中　E_{av}——路面平均水平照度（lx）；

m——计算区域内计算点的总数（个）。

2. 亮度计算

亮度是单位投影面积上的发光强度。

1）某灯具 i 在路面计算点 p 产生的亮度为

$$L_{pi} = \frac{I_{c\gamma}}{H^2}r(\beta,\gamma) \tag{12-15}$$

式中　L_{pi}——灯具 i 在计算点 p 产生的亮度（cd/m²）；

$r(\beta,\gamma)$——简化亮度系数；

β——观察面与光入射面之间的夹角（°）。

2）数个灯具在计算点 p 产生的亮度 L_p 为

$$L_p = \sum_{i=1}^{n} L_{pi} \tag{12-16}$$

3）计算区域内路面的平均亮度 L_{av} 为

$$L_{av} = \sum_{i=1}^{m} L_p/m \tag{12-17}$$

3. 均匀度计算

1）路面亮度总均匀度为

$$U_0 = L_{min}/L_{av} \tag{12-18}$$

式中　U_0——路面亮度总均匀度；

　　　L_{min}——计算区域内路面最小亮度（cd/m^2）。

2）路面中线亮度纵向均匀度为

$$U_1 = L'_{min}/L'_{max} \tag{12-19}$$

式中　U_1——路面中线亮度纵向均匀度；

　　　L'_{min}——路面中线最小亮度（cd/m^2）；

　　　L'_{max}——路面中线最大亮度（cd/m^2）。

■ 12.3　防灾救援

　　隧道在运营期间可能发生多种灾害，其中以火灾发生较为常见。隧道火灾发生后，具有燃烧速度快、温度高，产生大量烟雾和有毒气体难以排出，人员疏散和扑救困难等特点，造成损失严重，因此需要针对运营隧道火灾设置相应的防灾救援设施。

12.3.1　隧道火灾烟流特性及控制

1. 隧道火灾烟流特性

　　火灾来发生过程可以大致分为 3 个阶段（图 12-13）：发展阶段、稳定阶段、衰减阶段。对隧道火灾来说，根据火区火灾烟流温度随时间的变化特点，这 3 个阶段的特点为：火灾发展阶段，该阶段供氧充足，火势不断增大，烟流最高温度不断增高，烟流中的氧气浓度下降，二氧化碳等有毒有害气体的浓度上升；火灾稳定阶段，该阶段的火势基本稳定，烟流最高温度变化很小，如果燃料充分且有供风，火势会一直持续下去；火灾衰减阶段，该阶段的火势逐渐减小，烟流的最高温度随时间的增加而下降，烟流中氧气的浓度升高，二氧化碳和一氧化碳的浓度降低。

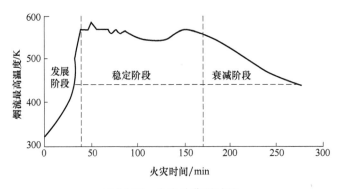

图 12-13　火灾的典型过程

　　根据火灾时烟流的流动状态和烟流对隧道的污染状态，可将火灾时的隧道分为 3 个区域（图 12-14）：火区上游，位于燃烧区域的上风侧；火区，是有可燃物燃烧的区段和火焰已到达区段的集合；火区下游，是位于火区下风侧的所有被烟流污染的区域。

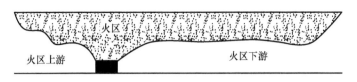

图 12-14 火灾时隧道区域划分（通风速度适宜时）

2. 隧道火灾烟流的通风控制

隧道内发生火灾时，会产生大量的高温烟气，需要进行通风对烟流的流动和扩散进行控制，为人员的疏散和火灾扑救创造条件。总的来说，在发生火灾的情况下从安全的角度考虑，在设计中应采取如下原则：控制烟流蔓延，尽可能使人们在无烟状态疏散。在任何情况下，人们必须能够在合理的短时间内以及合理短的距离到达安全的地方，通风系统必须能够保证逃生路线和待援点无烟流污染。在发生汽油燃烧的情况下，必须避免由于不完全燃烧所造成的间接爆炸，因此通风系统必须能够提供充足的空气，使其充分燃烧，或者稀释爆炸性气体。

以隧道纵向通风方式为例，在通风风速较高的条件下，高温烟气会在很短的时间内（20~30s）充满整个隧道断面，使隧道内的能见度降到1m左右。当隧道内通风风速过小，而火灾规模较大时，在火灾过程中会出现烟流与风流分层流动的现象。在火区附近，烟流沿着顶板，逆着风流流动一段距离，这种现象被称为烟气逆流（图12-15）。当隧道内通风风速过大，一方面将使火灾向下游扩散速度加快，另一方面浮力作用所产生的升力将无法带动烟气向上流动，在火灾下游，烟流处于紊流状态，烟气出现底层化现象，即烟流主要在隧道下部流动（图12-16）。因此，火灾时需要将隧道内通风风速控制在一个合理的范围内，即存在一个临界风速。在该风速条件下，隧道内将不会出现烟气逆流，此时，火灾下游烟气层下方有干净且可供呼吸的空气，给疏散救援带来方便（图12-14）。

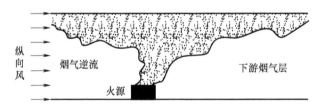

图 12-15 通风速度过小时烟气逆流

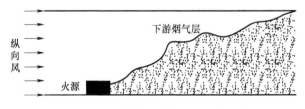

图 12-16 通风速度过大时烟气底层化

目前临界风速的确定方法较多，较为常用的计算方法包括世界道路协会（PIARC）的推荐计算公式、Kennedy 计算公式，以及在此基础上修正的一些计算公式等。以下简要介绍世界道路协会的推荐公式，即

$$v_c = K_1 K_2 \left[\frac{gHQ}{\rho_m C_P A \left(\dfrac{Q}{\rho_m C_P A v_c} + T_m \right)} \right]^{1/3} \qquad (12\text{-}20)$$

式中 $K_1 K_2$——常数；

  g——重力加速度（m/s²）；

  H——隧道高度（m）；

  Q——火场火灾热释放率（MW）；

  A——隧道横截面积（m²）；

  C_P——空气比热，0.2kcal/(kg·℃)；

  ρ_m——周围空气密度（kg/m³）；

  T_m——周围空气温度（℃）。

在考虑诸如火场宽度等参数的情况下，根据三维数值模拟分析，也可以确定临界风速（图 12-17）。

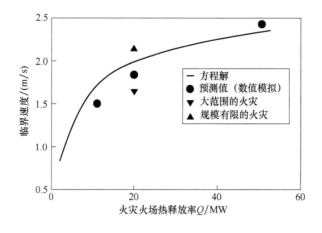

图 12-17　临界风速计算值与理论值

一般条件下（小型火灾），将隧道内纵向风速控制在 2~3m/s 可避免回流现象发生，防止火灾范围扩大。因此，隧道火灾场景的通风烟流控制标准为：风流方向为纵向，由火区上游流向火区下流，风速控制在 2~3m/s。我国铁路隧道防灾通风的临界风速要求不小于 2m/s。

12.3.2　公路隧道防灾救援系统

由于隧道防灾救援涉及因素众多，系统组成复杂，对特长公路隧道通常需要开展专题研究以保证防灾救援系统构建的合理性。目前我国公路隧道的防灾救援系统大致包括防火安全设施、人员疏散通道及疏散模式、隧道火灾救援预案。

1. 公路隧道防火安全设施

公路隧道防火安全设施主要包括交通安全设施、通风设施、照明设施、交通监控设施、紧急呼叫设施、火灾探测报警设施、消防设施与通道、中央控制管理设施、其他设施等交通工程及其附属设施，见表 12-6。各种设施在隧道防火中既明确分工，又相互配合，共同发挥作用。目前我国公路隧道在防火安全设施配置上，是依据隧道内发生火灾等紧急事件的年事故概率（年事故

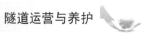

概率与隧道单洞长度 L 和设计年度预测隧道单洞年平均日交通量 q 的乘积线性相关），共分为 A+、A、B、C、D 5 级（图 12-18）分级配置。

表 12-6　公路隧道防火安全设施

序号	设施类型	设施内容
1	交通安全设施	标志、标线、轮廓标
2	通风设施	风机、能见度检测器、CO 检测器、NO_2 检测器、风速风向检测器
3	照明设施	灯具、亮度检测器
4	交通监控设施	车辆检测器、视频事件检测器、摄像机、可变信息标志、可变限速标志、交通信号灯、车道指示器、交通区域控制单元
5	紧急呼叫设施	紧急电话、隧道广播
6	火灾探测报警设施	火灾探测器、手动报警按钮、火灾声光警报器
7	消防设施与通道	灭火器、消火栓、固定式水成膜泡沫灭火装置、通道
8	中央控制管理设施	计算机设备、显示设备、控制台
9	其他设施	供配电设施、接地与防雷设施、线缆及相关设施

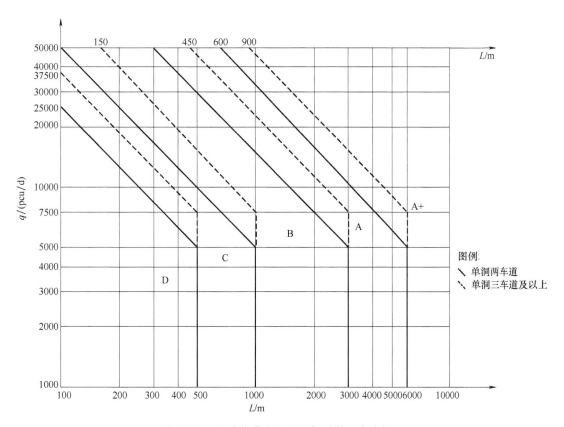

图 12-18　公路隧道交通工程与附属设施分级图

2. 人员避难逃生通道及疏散模式

公路隧道常见的人员避难逃生通道设置方法主要有以下4种：见表12-7。

（1）联络通道疏散模式 这种方式在公路隧道最常见，利用两座分离隧道之间的联络通道（人行通道、车行通道）作为逃生救援通道，人员和车辆从着火隧道中疏散到相邻隧道内进行逃生。

（2）服务隧道疏散模式 在一些特长隧道、海底隧道中设置有与隧道平行的服务隧道（施工期间作为平行导坑，运营期间转为服务隧道），可以利用服务隧道作为人员逃生通道。

（3）车道板下逃生通道疏散模式 在盾构隧道中，由于隧道断面为圆形，可以充分利用车道板下的空间，作为人员逃生疏散的通道。

（4）隧道竖井疏散模式 在一些浅埋的城市道路隧道中，可利用通风竖井作为人员的逃生疏散通道，人员迎着送风的方向逆向逃生，但是这种疏散模式存在人员在垂直方向上行的情况，疏散能力相对较弱。

表 12-7 公路隧道人员避难逃生通道及疏散模式

避难逃生通道	通行能力	逃生路径	对相邻隧道的影响	通风效果	设置间距
服务隧道	最高	短	较小	较好	—
联络通道	较高	短	较大	较好	100~500m
车道板下通道	较低	较长	无	差	60~80m
隧道竖井	最低	最长	无	差	1000m 以上

3. 隧道火灾救援预案

为降低隧道运营风险，减少事故所带来的人员和财产损失，需要进行救援预案的制定。隧道救援预案一般包括交通事故救援预案和火灾救援预案，涵盖了多系统（如监控、通风、照明、消防等）及外部救援资源的联动控制方案，是一个涉及多行业、多部门、全过程的综合性救援方案。公路隧道火灾救援预案主要包括资源数据库、预案实施、预案更新、救援演习计划、管理人员训练计划、隧道应急手册等，如图12-19所示。

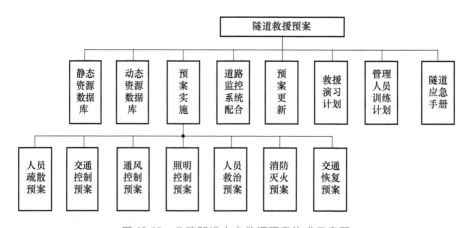

图 12-19 公路隧道火灾救援预案构成示意图

公路隧道火灾救援预案的执行流程如图12-20所示。

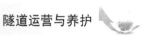

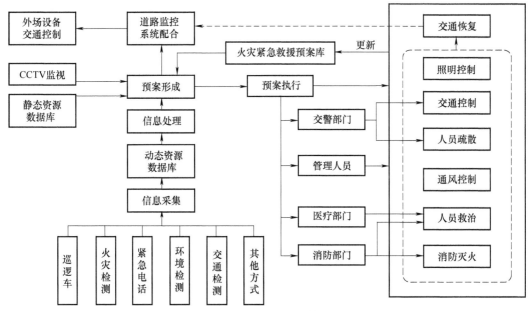

图 12-20 公路隧道火灾救援预案的执行流程图

12.3.3 铁路隧道防灾救援系统

铁路隧道防灾救援系统与公路隧道防灾救援系统类似,主要包括防灾救援疏散系统、防灾救援空间系统和防灾救援设备系统。此处主要对铁路隧道的防灾救援空间系统进行介绍,它包括紧急救援站、紧急出口、避难所、联络横通道、疏散通道等土建结构。

1. 紧急救援站

铁路隧道紧急救援站目前包括隧道内紧急救援站和隧道口紧急救援站两种类型,是铁路隧道防灾救援体系中重要的疏散设施。

1) 毗邻铁路隧道紧急救援站如图 12-21 所示,分为单洞和双洞两种情况,紧急救援站设置在隧道洞口。

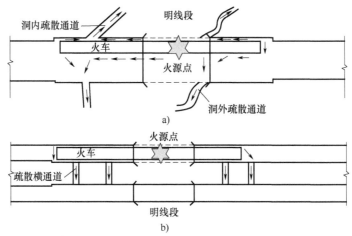

图 12-21 毗邻铁路隧道紧急救援站结构形式及疏散模式
a) 毗邻单洞 b) 毗邻双洞

2）单体单洞铁路隧道紧急救援站如图 12-22 所示，通常采用加密横通道的形式，一般会利用施工留下来的辅助坑道，将斜井或者横洞作为紧急救援站的进风风道和疏散通道，与加密横通道区域的横通道相连。

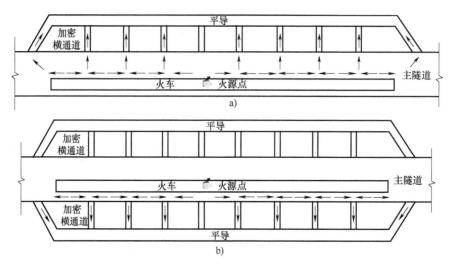

图 12-22　单体单洞铁路隧道紧急救援站结构形式及疏散模式

a）单侧加密横通道　b）双侧加密横通道

3）单体双洞铁路隧道紧急救援站如图 12-23 所示，通常采用加密横通道的方式，利用双洞隧道的有利条件，在隧道中部利用横通道将两座隧道相连，每条横通道均设置双向防火门，形成隧道之间互救、联络的防灾救援格局。

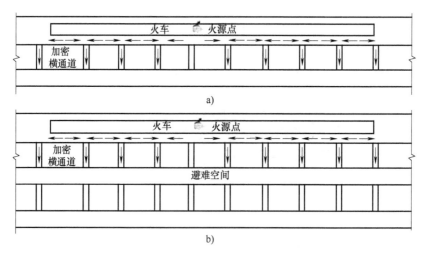

图 12-23　单体双洞铁路隧道紧急救援站结构形式及疏散模式

a）加密横通道　b）加密横通道及避难空间

2. 紧急出口和避难所

单洞隧道中多设置紧急出口，常结合施工中的辅助坑道，以斜井式、横洞式和出入口平导式居多，也有在隧道侧壁开口作为紧急出口的形式。当隧道埋深较大或受到特殊复杂的地形地质条件限制无法设置紧急出口时，则需要在隧道内或疏散通道内设置避难所，作为人员暂时休息、等待外界救援的场所。常见的紧急出口和避难所形式及其火灾时通风模式如图12-24所示，火灾时人员的疏散方向与图中所示的通风方向相反。

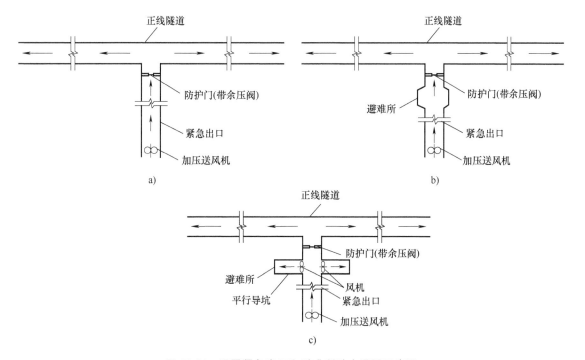

图 12-24　设置紧急出口和避难所防灾通风示意图

a）仅设紧急出口　b）设避难所（紧急出口局部加宽）　c）设平行导坑作为避难所

12.4　隧道结构养护

隧道施工期间可能会因为施工质量原因造成衬砌强度和厚度不足，背后脱空等质量缺陷；运营期间因围岩压力、围岩膨胀性或冻胀性压力、腐蚀性等作用使衬砌开裂、剥落、掉块甚至坍塌等裂损及病害；在地下水丰富时，往往会同时产生衬砌渗漏水等病害。为维持隧道结构的正常使用功能，隧道运营期间的结构检查和维修等养护工作非常必要。

12.4.1　隧道结构检查与评价

公路隧道和铁路隧道在隧道结构的检查上工作流程都大同小异，所采用的仪器和方法也基本一致。此处以公路隧道为例，介绍隧道结构的检查与评价。

1. 隧道结构检查

隧道结构检查是运营期间对隧道结构进行养护的第一步。隧道结构的养护工作包括日常巡查、清洁、结构检查与技术状况评定、保养维修和病害处治等内容，其中结构检查包括经常检查、定期检查、应急检查和专项检查，见表12-8。

隧道结构检查的范围包括洞口、洞门、衬砌、路面、检修道、排水设施、顶棚及各种预埋件、内装饰、标志标线及轮廓标这9个分项，检查工作流程如图12-25所示。图中所示的经常检查结果评定方法为定性判断，"S"代表情况正常；"B"代表一般异常，需要进一步检查或观测/异常情况不明；"A"代表严重异常，需要采取处理措施。

表 12-8　隧道土建结构检查工作形式分类

类　型	目　　的	检查手段
经常检查	对土建结构的外观状况进行的一般性定性检查	人工观察、记录
定期检查	按规定频率对土建结构的技术状况进行全面检查	人工观察为主，辅以简单工具量测
应急检查	在隧道遭遇自然灾害、发生交通事故或出现其他异常事件后对遭受影响的结构进行详细检查	与定期检查相同，部分情况下采用专用仪器设备和试验测试
专项检查	根据经常检查、定期检查和应急检查的结果，对于需要进一步查明缺损或病害的详细情况的隧道，进行更深入的专门检测、分析等工作	专用仪器设备为主，结合人工观察和量测，并需要做部分试验测试

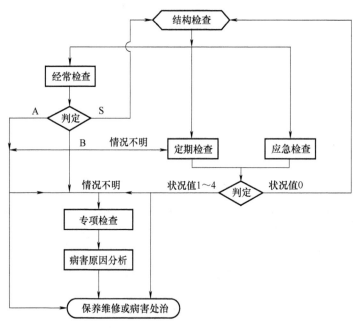

图 12-25　隧道土建结构检查工作流程

2. 技术状况评定

隧道土建结构一般情况下，宜每年检查 1 次，最长不得超过 3 年。通过定期检查，收集了隧道土建结构的缺损或病害的详细资料以后，需要对隧道结构进行技术状况评定，为制订隧道结构养护工作计划提供依据。目前公路隧道结构的技术状况评定方法已经从定性方法向定量方法过渡，在《公路隧道养护技术规范》（JTG H12—2015）中提出了隧道土建结构技术状况评分指标 $JGCI$ 计算的方法，即

$$JGCI = 100 \times \left[1 - \frac{1}{4} \sum_{i=1}^{n} \left(JGCI_i \times \frac{w_i}{\sum_{i=1}^{n} w_i} \right) \right] \tag{12-21}$$

式中　w_i——分项权重；

　　　$JGCI_i$——分项状况值，值域 0~4。

其中 $JGCI_i = \max (JGCI_{ij})$，$JGCI_{ij}$ 为各分项检查段落状况值，i 为分项检查内容的序号（包括如前所述的 9 项分项检查内容），j 为隧道检查分段的段落编号。

根据式（12-21）的计算结果，可以将隧道土建结构的技术状况结果分为 1~5 类。不同的评定类别隧道，采取不同的养护对策，见表 12-9。

表 12-9　隧道土建结构技术状况评定类别及养护对策

类别	评分界限值	评定类别描述	养护对策
1	≥85	完好状态。无异常情况，或异常情况轻微，对交通安全无影响	正常养护
2	≥70，<85	轻微破损。存在轻微破损，现阶段趋于稳定，对交通安全不会有影响	应对结构破损部位进行监测或检查，必要时实施保养维修
3	≥55，<70	中等破损。存在破坏，发展缓慢，可能会影响行人、行车安全	应对结构破损部位进行重点监测，并对局部实施病害处治
4	≥40，<55	严重破损。存在较严重破坏，发展较快，已影响行人、行车安全	应尽快实施结构病害处治措施，并应及时实施交通管制
5	<40	危险状态。存在严重破坏，发展迅速，已危及行人、行车安全	应及时关闭隧道，实施病害处治，特殊情况需进行局部重建或改建

12.4.2　隧道结构养护措施

隧道结构养护措施主要分为保养维修和病害处治两个层次的措施。根据隧道结构检查的结果，结合隧道的设计与施工技术资料、地质资料和病害发生过程做综合分析和研究，选定合适的养护措施。

1. 隧道维修管理的基本理念

对运营条件下的隧道衬砌进行维修时应以充分利用既有衬砌结构的承载能力、改善衬砌结构的受力状态、恢复衬砌结构的功能为目的，采用可分步实施的可靠性高、安全有保障的维修方案，运用操作性强、合适的施工工艺保证施工质量，从而高效地对隧道衬砌进行维修，减少对隧道运营和行车的影响。目前已经形成了运营隧道维修管理的基本理念为"预防为主""早期发现""及时维护"和"对症下药"。

（1）预防为主　预防措施维修管理是在劣化发生之前通过详细的检查并采取必要的对策不让劣化发生，是最经济的维修管理方法。

（2）早期发现　隧道变异的发生一般都是有前兆的，早期发现这些前兆，并做出正确的判定，及时处理可能发生的变异，是当前各国进行隧道维修管理的基本前提。

（3）及时维护　在隧道变异发生的初期阶段只采取一些简单的措施就可解决问题，但在发展过程中则必须采取强有力的措施，即隧道出现变异及时维修会达到事半功倍的效果。

（4）对症下药　隧道的变异是各种各样的，整治的方法也是各种各样的。必须了解变异和各种整治对策的相互对应关系，以期获得最好的治理效果。

2. 隧道结构保养维修

隧道结构的保养维修包括经常性或预防性的保养和轻微缺损部分的维修等内容，目的是在隧道结构轻微破损的情况下，恢复和保持结构的正常使用状况，一般在分项检查内容技术状况评分指标为 2 以下的状况下采用。保养维修所采取的措施相对有限和简单，主要包括清除杂物、渗水引排、疏通排水边沟、修补盖板和标志标线、跟踪观测衬砌裂缝发展等。

3. 隧道结构病害处治

当隧道被评为 3 类及以下类别时，需要实施局部或段落病害处治，目的是修复破损结构、消除结构病害、恢复结构物设计标准、维持良好的技术功能状态。选定隧道结构病害治理方法，重要的是正确把握病害产生的原因。隧道结构病害往往是几种原因重复出现造成的结果，设计的欠缺、材料性质和施工不当，都会引起隧道结构的病害。表 12-10 列出了常用的隧道结构病害治理方法，可根据病害情况和需要进行选择。

表 12-10　隧道结构病害治理方法选择表

治理方法	松弛压力	偏压	地层滑坡	膨胀性压力	承载力不足	静水压	冻胀力	材料劣化	渗漏水	衬砌背面空隙	衬砌厚度不足	无仰拱	病害现象特征
	外力引起的变化									其他			
衬砌背后注浆	★	★	★	★	★	★	★		○	★	★		1. 衬砌裂纹、剥离、剥落 2. 支护结构有脱空
防护网								★					1. 衬砌裂纹、剥离、剥落 2. 衬砌材料劣化
喷射混凝土	○	☆		☆	☆	○	○	☆			☆		
施作钢带				☆				○			☆		
锚杆加固	☆	★	☆	★	★	○	☆	○			☆	★	1. 拱部混凝土和侧壁混凝土裂纹，侧壁混凝土挤出 2. 路面裂缝，路基膨胀
排水止水	○	○	☆	○	○	★	★	○	★				1. 衬砌裂纹或施工缝漏水增加 2. 随衬砌内漏水流出大量砂土
凿槽嵌拱或直接增设钢拱	★	★	★	★	★	★	★	○					1. 衬砌裂纹、剥离、剥落 2. 衬砌材料劣化
套拱	○	☆	☆	☆	☆	○	○	☆				★	
隔热保温							★						1. 拱部混凝土和侧壁混凝土裂纹，侧壁混凝土挤出 2. 随季节变化而变动
滑坡整治		☆	★										1. 衬砌裂缝，净空宽度缩小 2. 路面裂缝，路基膨胀

（续）

治理方法	病害原因											病害现象特征
	外力引起的变化								其他			
	松弛压力	偏压	地层滑坡	膨胀性压力	承载力不足	静水压	冻胀力	材料劣化	渗漏水	衬砌背面空隙	衬砌厚度不足	无仰拱	
围岩压浆	○	○				○	○	○	☆	☆	☆	☆	1. 拱部混凝土和侧壁混凝土裂纹，侧壁混凝土挤出 2. 路面裂缝，路基膨胀
灌浆锚固	☆	★	★	★	★						○	★	
隧底加固		★	☆	★	★	○	☆					★	
更换衬砌	☆	☆	☆	☆	☆	○	○	★	☆	☆	★	★	

注：1. 符号说明："★"表示对病害处治非常有效的方法；"☆"表示对病害处治较有效的方法；"○"表示对病害处治有些效果的方法。

2. 松弛压力中包括突发性崩溃。

 思考题与习题

1. 简述隧道运营通风方式的分类及特点。

2. 请说明选择隧道运营通风方式时需要考虑的因素。

3. 简述隧道照明划分的区段及其亮度要求。

4. 简述隧道火灾烟流特性及通风控制措施。

5. 公路隧道人员疏散有哪几种模式？

6. 铁路隧道防灾救援土建设施有哪几种类型？

7. 简述隧道土建结构技术状况评定类别划分及对应的养护措施。

8. 隧道维修管理的基本理念是什么？

 本章资源二维码

第 12 章资源

附录　隧道工程专业术语

1. 基本概念

1.1 隧道 tunnel

隧道是修筑在岩体、土体内或水底，两端有出入口的通道，供车辆、行人、管线、电缆、水流、物流等通过的工程构筑物。

1.2 连拱隧道 multi-arch tunnel

并行的两拱形隧道之间无中夹岩柱、隧道的人工结构连接在一起的隧道。

1.3 小净距隧道 neighborhood tunnel

并行的两隧道间净距较小、两洞结构彼此产生有害影响的隧道。

1.4 分岔隧道 branching-out tunnel

由双向行驶的大跨隧道或连拱隧道，经小净距逐渐过渡到分离式双洞的隧道。

1.5 埋深 buried depth

隧道开挖断面的顶部至自然地面的垂直距离。

1.6 浅埋隧道 shallow buried tunnel

埋置深度较浅，开挖的影响波及地面的隧道。

1.7 深埋隧道 deep buried tunnel

埋置深度较深，开挖的影响一般不会波及地面的隧道。

2. 隧道结构与构造

2.1 隧道建筑限界 structural approach limit of tunnel

在保证机车车辆安全行驶的条件下，衬砌结构和各种设备不受损害，以及考虑通风、安设接触网等设施、预留安全空间或救援通道等要求时隧道内保有的最小空间。

2.2 隧道纵断面 tunnel profile

沿隧道中心线展直后，隧道在垂直面上的投影图。

2.3 隧道断面轮廓 tunnel contour

与线路方向垂直的隧道横断面轮廓。

2.4 隧道净断面 tunnel clearance

隧道衬砌内轮廓线所包含的隧道轨面线以上部分，或隧道衬砌内轮廓线与路面、侧沟所围成的断面区域。

2.5 复合式衬砌 composite lining

允许围岩产生一定变形，而又充分发挥围岩自承能力的一种衬砌，由初期支护、防水层和二次衬砌组合而成。

2.6　喷锚衬砌 shotcrete and rock bolt lining

由喷射混凝土、锚杆、钢筋网、钢架等构件组合而成的支护结构。

2.7　整体式衬砌 monolithic lining

用模筑混凝土或砌体施作的衬砌。

2.8　装配式衬砌 precast lining；prefabricated tunnel lining

由预制构件在隧道内拼装的衬砌。

2.9　隧道洞门 tunnel portal

为维持洞口边仰坡稳定，引排坡上水流并装饰洞口而修建的门式建筑物。

2.10　明洞 open-cut tunnel

在隧道口部和路堑地段为防止塌方、落石、雪崩等影响行车，用明挖法修建的掩土建筑物。

2.11　棚洞 tunnel shed；hangar tunnel

在半路堑地段，为防御塌方、落石等而修建的棚式建筑物。

2.12　隧道拱部 tunnel arch

隧道起拱线以上的拱形衬砌结构。

2.13　隧道边墙 tunnel sidewall

隧道拱部以下两侧的衬砌结构。

2.14　隧道仰拱 tunnel invert

隧道底部反拱形的衬砌结构。

3. 围岩

3.1　隧道围岩 tunnel surrounding rock

隧道工程影响范围内的岩土体。

3.2　围岩压力 pressure of surrounding rock

隧道开挖后，因围岩变形或松弛等原因作用于支护或衬砌结构上的压力，又称地层压力。

3.3　松散压力 loosening pressure

由于隧道开挖，隧道上方的围岩松动，以相当于一定高度的围岩重量作用于支护或衬砌结构上的压力。

3.4　形变压力 deformation pressure

隧道开挖后，围岩周边发生变形，作用于支护结构上的压力。

3.5　天然拱 natural arch

在假定围岩压力与地层埋深无关的前提下，认为开挖隧道后，隧道上方围岩形成能维持岩土稳定的自承拱。

4. 工程勘察

4.1　工程勘探 engineering exploration

揭示和认识地层层序、岩土工程特性的各种勘探手段的总称，包括物探、简易勘探（挖探、洛阳铲勘探、小螺纹钻探，轻型动力触探等）、静力触探和钻探。

4.2　隧道围岩分级 tunnel surrounding rock classification

根据岩、土体完整程度和岩石坚硬程度等主要指标，按稳定性对围岩进行的等级划分。

4.3　岩体基本质量指标 rock basic quality index

以岩体完整程度及岩石坚硬程度为基本参数确定的围岩质量指标。

4.4　岩体修正质量指标 rock modified quality index

根据地下水、主要软弱结构面及初始应力状态等因素，对岩体基本质量指标进行修正后的岩体质量指标。

5. 隧道设计

5.1 破损阶段设计法 plastic stage design method

考虑结构材料破坏阶段的工作状态进行结构构件设计计算的方法。

5.2 允许应力设计法 allowable stress design method

以结构构件截面计算应力不大于规定的材料允许应力的原则,进行结构构件设计计算的方法。

5.3 概率极限状态设计法 probability limit state design method

基于概率理论,以防止结构或构件达到某种工作要求的极限状态作为依据的结构设计计算方法。

5.4 地层-隧道结构相互作用 ground-tunnel structure interaction

地层不仅对结构施加荷载,同时地层又以弹性抗力形式帮助结构承受荷载或调整结构内力,其相互作用取决于地层与结构的相对刚度比。

5.5 荷载-结构法 load-structure method

按弹性地基梁理论计算衬砌内力并进行结构截面设计的方法。

6. 隧道施工

6.1 暗挖法 under-cutting method

全部在地下进行开挖和修筑衬砌结构的隧道施工方法。

6.2 明挖法 cut and cover method; open-cut method

先挖开地表面,再修建隧道衬砌结构,后回填土石、恢复地面的隧道施工方法。

6.3 盾构法 shield method

使用盾构施工机械进行开挖、出渣、衬砌等作业修筑隧道的暗挖施工方法。

6.4 掘进机法(TBM 法)tunnel-boring machine method; TBM method

使用集掘进(机械切削岩石)、出渣、支护等多功能为一体的大型高效隧道施工机械进行隧道开挖的方法,简称 TBM 法。

6.5 顶管法 pipe jacking

利用液压顶进设备,将预制管节从顶进井顶到接收井的非开挖管道施工方法。

6.6 沉管法 immersed tunnelling method

在地面分节制作基本结构单元,然后将其通过浮运、沉放、水下对接形成隧道的施工方法。

6.7 钻爆法 drilling and blasting method

在岩土中钻凿孔眼,装入炸药进行爆破开挖的隧道施工方法。

6.8 新奥法 new Austrian tunnelling method, NATM

采用锚杆、喷射混凝土等围岩支护和加固手段以及合理的开挖方法,并通过对围岩的监控量测指导设计与施工、控制围岩变形,使围岩成为支护体系的一部分,以便充分发挥围岩的自承能力,保证围岩稳定的一种隧道修建方法。

6.9 全断面法 full face method

将整个隧道断面一次开挖成型的施工方法。

6.10 台阶法 bench cut method

将隧道断面分层,各层的开挖与衬砌沿隧道纵轴错开并进的隧道施工方法。

6.11 分部开挖法 sequential excavation method

先超前开挖导坑,然后将导坑扩大到半断面或全断面的施工方法。

6.12　侧壁导坑法 side heading method；side drift method

在软弱的地层中修建大断面隧道时，侧壁导坑超前的隧道施工方法。

6.13　环形开挖预留核心土法 ring cut method

先开挖上部导坑成环形并进行支护，再分部开挖中部核心土、两侧边墙的施工方法。

6.14　中隔壁法 center diagram method

先分部开挖隧道的一侧，并施作中隔壁，然后再分部开挖隧道的另一侧，最终封闭成环的施工方法，也称 CD 法。

6.15　交叉中隔壁法 center cross diagram method

先开挖隧道一侧的一或二部分，施作部分临时中隔壁墙、横隔板及临时仰拱，然后开挖隧道另一侧的一或二部分，再开挖最先施工一侧的最后部分，并延长中隔壁墙，最后开挖剩余部分的施工方法，也称 CRD 法。

6.16　光面爆破 smooth blasting

为使爆破形成平整的开挖面，减小超挖，由开挖面中部向外侧依次顺序起爆的爆破方法。

6.17　导坑 heading；drift

分部开挖隧道时，先行开挖的小断面导坑，又称导洞。

6.18　辅助坑道 service gallery

为改善隧道内排水、通风、运输等施工条件和增辟开挖工作面而设置的与隧道相连的坑道，主要包括横洞、平行导坑、斜井、竖井。

6.19　超前地质预报 geology forecast

在分析既有地质资料的基础上，采用地质调查、物探、超前地质钻探等手段，对隧道开挖工作面前方的工程地质和水文地质条件及不良地质体的工程性质、位置、产状、规模等进行探测、分析、判译及预报。

6.20　监控量测 monitoring measurement

隧道施工中对围岩和支护动态进行的经常性观察和测量。

7. 隧道支护和衬砌

7.1　初期支护 primary support

在开挖后及时施作的支护结构，一般由喷射混凝土、锚杆、钢筋网、钢架组成。

7.2　二次衬砌 secondary lining

初期支护完成后，施作的模筑或预制混凝土结构。

7.3　锚杆 rock bolt；anchor bolt

插入围岩体内加固围岩的一种用实心或空心金属或其他具有高抗拉性能材料加工成的杆形构件。

7.4　超前支护 advance support

在隧道开挖前对开挖面围岩进行预加固的支护。

参 考 文 献

[1] 国家铁路局. 铁路隧道词汇：GB/T 16566—2018 [S]. 北京：中国标准出版社，2018.

[2] 长江水利委员会长江科学院. 工程岩体分级标准：GB/T 50218—2014 [S]. 北京：中国计划出版社，2014.

[3] 中国建筑科学研究院. 混凝土结构设计规范（2015 年版）：GB 50010—2010 [S]. 北京：中国建筑工业出版社，2015.

[4] 国家铁路局. 铁路工程地质勘察规范：TB 10012—2019 [S]. 北京：中国铁道出版社，2019.

[5] 中国铁路总公司. 铁路隧道超前地质预报技术规程：Q/CR 9217—2015 [S]. 北京：中国铁道出版社，2015.

[6] 国家铁路局. 铁路线路设计规范：TB 10098—2017 [S]. 北京：中国铁道出版社，2017.

[7] 国家铁路局. 铁路隧道设计规范：TB 10003—2016 [S]. 北京：中国铁道出版社，2017.

[8] 中国铁路总公司. 铁路隧道设计规范（极限状态法）：Q/CR 9129—2018 [S]. 北京：中国铁道出版社，2019.

[9] 国家铁路局. 铁路隧道盾构法技术规程：TB 10181—2017 [S]. 北京：中国铁道出版社，2017.

[10] 中华人民共和国铁道部. 铁路隧道运营通风设计规范：TB 10068—2010 [S]. 北京：中国铁道出版社，2010.

[11] 国家铁路局. 铁路隧道防灾疏散救援工程设计规范：TB 10020—2017 [S]. 北京：中国铁道出版社，2017.

[12] 中国铁路总公司. 高速铁路隧道工程施工技术规程：Q/CR 9604—2015 [S]. 北京：中国铁道出版社，2015.

[13] 中国铁路总公司. 铁路隧道监控量测技术规程：Q/CR 9218—2015 [S]. 北京：中国铁道出版社，2015.

[14] 中华人民共和国铁道部. 铁路隧道全断面岩石掘进机法技术指南：铁建设〔2007〕106 号 [S]. 北京：中国铁道出版社，2007.

[15] 中国铁路总公司. 铁路隧道工程施工机械配置技术规程：Q/CR 9226—2015 [S]. 北京：中国铁道出版社，2015.

[16] 国家铁路局. 高速铁路隧道工程施工质量验收标准：TB 10753—2018 [S]. 北京：中国铁道出版社，2019.

[17] 铁道部经济规划研究院. 铁路隧道防排水施工技术指南：TZ 331—2009 [S]. 北京：中国铁道出版社，2009.

[18] 中华人民共和国交通运输部. 公路隧道设计规范：第一册 土建工程：JTG 3370. 1—2018 [S]. 北京：人民交通出版社，2019.

[19] 中华人民共和国交通运输部. 公路隧道设计规范：第二册 交通工程与附属设施：JTG/T D70/2—2014 [S]. 北京：人民交通出版社，2014.

[20] 中华人民共和国交通运输部. 公路隧道通风设计细则：JTG/T D70/2-02—2014 [S]. 北京：人民交通出版社，2014.

[21] 中华人民共和国交通运输部. 公路隧道照明设计细则：JTG/T D70/2-01—2014 [S]. 北京：人民交通出版社，2014.

[22] 中华人民共和国交通运输部. 公路隧道施工技术规范：JTG/T 3660—2020 [S]. 北京：人民交通出版社，2020.

[23] 中华人民共和国交通运输部. 公路隧道养护技术规范：JTG H12—2015 [S]. 北京：人民交通出版

社，2015.

[24] 中华人民共和国交通运输部. 公路隧道加固技术规范：JTG/T 5440—2018 ［S］. 北京：人民交通出版社，2019.

[25] 中华人民共和国铁道部. 铁路工程抗震设计规范（2009 年版）：GB 50111—2006 ［S］. 北京：中国计划出版社，2009.

[26] 中华人民共和国住房和城乡建设部. 城市轨道交通结构抗震设计规范：GB 50909—2014 ［S］. 北京：中国计划出版社，2014.

[27] 中华人民共和国交通运输部. 公路隧道抗震设计规范：JTG/T 2232—2019 ［S］. 北京：人民交通出版社，2020.

[28] 中华人民共和国住房和城乡建设部. 地下结构抗震设计标准：GB/T 51336—2018 ［S］. 北京：中国建筑工业出版社，2019.

[29] 中华人民共和国住房和城乡建设部. 建筑基坑支护技术规程：JGJ 120—2012 ［S］. 北京：中国建筑工业出版社，2012.

[30] 中华人民共和国住房和城乡建设部. 沉管法隧道设计标准：GB/T 51318—2019 ［S］. 北京：中国建筑工业出版社，2019.

[31] 中华人民共和国住房和城乡建设部. 沉管法隧道施工与质量验收规范：GB 51201—2016 ［S］. 北京：中国建筑工业出版社，2017.

[32] 中华人民共和国住房和城乡建设部. 盾构法隧道施工及验收规范：GB 50446—2017 ［S］. 北京：中国建筑工业出版社，2017.

[33] 全国建筑施工机械与设备标准化技术委员会. 全断面隧道掘进机：术语和商业规格：GB/T 34354—2017 ［S］. 北京：中国标准出版社，2017.

[34] 中华人民共和国住房和城乡建设部. 热力机械顶管技术标准：CJJ/T 284—2018 ［S］. 北京：中国建筑工业出版社，2018.

[35] 《中国铁路隧道史》编纂委员会. 中国铁路隧道史 ［M］. 北京：中国铁道出版社，2004.

[36] 廖朝华，郭小红. 公路隧道设计手册 ［M］. 北京：人民交通出版社，2012.

[37] 杨林德. 公路施工手册：隧道 ［M］. 北京：人民交通出版社，2011.

[38] 高杨. 铁路隧道防排水设计指南 ［M］. 成都：西南交通大学出版社，2018.

[39] 郭小红，拓勇飞，程勇，等. 公路盾构隧道设计指南 ［M］. 北京：人民交通出版社，2017.

[40] 汪旭光. 爆破手册 ［M］. 北京：冶金工业出版社，2010.

[41] 刘国彬，王卫东. 基坑工程手册 ［M］. 2 版. 北京：中国建筑工业出版社，2009.

[42] 龚晓南，侯伟生. 深基坑工程设计施工手册 ［M］. 2 版. 北京：中国建筑工业出版社，2018.

[43] 中国土木工程学会土力学及岩土工程分会. 深基坑支护技术指南 ［M］. 北京：中国建筑工业出版社，2012.

[44] 朱永全，宋玉香. 隧道工程 ［M］. 3 版. 北京：中国铁道出版社，2015.

[45] 宋玉香，刘勇. 隧道工程 ［M］. 北京：中国建筑工业出版社，2018.

[46] 高波. 高速铁路隧道设计 ［M］. 北京：中国铁道出版社，2010.

[47] 彭立敏，刘小兵. 隧道工程 ［M］. 长沙：中南大学出版社，2009.

[48] 王平. 隧道工程 ［M］. 北京：科学出版社，2016.

[49] 岳强. 隧道工程 ［M］. 北京：机械工业出版社，2012.

[50] 丁文其，杨林德. 隧道工程 ［M］. 北京：人民交通出版社，2012.

[51] 王海彦，骆宪龙，付迎春. 隧道工程 ［M］. 成都：西南交通大学出版社，2016.

[52] 隋修志，高少强，王海彦. 隧道工程 ［M］. 2 版. 北京：中国铁道出版社，2010.

[53] 何承义. 隧道工程 ［M］. 哈尔滨：哈尔滨地图出版社，2006.

[54] 彭立敏，刘小兵. 交通隧道工程 ［M］. 长沙：中南大学出版社，2003.

[55] 关宝树. 隧道力学概论 [M]. 成都：西南交通大学出版社，1993.

[56] 关宝树. 隧道工程设计要点集 [M]. 北京：人民交通出版社，2003.

[57] 关宝树，杨其新. 地下工程概论 [M]. 成都：西南交通大学出版社，2001.

[58] 关宝树. 矿山法隧道关键技术 [M]. 北京：人民交通出版社，2016.

[59] 关宝树. 地下工程 [M]. 北京：高等教育出版社，2007.

[60] 王梦恕，等. 中国隧道及地下工程修建技术 [M]. 北京：人民交通出版社，2010.

[61] 王梦恕. 地下工程浅埋暗挖技术通论 [M]. 合肥：安徽教育出版社，2005.

[62] 赵勇，肖明清，肖广智. 中国高速铁路隧道 [M]. 北京：中国铁道出版社，2016.

[63] 赵勇. 隧道设计理论与方法 [M]. 北京：人民交通出版社，2019.

[64] 肖明清. 隧道工程 [M]. 武汉：湖北科学技术出版社，2015.

[65] 王光钦，丁桂保，刘长虹，等. 弹性力学 [M]. 北京：中国铁道出版社，2004.

[66] 李文江，朱永全，等. 隧道力学 [M]. 北京：机械工业出版社，2013.

[67] 高波，周佳媚，曾艳华. 地下结构设计 [M]. 武汉：武汉大学出版社，2018.

[68] 李志业，曾艳华. 地下结构设计原理与方法 [M]. 成都：西南交通大学出版社，2003.

[69] 夏永旭，王永东. 隧道结构力学计算 [M]. 2版. 北京：人民交通出版社，2012.

[70] 曾艳华，王英学，王明年. 地下结构 ANSYS 有限元分析 [M]. 成都：西南交通大学出版社，2008.

[71] 郑颖人，朱合华，方正昌，等. 地下工程围岩稳定分析与设计理论 [M]. 北京：人民交通出版社，2012.

[72] 喻渝，赵东平，路军富，等. 铁路隧道概率极限状态设计方法及应用 [M]. 北京：人民交通出版社，2017.

[73] 蒋雅君，邱品茗. 地下工程本科毕业设计指南：地铁车站设计 [M]. 成都：西南交通大学出版社，2015.

[74] LUNARDI P. 隧道设计与施工：岩土控制变形分析法（ADECO-RS）[M]. 铁道部工程管理中心，中铁西南科学研究院有限公司，译. 北京：中国铁道出版社，2011.

[75] 杨其新，王明年. 地下工程施工与管理 [M]. 3版. 成都：西南交通大学出版社，2015.

[76] 何川，张志强，肖明清. 水下隧道 [M]. 成都：西南交通大学出版社，2011.

[77] 王效良，景诗庭. 漫话隧道 [M]. 北京：中国铁道出版社，2009.

[78] 韩瑞庚. 地下工程新奥法 [M]. 北京：科学出版社，1987.

[79] 陈馈，洪开荣，焦胜军. 盾构施工技术 [M]. 2版. 北京：人民交通出版社，2016.

[80] 李永华. 铁路隧道工程施工技术：上册 [M]. 北京：中国铁道出版社，2014.

[81] 高军. 铁路隧道工程施工技术：下册 [M]. 北京：中国铁道出版社，2014.

[82] 张先锋，等. 隧道超前地质预报技术指南 [M]. 北京：人民交通出版社，2013.

[83] 崔玖江，崔晓青. 隧道与地下工程注浆技术 [M]. 北京：中国建筑工业出版社，2011.

[84] 张民庆，彭峰. 地下工程注浆技术 [M]. 北京：地质工程出版社，2008.

[85] 方勇，陈先国，孙立成，等. 富水岩溶地层大断面公路隧道施工关键技术：以双碑隧道为例 [M]. 北京：人民交通出版社，2017.

[86] 王明年，李玉文. 公路隧道围岩亚级分级方法 [M]. 成都：西南交通大学出版社，2008.

[87] 王玉锁. 砂质土隧道围岩力学参数及分级方法研究 [M]. 成都：西南交通大学出版社，2010.

[88] 钱东升. 公路隧道施工技术 [M]. 北京：人民交通出版社，2003.

[89] 陈小雄. 现代隧道工程理论与隧道施工 [M]. 成都：西南交通大学出版社，2006.

[90] 王玉杰. 爆破工程 [M]. 武汉：武汉理工大学出版社，2007.

[91] 王东杰. 公路隧道施工 [M]. 北京：中国电力出版社，2010.

[92] 黄成光. 公路隧道施工 [M]. 北京：人民交通出版社，2001.

[93] 朱汉华，尚岳全. 公路隧道设计施工新法 [M]. 北京：人民交通出版社，2002.

[94] 徐干成，白洪才，郑颖人. 地下工程支护结构［M］. 北京：中国水利水电出版社，2002.

[95] 刘勇，朱永全. 地下空间工程［M］. 北京：机械工业出版社，2014.

[96] 周爱国. 隧道工程现场施工技术［M］. 北京：人民交通出版社，2004.

[97] 吴焕通，崔永军. 隧道施工及组织管理指南［M］. 北京：人民交通出版社，2005.

[98] 夏明耀，曾进伦. 地下工程设计施工手册［M］. 北京：中国建筑工业出版社，1999.

[99] 陈韶章. 沉管隧道设计与施工［M］. 北京：科学出版社，2002.

[100] 安关峰. 沉管隧道施工技术指南［M］. 北京：中国建筑工业出版社，2017.

[101] 徐国平，吕卫清，陈越，等. 沉管隧道设计与施工指南［M］. 北京：人民交通出版社，2018.

[102] 郭春. 地下工程通风防灾［M］. 成都：西南交通大学出版社，2018.

[103] 郭占月. 高速铁路隧道施工与维护［M］. 成都：西南交通大学出版社，2012.

[104] 刘健. 隧道通风安全与照明［M］. 重庆：重庆大学出版社，2015.

[105] 王明年，于丽，赵勇，等. 铁路隧道防灾救援技术［M］. 北京：科学出版社，2017.

[106] 张泽江. 公路隧道消防［M］. 成都：西南交通大学出版社，2014.

[107] 王明年，杨其新，郭春. 高速公路隧道群防灾救援技术［M］. 北京：人民交通出版社，2010.

[108] 梅德尔，施密德，里兹，等. 硬岩掘进机［M］. 刘志强，译. 北京：中国铁道出版社，2019.

[109] 李建斌. TBM 构造与应用［M］. 北京：人民交通出版社，2019.

[110] 葛春辉. 顶管工程设计与施工［M］. 北京：中国建筑工业出版社，2012.

[111] 赵俊岭. 地下管道非开挖技术应用［M］. 北京：机械工业出版社，2014.

[112] 洪开荣. 近 2 年我国隧道及地下工程发展与思考：2017—2018 年［J］. 隧道建设，2019，39（5）：711-722.

[113] 洪开荣，王光辉，程晓明. 生物岛-大学城沉管隧道二次围堰施工技术［J］. 隧道建设，2013，46（5）：136-140.

[114] 王毅才. 隧道的历史及发展［J］. 西安公路学院学报，1985（1）：127-134.

[115] 洪开荣. 我国隧道及地下工程发展现状与展望［J］. 隧道建设，2015，35（2）：95-107.

[116] 洪开荣. 我国隧道及地下工程近两年的发展与展望［J］. 隧道建设，2017，37（2）：123-134.

[117] 洪开荣，陈馈，冯欢欢. 中国盾构技术的创新与突破［J］. 隧道建设，2013，33（10）：801-808.

[118] 李天斌，孟陆波，朱劲，等. 隧道超前地质预报综合分析方法［J］. 岩石力学与工程学报，2009，28（12）：2429-2436.

[119] 董惠定，李兆平. 北京地铁车站暗挖施工方法比较及评述［J］. 现代隧道技术，2004（S1）：101-105.

[120] 林志，谭忠，郝理. 山岭隧道施工的分步式与整体式机械化［J］. 科学技术与工程，2019，19（36）：62-72.

[121] 程永亮，钟掘，暨智勇，等. TBM 刀盘地质适应性设计方法及其应用［J］. 机械工程学报，2018，54（1）：1-9.

[122] 李志军，王秋林，陈旺，等. 中国沉管法隧道典型工程实例及技术创新与展望［J］. 隧道建设（中英文），2018，38（6）：879-894.

[123] 陈韶章，苏宗贤，陈越. 港珠澳大桥沉管隧道新技术［J］. 隧道建设，2015，35（5）：396-403.

[124] 毛剑峰，邓涛. 沉管隧道管节预制方法综述［J］. 交通科技，2013（6）：79-82.

[125] 陈越. 沉管隧道技术应用及发展趋势［J］. 隧道建设，2017，37（4）：387-393.

[126] 林鸣，林巍. 沉管隧道结构选型的原理和方法［J］. 中国港湾建设，2016，36（1）：1-5.

[127] 王勇. 深埋沉管隧道基础碎石垫层变形特性试验研究［J］. 岩土力学，2015，36（12）：3387-3392.

[128] 冯海暴，尹刚. 沉管隧道带垄沟碎石垫层清淤施工方法研究［J］. 隧道建设（中英文），2018，38（1）：86-90.

[129] 杨永宏，刘亚平，尹海卿. 超大型沉管舾装施工风险管控［J］. 中国港湾建设，2015，35（11）：

134-137.

[130] 唐永波，魏杰，周建民. 港珠澳大桥岛隧工程沉管一次舾装安装工艺 [J]. 中国港湾建设，2016，36 (7)：69-72.

[131] 刘振卿. 浅谈公路隧道施工给排水及供电照明措施 [J]. 科学之友，2011 (1)：63-64.

[132] 左光达. 铁路隧道施工照明计划用电量计算办法的探讨 [J]. 隧道建设，1990，10 (3)：22-27.

[133] 于丽. 终南山特长公路隧道火灾模式下通风设计和控制技术研究 [D]. 成都：西南交通大学，2009.

[134] 寇鼎涛. 铁路隧道火灾特性及火灾原因分析 [J]. 隧道建设，2005，25 (1)：76-79.

[135] 胡向东，李忻轶，吴元昊，等. 拱北隧道管幕冻结法管间冻结封水效果实测研究 [J]. 岩土工程学报，2019，41 (12)：2207-2214.